KANALINSELN

www.baedeker.com

Verlag Karl Baedeker

Top Reiseziele

Wer auf die Kanalinseln reist, hat das große Ferienlos gezogen. Die schönsten Küsten und herrliche Strände, aber auch viele Sehenswürdigkeiten und tolle Wandermöglichkeiten mit weitem Meer- und Inselblick erwarten Besucher auf allen fünf Inseln des Archipels. Zur besseren Orientierung hier vorab eine Übersicht über die Ziele, die Sie auf keinen Fall versäumen dürfen.

❶ ✱ ✱ Klippenweg an Jerseys Nordküste

Herrliche Landschaftseindrücke: Bei einer Wanderung auf dem »cliffpath« oben auf der Steilküste lernt man die schönste Küste der Insel kennen.
Seite 146

❷ ✱ ✱ Durell Wildlife Conservation Trust

Eine Reise wert: der Tierpark, dem die Aufzucht von bedrohten Tierarten und die Rückführung in ein Leben in Freiheit ein Anliegen ist
Seite 213

❸ ✱ ✱ Jersey War Tunnels

Unterirdisches Tunnelsystem, das die deutschen Besatzer anlegten. Heute ist hier eine eindrucksvolle Ausstellung über diese Zeit zu sehen.
Seite 199

❹ ✱ ✱ La Hougue Bie

Eine immense Megalithanlage aus fast 70 Steinen. Sie wurde in unterschiedlichen Epochen immer wieder anders genutzt und zählt zu den größten in Europa.
Seite 165

❺ ✱ ✱ Mont Orgueil Castle

Eine Trutzburg, wie sie im Buche steht. Während des Rundgangs wird man mit allerlei Gepflogenheiten des Mittelalters vertraut gemacht. Kinder können in Ritterrüstungen durch die Burg laufen.
Seite 160

❻ ✱ ✱ St. Helier

Die Hauptstadt von Jersey bietet viel für einen Besichtigungstag: Sehenswertes wie Elizabeth Castle und mehrere spannende Museen, außerdem richtiges urbanes Leben.
Seite 180

Jersey

© BAEDEKER

Alderney

Herm

Guernsey

Jethou

Sark

Brecqhou

© BAEDEKER

❼ ✶✶ Le Déhus Dolmen
Ein altes Ganggrab, das man sich
ohne touristischen Rummel in aller
Ruhe ansehen kann
Seite 255

❽ ✶✶ St. Peter Port
Gemütliche Inselhauptstadt mit
schönem Ortsbild und vielen guten
Pubs und Restaurants
Seite 236

**❾ ✶✶ German Military
Underground Hospital**
Die deutschen Besatzer legten ein
unterirdisches Krankenhaus an,
dessen kahle Schächte Besucher
noch heute frösteln lassen.
Seite 228

**❿ ✶✶ Klippenweg an der
Südküste von Guernsey**
Eine Tageswanderung entlang der
Felsküste oder nur ein Spazier-
gang auf einem Teilabschnitt des
»cliffpath« begeistern mit einer
einmaligen Küstenlandschaft.
Seite 231

⓫ ✶✶ Fermain Bay
Eine hübsche Strandbucht, in der
man gut und gern mindestens
einen Badetag einlegen kann
Seite 231

⓬ ✶✶ La Coupée
Allein ein Spaziergang über La
Coupée lohnt die Überfahrt nach
Sark: ein schmaler Grat, der die
zwei Teile der Insel miteinander
verbindet.
Seite 285

Lust auf ...

... erlebnisreiche Wanderungen, weite Aussichten, spannende Inselgeschichte, Kunst in Kirchen und Kapellen? Einige Tipps für die Kanalinseln ganz nach Ihren persönlichen Interessen.

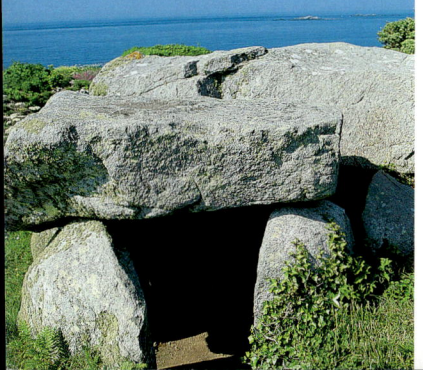

Ein Schilderwäldchen weist den Weg über die Mini-Insel Herm.

Blick von der Portelet Bay auf Jersey zur kleinen Île au Guerdain

TOUREN

REISEZIELE VON A BIS Z

PREISKATEGORIEN
Hotels (Preis für ein DZ mit
Frühstück)
🅖🅖🅖🅖 = über 150 £
🅖🅖🅖 = 90 – 140 £
🅖🅖 = 40 – 80 £
🅖 = DZ 30 £

PREISKATEGORIEN
Restaurants (Preis für ein
Hauptgericht)
🅖🅖🅖🅖 = über 20 £
🅖🅖🅖 = 15–20 £
🅖🅖 = 10–15 £
🅖 = bis 10 £

PRAKTISCHE INFORMATIONEN

nachdenken • klimabewusst reisen
atmosfair

Abenteuerlich: unterwegs mit einem Fischer zum Kabeljau-Fang

HINTERGRUND

Wissenwertes über die Inselgruppe im Ärmelkanal, ihre schönen Küsten und das Meer, das sensationelle Klima, Palmen und »blonde« Igel, eine ungewöhnliche Feudalgesellschaft und viele liebenswerte Eigenarten der Insulaner.

Vom Golfstrom verwöhnt

»Die Kanalinseln sind ins Meer gestürzte Stücke Frankreichs, die England aufgesammelt hat« – so bezeichnete Victor Hugo die Inseln vor der Küste der Normandie. Sehr treffend, denn geografisch gehören sie zu Frankreich, politisch zu England, und insgesamt ist hier alles ein bisschen französisch und ein bisschen englisch – nicht etwa unentschieden, sondern in einer ganz eigenartigen Mischung.

1066 eroberten die Herzöge der Normandie England, verloren aber alsbald ihr Stammland – nur die Kanalinseln schworen ihnen Treue. Seither herrschen **die englischen Könige als »Herzöge der Normandie«** über die Inseln – aber augenzwinkernd bemerken die Insulaner, dass ja eigentlich sie die Eroberer Englands sind, und England Teil ihres alten Herzogtums

ist. Vielleicht rührt daher das unerschütterliche Selbstbewusstsein dieser Paradiesinseln? Oder liegt es an dem vom Golfstrom beeinflussten Klima?

Beliebter Ankerplatz für Segler: die Moulin Huet Bay im Südosten von Guernsey

DIE SCHÖNEN GROSSEN

Jersey ist die wärmste und sonnigste, die reichste und stolzeste – elegant und mondän einerseits, von ländlichem Charme und großer Naturschönheit andererseits. Frost gibt es nie, dafür fast 2000 Sonnenstunden im Jahr und jede Menge exotische Pflanzen. Den **Pflanzenreichtum** feiert Jersey jedes Jahr im Sommer mit dem »Battle of Flowers«, einem Blumenkarneval mit großem Umzug, für den sich die Insulaner mit Blumen und Früchten behängen und fantasievolle Figuren aus Abertausenden von Blüten kreieren. Aber nicht nur die Natur liebt man hier: Jersey ist die Insel, auf der einem die meisten Sportwagen begegnen oder aber ausgefallene Oldtimer, deren Besitzer mit Lust und Laune über die schmalen Inselstraßen schaukeln. Das kleinere Guernsey ist besonders liebenswert. Etwas zurückhaltender und noch höflicher als die Nachbarinsel. Es schmückt sich mit einem zauberhaften Klippenwanderweg an der

Südküste, die geradezu berühmt ist für ihre pittoresken Felsen, romantischen Buchten, blütenübersäten Hänge und traumhaften Inselwäldchen, in denen man im Frühjahr über riesige blaue Teppiche aus Bluebells wandert.

BESONDERE PERLEN: DIE KLEINEN

Alderney im Norden ist das **selbstbewusst-eigenwillige »Aschenputtel«** und fast schon ein wenig »kultig« – hier gibt es eine Eisenbahn mit ausrangierten Waggons der Londoner U-Bahn, das ungewöhnlichste Kino Europas, skurrile Pubs und denkbar aufgeschlossene Insulaner. Man wirbt nicht allzu viel für sich, obwohl die Insel nicht gerade auf dem Weg liegt. Aber darin spiegelt sich einmal mehr die Mentalität der Bewohner wider – wer kommen will, der kommt schon, denkt man hier mit aller Gelassenheit. Alderney zeigt seinen Reichtum nicht. Keine Oldtimer, keine Sportflitzer, sondern 20 Jahre alte, kaum gepflegte Limousinen, deren Lack blättert und die gerade noch die kurzen Inselstraßen zu bewältigen scheinen. Wie es auf dem Konto der Fahrer aussieht, ist dem Ganzen nicht zu entnehmen, und kaum kann man glauben, dass sich auch auf Alderney viele Auswärtige aus Steuerspargründen niedergelassen haben. Ganz besondere Perlen sind Sark und Herm, versponnene kleine Welten, von Autos ungestört. Sark, einst ein heruntergekommenes Piratennest, präsentiert sich heute als **blutjunge Demokratie** mit feudalistischen Überbleibseln. Geschichte und vor allem Gegenwart der Insel lassen einen aus dem Staunen nicht mehr herauskommen. Herm zeigt sich lieblich, entgegenkommend und abwechslungsreich, mit seinen Sandstränden ideal für Kinder, ein **ruhig-gepflegtes Privatinselchen**, das sich jede Art von störender Lautstärke verbittet.

EINE WAHRE WOHLTAT

Eine Reise auf den Archipel im Ärmelkanal führt zu sagenumwobenen Dolmen, alten Herrenhäusern und Kirchen, abwechslungsreichen Küsten mit traumhaften Stränden und Badebuchten. In den Restaurants wird einem eine flott gemachte **englische Küche mit französischem Einfluss** geboten, die die köstlichsten Meeresspezialitäten kennt. Und schließlich erlebt man die Kanalinsulaner, die Victor Hugo als ein »edles kleines Volk von großer Seele« bezeichnete. Tatsächlich ein eigenes Völkchen von unglaublicher Freundlichkeit gepaart mit britischer Höflichkeit – eine wahre Wohltat und allein das schon sehr erholsam. Und so kann man nach einer Reise sicher voller Überzeugung und noch einmal mit Victor Hugo behaupten: »Wer den normannischen Archipel gesehen hat, liebt ihn.«

Fakten

Natur und Umwelt

Allein schon die Lage und die politische und kulturelle Situation sind verwirrend: Sind die Inseln französisch oder englisch? Wem gehören sie überhaupt, und wer hat das letzte Wort, wenn es um politische Entscheidungen geht? Weshalb ist die Vegetation für diese Breiten so ungewöhnlich üppig, warum gibt es sogar Palmen? Und warum zieht es so viele Multimillionäre hierher?

Die Briten nennen sie »Channel Islands«, die Franzosen »Îles Normandes«. Im Deutschen hat man die englische Bezeichnung übernommen; die Kanalinseln am südlichen Rand des Ärmelkanals im Golf von St. Malo sind in Deutschland aber auch unter ihrem französischen Namen »Normannische Inseln« bekannt – eine Bezeichnung, die allein aufgrund der geografischen Lage eigentlich korrekter ist als »Kanalinseln«. Ein Blick auf die Karte zeigt, dass die Inselgruppe nämlich **nicht direkt im Ärmelkanal** liegt, sondern in einer südlichen Ausbuchtung **vor der Küste Nordfrankreichs** zwischen der Bretagne und der Normandie. Die Entfernung zur Küste der normannischen Halbinsel Cotentin beträgt zwischen 15 und 45 km, die zur englischen Südküste dagegen zwischen 90 und 140 km. Auch die Entstehungsgeschichte der Inseln – bis vor etwa 10 000 Jahren waren sie Bergspitzen des nordfranzösischen Festlandes – rechtfertigt die Tatsache, dass sich die Bezeichnung »Normannische Inseln« bis heute erhalten hat. Der Name leitet sich aus einer historischen Phase ab, als die Inseln zusammen mit Teilen der heutigen Normandie den Normannen als Herzogtum unterstanden.

»Normannische Inseln«

Die heutigen Kanalinseln haben eine sehr bewegte Entstehungsgeschichte hinter sich. Geologisch gehören sie zum **Armorikanischen Gebirge**, das sich als nordwestlicher Teil des Variskischen Gebirges vom französischen Zentralplateau über die Bretagne bis nach Südwestengland und Südirland erstreckt. Die Auffaltung des Variskischen Gebirges erfolgte im Paläozoikum vor 550 bis 250 Mio. Jahren. Zunächst wies es Höhen bis zu 4000 m auf, wurde dann aber wieder abgetragen bzw. senkte sich ab. Die ältesten Gesteine der Inseln sind rund 900 Mio. Jahre alte Sedimentgesteine und vulkanisches Gestein aus der Zeit vor 700 Mio. Jahren. Bei der Auffaltung der Gebirge im Erdaltertum wurde aber auch noch älteres kristallines Gestein in die Höhe befördert. Auffällige Gesteinsformationen wie z. B. der säulen-

Bewegte Entstehungsgeschichte

**Alle zwölf Stunden liegen die Boote auf dem Trockenen:
Die Kanalinseln haben den weltweit zweitgrößten Tidenhub.**

artige Felsen Le Pinacle auf Jersey entstanden aus geschmolzenem Gestein, das aus den Tiefen des Erdinneren durch Spalten in der Erdoberfläche emporquoll und erstarrte. Ein Großteil der Inseln besteht aus 500 Mio. Jahre altem Granit, allein auf Jersey ist auf etwa einem Drittel der Inselfläche rötlich-graues Granitgestein zu finden. Granit von den Kanalinseln wurde nicht nur dort selbst viel als Baustoff verwendet, sondern auch nach England exportiert. Neben Granit findet man überwiegend Schiefer und Diorit. Eine Besonderheit sind Anteile von Silber und Halbedelsteinen auf der Insel Sark, die im Granit eingelagert sind. Bekannt ist zudem der sogenannte Sark Stone, ein heller Amethyst. Bis zum Ende der letzten Eiszeit vor ca. 10 000 Jahren waren die Kanalinseln als Teil des Armorikanischen Gebirges Festland. Der Meeresspiegel lag wesentlich niedriger, und die Bucht von St. Malo war nicht von Wasser bedeckt, sondern trocken. Der Ärmelkanal war schmaler, die Seinemündung lag weiter nordwestlich. Als durch das Abschmelzen der Eismassen der Meeresspiegel um etwa 50 m anstieg, wurde die Bucht allmählich überflutet und die einstigen Berggipfel ragten schließlich aus dem Wasser heraus. Jersey wurde als letzte der Inseln vor 8000 Jahren von der Landmasse der Halbinsel Cotentin (Normandie) abgetrennt.

Heute ist der damalige Küstenverlauf anhand der Meerestiefen nachzuvollziehen, die im Norden und Westen der Kanalinseln zwischen 60 m und über 100 m liegen, im Süden und Osten dagegen viel geringer sind. Im Verlauf der Zeit **gehörten die Kanalinseln mal zum Festland, mal waren sie wieder Inseln**. In kälteren Klimaperioden lag der Meeresspiegel niedriger, und das Gebiet um die Inseln war trockene Landmasse. Zeitweilig verlief die Küstenlinie sogar westlich der Bretagne, die Seine war ein Nebenfluss des Stroms, der sein Flussbett im heutigen Ärmelkanal hatte. In den Zwischeneiszeiten bildeten sich dann mit dem Ansteigen des Meeresspiegels allmählich die Inseln. Anhand von Gesteinen mit Muscheleinlagerungen erkannte man, dass der Wasserspiegel in warmen Perioden bis zu 30 m höher lag als heute. Manchmal bestanden die Inseln für so lange Zeiträume, dass dort lebende Tiere genügend Zeit hatten, eine von ihren festländischen Artgenossen unabhängige Entwicklung zu nehmen. Knochenfunde auf Jersey weisen etwa auf einen zwergwüchsigen Hirsch hin, der nur halb so groß war wie Hirsche auf dem Festland.

Herb und lieblich: die Landschaft

Jede der Inseln hat ein unverwechselbares und abwechslungsreiches Landschaftsbild. Herbes und Liebliches findet sich in unmittelbarem Nebeneinander: raue Steilküsten mit nur kleinen Sandbuchten und Flachküsten mit lang gezogenen Sandstränden, baumbestandene Hügellandschaften, flache Wiesen und Felder mit kleinen Wasserläufen und weite Hochplateaus. Grün und üppig sind alle Inseln. Besonders große Höhen hat keine der Inseln, auf Jersey liegt die höchste Stelle im Norden bei 138 m. Bekannt sind die einzigartigen **Wandermög-**

Fermain Bay: eine der beliebtesten Buchten auf Guernsey

lichkeiten entlang der Steilküsten: auf Guernsey gibt es an der Südküste, auf Jersey an der Nord- und Nordostküste Klippenwanderwege. Sark ist die einzige Insel, die fast nur über Steilküste verfügt und zumindest keine lang gezogenen Strände hat. Kleine Dünengebiete gibt es auf Jersey, Guernsey und Herm.

An der Nordküste von Jersey und auf Alderney und vor allem auf Sark findet man in den Klippen der Steilküsten zahlreiche Höhlen. Die Höhlen boten den ersten in dieser Region lebenden Menschen Schutz und Unterkunft und sind insofern für Archäologen sehr interessant. La Cotte de St. Brelade an der Südwestküste von Jersey ist die archäologisch bedeutendste Höhle; sie ist heute jedoch nicht zugänglich. Einige Höhlen lassen sich auf eigene Faust erkunden, wobei äußerste Vorsicht geboten ist, da sie teilweise schwer zugänglich und in der Regel nur bei Ebbe zu erreichen sind. Teilweise werden auch Bootstouren mit Höhlenbesichtigungen angeboten.

Höhlen

Zwischen den einzelnen Inseln gibt es kleinere Meeresstraßen. Guernsey und Herm werden durch **»Little Russel«** mit einer Breite von 4–5 km getrennt, je nachdem, ob Niedrigwasser oder Hochwasser ist. Zwischen Herm und Sark fließt **»Great Russel«** mit einer Breite von 7–8 km, zwischen Jersey und der Halbinsel Cotentin die **»Passage de la Déroute«**.

Meeresstraßen

Sonne, Mond und Meer

An allen großen Weltmeeren kann man täglich ein beeindruckendes Naturschauspiel verfolgen: die in etwa 12 ½ stündigem Rhythmus ablaufenden Wasserstandsschwankungen. Ursache dieser Gezeiten (Tiden) sind die Anziehungskräfte von Mond und Sonne sowie die Zentrifugalkraft im System Erde-Mond, die für vertikale Wasserstandsschwankungen und horizontale Verschiebungen der Wassermassen sorgen. Mit die höchsten Schwankungen weltweit werden im südlichen Ärmelkanal gemessen.

Braye
Alderney

Herm
St. Peter Port
Guernsey

Maseline Pier
Sark

©BAEDEKER

ENGLAND
ÄRMELKANAL
FRANKREICH

N |⎯ 10 km ⎯|

▶ **Die Gezeiten**
Die Gezeiten der Kanalinseln gehören mit bis zu 14 m zu den höchsten der Welt. Der Wechsel zwischen den zwei Höchst- und Niedrigständen pro Tag ist entsprechend eindrucksvoll: Die Insel Jersey verdoppelt bei Ebbe fast ihre Fläche. Besucher lernen bei den »Moon Walks« den frei gelegten Meeresboden kennen (▶S. 124).

▶ **Tidenhub am 6.1.2014 an ausgewählten Messstationen**
Auf den südlicheren Inseln ist der Unterschied innerhalb der zwei Tiden pro Tag stärker.

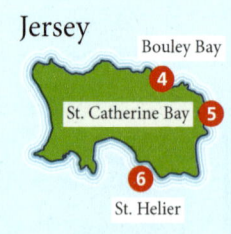

Jersey
Bouley Bay
St. Catherine Bay
St. Helier

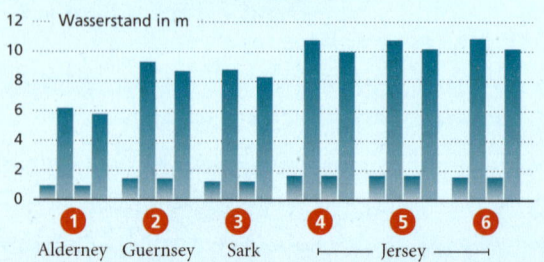

»Tide times« auf Jersey

www.thisisjersey.com/weather/tide-times/

Tägliche Verschiebung
Durch die Erdrotation verzögert sich das Auflaufen der Flut um jeweils etwa 24 Minuten. Pro Tag ergibt dies eine Zeitverschiebung von zirka 48 Minuten.

Springtide
Ein besonders starkes Hochwasser nennt man Springflut (Springtide). Es entsteht, wenn Erde, Mond und Sonne auf einer Linie stehen und Mond und Sonne das Wasser in ihre Richtung anziehen. Das geschieht jeden Monat ein bis zwei Tage nach Neu- bzw. Vollmond.

Ebbe

Sonnengezeiten

Flut   *Flut*   **Neumond**   **Sonne**

Mondgezeiten

Ebbe

Nipptide
Einen besonders niedrigen Wasserstand bezeichnet man als Nippflut (Nipptide). Er tritt ein, wenn Erde, Mond und Sonne rechtwinklig zueinander stehen und die Anziehungskräfte von Mond und Sonne in unterschiedliche Richtungen wirken.

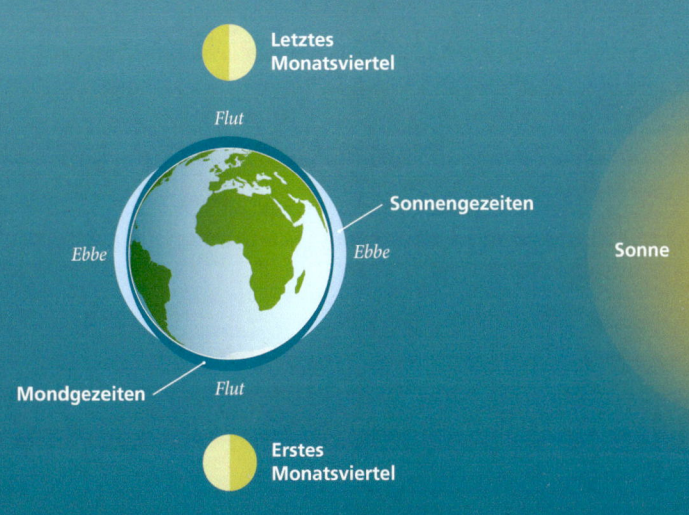

Letztes Monatsviertel

Flut

Sonnengezeiten

Ebbe   *Ebbe*   **Sonne**

Mondgezeiten   *Flut*

Erstes Monatsviertel

Der Weg hinüber zum Corbière Lighthouse – bei Niedrigwasser …

Aufgepasst bei Ebbe und Flut

Der Unterschied zwischen Niedrig- und Hochwasser beträgt auf dem Archipel der Channel Islands im Golf von St. Malo bis zu 14 m, auf Sylt liegt er dagegen nur bei 1,7 m. Landschaften und Häfen der Inseln verändern komplett ihr Aussehen, und mehrere den Küsten vorgelagerte kleinere Inselchen sind bei Niedrigwasser für einige Stunden über den quasi wasserfreien Meeresboden sogar trockenen Fußes zu erreichen.

Ortsabhängig

Dass der Tidenhub auch von Ort zu Ort unterschiedlich ist, hängt mit Küstenformen, Meeresströmungen und Wind zusammen. In **schmalen Buchten, Fjorden und Meerengen** steigen die Wassermassen stärker an und erreichen dabei hohe Strömungsgeschwindigkeiten. In den Ärmelkanal strömt das auflaufende Wasser quasi als Welle, wobei es leicht in Richtung Südosten flutet. Dadurch gibt es an der Küste Nordfrankreichs etwas höhere Wasserstände als an der Küste Südenglands.

... und bei Hochwasser

Gefährlich

Das Wissen um die Gezeiten ist auf den Kanalinseln nicht nur für die Schifffahrt, sondern auch für Feriengäste von größter Bedeutung. Für die eigene Sicherheit, aber auch für die Planung gelungener Urlaubstage. Viele Buchten sind nämlich bei Flut vollkommen von Wasser bedeckt, bei Ebbe dagegen bestens zum **Baden** und Sonnenbaden geeignet! Aber Achtung, bei auflaufendem Wasser kann es leicht vorkommen, dass der Rückweg abgeschnitten bzw. überflutet ist. An einigen Tagen kann man Ausflüge zu kleinen Inseln wie etwa **Lihou Island** vor der Westküste von Guernsey planen, an anderen Tagen passt es wegen der Tide nicht. Auf **Herm** fällt der Haupthafen trocken und kann nicht mehr angefahren werden. Auf **Sark** sind etliche Höhlen ausschließlich bei sehr niedrigen Wasserständen und damit nur an einigen Tagen bei Halbmondständen begehbar. Bei **Segeltouren** in den Gewässern um die Kanalinseln muss man wissen, dass bei Flut dicht unter der Wasseroberfläche unsichtbare Felsspitzen eine Gefahr darstellen, die man nur bei Ebbe deutlich aus dem Wasser ragen sieht. Sicher geht, wer sich einem der angebotenen **Moon Walks** anschließt (▶S. 124).

**Meeres-
strömungen** Im Gebiet der Kanalinseln gibt es teilweise sehr starke Strömungen, die gemeinsam mit den bei Flut oft unsichtbaren Felsspitzen dicht unter der Wasseroberfläche für die Seefahrt bis heute eine große Gefahr darstellen. Besonders prekär ist die Situation bei Alderney. **»The Race«**, südöstlich von Alderney ist eine gefährliche Strömung, die man teilweise mit bloßem Auge als solche erkennen kann. Auch zwischen Alderney und dem Vogelfelsen Burhou im Nordwesten fällt eine dauernd unruhige See auf, die durch Strömungen und Wirbel zustandekommt. Auch dafür haben die Insulaner einen Namen erdacht: **»The Swinge«**.

VOM GOLFSTROM BEEINFLUSST: DAS KLIMA

**Mild und
angenehm** Die Kanalinseln sind bekannt für ihr mildes und angenehmes Klima, dem sie ihre üppige und vielfältige Pflanzenwelt zu verdanken haben. Das Wetter wechselt schnell; längere Schlechtwetterperioden sind ebenso selten wie langanhaltende Schönwetterperioden. Großen Einfluss auf das Klima hat der warme **Golfstrom**, der von der Karibik kommend subtropisches Wasser bis in europäische Gewässer befördert. Der Golfstrom sorgt für ein ausgeglichenes Klima mit milden Wintern, in denen so gut wie nie Frost vorkommt. Kennzeichnend für die Kanalinseln sind die **ausgewogenen Temperaturen**, zwischen Sommer und Winter gibt es keine extremen Unterschiede. So wird es in den Sommermonaten niemals unerträglich heiß. Die Durchschnittstemperaturen sind mit 20 °C von Juni bis September sogar vergleichsweise gering – vereinzelt werden an Sommertagen allerdings auch 25 °C gemessen. Jersey ist in der Regel etwas wärmer als Guernsey. Im Winter bleibt es insgesamt relativ warm, mittlere Temperaturen unter 8 °C sind die Ausnahme, der Januar ist mit durchschnittlichen 8,1 °C der kälteste Monat. Minustemperaturen, Schneefall und Frost gibt es so gut wie gar nicht. Ein weiterer Pluspunkt ist die durchschnittlich hohe Sonnenscheindauer pro Jahr: **1928 Sonnenstunden**. Von März bis Oktober ist mit relativ viel Sonne zu rechnen. Je 255 Stunden scheint die Sonne in den sonnenreichsten Monaten Juni und Juli. Auch im Mai (248 Std.) und August (235 Std.) gibt es viel Sonnenschein. Trotzdem fällt natürlich auch ausreichend Regen auf den Inseln – dafür spricht allein das üppige Grün. Allerdings hat man generell schnelle Wechsel, so dass mehrere Regentage in Folge eher die Ausnahme sind. Mit 860 mm / Jahr sind die durchschnittlichen Niederschlagsmengen geringer als im Landesinneren der nahen Bretagne oder auch als in Deutschland. Wie anderswo an der Atlantikküste auch sind die Wassertemperaturen auf den Inseln nicht sehr hoch. Selbst im Juli, August und September steigen sie nicht über 20 °C, allenfalls flaches Wasser in ruhigen Küstenabschnitten heizt sich etwas stärker auf.

NORDISCH UND MEDITERRAN: DIE PFLANZENWELT

Allein schon der Pflanzen wegen sind die Kanalinseln eine Reise wert – und das nicht nur für ausgesprochene Pflanzenliebhaber. Bedingt durch das günstige, vom Golfstrom beeinflusste Klima und die in der Regel frostfreien Winter ist die Pflanzenwelt sehr vielfältig und für mitteleuropäische Verhältnisse außergewöhnlich artenreich. Insgesamt hat man über **1500 wild wachsende Pflanzenarten** gezählt, die Artenvielfalt ist etwa viermal so groß wie in anderen Gebieten gleicher Größe auf den Britischen Inseln. Ab April blüht es fast überall auf den Wiesen, in Gärten, Parks und Wäldern in ungeheurer Fülle, und selbst die Straßenränder werden von manchen Pflanzen überwuchert, die in entsprechenden mitteleuropäischen Breiten mühsam im Blumentopf gezogen werden. Zu den günstigen Klimabedingungen kommt noch ein noch der Vorteil: Das Felsgestein kann stundenlang die Wärme der Sonne speichern und gibt sie nur langsam wieder ab.

Flora

Lilien, das Wahrzeichen der Insel, in einem Gewächshaus der Candie Gardens

Auf den Kanalinseln findet man ein außerordentlich breites Vegetationsspektrum. Die Inseln sind das nördlichste Gebiet Europas, in dem Pflanzen, die es sonst nur im Mittelmeerraum gibt, noch gedeihen. Selbst **Palmen** wachsen hier an geschützten Stellen. Andererseits findet man auf den Kanalinseln die typische Vegetation Mitteleuropas und sogar nordeuropäische Pflanzen, die weiter südlich nicht mehr vorkommen. Viele Pflanzen sind in den vergangenen Jahrhunderten von Seefahrern aus fernen Ländern mitgebracht worden. Allerdings kam es auch schon vor, dass südliche Pflanzen in ungewöhnlich kalten Wintern vernichtet wurden, wie vor einigen Jahren mit Eukalyptusbäumen geschehen.

Vegetationsvielfalt

Dass die Bewohner der Kanalinseln leidenschaftliche Gärtner sind, ist weithin bekannt. Viele öffnen an bestimmten Tagen im Jahr die Tore zu ihren **botanischen Sehenswürdigkeiten**. Blumenfreunde

Gärten

Im Frühsommer dehnen sich weite Blütenteppiche von Bluebells auf den Inseln aus.

erwartet hier eine schier unendliche Vielfalt von Blumenrabatten und Ziersträuchern – Rosen, Calla, Aloe, Glyzinien, Bougainvillea, Clematis, Geißblatt, Malven, Hortensien, Fuchsienbüsche, Kamelien, Magnolien, Azaleen, Rhododendren, Feigen- und Obstbäume. In den Gärten werden auch **exotische Pflanzen** gehegt und gepflegt, die aufgrund des Klimas in bestem Einklang mit den einheimischen Gewächsen leben. Sogar Bananenstauden kann man gelegentlich sehen. Palmen, u. a. kanarische Dattelpalme und Washingtonie, gibt es in privaten oder öffentlichen Gärten recht häufig. Ebenso oft sieht man auch den etwa 3 m hoch aufragenden Riesen-Natternkopf (Echium pininana), der ursprünglich auf der Kanareninsel La Palma endemisch war. Die Pflanze bildet blaue und violette Blüten, die in ihrer Form an Schlangenköpfe erinnern. Früher schrieb man ihnen auch eine heilende Wirkung nach Schlangenbissen zu.

Wild wach-
sende
Pflanzen
Viele mediterrane und exotische Pflanzen haben den Weg aus den Gärten hinaus an Straßenränder und in Wiesen und Wälder gefunden: Hortensien, Fuchsien, Rhododendren, Mimosen, Wildzypressen, Tamarisken und immergrüne Steineichen. Eine Besonderheit ist der **hochwachsende Riesenrhabarber** (Gunnera), den man nahe der

Petit Bôt Bay auf Guernsey findet. Auch Fenchel, Großes Zittergras und die hohe Strauchpappel mit ihren rosa Blüten, die eigentlich im Süden Europas wachsen, sieht man außerhalb der Gärten.

In Jerseys Gewächshäusern werden exzellente Orchideen gezüchtet, **Orchideen** und auch auf den Wiesen der Inseln gedeihen die sensiblen Gewächse. Allerdings ist ihr natürliches Vorkommen auf einige wenige Stellen begrenzt, an denen sie ein für Nichtkenner eher unbemerktes Dasein führen. In den Dünen Les Mielles am St. Ouen's Pond wächst die **Jersey-Orchidee** (Lockerblütiges Knabenkraut), die zwischen Mai und Juli violett blüht. Auf Guernsey gibt es Orchideenwiesen in der Nähe der Westküste; Führungen werden von der Société Guernesiaise im Mai und Juni veranstaltet. Die Sumpforchidee, die man auf Guernsey, Jersey und Alderney findet, blüht dunkelviolett. In den Gewächshäusern der **»Eric Young Orchid Foundation«** auf Jersey ist eine ausgesprochen vielfältige Orchideensammlung zu sehen. Durch Kreuzungen werden neue Unikate erzeugt.

Zum Wahrzeichen von Guernsey wurde eine rötlichblühende Lilie, **Lilien** die es hier erst seit etwa 200 Jahren gibt. Sie wurde per Schiff auf die Kanalinseln gebracht und ging später als **Guernsey-Lilie** in die botanische Nomenklatur ein. Auch auf Jersey gibt es eine charakteristische Lilie, die als **Jersey-Lilie** bezeichnet wird; sie hat etwas größere, rosafarbene Blüten und blüht spät im August.

Auch Lavendel gedeiht in dem günstigen Klima – auf Jersey gibt es **Lavendel,** sogar eine Lavendelfarm. Selbst mit einem kleinen Weingebiet kann **Wein** Jersey aufwarten, im La Mare Vineyard wird Wein angebaut.

Links und rechts der Klippenwege breiten sich Teppiche von Schlüs- **Vegetation** selblumen, roten und weißen Lichtnelken, Narzissen, Iris, Glocken- **an den** blumen, an einigen Stellen auf Alderney und Guernsey auch Wolfs- **Steilküsten** milchgewächse aus. Typisch für die Klippenregionen ist besonders auf Guernsey der gelb blühende, einen starken Duft verströmende Stechginster (Ulex europaeus), hin und wieder sieht man auch gelben Besenginster (Cytisus scoparius), auf Jersey überwiegen ausgedehnte Farngebiete. Im Hochsommer überzieht Heidekraut die Felsen mit einem violetten Schimmer. Besonders dekorativ nehmen sich die purpurfarbenen, oft über einen Meter hoch wachsenden Blütentrauben des **Roten Fingerhuts** aus, der oben auf den Klippen steht. Auch Kissen mit rosa blühenden Grasnelken (Armeria maritima) wachsen aus den Felsspalten hervor. Sowohl auf den Klippen als auch in den küstennahen Wiesen, insbesondere auf Jersey in der St. Ouen's Bay, findet man die hübschen kleinen Mittagsblumen, die ihre rosafarbenen Blüten nur bei genügend Licht zeigen. Ursprünglich stammen sie aus Südafrika. Auf Alderney sieht man in der Longis Bay die

Ein »blonder« Igel aus Alderney

großblütigeren **tiefrosafarbenen Seefeigen**, die sich in weiten Teppichen ausbreiten.

In den **Dünengebieten** auf Jersey und Guernsey wachsen Dünenrosen. Sie blühen weiß und bekommen später dunkelbraune Hagebutten. An Stränden und in Dünen sieht man hin und wieder Sandkrokusse und Stranddisteln, die allerdings mittlerweile eine regelrechte Rarität geworden sind. Häufiger gibt es noch Silberdisteln. Außerdem trifft man auf gelben Hornmohn, Meersenf und Strandkohl.

Waldböden   Im Frühjahr werden die Waldböden von einer Fülle von wild wachsenden Hyazinthen, den **»Bluebells«** (Endymion nonscriptus), in einen blauen Blütenteppich verwandelt. Besonders üppig wachsen sie auf Sark und im Bluebell-Wald bei St. Peter Port (Guernsey). Ihnen ähnlich ist der weißblühende Allium triquestrum, dem man im Frühjahr oft begegnet: »Stinking onions« (»stinkende Zwiebeln«) werden die Blumen auf den Inseln genannt; sie machen durch ihren Geruch ihrem Namen alle Ehre. Dazwischen gedeihen weißes Leimkraut, rote Grasnelken und pupurfarbene kleine Gladiolen. Im Frühjahr sieht man zudem Veilchen, Primeln und die beliebten »Daffodils«, Osterglocken. In den Wiesen, an Feldrainen und in den Hecken sind Butterblumen, Schafgarbe, Klee, Glockenblumen, Sauerampfer und verschiedene Nelken- und Laucharten zu Hause.

Wald und Bäume   Kleine Wälder findet man heute nur noch auf Jersey, Guernsey und Sark; auf Alderney und Herm gibt es nur einzeln stehende Bäume. Besonders auf Guernsey sind größere zusammenhängende Waldstücke aufgrund von Besiedlung und Kultivierung verschwunden, einst gab es auch hier sehr große Waldflächen. Eichen, Buchen, Kastanien, Kiefern und Pinien sind am häufigsten zu sehen, vereinzelt auch Eukalyptusbäume. Früher gab es einen herrlichen Ulmenbestand, der, wie an vielen anderen Orten auch, 1974 der holländischen Ulmenkrankheit zum Opfer gefallen ist. Zuvor prägten prächtige Ulmenalleen das Bild der Inseln.

TIERE AUF DEN KANALINSELN

Weniger vielfältig ist die Tierwelt der Inseln. Die beiden großen Inseln, speziell Guernsey, sind heute durch die starke Zersiedlung nicht mehr der ideale Lebensraum für wild lebende Tiere. Man findet auf den Inseln bei Weitem nicht alle Tiere, die in Südengland oder im nahen Nordfrankreich bekannt sind, und auch innerhalb der kleinen Inselwelt gibt es Unterschiede. Frösche und die scheuen Smaragdeidechsen sind auf allen Inseln vertreten, auch Eichhörnchen sieht man in den Wäldern und baumreichen Gebieten aller Inseln. Kröten (»toads«) gibt es nur auf Jersey, was den Bewohnern ihren Spitznamen einbrachte. Maulwürfe leben nur auf Jersey und auf Alderney. Auf Alderney hat sich seit 1966 eine **»blonde« Igelart** verbreitet, nachdem aus dem Londoner Kaufhaus Harrods einige Igel, darunter offenbar ein seltenes Exemplar mit hellen Stacheln, auf die bis dato igelfreie Insel verkauft worden war. Unter den wenigen Igeln konnten sich die »blonden« schnell vermehren. Hasen, Rotwild oder Füchse und Dachse gibt es auf keiner der Inseln. Interessant ist das Vorkommen bzw. Fehlen bestimmter Tierarten vor allem in Hinblick auf die Entstehungsgeschichte der Inseln und auf die Lebenswelt der Tiere. Da es Kröten nur auf Jersey gibt, weiß man, dass sie erst nach 10 000 v. Chr. bis in diese Regionen der Erde gekommen sein können, als Guernsey schon zur Insel geworden war, Jersey dagegen noch zum Festland gehörte.

Glückliche Kühe: Jersey- und Guernsey-Rinder leben naturnah und geben besonders reichhaltige Milch.

Papageientaucher bauen ihre Nester vorzugsweise hoch oben auf einsamen Felsen.

An Nutztieren werden schon seit Jahrhunderten Schafe für die Wollproduktion auf den Inseln gehalten. 1789 begann man mit der Zucht der braunen oder braun-weißen **Jersey- bzw. Guernsey-Rinder**, die wegen ihrer fetthaltigen Milch weithin bekannt sind und in großem Stil exportiert werden.

Mehr als 100 Vogelarten Für Vögel sind die Inseln ein wahres Paradies, für Ornithologen ein interessanter Beobachtungsort. Viele Zugvögel machen auf der Durchreise nach Süden oder nach Norden auf den Kanalinseln Station. Insgesamt sind **mehr als 100 verschiedene Vogelarten** zu sehen. Die Vogelwelt in den Inselgärten und -wäldern unterscheidet sich nicht von der mitteleuropäischen. Kuckuck, Rotschwänzchen, Weidenlaubsänger mit dem charakteristischen »zilp-zalp«-Ruf, Mönchsgrasmücke und Gartengrasmücke, Amsel, Bachstelze, Specht, Steinschmätzer, Schwarzkehlchen und Zaunkönig bevölkern die Gärten, Wiesen und Wälder. Seevögel haben auf den Kanalinseln beste Bedingungen, zumal auf den unbewohnten Vogelfelsen Burhou und Les Etacs bei Alderney. Wie an der deutschen Nordseeküste auch sieht man auf den Kanalinseln verschiedene Möwenarten, Seeschwalben, Austernfischer und den Brachvogel. Eine besondere Attraktion ist der bis zu 35 cm große Papageientaucher (»puffin«), der oben schwarz und an der Unterseite weiß gefiedert ist. Vogelkundler sind über den zurückgehenden Bestand sehr besorgt, auf Guernsey ist der Papageientaucher gar nicht mehr existent. Man kann ihn im Mai sehen und erkennt ihn dann gut – allerdings nur mit dem Fernglas, da er sich nicht in Menschennähe aufhält – an seinem charakteristischen, blau-rot-gelb gefärbten Schnabel, der in der Brutzeit besonders stark leuchtet. Am meisten Glück wird man auf Burhou bei Alderney und auf den Felsen vor den Puffin Bay auf Herm haben. Um die 50–90 cm groß ist der Kormoran, der auf den Vogelfelsen bei Herm lebt. Er hat schwarzes, leicht metallisch glänzendes Gefieder. Bei Herm gibt es derzeit eine kleine Kolonie. Auf allen Inseln kommt die zur gleichen Familie gehörende, kleinere Krähenscharbe vor. Auf den Vogelfelsen bei Sark und Alderney leben die schwarz-weißen Trottellummen. Sie bevorzugen steile Felseninseln, auf denen sie in großen Kolonien nisten. Zur Brutzeit zwischen März und Juni bevölkern Basstölpel die Vogelfelsen Ortac und Les Etacs bei Alderney. Sie haben etwa die Größe von Gänsen und sind ebenfalls weiß. Die Enden der Flügel, die eine Spannweite von 1,8 m haben, sind schwarz. Zur Brutzeit färben sich Kopf und Halsoberseite gelb. Mit ihren Schnäbeln geben sie ein charakteristisches, weithin zu hörendes Knattern von sich.

Meerestiere

Die Gewässer um die Inseln sind reich an Fischen: u. a. leben hier Barsche, Meeräschen, Sandaale und Meeraale, Schollen, Seezungen, Brassen und Dorsche. Bekannt sind die Inseln für ihre vielen Schalentiere wie Krabben, Langusten und Hummer. Wellhornschnecken sieht man bei Niedrigwasser an den Felsen. Auch für Austern, die auf Jersey, auf Guernsey und auf Herm gezüchtet werden, sind die Bedingungen günstig.

Delfine

Durch den warmen Golfstrom und die recht gute Wasserqualität gibt es sogar Delfine in Inselnähe. Mit Geduld und etwas Glück kann man sie in den Sommermonaten vor der Ostküste von Jersey sehen. Dort wurde in der Vergangenheit immer wieder eine Gruppe beobachtet, der insgesamt etwa 100 Tiere angehören. Im Abstand von zwei Jahren wurden auch vor der Küste von Guernsey und Sark Delfine gesehen – 35 Tiere sind von Fischern morgens vor Guernsey beobachtet worden, nachmittags vor Sark. Oft begleiten sie Fischerboote oder Fähren, die zwischen den Inseln fahren. Die jungen Delfine werden in den Monaten März und April geboren.

NATURSCHUTZ UND UMWELTQUALITÄT

Umwelt-probleme

Gute Umweltqualität ist eine der Attraktionen, mit denen die Inseln werben und auch Touristen anziehen. Man ist sich der Gefahren, die durch die relativ hohe Bevölkerungsdichte, starke Zersiedelung und nicht zuletzt durch den Tourismus drohen, durchaus bewusst und hat z. B. die Zahl der Gästebetten auf Jersey und Guernsey in der letzten Dekade stark verringert. Eines der Probleme, mit denen die Inseln zu tun haben, ist die Wasserversorgung, die durch einen anwachsenden Tourismus noch schwieriger wird. Gegen das Anlegen weiterer Wasserreservoirs erheben die Umweltschützer Einspruch. Ein anderes Problem ist die hohe Verkehrsdichte.

Wasserqualität

Bisher sind die Gewässer um die Kanalinseln weitgehend **von Umweltbelastungen verschont** geblieben, ein Grund übrigens für die vielen Zuchtstätten von Austern, die auf Wasserverschmutzung sehr empfindlich reagieren. Die Marine Conservation Society bescheinigte bei ihren letzten Tests elf Stränden auf Jersey sowie acht auf Guernsey beste Wasserqualität und Sauberkeit.

Wichtige Institutionen

Wichtige Arbeit für den Naturschutz leisten neben den staatlichen Stellen der National Trust of Jersey und der National Trust of Guernsey sowie die Société Jersiaise und die Société Guernesiaise, die jeweils Gebiete erworben und unter Schutz gestellt haben.

Naturschutz

Auf Jersey hat man das **Dünengebiet Les Mielles** von St. Ouen's Bay unter Naturschutz gestellt. Von den 1500 Pflanzenarten, die auf den Kanalinseln wachsen, sind allein 400 auf diesem Areal zu finden.

Green Lanes

Ebenfalls auf Jersey gibt es ein relativ dichtes Netz von sogenannten Green Lanes, schmalen Straßen, auf denen Fußgänger, Radfahrer und Reiter Vorrang vor Autos haben. Die Geschwindigkeitsbegrenzung liegt bei etwa 24 km/h.

Bevölkerung · Politik · Wirtschaft

Die Bevölkerung der Kanalinseln lebt größtenteils auf Jersey und Guernsey. Die einzigen größeren Städte sind St. Peter Port, die Hauptstadt von Guernsey, und St. Helier, die Hauptstadt von Jersey.

Insulaner

Insgesamt leben auf den Inseln knapp 166 000 Menschen, davon etwa 100 000 auf Jersey, der größten Insel, 63 000 auf Guernsey, 2000 auf Alderney, 600 auf Sark und 60 auf Herm.

Insel-Rivalität

»Toads« (Kröten) werden die Bewohner von Jersey und **»donkeys«** (Esel) die Bewohner von Guernsey genannt. Eine mehr oder weniger starke Rivalität vor allem zwischen den beiden großen Inseln wird

Die Insulaner: mitunter gut behütet und in feinem Zwirn, normalerweise aber eher leger

jedem auffallen, der mit den Insulanern ins Gespräch kommt. Vor
allem auf Guernsey mag man das geschäftige und reiche Jersey nicht
besonders. Jersey dagegen fühlt sich über jede Konkurrenz erhaben.
Wer nachfragt, ob die Abneigung tatsächlich so groß ist, wird deutlich auf die Neckerei hingewiesen. Alderney nimmt am Konkurrenz-
kampf um die Schönheit der Inseln unerschütterlich und humorvoll
teil. Dass ihre Insel das »Aschenputtel« ist, lassen die Insulaner nur
insoweit gelten, als Aschenputtel ja eigentlich genauso hübsch wie
ihre zwei Schwestern war!

Durch die geografische Lage nahe der nordfranzösischen Küste und **Englisch und**
die politische Zugehörigkeit zu England waren die Kanalinseln über **französisch**
Jahrhunderte hinweg einerseits immer wieder Streitobjekt zwischen **geprägt**
den beiden Staaten, andererseits in deren kulturellem Einflussbereich. In kultureller und sprachlicher Hinsicht findet man heute auf
den Inseln sowohl Französisches als auch Englisches.

Die Bevölkerungsstruktur ist relativ uneinheitlich, da man auf den **Bevölkerungs-**
Inseln nicht »unter sich« geblieben ist. Teilweise hängt dies mit der **struktur**
Besatzungszeit zusammen – nicht wenige der heute Vierzigjährigen
haben einen deutschen Großvater – sowie mit der Evakuierung und
den engen Kontakten zu Großbritannien. Dank der günstigen Steu-
erbedingungen sind nach dem Krieg viele vermögende Briten auf die
Inseln gezogen, um ihre Millionen vor dem Fiskus in die Steueroase
zu retten (▶Baedeker Wissen S. 152). Außerdem kommen viele **Sai-**

sonarbeiter aus England, Wales und Schottland auf die Kanalinseln, um dort im Touristikbereich zu arbeiten. Aus demselben Grund trifft man auch vergleichsweise viele, meist von der Insel Madeira stammende Portugiesen, die im Hotelgewerbe, in der Gastronomie und in der Landwirtschaft tätig sind. In den letzten Jahren ist vor allem die Zahl der aus Polen stammenden Saisonarbeiter kontinuierlich gestiegen, erreicht aber bei Weitem noch nicht die der portugiesischen. Aufenthalts- und Arbeitsgenehmigungen der Saisonarbeiter sind jeweils auf neun Monate begrenzt. Betrachtet man die Altersstruktur auf den Inseln, stellt man fest, dass die Gruppe der Zwanzig- bis Fünfundzwanzigjährigen nur schwach vertreten ist. Viele Insulaner verlassen in diesem Alter die Inseln, kommen oftmals aber später wieder zurück.

Wohn-situation Die Preise für Wohnungen und Häuser sind seit dem massiven Zufluss ausländischen Kapitals durch Steuerflüchtlinge drastisch gestiegen. Immobilien auf dem »open market«, dem offenen Markt, der für Zugezogene gilt, sind etwa viermal so teuer wie auf dem »local market«, dem einheimischen Markt. Doch sind selbst die vergleichsweise günstigen lokalen Verkaufspreise für viele Insulaner, die nicht im Finanz- oder Versicherungsgeschäft arbeiten, happig. Häuser und Wohnungen, die einmal im »open market« sind, werden normalerweise auch weiterhin im »open market« verkauft, »local market«-Häuser bleiben in dieser Kategorie.

Bleiberecht Allein durch die Preise für Wohnungen und Häuser sowie durch die normalen Lebenshaltungskosten reguliert sich der Zuzug auf die Inseln, aber auch die Abwanderung. In den letzten Jahren sind aus finanziellen Gründen zunehmend Insulaner von den Inseln weg nach Großbritannien gezogen. **Einwanderung** wird durch Gesetze bewusst klein gehalten, um die Inseln vor Überbevölkerung und Überfremdung zu schützen. Dabei sind die Regelungen, die auch für Insulaner gelten, in den Bailiwicks unterschiedlich: Um eine Wohnerlaubnis für Guernsey zu bekommen, bzw. auf dem »local market« kaufen zu können, muss man eine Lizenz vorweisen können. Diese wird an Personen vergeben, die einen Beruf ausüben, der für die Inselwirtschaft von Bedeutung ist. Voraussetzung für eine Arbeitsgenehmigung auf Jersey ist eine Wohnberechtigung, die schwer zu bekommen ist. Eine Wohnerlaubnis erhält nur, wer auf Jersey geboren ist oder mindestens fünf Jahre dort gelebt hat (wenn er etwas mieten möchte) oder 20 Jahre (wenn er etwas kaufen möchte), oder wer eine besondere berufliche Qualifikation hat, die auf dem Arbeitsmarkt der Insel gebraucht wird. Ausländer, die sich auf Jersey niederlassen wollen, müssen ein stattliches Vermögen vorweisen können, das der Insel jährliche Steuereinnahmen im sechsstelligen Bereich garantiert.

Die Amtssprache auf allen Inseln ist Englisch, daneben wird von gro- **Sprache**
ßen Teilen der Bevölkerung auch Französisch gesprochen. Es gibt
viele **französische Ortsbezeichnungen** oder Straßennamen, die
aber **englisch ausgesprochen** werden. Diese sprachliche Kuriosität
ist historisch bedingt: Die Kanalinseln waren kirchlich jahrhundertelang an Frankreich – an den Bischof von Coutances (Normandie)
– gebunden, politisch waren sie dagegen gleichzeitig der britischen
Krone angegliedert. Bis weit ins 19. Jh. hinein sprach man in der Kirche und in der Verwaltung Französisch, um 1900 wurde allerdings
Englisch als Sprache in den Debatten der Inselregierungen zugelassen. Erst allmählich nahm Englisch überhand; einen größeren Schub
gab es zu Beginn des 19. Jh.s, als viele Engländer auf die Inseln übersiedelten. Bis 1948 war Französisch aber noch die offizielle Sprache
im Gericht und bei Zusammenkünften der Inselregierung; in diesen
Bereichen wird es teilweise auch heute noch verwendet. Zum Beispiel
werden bei den Parlamentssitzungen nach wie vor feststehende For-
meln und Wahlvorgänge französisch vorgetragen, Debatten finden
dagegen auf Englisch statt.
Dass heute ansonsten überall Englisch gesprochen wird, ist nicht zuletzt darauf zurückzuführen, dass während des Zweiten Weltkriegs
Tausende von Inselbewohnern vor der deutschen Besatzung nach
England flüchteten und eine ganze Generation in britischem Umfeld
aufwuchs und englischsprachig unterrichtet wurde.

Bis zu Beginn des 20. Jh.s war die Alltagssprache auf den Inseln ein **Patois**
westnormannischer Dialekt, der sich aus dem normannischen
Französisch entwickelt hat. Er wurde bereits um 1000 n. Chr. hier
gesprochen, und war wohl auch die
Sprache Wilhelms des Eroberers.
Auch einer der bedeutendsten
Dichter des Mittelalters, der von
Jersey stammende Maistre Wace
(▶S. 185), hat seine Schriften in diesem westnormannischen Dialekt
verfasst – ein Beweis dafür, dass es
sich keineswegs nur um eine ge-
sprochene Sprache handelt, wie
sehr oft behauptet wird. Heute wird
Patois nur noch **vereinzelt von
meist älteren Insulanern** und vorwiegend auf dem Land gesprochen.
Auf jeder Insel, sogar in jeder Gemeinde war und ist der Dialekt et-

> **!** BAEDEKER TIPP
>
> *Patois Jèrriais im Originalton*
>
> »La vie té plus paisibl'ye qué au
> jour d'anniet. Y'avet bein p'tit de
> motos sur la route. J'té pus ou
> mains des vannes.« – »Das Leben
> war viel ruhiger als heute. Es gab
> wenige Autos auf der Straße, da-
> für viele Pferdefuhrwerke …«
> Wer diese Erzählung aus alten
> Zeiten in Jèrriais einmal in voller
> Länge im Originalton hören
> möchte, hat die Möglichkeit dazu
> im Jersey Museum in St. Helier.

was unterschiedlich. Auf Jersey wird er als Patois Jèrriais oder einfach
Jèrriais bezeichnet, auf Guernsey als Guernesiaise. Während er lange
den schlechten Ruf als einfache Sprache der Bauern hatte, versucht

Willkommen im Alltag!

Wer die Kanalinseln nicht nur als Tourist erleben möchte, sondern den Alltag der Menschen näher kennenlernen will, findet unter diesen Angeboten sicherlich etwas für seinen Geschmack.

DIE WOHNUNG TAUSCHEN

Manchmal möchte man im Urlaub tiefer in die Wirklichkeit eines Landes eindringen, den Alltag der Menschen kennenlernen und, soweit dies überhaupt möglich ist, für kurze Zeit an ihrem Leben teilhaben. Wem eine Bed-&-Breakfast-Unterkunft nicht nah genug am wirklichen Leben der Menschen ist, kann auch einfach mit einem Briten Haus oder Wohnung tauschen. Diese »Home Exchange« genannte Form der Unterkunft ist auf den Inseln beliebt und wird von vielen Agenturen angeboten. Ein Wohnungs- oder Haustausch schont auch die Urlaubskasse, denn preiswerter als ein Hotel oder Ferienhaus ist es allemal.

www.homeexchange.com
www.guardianhomeexchange.co.uk
www.homelink.org

GARTENBESUCHE

Bei verschiedenen Gartenfestivals wie z. B. »June in Bloom« auf Jersey, dem »Floral Guernsey Summer Festival« auf Guernsey oder dem »Bloomn' Alderney Garden Festival« sind zahlreiche Privatgärten der Inseln zu besichtigen. Deren Besitzer sind immer gerne bereit, über ihre Gärten zu reden und zu fachsimpeln. Das ist jedes Mal eine sehr schöne Gelegenheit, mit Einheimischen ins Gespräch zu kommen und sich bei einer Tasse Tee auszutauschen.

▶S. 95/96

ANDEREN BEI DER ARBEIT ZUSEHEN

Einen oft lehrreichen Einblick in die Arbeitswelt vermitteln Werksbesichtigungen. Auf Guernsey bietet sich Randalls of Guernsey dafür an, die einzige noch existierende Brauerei der Insel. 1868 gegründet, konnte sie als einzige dem Ansturm der international operierenden Großbrauereien widerstehen. Es ist gewiss nicht uninteressant zu erfahren, wie das Bier hergestellt wird, das man abends im Pub trinkt.

www.randallsbrewery.com

GEMEINSAM NATUR UND GESCHICHTE ERLEBEN

Niemand kennt die Insel besser als die Menschen, die dort leben, und so lernt man auch Alderney am besten bei einer von einem Einheimischen geleiteteten Tour kennen.Der Alderney Wildlife Trust organisiert solche Wanderungen in Zusammenarbeit mit der Alderney Society. Dabei handelt es sich nicht um vorfabrizierte Tourismusprodukte: Die Touren werden je nach Bedarf angeboten, Interessierte sollten anrufen.

Tel. 01481 82 29 35

BESUCH BEIM STEINBUTT

Dave Cowburn ist ein ehemaliger Hochseefischer, der sich auf die Zucht von Steinbutt spezialisiert hat. Diesem Geschäft geht er in einem ehemaligen deutschen Bunker bei St. Catherine's Bay nach. Wer Dave Cowburn besucht, erfährt nicht nur, wie man eine Fischfarm betreibt, ohne dabei Medikamente oder Chemikalien einzusetzen, sondern auch sehr viel über die Hochseefischerei von früher und heute.

www.genuinejersey.com/member/ JerseyTurbot/

man heute, den aussterbenden Dialekt zu retten. Dieser Aufgabe widmen sich Kulturvereine wie die Société Guernesiaise oder die Société Jersiaise. Der regionale Rundfunksender auf Guernsey bringt Sendungen auf Guernesiaise, um es auf diese Weise noch am Leben zu erhalten. Einige Ortsbezeichnungen erinnern noch heute an die Normannen bzw. deren skandinavische Ursprünge. So findet man Bezüge zu den Namen der dänischen Inseln, die oftmals auf -ø (ø bedeutet im Dänischen »Insel«) enden wie Romø oder Fanø: Die Endung -ey von Jersey, Guernsey und Alderney entspricht dem dänischen -ø. Vor allem im Küstenbereich der Inseln haben sich **Bezeichnungen normannischen Ursprungs** erhalten, wie »Etacq« (Scheune), »Bancq« (flacher Felsen), »Crocq« (Aussichtspunkt), »Mielle« (Sanddüne), »Dicq« (Damm, Uferstraße), »Valle« (flaches Land) oder »Vraic« (Meerestang). Im Inselinneren findet man eher Bezeichnungen, die aus bretonischer Zeit stammen wie »Cotte« (Schweinestall) oder »Hautgard« (Scheunenhof).

Schulen Während es auf den kleineren Inseln nur Grundschulen gibt, sind Guernsey und Jersey mit Schulen gut ausgestattet. Auf beiden Inseln stehen staatliche und private »Primary«, »Secondary« und «Grammar Schools« zur Verfügung. Außerdem gibt es Ausbildungsmöglichkeiten auf den »Colleges of Further Education«. Zum Studium gehen die meisten Insulaner nach England.

Religion Ein Großteil der Bevölkerung ist Mitglied der anglikanischen Kirche (Church of England), daneben gibt es eine sehr große methodistische Gemeinde sowie Presbyterianer, Katholiken, Juden und Mitglieder der griechisch-orthodoxen Kirche.

VERFASSUNG – POLITISCHES SYSTEM

Sonderstatus Die Kanalinseln haben einen politischen Sonderstatus, da sie zwar als letzter Rest des Herzogtums Normandie der englischen Krone direkt unterstellt sind, nicht aber Teil des Vereinigten Königreichs sind. Insofern unterstehen die Inseln nicht der Regierung in London, sie sind nicht im Parlament in London vertreten, wie auch die Parteien des britischen Parlaments nicht auf den Inseln vertreten sind. Nur die Verteidigung und Vertretung im Ausland liegen in der Hand der britischen Regierung; zuständig dafür ist das Innenministerium. Wie auch die Isle of Man sind die Kanalinseln kein EU-Mitglied, gehören aber zum Zollgebiet der EU.

Verwaltung Die Inseln bilden zwei voneinander völlig unabhängige Verwaltungseinheiten, die **fast schon eigene kleine Staaten** mit weitgehend eigener Gesetzgebung, eigenem Steuerrecht, eigener Währung und eigener Post darstellen. Jersey bildet einen selbstverwalteten Amtsbezirk, »**Bailiwick**« (französisch: »Bailliage«), Guernsey einen zweiten, zu dem auch Alderney, Sark und Herm gehören. Die Felseninseln Les Chausey, die Roches Douvres und Barnouic gehören zu Frankreich und werden von dort aus verwaltet. In den Bailiwicks der Kanalinseln repräsentiert jeweils ein **Lieutenant-Governor** die Krone. Außerdem ernennt die Krone für jeden Amtsbezirk einen **Bailiff**, der in einer Person sowohl Präsident der States (Inselparlament) als auch Verwaltungschef und Vorsitzender des Royal Court (Königliches Gericht) ist. Der Bailiwick of Jersey ist in zwölf »Parishes« (»Gemeinden«) unterteilt, der Bailiwick of Guernsey in zehn. Alderney und Sark (▶Baedeker Wissen S. 288), obwohl zu Guernsey gehörig, haben eine eigene Legislative und eigene Gerichte. Es gibt weder Parteien noch Berufspolitiker; Diäten werden nicht gezahlt.

BAEDEKER WISSEN **?**

Herzögliches Staatsoberhaupt

Historisch gewachsene kuriose Verhältnisse: Die Königin von England ist Staatsoberhaupt der Kanalinseln, jedoch nicht als Königin, sondern in ihrer Eigenschaft als »Herzogin der Normandie«. Großbritannien übernimmt die Verteidigung der Inseln.

Gesetz-gebung

Die Gesetzgebung des britischen Parlaments ist für die Kanalinseln nur dann von Bedeutung, wenn sie ausdrücklich auch für die Inseln festgeschrieben wurde. Ansonsten verfügen die Inseln in inneren Angelegenheiten über eine **weitreichende Autonomie**, die auch die Gesetzgebung betrifft. Die Legislative liegt in der Hand der Inselparlamente. Die vier größeren Inseln haben eigene Parlamente, die States of Jersey, States of Guernsey, States of Alderney und Chief of Pleas auf Sark. In besonderen Fällen ist die Ratifizierung der Gesetze durch die königliche Ratsversammlung in Großbritannien (»The Queen-in-Council«) nötig. Von Bedeutung ist die Autonomie besonders für die Steuergesetzgebung, die die Kanalinseln zur »**Steueroase**« machte, da man 1959 die Einkommenssteuer senkte und keine bzw. eine sehr geringe Mehrwertsteuer, keine Erbschaftssteuer und keine Kapitalertragssteuer erhebt (▶Baedeker Wissen S. 152).

Ausschüsse

Für die verschiedenen Verwaltungsaufgaben werden vom Inselparlament Ausschüsse eingesetzt, die für die einzelnen Ressorts wie Finanzen, Ausbildungswesen, Gesundheitswesen, Straßenbau etc. zuständig sind. In den Ausschüssen sind Mitglieder der Inselparlamente tätig; Beamte arbeiten den Ausschüssen zu.

Rechtswesen

Jeder Bailiwick hat ein eigenes höchstes Gericht, den »Royal Court«. Den Königlichen Gerichten stehen die jeweiligen Bailiffs als Präsidenten vor. Zivilverfahren und Rechtsbeschwerden werden vor dem »Cour Ordinaire« verhandelt.

▶ Englisch:
Channel Islands

Französisch:
Îles Normandes

Alderney

Frankreich

©BAEDEKER

Lage:
**am südlichen Rand
des Ärmelkanals
vor der Küste der
Normandie im
Golf von St. Malo**

Herm

St. Peter Port

Guernsey

Sark

Fläche:
alle Inseln und Felsen: 198 km²
Jersey 116,2 km²
Guernsey 65 km²
Alderney 7,9 km²
Sark 5,5 km²
Herm 2 km²
zum Vergleich: Helgoland ca. 2 km²
Sylt ca. 100 km², Fehmarn 185 km²

Ä R M E L K A N A L

Einwohner: **ca. 166 000 auf allen Inseln**
Jersey ca. 100 000
Guernsey ca. 63 000
Alderney ca. 2000
Sark ca. 600
Herm ca. 60

Jersey

Bevölkerungsdichte
Jersey: **860 Einwohner/km²**
Guernsey: **969 Einwohner/km²**

St. Helier

|_____| 10 km

▶ Inseln

Bewohnt:
Jersey, Guernsey, Alderney, Sark, Herm,
Brecqhou bei Sark, Jethou bei Herm

Unbewohnte Felsen
Les Écrehous (nur Sommer- und Fischerhäu-
ser) und Les Minquiers östlich bzw. südlich
von Jersey, Hanois westlich von Guernsey,
die Felsen Burhou, Ortac und Casquets
westlich von Alderney sowie die Frankreich
angegliederten Inselchen Roches Douvres,
Barnouic und Les Chausey westlich und
südlich von Jersey.

▶ Entfernung zum Festland

**Zur östlich gelegenen normannischen
Halbinsel Cotentin:**
Alderney – Cap de la Hague ca. **15 km**
Guernsey – Cap de Flamanville **45 km**
Jersey – Cap de Carteret **23 km**

Zur englischen Südküste:
Alderney – Portland Bill knapp **90 km**
Guernsey – Start Point ca. **100 km**
Jersey – Portland Bill ca. **140 km**

▶ Wappen/Flagge

Jersey

Guernsey

Die Wappen der beiden
großen Inseln zeigen die
normannischen Leoparden.
Sie gehen auf ein Siegel von
1279 zurück, das durch
Edward I. verliehen wurde.

▶ Klimastation Jersey

Durchschnittstemperaturen

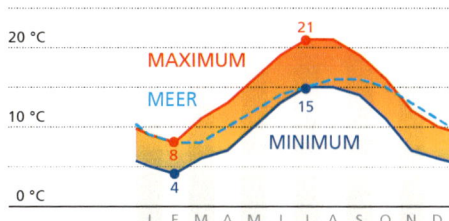

Niederschlag

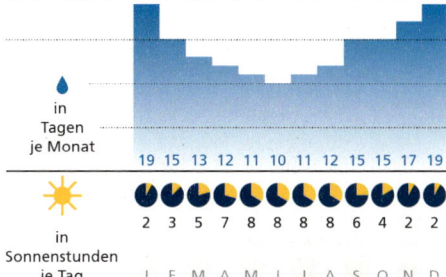

in
Tagen
je Monat

in
Sonnenstunden
je Tag

▶ Crown Dependencies

Die sogenannten »Kronbesitzungen« unterstehen mit
besonderem Rechtsstatus direkt der britischen Krone. Sie
sind keine Kronkolonie und gehören weder zum Vereinigten Königreich noch zur EU. Außer den Kanalinseln ist
noch die Isle of Man eine Kronbesitzung.

Flagge der
Isle of Man

 Jersey, Guernsey und die Isle of Man
bringen eigene **Banknoten** und
Briefmarken heraus.

 Das **Parlament** der Isle of Man besteht seit dem Jahr 979. Es gilt als
das älteste ununterbrochen amtie-
rende Parlament der Welt.

 Die Isle of Man ist bekannt für die
Tourist Trophy, das älteste (seit 1907)
und gefährlichste (bislang 240 Todes-
opfer) Motorradrennen der Welt.

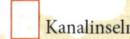

»Clameur de Haro« Mit dem »Clameur de Haro« hat sich bis in heutige Zeiten ein Recht aus dem alten normannischen Gesetzbuch »Le Grand Coutumier« erhalten. Es handelt sich dabei um eine einstweilige Verfügung, die heute wie vor rund 1000 Jahren bei Grundstücksfragen hinzugezogen wird. Ungewöhnlich, da unverändert aus damaliger Zeit übernommen, ist die Form, in der das Anliegen vorgetragen wird. Wer mit einem anderen über seinen Landbesitz in Konflikt gerät und sich betrogen fühlt, liegt mit dem Ausspruch **»Haro! Haro! Haro! à l'aide mon Prince, on me fait tort«** – »Haro! Haro! Haro! Zu Hilfe, mein Prinz, man tut mir Unrecht!« – genau richtig und verhält sich absolut korrekt. Auf Guernsey und auf Alderney folgt anschließend noch das Vaterunser auf Französisch. Unmittelbar nach dieser Aktion, die kniend und in Gegenwart von zwei Zeugen vonstatten gehen muss, muss der Beschuldigte sein Verhalten unterlassen. Der Fall muss innerhalb von 24 Stunden registriert und innerhalb von einem Jahr vor dem Royal Court behandelt werden. Der Anruf »Haro! Haro! Haro!« ist vermutlich eine Kurzform von »Ha, Rollo!« und bezieht sich auf den Normannen Rollo, den ersten Herzog der Normandie. In dem damals bestehenden Lehnswesen bot der Herzog seinen ihm zu Treue verpflichteten Untertanen Schutz und konnte daher in schwierigen Situationen um Hilfe gebeten werden.

WIRTSCHAFT

Von London unabhängig Die Inseln sind wirtschaftlich von London unabhängig, machen ihre **eigene Wirtschaftspolitik** und erhalten **keinerlei Zuschüsse** von London. Naturgemäß haben auf den Inseln im Verlauf der Jahrhunderte Schifffahrt, Handel, Piraterie, Schmuggel und die Fischerei eine wichtige Rolle gespielt, durch das günstige Klima ist aber auch die Landwirtschaft ein traditioneller Wirtschaftszweig. Die begrenzten Erwerbsmöglichkeiten verstanden die Insulaner stets gut auszunutzen, und bei Änderung der äußeren Bedingungen gelang es ihnen immer wieder, flexibel zu reagieren und ihre Tätigkeiten umzustellen. So ist es für die Kanalinseln nicht ungewöhnlich, dass die wirtschaftliche Ausrichtung heute eine deutlich andere ist als nur wenige Jahrzehnte zuvor und dass die ökonomische Situation der Inseln insgesamt immer relativ stabil war. Während noch in den 1970er-Jahren der Tourismus Einnahmequelle Nummer eins war, steht mittlerweile das Finanzgewerbe mit knapp 50 % des Bruttosozialprodukts auf beiden großen Inseln an erster Stelle, gefolgt von Tourismus, Landwirtschaft und Fischerei und einer relativ unbedeutenden Industrie.

Europäische Union Die Kanalinseln sind nicht Mitglied der Europäischen Union, gehören aber zu deren Zollgebiet. Als Großbritannien 1973 EU-Mitglied wurde, wurden die Bailiwicks von Jersey und Guernsey lediglich im

Ein eigenes Segelboot im Hafen – für viele Insulaner kein viel größerer Luxus als ein Auto.

Handelsbereich als EU-Mitglieder definiert. Daher können die Inseln auch keine finanzielle Hilfe der EU beanspruchen. Andererseits hat die Nichtmitgliedschaft insbesondere für die Finanzgeschäfte eine entscheidende Bedeutung, da die **EU keinen Einfluss auf die Steuergesetzgebung** der Inseln besitzt.

Die Finanzwirtschaft erbringt heute mehr als die Hälfte des Bruttosozialprodukts. Bis zu Beginn der 1970er-Jahre war die Situation noch anders, allerdings war die Branche auch damals schon nach dem Tourismus die zweitwichtigste. Gründe für die **explosionsartige Ansiedelung von Banken**, Finanzfachleuten, Steuerberatern, Versicherungsgesellschaften, Immobilienhändlern und Millionären auf Jersey und Guernsey sind die geringe Einkommensteuer von 20 % und der Verzicht auf Vermögens- und Erbschaftssteuer (▶Baedeker Wissen S. 152).

Finanzwirtschaft

Zweitwichtigster Wirtschaftsfaktor ist der Tourismus. Seit den 1950er-Jahren haben sich die Inseln zu einem beliebten Urlaubsziel entwickelt, wobei Jersey den größeren Anteil am Tourismusgeschäft für sich verbuchen kann. Allerdings hat die Bedeutung des Tourismus in den letzten zehn bis 15 Jahren abgenommen: So ist etwa die Anzahl der Betten auf Jersey zwischen 1998 und 2012 um 42 % zurückgegangen, für Guernsey sind die Zahlen ähnlich. Tagestourismus gibt es vor allem auf den kleineren Inseln. Von der französischen Küste aus besuchen jährlich über 100 000 Tagestouristen Jersey.

Tourismus

Einzelhandel

Eine zunehmend wichtige Rolle in der Wirtschaft der Kanalinseln spielt der Einzelhandel. Dies ist vor allem zwei Faktoren zuzuschreiben: Auf den Kanalinseln wird keine, bzw. im Fall von Jersey eine **sehr geringe Mehrwertsteuer** erhoben, und der Kurs des britischen Pfunds, an den die Inselwährungen gekoppelt sind, hat sich in den letzten Jahren stetig nach unten entwickelt. Daher sind viele Waren für Besucher vom europäischen Festland preislich attraktiv.

Landwirtschaft

Gegenüber dem Finanzgewerbe und dem Tourismus ist die Landwirtschaft in den Hintergrund getreten. Im Schnitt werden kaum noch 5 % der jährlichen Einnahmen von den Bauern erwirtschaftet. Eine große Rolle spielt die **Milchwirtschaft**. Die fetthaltige Milch der Guernsey- bzw. Jersey-Kühe ist weit über die Inselgrenzen hinaus bekannt (▶S. 57). Die Inselmolkereien erzeugen Butter, Käse, Sahne und Joghurt, auf den Inseln selbst darf nur frische Milch der Inselkühe verkauft werden. Für den Export sind Kartoffeln, Tomaten, Gemüse und Schnittblumen von Bedeutung. Auf Jersey ist die Frühkartoffel Jersey Royal Hauptexportartikel, aus Guernsey werden vor allem Tomaten und Schnittblumen ausgeführt. Der einst recht einträgliche Obstanbau und die damit verbundene Apfelweinproduktion haben keine Bedeutung mehr. Die Zahl der Obstgärten, der „orchards", ist stark zurückgegangen, und obwohl die Cider-Produktion wieder aufgenommen wurde, hat sie längst keine so große Bedeutung mehr wie in früherer Zeit.

Fischerei

Auch die ehedem so wichtige Fischerei spielt heute keine große Rolle mehr. Der frische Fisch bleibt nur teilweise auf den Inseln und kommt dort über einen Zwischenhändler in die Restaurants bzw. auf die örtlichen Märkte. Der größte Teil der Fänge wird auf den Kontinent und hier in erster Linie nach Frankreich exportiert. Schalentiere – insbesondere Hummer, verschiedene Krebse, Krabben und Wellhornschnecken – haben dabei den größten Anteil, ihr Export ist in den letzten Jahren deutlich angewachsen. Ein wichtiger Ausfuhrartikel sind Austern, die an den Küsten von Jersey und Guernsey gezüchtet werden. Von Guernsey aus exportiert man Austern auch zur weiteren Aufzucht an Austernfarmen in aller Welt. Für den heimischen Markt werden auch Spezialitäten der Inseln, vor allem »ormer« (Seeohr), eine Meeresschnecke, und »scallops« (Kammmuscheln) gezüchtet. Ansonsten werden vorwiegend Brassen, Makrelen und Kabeljau gefangen, außerdem Seezungen, Meeräschen, Schollen, seltener Weißfisch, Steinbutt und Glattbutt.

Handwerk

Unter den traditionellen Handwerkszweigen haben sich der Schiffbau und die Textilindustrie in Maßen halten können. Kunsthandwerker, wie Silber- und Goldschmiede und Glasbläser, sind auf den größeren Inseln vereinzelt ansässig.

Schon im 19. Jh. ein wichtiger Wirtschaftszweig: Schnittblumen

Die Inseln haben eine eigene Währung, das **Jersey Pound** und das   Währung
Guernsey Pound. 1816 wurden die ersten eigenen Banknoten ge-
druckt, 1830 erste Münzen geprägt. Sie gelten auf allen Inseln. In
Großbritannien werden die Zahlungsmittel der Inseln nicht aner-
kannt, obwohl sie denselben Kurs wie das Britische Pfund haben.
Britische Pfundnoten sind dagegen auch auf den Inseln gültig.

Geschichte

Im Wandel der Zeiten

Vor Jahrtausenden durch das Ansteigen des Meeresspiegels vom französischen Festland abgetrennt und bis heute ein letztes Relikt des Herzogtums Normandie, das der englischen Krone untersteht: Kein Wunder, dass im Lauf der Zeiten mal Franzosen, mal Engländer Anspruch auf die Inseln erhoben. Im 20. Jh. kamen dann auch noch die Deutschen und besetzten den Archipel.

FRÜHZEIT UND RÖMER

ab 10 000 v. Chr.	Guernsey, Alderney, Sark und Herm werden durch das Ansteigen des Meeresspiegels zu Inseln.
um 6000 v. Chr.	Jersey wird vom Festland abgetrennt.
ca. 600 v. Chr.	Keltische Stämme besiedeln die Kanalinseln.
ab 58 v. Chr.	Kontakt mit Römern und ihrer Kultur

In der Region der Inseln hielten sich bereits von etwa 25 000 v. Chr. bis 11 000 v. Chr. Menschen auf. In der **Höhle La Cotte de St. Brelade** im Südwesten von Jersey, die als wichtige archäologische Fundstätte einigen Aufschluss über die Frühgeschichte der Inseln gibt, stieß man auf Zähne eines **Neandertalers** und Teile eines Kinderschädels. Man schließt daraus, dass die Höhle Jägern und Sammlern zeitweilig als Aufenthalts- und Lagerort diente, da sie einen guten Schutz vor den häufigen Atlantikwinden bildete. Die Region um die Höhle war in kühleren Perioden, in denen der Meeresspiegel niedriger lag, wahrscheinlich eine weite Grassteppe, auf der Birken, Erlen und Haselsträucher wuchsen. In der Höhle fand man auch Knochen von Pferden, Wölfen, Bären, Füchsen und Hirschen sowie von etwa 20 Mammuten und fünf Nashörnern. Vermutlich wurden die Tiere über die hoch gelegenen Ebenen in die Felsabgründe getrieben und unten in der Höhle geschlachtet und verzehrt. *Altsteinzeit*

Guernsey, Alderney, Sark und Herm wurden nach dem Ende der Eiszeiten ab 10 000 v. Chr. durch das Ansteigen des Meeresspiegels allmählich vom Festland abgetrennt. Jersey, das erst ca. 6000 v. Chr. zur Insel wurde, blieb am längsten mit dem Kontinent verbunden. In den Jahrtausenden danach, wahrscheinlich etwa um 4500 v. Chr., begannen Menschen sich hier anzusiedeln und Ackerbau zu betreiben. Aus *Mittlere Steinzeit/ Jungsteinzeit*

Seit den 1920er-Jahren diente die St. Aubin´s Bay auf Jersey bei Ebbe als – tidenabhängiger! – Flugplatz.

Bauten der Steinzeit-Insulaner: Le Trépied auf Guernsey

dem Neolithikum sind Zeugnisse einer ausgeprägten Megalithkultur erhalten (▶Baedeker Wissen S. 166). **Ganggräber und Menhire**, die ab dem 5. Jtd. v. Chr. angelegt wurden, sind auf Jersey und Guernsey gefunden worden. Keramikfunde belegen eine ausgeprägte Schnurkeramikkultur, die sich in der Endphase des Neolithikums um 2000 v. Chr. auf den Inseln etablierte.

Bronzezeit Eine in St. Helier auf Jersey gefundene goldene Kette, die vermutlich irischen Ursprungs ist, zeugt von **Handelsbeziehungen** mit Irland. In der späten Bronzezeit drangen die ursprünglich im Raum um Oberdonau und Oberrhein ansässigen **Kelten** erstmals nach Nordfrankreich bis zur bretonischen Halbinsel, die sie als Armorica bezeichneten, und in den Bereich der Kanalinseln vor.

Eisenzeit In der späten Eisenzeit sind erste, leicht befestigte Siedlungen angelegt worden, z. B. Rozel auf Jersey und Les Tranquesous auf Guernsey; letztere hat etwa zwischen 50 v. Chr. bis 200 n. Chr. existiert. Vermutlich waren in dieser Zeit vor allem keltische Veneller und Coriosoliten auf den Inseln ansässig.

Römer Als es Caesar zwischen 58 und 51 v. Chr. gelang, Gallien unter seine Herrschaft zu bringen, gab es eine **Auswanderungswelle** von Bewohnern Galliens, die vor den neuen politischen Verhältnissen **auf die Kanalinseln** flüchteten. Für die Römer selbst spielten die Inseln keine bedeutende Rolle, es sind keinerlei Niederlassungen nachgewiesen; möglicherweise hat es aber auf Alderney in der Longis Bay unterhalb des Essex Castle einen befestigten römischen Hafen gegeben. Es hat aber einige Münzfunde gegeben, außerdem stieß man auf **römische Amphoren**, in denen Garum und Olivenöl aus dem Mittelmeerraum transportiert wurde, Glas und Steingut sowie das **Wrack eines römischen Schiffes**, das man Mitte der 1980er-Jahre im Hafen von St. Peter Port entdeckte. Aufschlussreich waren auch die Ausgrabungen von Hausresten bei La Plaiderie in St. Peter Port, die ein typisch römisches Kanalisationssystem aufwiesen. Alle diese Funde zeugen von einem relativ engen Kontakt mit den Römern und ihrer Kultur. Man nimmt an, dass auch römische Gottheiten verehrt wurden und dass die Toten in römischer Art beerdigt wurden.

DIE NORMANNEN KOMMEN

ab 500 n. Chr.	Die Kanalinseln geraten zwischen Machtansprüche von Franken und Bretonen.
7. u. 8. Jh. n. Chr.	Erste christliche Klostergemeinschaften auf Jersey
911 n. Chr.	Beginn des Herzogtums Normandie: Normannenführer Rollo erhält Gebiete als Lehen.
933 n. Chr.	Erste Erwähnung der Kanalinseln als Teil des Herzogtums Normandie

Im Zuge der Völkerwanderung und des allmählichen Zerfalls des Römischen Reichs rückten im 5. Jh. Franken von ihrem Ursprungsgebiet östlich des Niederrheins in Richtung Westen in die heutige Normandie vor. Unter Chlodwig (482–511 n. Chr.) konnten sie den Römern 486 die Region zwischen Somme und Loire mit Ausnahme der Bretagne abnehmen. Die heutige Bretagne wurde von keltischen Briten (Bretonen) beherrscht. Diese waren nach dem Abzug der Römer aus Britannien durch den Einfall der germanischen Angeln, Sachsen und Jüten, die von Osten über die Nordsee gekommen waren, nach Westen (Cornwall und Wales) vertrieben worden. Ein Teil der Bretonen war auf den Kontinent in die Bretagne geflüchtet. Die Kanalinseln lagen somit in den nächsten Jahrhunderten **im Grenzbereich zwischen fränkischer und bretonischer Herrschaft** und gerieten in die Auseinandersetzungen um Machtansprüche. Es gibt kaum Kulturspuren aus dieser Epoche, weder über die Inselnamen noch über die damalige Bevölkerung ist viel bekannt – daher auch die Bezeichnung »dark ages« (dunkle bzw. geheimnisvolle Zeit). **»Dark ages«**

Die Inseln lagen im Einflussbereich eines keltisch und eines römisch geprägten Christentums. Keltisches Christentum kam schon früh durch die traditionellen Handelsrouten und mit den Flüchtlingen aus Britannien, das seit dem 3. Jh. zunehmend christianisiert worden war, auf die Inseln. Bekannt wurde der **Missionar St. Sampson**, der auf Guernsey und Jersey tätig war und später Bischof von Dol-de-Breta- **Christianisierung** gne nahe St. Malo wurde. Das römisch geprägte Christentum schickte ab dem 6. Jh. erste Missionare von Nordfrankreich auf die Inseln. Der bekannteste war der Prediger **Helerius oder Helibert** auf Jersey, der von Marculf, dem Bischof von Coutances auf der normannischen Halbinsel Cotentin, gesandt worden war. Außerdem waren St. Magloire auf Sark und St. Vignalis auf Herm tätig. In dieser Zeit wurden die Inseln häufig von germanischen Piratenschiffen überfallen und geplündert. Auf Jersey fiel Helerius 555 einem Anschlag von sächsischen Piraten zum Opfer. Auf dem Islet am Elizabeth Castle, auf dem er gelebt hatte, und auf der kleinen Île Agois an der Nordküste von Jersey entstanden im 7. und 8. Jh. erste kleine Klostergemeinschaften.

Normannen   Ab Ende des 8. Jh.s wurde Westeuropa zunehmend von skandinavischen Wikingern (»Nordmannen«), die an den Küsten Dänemarks, Südnorwegens und Südschwedens (»Wikinger« leitet sich ab vom nord. »wik« = Bucht) ansässig waren, heimgesucht. Eine Gruppe von Wikingern, deren genaue Herkunft nicht geklärt ist, eroberte Ende des 9. Jh.s das zu diesem Zeitpunkt fränkische Gebiet um die Seinemündung, das seine Bezeichnung Normandie nach eben diesen »Nordmannen« trägt. Um 911 schlossen Karl der Einfältige, König des westfränkischen Reichs, und der **Normannenführer Rollo** (▶Berühmte Persönlichkeiten) das Abkommen von St.-Clair-sur-Epte, in dem Rollo Gebiete an der unteren Seine als herzogliches Lehen erhielt, nachdem er Karl den Treueid geschworen hatte. Vermutlich knüpfte sich daran auch die Bedingung zur christlichen Taufe, jedenfalls ist Rollo in einer Urkunde von 913 als christlicher Herrscher erwähnt. Damit waren die Ursprünge des Herzogtums Normandie, deren letztes Überbleibsel die Kanalinseln – oder bis heute auch »Normannische Inseln« – sind, gelegt. Im Jahr 933, als Rollos Sohn Wilhelm Langschwert (William Longsword) das Herzogtum übernommen hatte, wurde erstmals auch die Halbinsel Cotentin samt den vorgelagerten Inseln, die bis zu diesem Zeitpunkt unter bretonischer Herrschaft waren, als Teil des Herzogtums genannt. Durch die engen Beziehungen zu den Westfranken übernahmen die Normannen zunehmend auch wesentliche Teile der fränkischen Kultur. Zur christlichen Taufe kam die französische Sprache. Auch das normannische Lehns- und Rechtssystem war deutlich vom fränkischen beeinflusst. Der von den Normannen entwickelte Gesetzeskodex, der erst Jahrhunderte später im **»Le Grand Coutumier«** schriftlich festgehalten wurde, kam über die Normandie auf die Kanalinseln und später nach England. Dieses Werk bildete die Grundlage für ein Rechtssystem, wie es auf den Kanalinseln noch heute gültig ist.

Feudales Lehnssystem   Die Normannen führten auf den Kanalinseln das feudale Lehnssystem ein, das auch unter der englischen Krone bestehen blieb. Der Herzog bzw. König übergab Ländereien als Lehnsgüter (»Fief«) an

Wilhelm der Eroberer, Herzog der Normandie, landete 1066 mit seinem Heer in Südengland und erkämpfte sich die Krone.

sogenannte **Seigneurs**, die in der Regel Mitglieder der normannischen Oberschicht oder Bischöfe waren. Die Seigneurs garantierten im Gegenzug militärische Unterstützung und hatten spezielle Privilegien; so hatten nur sie eigene Mühlen, durften Tauben züchten und konnten Steuern einkassieren. Teile ihrer großen Ländereien konnten sie wiederum an **»Tenants«** (Pächter) verpachten; diese mussten einen Teil ihrer Ernte an den Seigneur abgeben (▶Baedeker Wissen S. 288).

UNTER ENGLISCHER HERRSCHAFT

1035	Wilhelm der Eroberer wird Herzog der Normandie.
1066	Wilhelm siegt in der Schlacht von Hastings und lässt sich zum König von England krönen.
1471	Auf Jersey und Guernsey wird jeweils ein Gouverneur als Repräsentant der englischen Krone eingesetzt.
17. Jh.	Der englische Bürgerkrieg entzweit die Bewohner der Kanalinseln.

Im Besitz der
englischen
Krone
1035 wurde **Wilhelm der Eroberer** Herzog der Normandie. Sein Cousin, der englische König **Edward der Bekenner**, Sohn einer Normannin, versprach ihm 1051 die englische Krone. Edward hatte in seiner Regierungszeit eine mit Normannen besetzte Verwaltung eingerichtet und so den normannischen Einfluss gefördert. Im Januar 1066 starb Edward. Seine Gegner, angelsächsische Nationalisten, die eben diese Politik nicht billigten, wählten aus ihren Reihen **Harald** zum König, woraufhin sich Wilhelm, Herzog der Normandie, veranlasst sah, im September desselben Jahres mit seinem Heer in Sussex an der südenglischen Küste zu landen. Am 14. Oktober 1066 besiegte er Haralds Truppen in der **Schlacht von Hastings**, ließ sich zum König krönen und übergab als Wilhelm I. Landbesitz und Bistümer an den normannischen Adel. Die Kanalinseln lagen somit innerhalb des anglo-normannischen Königreichs, einem zentral gelenkten Feudalstaat, in dem England und das Herzogtum Normandie durch Personalunion verbunden der englischen Krone unterstellt waren.

Der **englische König** ist seither in seiner Eigenschaft **als Herzog der Normandie** im **Besitz der Kanalinseln**. Für diese Verbindung entschieden sich die einflussreichsten Familien auf den Inseln nochmals 1204, als der englische König John Lackland (Johann ohne Land) die Normandie an den französischen König Philipp II. August verlor, die Insulaner den englischen König in seiner Funktion als Herzog der Normandie aber weiterhin als Lehnsherrn anerkannten. Sie ließen sich von ihm weitgehende politische und wirtschaftliche Freiheiten zusichern; so konnte etwa der Weinhandel zwischen der Gascogne und England florieren.

Andererseits war auch der englische König an den Kanalinseln als militärischer Basis für eine Invasion in die Normandie interessiert. Im 13. Jh. strich Heinrich III., Sohn von John Lackland, den Titel »Herzog der Normandie«. Dies betraf aber nur das verloren gegangene Festland, für die Inseln behielt er den Titel bei. Diese Regelung hat die Zeiten überdauert, so dass die Inseln heute noch »a peculiar of the Crown« sind und die englische Königin auch heute noch als Herzogin der Normandie die Kanalinseln direkt regiert. Kirchlich unterstanden die Inseln indes seit Jahrhunderten dem Bischof von Coutances auf dem französischen Festland.

Zwischen
England und
Frankreich
Mit der neuen politischen Situation gerieten die Kanalinseln schnell zwischen die Fronten. Mehrmals wurden sie von den Franzosen angegriffen, allerdings ohne Erfolg, denn mit dem Gorey Castle auf Jersey und dem Castel Cornet an der Ostküste von Guernsey waren nach dem Jahr 1204 starke Festungen errichtet worden, die ihre abschreckende Wirkung erfüllten. Aber immer wieder griffen Franzosen Handelsschiffe und Fischerboote der Insulaner an, um die Wirtschaft der Inseln zu schädigen.

Heute wie damals – der englischen Krone gehören die Channel Islands.

Im Hundertjährigen Krieg, der von 1339 bis 1453 zwischen Frankreich und England tobte, **konnten die Franzosen Guernsey erobern** und sich dort zeitweilig einrichten; der Versuch, auch Jersey einzunehmen, missglückte dagegen. Bis 1360, als Frankreich in einem kurzen Zwischenfrieden (Frieden von Brétigny) auf alle Ansprüche verzichten musste, wurden die Inseln immer wieder von französischen Truppen überfallen, Dörfer geplündert und Ernten vernichtet. Schon im Jahr 1369 brach der Krieg erneut aus. Zudem dezimierte eine Pestepidemie die Inselbevölkerung erheblich, ein schwerer Schlag, auf Sark lebte nach 1348 zwei Jahrhunderte lang praktisch niemand mehr.

Hundert-jähriger Krieg

Als England kurz nach Ende des Hundertjährigen Kriegs durch die Rosenkriege in Atem gehalten wurde – der Machtkampf zwischen

Rosenkriege (1455 – 1485)

dem Haus Lancaster (mit der Roten Rose als Zeichen) und dem Haus York (Weiße Rose) – erhielt der **Franzose Jean de Carbonnel** 1461 Gorey Castle und schließlich ganz **Jersey** als Dank für seine **Unterstützung des Hauses Lancaster**. Aus dieser Zeit stammt die französische Bezeichnung Mont Orgueil (»Berg des Stolzes«) für Gorey Castle. Unter Edward IV. konnte Jersey 1468 von Yorkisten zurückerobert werden.

Neutralität   Edward IV. war es auch, der beim Papst Neutralität für die Inseln erbat, da sich die Situation der Bevölkerung durch fast 150 Kriegsjahre und durch die Pest dramatisch zugespitzt hatte. 1483 erließ **Papst Sixtus IV.** daraufhin eine Bulle, in der kriegerische Auseinandersetzungen im Gebiet der Kanalinseln sowie eine Nutzung als strategischer Stützpunkt untersagt wurden. Erlaubt waren Handelsbeziehungen, auch in Kriegszeiten. Diese Vorschrift ermöglichte den

Elizabeth Castle vor der Küste von Jersey bei Ebbe. Der Erbauer, Sir Walter Raleigh, benannte es nach der englischen Königin.

Insulanern zunächst ein normales Leben, und schließlich wurde damit sogar ein Aufschwung eingeleitet, da nun uneingeschränkt auch mit Handelspartnern, die in Kriege verwickelt waren, wirtschaftliche Beziehungen gepflegt werden konnten. Bis 1689 blieb diese Regelung bestehen, dann wurde sie von Wilhelm III. von Oranien aufgehoben.

In die für die Inselbevölkerung äußerst zermürbenden Kriegsjahre fiel 1471 eine Verwaltungsreform, nach der Jersey und Guernsey jeweils einen eigenen **»governor«** (Gouverneur) bekamen, der als **Repräsentant der Krone** den Inselverwaltungen (Bailiwicks) vorstand. 1559 erhielt auch Alderney einen eigenen Gouverneur. In der »Grand Charter«, die Elizabeth I. am 29.7.1559 unterzeichnete, wurden die Kompetenzen der Inseln, die sie bereits durch John Lackland zugesichert bekommen hatten, nochmals bestätigt. Neben der Selbstverwaltung wurde den Inseln zudem eine eigene Rechtsprechung, die vom Royal Court zunächst gemeinsam mit legislativen Funktionen ausgeübt wurde, zugesichert. Die damals unterzeichnete Verfassung hat im Großen und Ganzen **bis heute Gültigkeit**. `Verwaltung`

Während die weltliche Macht bereits seit Jahrhunderten von England ausging, waren die Inseln kirchlich noch im 15. Jh. dem Bischof von Coutances unterstellt und auf diese Weise dem französischen Festland verbunden. Dieses machte sich insbesondere in sprachlicher Hinsicht bemerkbar, da die Bibel in französischer Sprache geschrieben war. 1416 zog Heinrich V. jedoch den Besitz aller ausländischen, d. h. französischen Klöster ein, womit die kirchliche und somit auch wirtschaftliche Verbindung zu Frankreich schon zu diesem Zeitpunkt mehr und mehr abgebrochen wurde. Eine deutliche Wende wurde im 16. Jh. eingeleitet, als Heinrich VIII. mit dem Papst brach, da dieser seine Ehescheidung nicht anerkannte. 1531 ließ er sich vom Klerus als kirchliches Oberhaupt anerkennen, 1534 wurde die Suprematsakte, in der die von Rom unabhängige anglikanische Staatskirche festgeschrieben war, vom Parlament bestätigt. 1547 wurden sowohl die katholische Messe als auch die katholische und somit französische Gebetssammlung verboten. Elizabeth I. löste daraufhin 1569 die Verbindung der Inseln mit der Diözese Coutances und ließ sie der Diözese Winchester in Südengland angliedern. Doch gab es zunächst keine anglikanischen Priester, die die neuen Lehren auf den französischsprachigen Inseln verbreiten konnten. Französische Hugenotten (Calvinisten), die während der Reformation aus dem katholischen Frankreich flüchten konnten und sich teilweise auf die Inseln retteten, übernahmen diese Aufgabe. Nun waren die Inseln politisch wie kirchlich an England gebunden und unterschieden sich zudem in der Konfession vom nahen Festland. Im Zuge der Reformation wurden auf den Inseln zahlreiche Symbole des römisch-katholischen Glaubens zerstört. Eine Reaktion auf die Entwicklungen war der Bau `Kirche` des Elizabeth Castle, das das technisch nicht mehr ausreichende Gorey Castle ersetzte. Der damalige Gouverneur von Jersey, Sir Walter Raleigh (▶S. 79), benannte es im Jahr 1600 nach der englischen Königin, mit der ihn eine freundschaftliche Beziehung verband.

Freibeuterei Während ein Großteil der Bevölkerung seit dem 15. Jh. von der Neufundlandfischerei (Kabeljau) lebte, brachte im 17. und 18. Jh. die legale Freibeuterei einigen Reichtum auf die Inseln. Ende des 16. Jh.s stellte Elizabeth I. erstmals die als **»Letter of Marque«** bezeichneten offiziellen Erlaubnisscheine aus, die privaten Seeleuten, sogenannten »Privateers«, die Genehmigung erteilten, mit Waffengewalt Handelsschiffe anderer Länder, vor allem französische und spanische, zu kapern. Die Insulaner machten sich ihr Wissen über die gefährliche Küste mit Felsen und Riffen zunutze und verstanden es, fast den gesamten französischen Küstenhandel zum Zusammenbruch zu bringen. 20 % der Gewinne mussten die »Privateers« an das Königshaus abgeben. 1815 wurde die Freibeuterei von Georg III. verboten.

Wollproduktion Seit dem 15. Jh. waren zudem viele Insulaner mit dem Herstellen von Wollprodukten beschäftigt. Pullover, Jacken und Strümpfe wurden nach England, Frankreich, Spanien und selbst nach Amerika exportiert. Angeblich soll sogar Maria Stuart am Tag ihrer Hinrichtung Strümpfe aus Jersey getragen haben. Entsprechend viele Schafe gab es auf den Inseln. Jedoch war der Bedarf an Wolle so groß, dass das Rohmaterial zusätzlich aus England importiert werden musste. Einige Insulaner waren quasi Vollzeit-Stricker, andere strickten für einen Nebenerwerb. Die Strickerei nahm solche Ausmaße an, dass die Regierung schließlich um die Landwirtschaft zu fürchten begann und 1608 ein generelles **Strickverbot während der Erntezeit** erließ.

Bürgerkrieg Im 17. Jh. wurde England durch den Bürgerkrieg (1642–1648) erschüttert, der zwischen Königshaus und Parlament ausbrach. Das englische Parlament, die Vertretung der Stände, erhob sich, verärgert über Pläne der Krone, die anglikanische Staatskirche gegen den Widerstand der Puritaner in England und der Presbyterianer in Schottland auszuweiten, gegen das Haus Stuart. Kavaliere und das von dem Puritaner **Oliver Cromwell** geführte Parlamentsheer kämpften gegeneinander. Cromwells Truppen besiegten die Kavaliere, und mit Zustimmung seines aus radikalen Puritanern bestehenden Parlaments, aus dem die Presbyterianer eliminiert worden waren, ließ Cromwell Charles I. am 30. Januar 1649 hinrichten. Er errichtete eine diktatorisch geführte Militärregierung, die Monarchie war abgeschafft. Für die Kanalinseln wurde der Bürgerkrieg insofern bedeutsam, als die politischen Ereignisse die Inseln spalteten: Große Teile der Inselbevölkerung auf Guernsey stellten sich auf die Seite Cromwells und damit gegen den königstreuen Gouverneur Sir Peter Osborne, der sich auf Castle Cornet verschanzte. Auf Jersey sympathisierten die Insulaner aus Verärgerung über die allmächtige Familie de Carteret mit den Parlamentariern. Philippe de Carteret zog sich in das Elizabeth Castle zurück, wo er im Jahr 1643 starb. Nach seinem Tod trat sein Neffe **George de Carteret** (ebenfalls hinter den Burgmauern geschützt) seine Nachfolge an.

Um seine **Loyalität gegenüber dem Haus Stuart** zu beweisen, gewährte George de Carteret dem jungen Prinz Charles, dem späteren Charles II., im Elizabeth Castle Exil und rief ihn zwei Wochen nach der Hinrichtung seines Vaters in St. Helier zum neuen König aus. Im Dezember 1651 mussten sich sowohl Peter Osborne als auch George de Carteret den Parlamentstruppen ergeben. Der General Monk rief nach Cromwells Tod Charles II. ins Land zurück, der erklärt hatte, er werde mit einem frei gewählten Parlament regieren. Die Monarchie war wiederhergestellt. Jerseys Bailiff George de Carteret erhielt 1664 als Anerkennung für seine Loyalität die Provinz New Jersey in Amerika, deren Übergabe England gerade von den Niederlanden erzwungen hatte.

KÄMPFE UND SCHMUGGEL

ab 1775	Auf den Inseln werden Festungen gegen drohende Angriffe von Frankreich errichtet.
18./19. Jh.	Der Schmuggel bringt den Inseln Reichtümer ein.

1771 wurden legislative und judikative Gewalt, die bis zu diesem Zeitpunkt beim Royal Court lagen, getrennt. Mit dem von Colonel Bentinck, »lieutenant-governor« auf Jersey, ausgearbeiteten »Code of Laws« erhielten die Inselparlamente (»States«) gesetzgebende Kompetenzen. Die Rechtsprechung blieb in den Händen des Royal Court. **Code of Laws**

Im 18. Jh. versetzte die alte Feindschaft zwischen England und Frankreich die Inseln erneut in Angst und Schrecken. Als sich Frankreich während der amerikanischen Unabhängigkeitskriege (1775–1783) auf die Seite der revoltierenden amerikanischen Kolonien und damit gegen England stellte, waren die Insulaner alarmiert. Ab etwa 1775 begann man mit dem **Bau von Wehrtürmen** an den Stellen, an denen gute Anlandemöglichkeiten bestanden. 1781 fiel eine Truppe von Franzosen unter der Führung des Baron von Rullecourt denn auch auf Jersey ein. Der spektakuläre, da letztlich trotz aller Alarmbereitschaft doch völlig überraschende Coup mit nur rund 1000 Mann gelang, und der Lieutenant-Governor von Jersey wurde zur Kapitulation gezwungen. In der bekannten Schlacht **»Battle of Jersey«** zwischen dem Inselmilitär und den Männern Rullecourts konnten die Insulaner die Franzosen aber besiegen. Dieser Überfall **Battle of Jersey**

»Battle of Jersey« – erbitterte Schlacht mit den Franzosen

blieb der letzte in der Geschichte der Kanalinseln. Da man trotzdem noch weitere Angriffe befürchtete (vor allem zur Zeit Napoleons) wurden die Inseln mit den sogenannten **Martello-Türmen** nahezu lückenlos abgesichert. Im Ergebnis unternahm Frankreich keine weiteren Versuche mehr, sich der Inseln zu bemächtigen.

Schmuggel Im 18. Jh. lebten die Kanalinseln großenteils vom Schmuggel. Luxusartikel wie Tee, Wein und Tabak wurden illegal eingeführt und weitergegeben. Eine besondere Bedeutung hatte der Schmuggel für **St. Peter Port** auf Guernsey, das als **Hauptumschlagplatz** für die eingeschleuste Ware galt. In London wusste man von dem illegalen Handel, hatte aber wenig Möglichkeiten einzugreifen, da die führenden Familien auf den Inseln vom Schmuggel profitierten und Gesetze, die die Hinterziehung unterbunden hätten, verhinderten. Einen Aufschwung erlebte der Schmuggel nochmals zu Zeiten der Kontinentalsperre, die Napoleon im Jahr 1806 als Wirtschaftsblockade gegen England verhängte, nachdem er an der englischen Flotte gescheitert war. Da durch diese Maßnahme auch die wirtschaftlichen Interessen der mit England Handel treibenden Staaten empfindlich gestört wurden, entfaltete sich der Schmuggel in dieser Zeit zu seiner vollen Blüte.

Über mehr als zwei Jahrhunderte hatte die Church of England ihr **Kirche** Monopol auf den Inseln. Ende des 18. Jh.s brachten Fischer, die länger in Neufundland gewesen waren, den **Methodismus** auf die Kanalinseln. Im Jahr 1787 besuchte der Begründer des Methodismus, John Wesley, die Inseln. Auch Katholiken kamen Ende des 18. Jh.s vermehrt auf die Kanalinseln. Seit der Reformation war der Katholizismus hier verboten, doch wurde Katholiken, die während der Revolution aus Frankreich flüchteten, Aufenthalt gewährt. Sie durften Gottesdienste abhalten, allerdings war ihnen verboten, Insulaner zu bekehren.

INSELLEBEN IM WANDEL

ab 1800	Die Inseln werden zunehmend anglisiert. In der Inselregierung ist nach wie vor Französisch offizielle Sprache.
ab 1820	Dampfschifffahrt, Eisenbahn, Postschiffe, Telefon, Autos und erste Touristen verändern das Inselleben.
1835/1854	Der Posten des Gouverneurs wird abgeschafft und durch den Lieutenant-Governor ersetzt.
Mitte 19. Jh.	Aufrüstung gegen vermeintliche Bedrohung Frankreichs

Zu Beginn des 19. Jh.s ließen sich relativ viele Engländer auf den In- **Zunehmende** seln nieder, wodurch ein tiefgreifender Wandel in der Inselgesell- **»Angli-** schaft eingeleitet wurde. Die normannisch-französische Sprache und **sierung«** Kultur wurden von nun an zunehmend durch englische Einflüsse überlagert. Die Engländer bauten sich ihre Häuser im englischen Stil und gaben eine eigene Zeitung heraus. Ab 1852 gab es auf Jersey ein College für Jungen, das englisch ausgerichtet war, und wer nicht auf diese Schule ging, besuchte meist ein College direkt in England. 1880 wurde ein »Ladies' College« eröffnet, bis zu diesem Zeitpunkt besuchten Mädchen die höheren Schulen in Frankreich oder England. Ab 1900 war **Englisch als Sprache in den Debatten der Inselregierung** zugelassen, Französisch blieb aber weiterhin noch offizielle Sprache.

In den 1830er-Jahren lieferten die **Austernbänke** im Südosten Jer- **Gute Export-** seys Unmengen von Austern, die größtenteils nach Frankreich ver- **geschäfte** kauft wurden. Ein weiteres gutes Exportgeschäft machte man seit 1789 mit **Jersey- und Guernsey-Rindern**, die eine besonders nahrhafte Milch gaben und über die Grenzen der Kanalinseln hinaus bekannt waren. Es wurde sehr darauf geachtet, dass keine andere Rinderart auf die Inseln gebracht wurde. 1860 wurden 16 Pfund für ein Rind bezahlt, 1880 nicht weniger als 400 Pfund. Auch der Anbau und Export von Gemüse und **Blumen aus Gewächshäusern** war ein wichtiger Wirtschaftszweig. Auf der Insel Guernsey wurde Ende des

19. Jh.s **Wein** in Treibhäusern, sogenannten »**vineries**«, angebaut, und vor allem florierte das Geschäft mit Tomaten, den »**Guernsey-Toms**«.

Silber- und Granitabbau

Auf Sark spielte für kurze Zeit der Abbau von Silber eine Rolle. Durch Fehlwirtschaft, den Verlust eines voll geladenen Transportschiffs und den Einbruch einer Silbermine musste man den Silberbergbau aber wieder einstellen. Granit wurde im 19. Jh. ein bedeutender Exportartikel, der nach England zum Bau von Straßen geliefert wurde. Vor allem auf Alderney und Guernsey baute man große Mengen Granit ab. 1861 wurden allein im Hafen von St. Sampson auf Guernsey 737 Schiffe mit insgesamt rund 143 000 t Stein beladen.

Verwaltung

In der Verwaltung der Kanalinseln gab es im Verlauf des 19. Jh.s abermals einige Veränderungen. Bis Mitte des Jahrhunderts war auf Guernsey, Jersey und Alderney jeweils ein Gouverneur Repräsentant der Krone. Dieser wurde vor Ort aber in der Regel durch den **Lieutenant-Governor** vertreten, da der Gouverneur selbst oftmals nicht auf den Inseln wohnte. Der Posten des Gouverneurs wurde daher auf Guernsey 1835 abgeschafft, auf Jersey 1854. In beiden Fällen übernahmen Lieutenant-Governors deren Aufgaben und waren auch direkt der Krone unterstellt. Als der letzte Gouverneur von Alderney sein Amt an die Regierung verkaufte, wurde die Insel verwaltungstechnisch Guernsey zugeteilt. 1857 wurden erstmals »Deputies« (Abgeordnete) als Vertreter der einzelnen Gemeinden in das Inselparlament gewählt. **Friedrich Engels** (1820–1895) beschreibt in einem Brief an Karl Marx vom 29. Oktober 1857 aus St. Helier die **feudalistischen Gesellschaftsverhältnisse** jener Zeit: »Es ist übrigens sehr viel Humor in dieser postumen Feudalwirtschaft hier, und der ganze Dreck ist unendlich lächerlich. Ein moderner Advokat als Seigneur, und die shopkeeper von Saint-Hélier als Vasallen, die Maskerade ist ganz spaßhaft. Die Kerls halten jetzt feudale Gerichtshöfe ab, der prévôt du Seigneur ist ein carver und gilder, der kein Wort französisch kann, und, obwohl zweite Hauptperson, gar nicht versteht, was vorgeht. Der Seigneur droht seinen ungehorsamen Vasallen, deren ca. 60–70 Prozent der ganzen Zahl sind, die Häuser konfiszieren zu wollen, und die Vasallen – drapers und tallow-chandlers – drohen, Gewalt mit Gewalt zu vertreiben. Voilà der gegenwärtige Stand.«

Befestigungen

Mitte des 19. Jh.s fühlte sich Großbritannien nochmals durch Frankreich bedroht, als der Kriegshafen Cherbourg in der Normandie ausgebaut wurde. Als Reaktion darauf begannen die Engländer zwischen 1847 und 1861 die Kanalinseln hochzurüsten. Auf Jersey wurde Catherine's Breakwater gebaut. Auf der Cherbourg am nächsten gelegenen Insel **Alderney** sollten mehrere befestigte Hafenanlagen für Kriegsschiffe und Forts angelegt werden – ein Vorhaben, das nie zu

Ende geführt wurde. Immerhin sind aus dieser Zeit noch **zwölf viktorianische Verteidigungsanlagen** erhalten. Zu dem befürchteten französischen Angriff kam es nicht.

Ab 1889 verbanden Postschiffe die Inseln untereinander und mit England. Postzustellungen gab es schon erheblich früher, bis zum Jahr 1794 waren sie in privater Hand, dann waren sie von der britischen Postdirektion übernommen worden. Erst mit der Dampfschiffverbindung wurde der Postverkehr kalkulierbarer, da er nun nicht mehr so stark vom Wetter und den Windverhältnissen abhängig war. 1898 wurde die **erste Telefonverbindung** eingerichtet.

Postverbindung

Die technischen Neuheiten, die ihren Einzug in den europäischen Alltag hielten,

> **?**
> **BAEDEKER WISSEN**
>
> *Die ersten britischen Briefkästen*
>
> Mitte des 19. Jh.s wurden auf Jersey und Guernsey Straßenbriefkästen aufgestellt – sie waren die ersten frei stehenden Briefkästen der britischen Inseln. Die Briefkästen sind auf den Kanalinseln traditionell rot, aber heute sind die Inseln wegen ihrer Steuervorteile eher für ihre zahlreichen Briekastenfirmen bekannt.

sollten bald auch das Leben auf den Kanalinseln verändern. In Zusammenhang mit den Befestigungsbauten bekam Alderney im Jahr 1847 als erste der Kanalinseln eine eigene Eisenbahn. Die Strecke führte vom Steinbruch Mannez Quarry zum Braye Harbour und diente zum Transport des schweren Granitgesteins für die massiven Mauern der Hafenanlagen. 1870 eröffnete man auch auf Jersey eine Bahnstrecke. Sie führte von St. Helier nach St. Aubin und später weiter nach La Corbière, ab 1873 gab es eine zweite Strecke von St. Helier nach Gorey.

Eisenbahn

1823 fuhr erstmals der Raddampfer »Medina« die Inseln an. Ein Jahr später nahm eine **regelmäßige Dampfschifflinie** zwischen Southampton und den Inseln ihren Betrieb auf. Erste Schifffahrtsgesellschaften wurden gegründet: 1846 die New South Western Steam Packet Co. aus Southampton, die einen regelmäßigen Verkehr nach Guernsey, Jersey und Le Havre unterhielt, und 1857 die Weymouth & Channel Islands Steam Packet Co., die ihren Schiffsverkehr von Weymouth aus anbot. Beide boten Eisenbahn-Zubringerdienste zu den südenglischen Häfen an. 1899 ereignete sich ein schweres Schiffsunglück (▶Baedeker Wissen S. 263).

Schiffsverkehr

1899 kamen erstmals Autos nach Jersey. Schon zu Beginn des Jahrhunderts waren die Wege über die Insel stärker befestigt und zu kleinen Straßen ausgebaut worden. Gasbeleuchtung erhielten die Inseln 1831. Für die Schifffahrt wurde der Bau mehrerer **Leuchttürme** be-

Autoverkehr, Beleuchtung

deutsam: 1877 errichtete man auf den Casquets-Felsen nordwestlich von Alderney einen Leuchtturm, 1874 wurde der Corbière-Leuchtturm auf Jersey gebaut.

Tourismus   Mit der Einrichtung eines regelmäßigen Schiffsverkehrs nach England kamen Mitte des 19. Jh.s vermehrt Badegäste auf die Inseln. Bereits nach den napoleonischen Kriegen war eine kleine Zahl von Gästen nach Jersey gekommen, und spätestens 1830 wurde die Insel als touristischer Ort entdeckt. Die Urlauber erkundeten die Insel zu Fuß, per Pferd oder mit der Kutsche. Erste Reiseführer wurden veröffentlicht, Hotels und Meerschwimmbecken gebaut. Die **bekanntesten Inselgäste** waren der Schriftsteller **Victor Hugo**, der auf Jersey und später auf Guernsey im Exil lebte (▶Baedeker Wissen S. 248), und der Maler **Auguste Renoir**, der sich in seinen Gemälden durch die Schönheit der Inseln inspirieren ließ und dies auch in Worten zum Ausdruck brachte: »Ich hoffe, bald, so gegen den achten oder neunten Oktober, mit einigen Bildern und Dokumenten, um Bilder zu machen, nach Paris zurückzukehren. Ich befand mich hier an einem scharmanten Strand – der von den Stränden unserer Normandie ganz abweicht – leider etwas spät, aber doch nicht so spät, daß ich von ihm nicht ein wenig habe profitieren können. Hier badet man zwischen den Felsen, die als Kabine dienen, da es nichts anderes gibt. Nichts Hübscheres als dieses Gemisch von Frauen und Männern, die auf diesen Felsen ganz nahe beieinander sind. Man könnte sich viel

Die ersten Badegäste. Auguste Renoir, selbst ein früher Besucher auf Guernsey, hielt sie in seinen Gemälden fest.

eher in einer Landschaft von Watteau glauben als in der Wirklichkeit. Ich werde also eine Quelle realer und anmutiger Motive besitzen, deren ich mich werde bedienen können. Entzückende Badkostüme, und, wie in Athen, scheuen die Frauen die Nachbarschaft von Männern auf den benachbarten Felsen in keiner Weise. Nichts Amüsanteres, wenn man zwischen diesen Felsen herumgeht, als junge Mädchen zu überraschen, die im Begriff sind, sich zum Baden bereitzumachen und die, obwohl Engländerinnen, gar nicht sonderlich scheu sind. Ich hoffe Ihnen trotz den wenigen Sachen, die ich werde mitbringen können, eine Idee von diesen scharmanten Landschaften zu geben.«

20. UND 21. JAHRHUNDERT

1914 – 1918	Im Ersten Weltkrieg ziehen viele Insulaner freiwillig für England in den Krieg.
1939 – 1945	Während des Zweiten Weltkriegs werden die Inseln entmilitarisiert und weitgehend evakuiert. Im Sommer 1940 werden sie von deutschen Truppen besetzt.
ab 1959	Inseleigene Steuergesetze machen die Kanalinseln zum Paradies für Vermögende und Spitzenverdiener.

Wegen ihres politischen Sonderstatus waren die Kanalinseln von der 1916 eingeführten allgemeinen Wehrpflicht ausgenommen. Trotzdem gab es etliche Freiwillige, die für England in den Krieg zogen. Allein aus Jersey meldeten sich ca. 6000 Männer; über 800 ließen ihr Leben auf dem Schlachtfeld. Im Gebiet Les Mielles auf Jersey wurde ein Kriegsgefangenenlager für deutsche Soldaten eingerichtet. **Erster Weltkrieg**

Bis in die 1920er-Jahre waren die Inseln nur per Schiff zu erreichen, dann wurden die Flugverbindungen zu den Kanalinseln aufgenommen. Nach Jersey und Guernsey flogen zunächst entweder Wasserflugzeuge oder kleine Flugzeuge, die **bei Ebbe an breiten Stränden landen** konnten, z. B. am Strand von St. Aubin (Jersey) oder seit 1923 bei St. Peter Port (Guernsey). 1933 wurde eine regelmäßige, tägliche Flugverbindung zwischen Jersey, Guernsey, Alderney, London und Southampton eingerichtet. Da die Strandlandungen und -starts **tideabhängig** waren, wurde 1935 auf Alderney der erste Flughafen der Kanalinseln eröffnet. Ab 1937 gab es auf Jersey einen Flughafen und ab 1939 auch auf Guernsey. **Flugverkehr**

Die Verteidigungspolitik der Kanalinseln obliegt traditionell der britischen Regierung. Insofern wurde über das Schicksal des Archipels während des Zweiten Weltkriegs in London entschieden. Nach der Kapitulation Frankreichs holte man die auf den Kanalinseln statio- **Zweiter Weltkrieg**

Die Kanalinseln unter dem Hakenkreuz

Am 30. Juni 1940 wurde Guernsey von deutschen Truppen besetzt, am 1. Juli folgte Jersey, am 2. Juli Alderney und einen Tag später Sark. Die Landung der Soldaten auf den kleinen Inselflughäfen ging vergleichsweise unspektakulär vonstatten, da kein Widerstand zu erwarten war. Einige Tage zuvor hatte die deutsche Luftwaffe Bomben abgeworfen, um die Verteidigungskraft zu testen – es war offensichtlich, dass die Kanalinseln entmilitarisiert waren. Die Truppen marschierten in die Hauptorte ein und besetzten Rathäuser, Regierungsgebäude und Postämter.

Der Alltag der Einwohner von »Jakob«, »Gustav« und »Abel« – so lauteten die Decknamen der drei großen Inseln – veränderte sich schlagartig: **Hakenkreuzfahnen** wehten, die **Uhren** wurden auf **mitteleuropäische Zeit** umgestellt, in St. Peter Port gab es jetzt eine »Hauptstraße«, die Gemeinde Vale wurde in »Talhausen« umbenannt, St. Martin in »Martinshausen«, Forest in »Forsthausen«, Schilder wiesen »Zum Hafen« oder »Zum Flugplatz«, im **Kino** liefen **deutsche Filme**. Es gab Sperrstunden, Schusswaffen mussten abgegeben werden, die Inselzeitung wurde zensiert. Strafen drohten denjenigen, die der Aufforderung zur Abgabe ihrer Rundfunkgeräte nicht nachkamen. Lebensmittel und Benzin wurden rationiert und so begann der **Schwarzmarkt** schon schnell zu blühen. Bauern hielten unerlaubt Schweine, die sie bei Kontrollen in den Wohnungen versteckten, und für Transporte wurde das Pferd wieder entdeckt. Schon vorher hatte sich das ruhige Inselleben durch die **Evakuierung** spürbar verändert, Familien wurden auseinandergerissen. Auf **Sark** stellte sich die couragierte **Sibyl Hathaway** schützend vor ihre kleine Gemeinde, die fast komplett auf der Insel blieb, und auch relativ viele Jersianer zogen es vor, Jersey nicht zu verlassen. Von Guernsey gingen rund 17 000 Insulaner nach England, und auf Alderney blieben nur sieben Insulaner zurück.

Terrorherrschaft

Während sich die Besatzungsmacht zunächst harmloser als befürchtet zeigte, wurden die Insulaner 1942 gleich mehrfach mit den Grausamkeiten des Hitlerregimes konfrontiert. Erstmals bekamen die Bewohner der beiden großen Inseln **Zwangsarbeiter** zu Gesicht. Im Herbst gab es dann plötzlich ohne Vorwarnung die ersten **Deportationen**. Sie betrafen alle Männer zwischen 16 und 70 Jahren, die nicht auf den Inseln geboren waren und die britische Staatsangehörigkeit besaßen. Anlass für diese Maßnahme war die Internierung von Deutschen durch die britische und die russische Besatzungsmacht im Iran. Nach einer

Bekanntmachung in der »Evening Post« mussten sich viele Männer mit ihren Familien am 25. September 1942 mit Gepäck an den Häfen einfinden. Zwischen September 1942 und Februar des Jahres 1943 wurden 1200 Jersianer, 825 Bewohner von Guernsey und 11 aus Sark in **Internierungslager nach Süddeutschland** gebracht. Schließlich waren auf den drei größten Inseln selbst Lager eingerichtet worden. Vor allem auf Alderney hatten die Besatzer leichtes Spiel, da die Insulaner fast alle ihre Heimat verlassen hatten. So konnten hier die **Arbeitslager »Borkum«, »Norderney« und »Helgoland«** gebaut werden, ab 1943 gab es ein Konzentrationslager. Osteuropäische, russische, spanische, marokkanische, algerische, holländische und belgische Zwangsarbeiter mussten den **»Atlantikwall«** aufbauen. Hunderte von Gefangenen starben an völliger Entkräftung oder bei der lebensgefährlichen Arbeit in den Tunneln.

Hinterlassenschaften

Mit nicht weniger als 500 000 m³ Beton wurden die Inseln eingerüstet. Bunker, Wallanlagen, Kasematten, unterirdische Lazarette entstanden, **kilometerlange Tunnelsysteme** wurden in die Felsen geschlagen – völlig überdimensioniert, doch vielleicht dadurch zu erklären, dass die kleinen Inseln das einzige je von Deutschland besetzte englische Territorium waren. Außerdem sollte von hier die **»Operation Seelöwe«, die Invasion Englands**, vonstatten gehen. Aber nicht nur Bunker und Betontürme

erinnern an die Deutschen. Bereits 1945 liefen die ersten **Sprösslinge der Besatzer** auf den Inseln herum, und im Jahr 2005 wusste niemand genau, welche der nunmehr um die sechzigjährigen Insulaner deutsche Väter gehabt haben. Die Mädchen und jungen Frauen, die sich mit Deutschen eingelassen hatten, wurden während der Besatzungszeit als **»jerrybags«** verhöhnt (jerry = deutscher Soldat). Während viele die Besatzung einfach über sich ergehen ließen, verdingten sich einige als **Informanten**, andere **leisteten Widerstand**. Ein paar junge Insulaner versuchten, in Booten an die französische Küste zu entkommen – ein gefährliches Unterfangen, das nur wenigen glückte.

Befreiung

Als die Alliierten am 6. Juni 1944 in der Normandie landeten, ließen sie die Kanalinseln »links liegen«, denn Churchill hatte beschlossen, die **deutsche Besatzung auszuhungern** und so zum Aufgeben zu zwingen. Betroffen waren davon natürlich auch die Inselbewohner. Im Winter 1944 wurde die Situation so katastrophal, dass schließlich das **Rote Kreuz Lebensmittellieferungen** per Schiff schickte. Die »Vega« kam zwischen Dezember 1944 und Juni 1945 sechsmal aus Lissabon über den Atlantik und brachte das Notwendigste zum Überleben.
Am 9. Mai 1945, der noch heute als **»Liberation Day«** gefeiert wird, kamen erstmals nach fast fünf Jahren wieder britische Truppen auf die Kanalinseln. Die Deutschen hatten erst Tage nach Hitlers Selbstmord kapituliert. Alderney,

Die Befreiung wird auf den Kanalinseln bis heute am 9. Mai als »Liberation Day« gefeiert.

Zeuge der größten Grausamkeiten, wurde erst am 16. Mai freigegeben. Und bis heute kennt jeder auf den Inseln den Ausspruch von Winston Churchill zum Tag der Befreiung: »... and our dear Channel Islands are also to be freed today.« Heute bemüht sich der gemeinnützige Verein **CIOS**, die Erinnerung an die deutsche Besatzung nicht verblassen zu lassen. Die **Channel Island Occupation Society** will dokumentieren und mahnen zugleich. Eindrucksvoll erinnern auch mehrere Museen und unterirdische Tunnelanlagen auf den Inseln Guernsey und Jersey an diese Jahre.

nierten Einheiten zurück, und die **Inseln wurden entmilitarisiert.**
Den Insulanern wurde die **Evakuierung** nahegelegt. Am 23.6.1940
verließen fast alle Bewohner von Alderney ihre Insel, von Jersey
flüchteten 8000 Menschen nach England, von Guernsey etwa 17 000.
Am 30.6.1940 besetzten deutsche Truppen Guernsey, am 1.7.1940
Jersey, am 2.7.1940 Alderney.

Auch noch in der zweiten Hälfte des 20. Jh.s schwelten Konflikte
zwischen Frankreich und Großbritannien um die Kanalinseln.
Streitpunkt waren die Jersey vorgelagerten unbewohnten Felseninselchen Les Écrehous und Les Minquiers. Durch ein Urteil des
Internationalen Gerichtshofs wurden sie 1953 Großbritannien zu-
gesprochen. Immerhin wurde nach dem Krieg schnell ein regelmäßiger Fährverkehr zwischen den französischen Häfen der Normandie und den Inseln aufgenommen, in dem ab 1967 Tragflügelboote
und ab 1975 auch Autofähren eingesetzt wurden. Nochmals traten
1994 Verstimmungen zwischen den beiden Staaten auf, bei denen es
um Hoheits- und Fischereirechte bei den Les Écrehous ging.
Entscheidend für die wirtschaftliche Situation auf den Inseln war
das Absenken der Einkommensteuer von 28,5 % auf 20 % im Jahr
1959 sowie die Sonderstellung der Kanalinseln innerhalb der EU.
Mit dem Beitritt Großbritanniens im Jahr 1973 wurden Sonderre-
gelungen für den Zollverkehr vereinbart, die **kein EU-Mitglied**
wurden, aber **zum Zollgebiet der EU gehören.** Da die EU hier
keinen Einfluss auf die Steuer- und Sozialgesetze hat, haben sich die
Kanalinseln zu einem Paradies für Banken und Spitzenverdiener
entwickelt. Eigene Wege gingen die Inseln auch im Postverkehr. Von
1961 bis 1975 gab es eigene Postschiffe, 1969 ließen sie eigene Briefmarken drucken. Eine kleine Sensation war Anfang der 1980er-
Jahre die Entdeckung eines gallo-romanischen Wracks vor St. Peter
Port, und 1992 fand man vor Alderney ein Schiffswrack aus Elisabethanischer Zeit. Am 10. Dezember 2008 gab es erstmals demokratische Wahlen auf Sark. Jersey geht seit 2011 neue Wege in der »Au-
ßenpolitik« und schuf das Amt eines External Relations Ministers,
das dem eines herkömmlichen Außenministers vergleichbar ist.
Auch die Bemühungen, eine Vollmitgliedschaft im Commonwealth
zu erlangen, deuten darauf hin, dass die States of Jersey ihre engen
Bindungen an Großbritannien künftig etwas lockern möchten. Dies
betrifft natürlich nicht das Verhältnis zum englischen Königshaus,
wie der Besuch von Prinz Charles und der Herzogin von Cornwall
anlässlich der Feierlichkeiten zum Diamantenen Thronjubiläum von
Elizabeth II im Jahr 2012 bewies. Im Nachhall der globalen Finanz-
krise versuchen die Kanalinseln, sich wirtschaftlich aus ihrer starken
Abhängigkeit vom Finanzsektor zu lösen. So setzt man etwa auf
Guernsey verstärkt auf Dienstleistungen in der Datenverwaltung
und auf Rechenzentren.

Von 1945 bis heute

Kunst und Kultur

Spuren vieler Zivilisationen

So klein die Inseln auch sein mögen – die Zivilisationsspuren aus den unterschiedlichsten Epochen sind doch zahlreich. Alte Dolmen und Ganggräber sind die stummen Zeugen einer frühen Kultur. In den kleinen Kirchen haben sich mittelalterliche Fresken erhalten und in den Inseldörfern eine charakteristische ländliche Architektur.

Erste Kulturspuren, neolithische Megalithbauten, sind aus der Zeit zwischen 4500 und 2500 v. Chr. erhalten. Auf Jersey und auf Guernsey gibt es mehrere Dolmen und Menhire, die etwa 4000 Jahre lang ein unbemerktes Dasein fristeten. Vor ca. 150 Jahren wurde man sich dieses uralten Kulturguts bewusst und begann mit Restaurierungsarbeiten. Auf Guernsey machte sich **Frederick Corbin Lukis** in der ersten Hälfte des 19. Jh.s einen Namen. Der Hobby-Archäologe legte zahlreiche Megalithbauten frei und hat sie vor der Zerstörung retten können. **Les Fouaillages** im Nordosten von Guernsey, dessen Entstehung auf die Zeit um 4500 v. Chr. datiert wird, ist das älteste Zeugnis der Megalithkultur auf den Kanalinseln. Wahrscheinlich geht die Anlage auf einen **Cairn** zurück, eine sehr frühe Form von Grabhügeln, die aus lose aufgeworfenen Steinen bestanden. Auf Jersey ist die älteste bekannte Anlage das Ganggrab **La Sergenté**, das um 3600 v. Chr. gebaut wurde. Die Funktion der Megalithbauten, die nur bis etwa 2500 v. Chr. üblich waren, konnte bisher nicht restlos geklärt werden. Zwei Grundformen spielen in der Megalithkultur eine Rolle – Dolmen und Menhire, die jeweils noch weiter entwickelt wurden bzw. unterschiedliche Ausprägungen erfuhren. So konnten mehrere Menhire in Reihe (Alignement) oder als größere Gesamtanlage in Kreisen (Kromlech) aufgestellt werden, von diesen beiden Formen ist auf den Kanalinseln aber nur Letztere auf Herm bekannt.

Megalithbauten im Neolithikum

Das Wort Dolmen, das im 18. Jh. aufkam, setzt sich aus den bretonischen Wörtern für Tisch (»dol«) und Stein (»men«) zusammen. Dolmen bestehen aus mehreren senkrecht nebeneinander aufgerichteten Steinen, die quasi die **Wände** über einem runden oder vieleckigen Grundriss bilden, und ein oder zwei darübergelegten riesigen **Decksteinen**. In der Regel wurden die künstlichen Steingebilde mit Erd- und Steinmaterial überdeckt, so dass recht imposante Hügel entstanden. Lange Zeit vermutete man, dass die Dolmen als Opfertische dienten. Durch Funde von Schmuck und Gebrauchsgegenständen

Dolmen

Auguste Renoir sei Dank: Die Schönheit der Kanalinseln und die Lebensfreude der Touristen ist heute im Museum zu sehen.

Le Déhus im Nordwesten von Guernsey: Grabanlage,
Versammlungs- und Kultstätte

wurde aber zunehmend klarer, dass es sich bei den Dolmen um
Grabanlagen gehandelt haben muss. Dolmen wurden wahrscheinlich
im Verlauf der Zeit verändert, vergrößert und den jeweiligen Kulturen angepasst. Speziell in Irland, Frankreich und Skandinavien entwickelten sich aus einfachen Dolmen größere und kompliziertere
Ganggräber, die im 4. Jts. v. Chr. angelegt wurden. Sie bestehen aus
einer Hauptkammer von teilweise beträchtlichen Ausmaßen, die
mehreren Menschen Platz bieten kann. Von der Hauptkammer zwei-
gen mitunter Seitenkammern ab, die vermutlich nicht von Beginn an
existierten, sondern erst später hinzugefügt wurden. Den Namen haben die Grabanlagen, die als Kollektivgräber genutzt wurden, von
einem mehrere Meter langen schmalen Gang, der die Verbindung
vom Eingang zur Kammer bildete. Aufgrund der Kammergröße
nimmt man an, dass die Ganggräber zugleich als **Versammlungs-
und Kultstätte** dienten. Die imposantesten Beispiele von Ganggräbern auf den Kanalinseln sind **La Hougue Bie auf Jersey** und **Le
Déhus auf Guernsey**, beides Grabanlagen mit mehreren Seitenkammern, die um 3500 v. Chr. entstanden sein müssen. Manchmal erinnern sie im »Grundriss« sogar an Kirchen, wie im Fall von La Hougue
Bie auf Jersey, wo es neben einer Hauptkammer zwei einander gegenüberliegende Nebenkammern, einem Querschiff ähnlich, gibt. Archäologen haben herausgefunden, dass die großen Ganggräber auf
den Kanalinseln zwischen 3250 und 2850 v. Chr. zugesperrt und liegen gelassen wurden. Sie schließen daraus, dass zu dieser Zeit eine
grundlegende **Änderung in Religion und Gesellschaft** stattgefunden haben muss. In der Folge wurden dann nur noch kleinere Gräber
gebaut.

Menhire   Menhire (bretonisch: menhir »langer Stein«) sind einzelne, senkrecht
aufgestellte Steinkolosse, die wahrscheinlich unterschiedliche Funktionen erfüllten. Sie entstanden in der Zeit ab 3000 v. Chr., und wie

das Stilllegen der Grabanlagen markiert ihr Auftreten möglicherweise den genannten religiösen und sozialen Wechsel. Man nimmt an, dass die Menhire oftmals kalendergebundene, also sonnenstandgebundene Kultzwecke erfüllten. Im Küstenbereich dienten sie eventuell aber auch als Navigationshilfen, wie man von Menhiren auf der bretonischen Halbinsel Quiberon zu wissen meint. Auf Guernsey ist **La Longue Pierre** auf einem Feld erhalten geblieben, außerdem **La Gran'mère du Chimquière**, ein Menhir, in den ein weibliches Gesicht, Halsschmuck und Brüste eingeritzt wurden. Interessant ist auch ein Deckenstein des Le-Déhus-Dolmen auf Guernsey, in dem Einritzungen entdeckt wurden. **»Le Gardien du Tombeau«** (Wächter des Grabes) nennt man diesen Stein seither, auf dem ein männliches Gesicht und Pfeil und Bogen zu erkennen sind. Vermutlich hatte er zuvor eine andere Funktion als Einzelstein und wurde später als Deckenstein wiederverwendet.

Das berühmteste Zeugnis aus der Zeit um 1000 v. Chr. ist eine Goldkette (»gold torque«), die allerdings nicht auf den Kanalinseln gearbeitet wurde, sondern deren Ursprung man in Irland vermutet, was für Handelsbeziehungen zwischen Irland und den Kanalinseln spricht. Auf den Inseln selbst entstanden ab etwa 2000 v. Chr. Gefäße in Schnurkeramik.   **Bronzezeit**

Bei Ausgrabungen auf Guernsey legte man 1983 **Häuserreste bei La Plaiderie in St. Peter Port** frei, die ein typisch römisches Kanalisationssystem aufwiesen. Zudem fand man römische Gefäße, Glas und Münzen. 1984 wurde ein **gallo-romanisches Boot** im Hafen von St. Peter Port entdeckt. Diese Funde waren insofern bedeutsam, als man bis dahin kaum auf Spuren aus der Römerzeit gestoßen war. Obgleich sich die Römer wohl nie dauerhaft auf den Inseln niedergelassen haben, wurde nun deutlich, dass es eine relativ enge Verbindung zur Kultur der Römer gegeben haben muss.   **Römerzeit**

ARCHITEKTUR UND MALEREI

Allererste christliche Bauten soll es auf der kleinen, Jersey im Norden vorgelagerten **Île Agois** und auf dem **Islet St. Helier** am Elizabeth Castle, ebenfalls auf Jersey, im 7. und 8. Jh. gegeben haben. Hiervon sind jedoch keine Spuren mehr erhalten, Reste einer kleinen Kirche aus dem 12. Jh. sind auf dem Islet St. Helier nur noch als Ruine vorhanden. Alle weiteren Zeugnisse aus christlicher Zeit stammen aus der Epoche ab dem 11. Jh. Allerdings haben die Kirchen im Verlauf der Jahrhunderte baulich so grundlegende Veränderungen erfahren, dass tatsächliche Reste aus dem 11. Jh. sehr spärlich sind und zumeist nur noch vereinzelt an Mauerpartien, in den Fundamenten oder wie   **Kirchen**

Wandmalereien in der Fishermen´s Chapel auf der Insel Jersey

in der Kirche in Vale auf der Insel Guernsey im Bogengang auszumachen sind. Die ältesten gänzlich erhaltenen Kirchen sind die **Fishermen's Chapel** auf Jersey aus dem 12. Jh. und die **St. Apolline's Chapel** auf Guernsey aus dem 14. Jh. Interessant ist ein **Stein**, der in der Kirche von St. Lawrence auf Jersey aufbewahrt wird und sehr schön die Abfolge der Kulturepochen verdeutlicht. Der Stein diente in römischer Zeit als Säule. Keltische Christen benutzten ihn um 600 als Grabstein, wie den Eingravierungen an der Oberseite zu entnehmen ist, die wohl an einen keltischen Mönch erinnern. Um 800 fand er ein drittes Mal Verwendung, diesmal haben Wikinger ihn mit einem Knotenmuster verziert. Generell ähneln die kleinen Kirchen der Kanalinseln den Kirchen der Bretagne oder der Normandie. Ihr mitunter recht wehrhafter Charakter wird wesentlich durch den leicht rötlichen Granitstein geprägt, der relativ grob belassen ist und zu dicken Mauern aufgebaut wurde. Oft wurde anfangs eine kleinere Kapelle errichtet, die bei zunehmendem Platzbedarf noch um Seitenschiffe oder ein Querschiff, teilweise auch nur einseitig, erweitert wurde. Manchmal sind die Kirchen aus einer Kapelle hervorgegangen, die heute den Chor und damit ältesten Teil der Kirche bildet. Auffällig ist die uneinheitliche Anzahl der Schiffe, häufig stehen zwei Schiffe gleichwertig nebeneinander, von denen eines mit dem Chorraum abschließt, das andere mit der Lady Chapel. Die Kirchenschiffe trennen Granitsäulen voneinander, die zumeist niedrig und auffällig wuchtig sind. Die spitzen Kirchtürme sind nicht angebaut, sondern erheben sich meist über einem sichtbar verstärkten Teil des Kirchengewölbes. Als Erbe der bilderfeindlichen Reformation sind die Innenräume meist sehr schlicht. Allerdings haben sich auffällig viele Wandmalereien aus dem 14. bis 16. Jh. erhalten. Besonders schöne Beispiele gibt es in der St. Apolline Chapel auf Guernsey und in der **Fishermen's Chapel** auf Jersey. Unter den neueren Kirchen ist die St. Matthew's Church in St. Helier auf Jersey aus dem 19. Jh. zu nennen, die sogenannte »Glass Church«. Zwar ist der Bau nicht besonders interessant, doch den Innenraum gestaltete 1934 der Pariser Künstler **René Lalique** mit dekorativen Glasfiguren in feinem Art déco aus.

Festungs-architektur Natürlich hat auch die prekäre Situation der Inseln mit ihrer geografischen Nähe zu Frankreich und der politischen Zugehörigkeit zu England ihre Spuren hinterlassen. Über Jahrhunderte wurden die

Kanalinseln immer wieder umkämpft oder dienten England als militärische Vorposten gegen Frankreich. Entsprechend sind sie an allen strategisch wichtigen Punkten befestigt worden. Die ältesten Burgen gehen auf das frühe 13. Jh. zurück. Auf Guernsey sicherte das **Castle Cornet** über Jahrhunderte die Einfahrt zum Hafen von St. Peter Port. **Gorey Castle** war bis 1600 bedeutendste Festung von Jersey. Dann übernahm das unter dem damals namhaften Festungsarchitekten Paul Ivy erneuerte **Elizabeth Castle** bei St. Helier diese Rolle.

Eine Besonderheit sind ohne Zweifel die **Wehrtürme**, die als Martello-Türme in die Baugeschichte der Kanalinseln eingingen. Die Türme wurden unter diesem Namen ab 1794 gebaut. Der Aufbau des Turms war für seine Verteidigungsleistung denkbar gut ersonnen: Die Türme waren rund, hatten Schießscharten in alle Richtungen, und auf dem Dach konnte man eine Kanone platzieren. Der Zugang erfolgte über Leitern, die man von innen einziehen konnte. Als Vorbild und Namensgeber diente ein Wehrturm auf Korsika an der Punta Mortella (beim Golf von St-Florent), an dem die Engländer bei ihrem Versuch, die Insel einzunehmen, fast gescheitert wären. Allerdings war eine ganz ähnliche Architektur auch schon zuvor auf den Kanalinseln üblich, denn bereits vor der Schlacht bei Korsika (1794) baute man wegen der drohenden französischen Angriffe Verteidigungstürme, die den späteren Martello-Türmen im Wesentlichen glichen. Auf Jersey errichtete man in der Royal Bay of Grouville eine regelrechte Verteidigungslinie aus Türmen, die auf den Inseln auch als »pre-Martello-Towers« bezeichnet werden, auf Guernsey an der L'Ancresse Bay, in der feindliche Schiffe besonders leicht anlanden konnten. Auf Jersey sind noch acht originale Martello-Türme erhalten, darunter **Kempt Tower**, der zu besichtigen ist, auf Guernsey drei, darunter **Fort Grey**, in dem ein Museum eingerichtet wurde. Die echten Martello-Türme haben einen deutlich größeren Durchmesser und wirken gedrungener als die vielen »falschen« Martello-Türme.

Martello-Türme

Im 19. Jh. wurde **Alderney** zu einem militärischen Vorposten hochgerüstet, als die Franzosen ihren Kriegshafen Cherbourg ausbauten. Bei Weitem nicht alle geplanten Anlagen wurden fertig gestellt, dennoch sind aus dieser Zeit noch 12 viktorianische Verteidigungsanlagen erhalten, die allesamt von dem Militärarchitekten **Francis Drummond Jervois** geplant wurden.

Viktorianische Forts

Ein unübersehbares Zeugnis der deutschen Besatzungszeit geben die zahlreichen Bunker. Verteidigungsbauten aus Beton und Untertunnelungen der küstennahen Gebiete sorgten dafür, dass die Alliierten, denen das Abwehrsystem der Deutschen bekannt war, gar nicht erst versuchten, auf den Inseln zu landen. Die überdimensionalen Befestigungen waren Teil von Hitlers **»Atlantikwall«** (►Baedeker Wissen

Deutsche Bunker

Hübsche, solide gebaute Farmhäuser prägen das Inselinnere.

S. 62). Großenteils wurden auch die Festungen der vergangenen Jahrhunderte in den Ausbau des Atlantikwalls integriert, so dass Bunkerreste heute in den alten Burganlagen und in den viktorianischen Forts zu finden sind. Auch viele Martello-Türme wurden mit Beton verstärkt.

Herrschaftssitze (Manors)

Die weltlichen Architekturpendants zu den christlichen Kirchen sind die Manors, die großen Herrschaftssitze, in denen die Seigneurs, die Lehnsherren der Inseln, residierten. Anhand dieser palastartigen Gebäude lässt sich der Wandel, der in der Architektur der Kanalinseln stattgefunden hat, gut nachvollziehen. Er spiegelt deutlich den **Wechsel von normannischem und englischem Einfluss** wider, der sich durch die historische Situation der Inseln ergeben hat. So wurde der wehrhafte normannische Charakter, der auch auf dem Festland zu finden ist, ab dem 18. Jh. zunehmend von englischen Stilen überlagert und verdrängt. Englischer Tudor, Regency und viktorianischer Stil hielten ihren Einzug auf den Inseln. Die ältesten dieser Herrschaftssitze gehen auf das 15. Jh. zurück, und ähnlich wie die Kirchen der damaligen Zeit strahlen die frühen Manors mit ihren dicken Granitmauern einen trutzigen Charakter aus. Ehedem waren sie von Mauern und/oder Wassergräben umzogen. Zur charakteristischen Anlage der normannischen Manors gehören die Hauskapelle und der Taubenturm (»Colombier«). Der Taubenturm ist insofern interessant, als er davon zeugt, dass es nur dem Seigneur erlaubt war, Tauben zu besitzen – ein Privileg, das dazu diente, die Anzahl der Tauben gering zu halten und so die Saat auf den Feldern nicht zu gefährden. Heute sind sowohl St. Ouen's Manor, Samarès Manor und Augrès Manor auf Jersey als auch Sausmarez Manor auf Guernsey noch prächtige Beispiele der damaligen Herrschaftssitze. **St. Ouen's Manor** (nicht zu besichtigen) wurde Ende des 15. Jh.s von der Familie Carteret errichtet, die lange Zeit die wichtigste Herrschaftsfamilie auf Jersey, Sark und Alderney war. Wie viele andere Herrensitze wurde auch St. Ouen's Manor immer wieder den Wohnbedürfnissen der jeweiligen Jahrhunderte angepasst, dennoch vermittelt das Gebäude von außen bis heute einen authentischen Eindruck älterer Manors. **Samarès Manor** ist wesentlich jünger, geht aber auf einen Sitz aus dem 12. Jh. zurück, wie der alte Taubenturm aus dieser Zeit beweist. Das Wohngebäude, das ursprünglich ähnlich wie St. Ouen's Manor aussah, wurde im 18. und 19. Jh. umgestaltet und zeigt, wie die alte normannische Bautradition später durch die englische Architektur ersetzt wurde. Auch **Sausmarez Manor** auf Guernsey ist stark englisch geprägt, wenngleich es durch seine Granitfassade und die Mehrstöckigkeit einen gänzlich anderen Charakter hat als Samarès Manor. Die Manors liegen alle in großzügigen Parks.

Ein schönes Beispiel einer alten Farmanlage, die in der Regel ebenfalls normannisch geprägt sind, ist das **Hamptonne House** auf Jersey (heute Museum). Die Bauernhäuser sind kleiner und ihrer Funktion entsprechend anders aufgeteilt als die Manors. Im Erdgeschoss befinden sich die Arbeitsräume bzw. Vorratsräume und Ställe. Darüber liegen die Wohnräume, die im Verlauf der Jahrhunderte größer und höher wurden und größere Fenster bekamen. **Farmen**

Auguste Renoir (1841–1919) verbrachte den Sommer des Jahres 1883 auf Jersey und Guernsey und schuf dort 18 Gemälde. Der französische Maler begann 1864 mit Studien direkt in der Natur. Angeregt wurde er zu diesem bis dato unüblichen Arbeiten durch den Impressionisten Claude Monet, der als erster mit der Staffelei aus dem Atelier ging, um Licht und Atmosphäre unmittelbar einfangen zu können. Auch für Auguste Renoir wurde die Wiedergabe von Licht- und Farbvibrationen zum vorrangigen Interesse und er hielt lichtdurchflutete Küstenlandschaften auf seinen Ölgemälden fest. Die meisten entstanden in der **Moulin Huet Bay auf Guernsey**. Aber auch Renoirs Vorliebe für die menschliche Gestalt und die in der Landschaftsmalerei entwickelte Farbanalyse werden in diesen Werken deutlich. Renoirs Mitbringsel von den Kanalinseln sind heute in alle Himmelsrichtungen verstreut. In der National Gallery in London ist die »Bucht von Moulin Huet« zu sehen, im Musée d'Orsay in Paris die »See bei Guernsey«, in der Ny Carlsberg Glyptotek in Kopenhagen die »Landschaft mit badenden Jungen«, »Au Bord de la Mer« und »Die Küste von Moulin Huet« im Metropolitan Museum of Art in New York. Aber auch auf den Kanalinseln blieben Bildzeugen des Künstlerbesuchs zurück, wie »Nebel auf Guernsey«, das einem Privatsammler auf Guernsey gehört. **Auguste Renoir auf den Kanalinseln**

ELISABETH BERESFORD (1926–2010)

»Underground, Overground, Wombling Free« ist in England jedem Kind ein Begriff. Der Titelsong der BBC-Womblesserie ist geradezu ein Ohrwurm. Die Erfinderin der Wombles lebte seit 1978 in St. Anne auf Alderney, wo sie am 24. Dezember 2010 verstarb. Elisabeth Beresford wurde am 6. August 1926 in Paris geboren. Ihre Familie kam aus England. Ihr Vater, ein erfolgreicher Romanschriftsteller, hatte einen großen Freundeskreis, zu dem George Bernard Shaw, H. G. Wells, Somerset Maugham und D. H. Lawrence gehörten. Ihr Elternhaus war voller Bücher, und sie begann schon früh, geradezu exzessiv zu lesen. Später arbeitete sie als Ghostwriter, schrieb für Radio und Fernsehen und war als BBC-Reporterin tätig. Die Idee der »Wombles of Wimbledon Common« wurde in den späten 1960er-Jahren während eines Besuchs des Wimbledon Common mit ihren Kindern durch eine kindliche Aussprachemixtur aus »Wimbledon« und »Common« geboren. Als sie zurückkam, setzte sich Liza Beresford hin und erdachte die Namen für die einzelnen Wombles. Dabei soll sie einen Weltatlas aufgeschlagen und sich von Fluss- und Ländernamen inspirieren lassen haben. Das erste Wombles-Buch wurde 1968 veröffentlicht, kurz danach produzierte der britische Rundfunksender BBC eine Wombles-Serie. Die Wombles sind die großen Aufräumer, Müllsammler und Umweltschützer, und sie waren ihrer Zeit weit voraus. Ihre **Recycling-Geschichten** waren so durchschlagend, dass Kinder »Womble Clearing Up Groups« (Reinigungstrupps) gründeten. Innerhalb von zehn Jahren schrieb sie über 20 Wombles-Bücher, die in mehr als 40 Sprachen übersetzt wurden, und machte zudem 30 Wombles-TV-Filme und -Bühnenshows.

Kinderbuchautorin und Erfinderin der »Wombles«

GERALD DURRELL (1925–1995)

Gerald Durrell, der als einer der frühen Umwelt- und Tierschützer gelten kann, hat der Insel mit einem ungewöhnlichen Tierpark ein wichtiges Erbe hinterlassen. Er wurde in Jamshedpur in Indien geboren. Seine Schulbildung erhielt er von Privatlehrern, die schon früh sein Interesse und seine Begeisterung für Tiere entdeckten und förderten. 1945 arbeitete er als Student in einem kleinen Londoner Zoo, ab 1946 unternahm er zoologische Expeditionen in entlegene und unbekannte Regionen der Erde. 1959 fand er auf Jersey Ländereien, die zum Herrensitz Augrès Manor gehörten und die er pachten konnte. Hier hatte er die Möglichkeit, einen kleinen Tierpark zu gründen und nach seinen eigenen Vorstellungen aufzubauen. Wich-

Ein Leben für bedrohte Tierarten

**Erschuf die Wombles und ließ sich mit einem ablichten:
Elisabeth Beresford.**

Unter Tierfreunden und -schützern bekannt:
Gerald Durrell, Gründer des Jersey Zoo

tig war Durrell neben einer artgerechten Tierhaltung vor allem der Erhalt von vom Aussterben bedrohten Tierarten. 1963 gründete er den Durrell Wildlife Conservation Trust und konnte dadurch ein Forschungszentrum aufbauen. Ziel seiner Arbeit war die Aufzucht von überlebensfähigen Tiergruppen in seinem Tierpark, die er später in die Wildnis entlassen konnte. Die Gebiete, in die die unter Schutz aufgewachsenen Tiere gebracht wurden, mussten bestimmte Bedingungen erfüllen, die Durrell in langwierigen Gesprächen mit den jeweiligen Staaten aushandelte. Zudem baute er ein internationales Zentrum zur Ausbildung von Experten auf, die die Tiere bei ihrer Wiedereingliederung in der Freiheit betreuen und wenn nötig Hilfestellung leisten können. Gerald Durrell schrieb über 30 Bücher, die in 26 verschiedene Sprachen übersetzt wurden, und drehte zahlreiche Tierfilme. Er erhielt die Ehrendoktorwürde mehrerer Universitäten in England.

FREIFRAU SIBYL HATHAWAY (1884–1974)

Regierte Europas letzten Feudalstaat

Sibyl Hathaway, »La Dame de Sercq«, hatte von 1927 bis zu ihrem Tod 1974 die Herrschaft über den letzten Feudalstaat Europas. Sibyl Mary Collings wurde am 13.1.1884 als Tochter des damaligen Seigneur von Sark, William Collings, geboren. Bereits 1852 waren die Collings nach Sark gekommen und erwarben die Feudalrechte für 6000 Pfund. Sie regierten die kleine Insel nach alten normannischen Gesetzen und Bräuchen. Die 17-jährige Sibyl Collings heiratete Dudley Beaumont und wurde Mutter von sechs Kindern. Doch schon mit 34 Jahren wurde sie Witwe. Nach dem Tod ihres Vaters 1927 trat Sibyl seine Nachfolge an und führte seitdem den Titel »**La Dame de Sercq**«. Im Jahr 1929 heiratete sie den amerikanischen Fliegerleutnant R. W. Hathaway, der zunächst die britische Staatsangehörigkeit erwerben musste, um Herr der Insel werden zu können. Sibyl überlebte ihren Mann um 20 Jahre und starb am 14.7.1974 im Alter von 90 Jahren auf Sark. Nach ihrem Tod wurde ihr Enkel Michael Beaumont Seigneur von Sark. In ihre Herrschaftszeit fiel die deutsche Besatzung der Channel Islands. Sie meisterte die damalige Situation bravourös, so dass im Londoner West End Theater sogar ein Theater-

Sibyl Hathaway, die »Dame de Sercq«, 1963 mit Queen Mum

stück aufgeführt wurde, in dem ihr Wirken in dieser Zeit thematisiert wurde. Sibyl Hathaway sprach mehrere Sprachen, darunter auch perfekt Deutsch, so dass sie sich mit den deutschen Besatzern hervorragend verständigen konnte. Trotzdem konnte sie nicht verhindern, dass einige Bewohner von Sark – darunter auch ihr Ehemann – nach Deutschland deportiert wurden. Als im Mai 1945 die Besatzung endete, wurde ihr für sieben Tage die Aufgabe übertragen, 275 Deutsche zu überwachen, die Minen entschärfen und eingezogene Gegenstände wie Radios wieder an ihre Eigentümer zurückgeben mussten. Die »Dame de Sercq« konnte exzellent in der Öffentlichkeit reden und diskutieren. Sie liebte ihr Inselreich und setzte sich mit allen Mitteln für den Erhalt von Sark ein. So verbot sie Autos auf der Insel, um sie so natürlich wie möglich zu erhalten. Ihr Engagement trug zum Aufbau eines sanften Tourismus bei. Bei allem Durchsetzungsvermögen machte sie wenig Aufhebens um ihre Person. Ihr Grab auf dem Friedhof von Sark ist entsprechend schlicht gehalten, wie sie selbst es gewünscht hatte.

LOUISA JOURNEAUX (1864–1939)

Das Abenteuer der Louisa Journeaux aus St. Clement (Jersey) ist in die Inselgeschichte eingegangen. An einem Frühlingssonntag, dem 18. April 1886, ließ sich die damals 22-Jährige von einem jungen

Kam bis Neufundland

Franzosen namens Jules Farné zu einer Ruderpartie im Mondschein der Saint Aubin's Bay vor St. Helier überreden. Auf dem Rückweg rutschte Farné am Kopfende von Albert Pier und Victoria Pier plötzlich eines der Ruder aus der Hand und trieb sofort weg. Bei dem Versuch, das Boot mit einem Ruder vorwärtszubringen, rutschte ihm auch das zweite Ruder weg. Er sprang aus dem Boot, um beide Ruder zu retten, was ihm nicht gelang. Als er merkte, wie aussichtslos das Unterfangen war, schwamm er an Land, um Hilfe zu holen. Louisa Journeaux war durch die starke Strömung der einsetzenden Ebbe sehr schnell auf das offene Meer hinausgezogen worden. Ein Rettungsboot wurde hinausgeschickt, man fand aber weder sie noch ihr Boot und kehrte ergebnislos zurück. Währenddessen wurde Farné in der Polizeistation festgehalten, da man ihn für das Verschwinden oder möglicherweise für den Tod von Louisa verantwortlich machte. Mangels Beweisen ließ man ihn dann aber frei, und am 24. April reiste er nach Paris ab. Am 10. Mai erreichte die Eltern von Louisa Journeaux dann ein **Telegramm** von der Regierung aus **Neufundland**: »Tochter Louisa aufgefunden in der Nähe von England und gelandet in St. George's Bay. Es geht ihr gut.« Louisa Journeaux hatte die gesamte Sonntagnacht und am Montag teilweise bei starkem Regen im Boot gewacht und nach Rettungsbooten Ausschau gehalten. Als es dunkel wurde, schlief sie vor lauter Erschöpfung immer wieder ein, hatte Hunger und vor allem Durst. Am frühen Dienstagmorgen sah sie ein Schiff und versuchte sich mit einem Taschentuch winkend bemerkbar zu machen. Das französische Schiff »Tombola«, das auf dem Weg nach Neufundland war, kam näher und holte Louisa mit einem kleinen Beiboot an Bord. Nach 26 Tagen landete es in der St. George's Bay auf Neufundland. Von dort aus wurde Louisa in die Hauptstadt St. John gebracht und fuhr dann am 2. Juni nach Liverpool zurück. Dort ging sie an Bord der »Brittany«, mit der sie am 12. Juni auf Jersey landete. Nach 55 Tagen Abenteuerfahrt wurde sie von einer großen Menschenmenge erwartet und mit Beifall begrüßt. Louisa Journeaux lebte noch einige Jahre auf Jersey, heiratete dann und zog nach London. Den jungen Franzosen hat sie nie wieder gesehen.

SIR COMPTON MACKENZIE (1883–1972)

Der Mann, der die Inseln liebte

»The Man Who Loved Islands – der Mann, der Inseln liebte« betitelte D. H. Lawrence eine Kurzgeschichte, in der es um den Schriftsteller Edward Montague Compton Mackenzie ging, der am 17. Januar 1883 in West Hartlepool bei Durham geboren wurde. Mackenzie erhielt kurz vor seinem 36. Geburtstag von seinem Verlag ein hervorragendes Angebot, das ihn finanziell gesichert hätte, wäre er nicht ein geradezu zwanghafter Geldverschwender gewesen. Sein größter

Traum war es, sich eine eigene Insel zuzulegen. 1920 erfuhr er, dass zwei kleine Kanalinseln zur Pacht angeboten wurden, Herm und Jethou. Mackenzie bewarb sich und hatte Erfolg. Fünf Jahre später kaufte er dann auch die Shiant Islands in den Äußeren Hebriden. Bald schon wurde klar, dass er sich finanziell übernommen hatte. Er musste sein Haus auf Herm verpachten und zog auf die kleine Nachbarinsel Jethou – fast vollkommen von der Außenwelt abgeschnitten. Nur die 29 Pächter von Herm versammelten sich jeweils am Zahltag, um ihren Lohn bei ihm abzuholen. Mackenzie schrieb ohne Unterlass, um den finanziellen Ruin abzuwenden. Kaum hatte er die Geschichte »The Old Man of the Sea« abgeschlossen, folgten das Kinderbuch »Santa Claus in Summer« und »The Parson's Progress«. Drei Jahre konnte Mackenzie diesen Zustand aufrechterhalten, dann verkaufte er 1923 die kleinen Kanalinseln wieder.

Sir Compton Mackenzie

SIR WALTER RALEIGH (1554–1618)

Der englische Seefahrer und Entdecker, der sich auch als Schriftsteller betätigte, wurde 1600 zum Gouverneur von Jersey ernannt. Der um 1554 in Hayes Barton in Devonshire geborene Walter Raleigh machte sich schon früh mit Entdeckungsfahrten und der 1598 von Elizabeth I. offiziell erlaubten Freibeuterei einen Namen. Der Gouverneur von Jersey kam nur zweimal persönlich auf die Insel, wo er als erster Gouverneur seinen Sitz in der neu errichteten Burg vor St. Helier hatte. Die Vorgängerburg Gorey Castle war nicht mehr auf dem neuesten Stand der Technik gewesen, und Raleigh war höchst interessiert an dem Werk des Festungsarchitekten Paul Ivy, den er

Seefahrer, Freibeuter, Schriftsteller und Gouverneur von Jersey

sehr bewunderte. Das neu erbaute Kastell nannte er nach seiner Königin, die ihn stets unterstützt hatte und ihm wohl auch persönlich nahe stand, »**Fort Isabella Bellissima**« – Elizabeth Castle. Von Elizabeths Nachfolger Jakob I. wurde Raleigh 1603 wegen Hochverrats inhaftiert, er saß die Strafe bis 1616 im Tower ab. Anschließend startete er nochmals eine Fahrt nach Guayana. Bei seiner Rückkehr wurde er von dem prospanischen Jakob I. verhaftet und am 29. Oktober 1618 in London hingerichtet.

ROLLO (GEST. CA. 930)

Erster Herzog der Normandie

Rollo oder auch Hrolf, ein bedeutender Normannenführer, begründete die Dynastie der Herzöge der Normandie. Er versuchte im Jahr 910 mit seinem Heer vergeblich, Paris zu erobern, und verwüstete beim missglückten Angriff die Gegend um Chartres. Das Abkommen um 911 mit Karl III. der Einfältige, König des Westfrankenreichs, gab Rollo das Gebiet an der unteren Seine mit der Hauptstadt Rouen zum Lehen. Zu diesem Zeitpunkt ließ er sich taufen – vermutlich gehörte auch dies zu den Bedingungen, die Karl der Einfältige stellte. Ob Rollo Gisela, die Tochter des Westfrankenkönigs, zur Frau nahm, wie vielfach behauptet, bleibt Spekulation. Unter seinem Sohn Wilhelm Langschwert gelang zunehmend die Integration von Wikingern und Franken, und in seiner Herrschaftszeit wurden auch die Kanalinseln Teil des Herzogtums Normandie. Dass Rollo jemals die Kanalinseln betreten hat, ist höchst unwahrscheinlich. Dennoch ist er hier in merkwürdiger Form bis zum heutigen Tag präsent und zwar im »**Clameur de Haro**«, einer einstweiligen Verfügung, die noch auf altes normannisches Recht zurückgeht (►S. 40).

ALGERNON CHARLES SWINBURNE (1837–1909)

Sarkliebhaber

Der englische Dichter Algernon Charles Swinburne, am 5. April 1837 als Sohn einer wohlhabenden Familie in London geboren, kam erstmals 1876 auf die Kanalinseln, wobei er Sark wegen seiner Abgeschiedenheit und Ursprünglichkeit besonders liebte. Er fiel in jüngeren Jahren durch seine unkonventionelle Lebensweise auf, die sich auch in seinen Werken widerspiegelte. Als die ersten beiden Bände seiner »Gesänge und Balladen« (1866–1889) erschienen, war die viktorianische Leserschaft von der Sinnlichkeit und der deutlich zum Ausdruck kommenden Erotik hell entsetzt. Die Naturverbundenheit des Dichters wird im zweiten Band besonders klar – dieser erschien 1878, also zwei Jahre nach seinem ersten Besuch auf den Kanalinseln. Swinburne wandelte bei seinem Besuch auf Sark **auf den Spuren von Victor Hugo**, den er tief verehrte. Er war wie Hugo auch von Guernsey aus mit dem Boot auf die kleine Insel übergesetzt. Er blieb nur kurz auf Sark und kam 1882 nochmals hierher. Anders als Victor Hugo, der sich im Dachzimmer des Dixcart-Hotels einquartiert hatte, weil er von dort aus in Richtung Frankreich sehen konnte, bezog Swinburne ein Privatquartier. Mehrfach hat er die kleine ungewöhnliche Insel beschrieben und in Dichtungen verewigt, so in der »Ballad of Sark« und in »The Garden of Cymodoce«.

Jersey Lily: schön, reich und begehrt

Lange vor dem Aufkommen der Regenbogenpresse ergötzte eine Frau von der Insel Jersey die Menschheit mit Schein, Trivialität und moderner Märchenwelt. Sie war eine berühmte Schönheit ihrer Zeit, umschwärmte Dame der Londoner Gesellschaft, Schauspielerin. Sie gewann die Männerherzen im Sturm und sorgte immer wieder für Skandale. Als erste Frau machte sie Werbung für Seife, und einer ihrer Verehrer gründete im Wilden Westen eine Stadt mit ihrem Namen. Sie ging nach Amerika, aber ihre Heimatinsel ließ sie nie ganz los und ihr Grab auf Jersey ist noch immer eine Pilgerstätte.

Lillie Langtry lebte nach ihren eigenen Regeln. **Emilie Charlotte Le Breton** wurde als Tochter des Dekans von Jersey Rev. William Corbet Le Breton und seiner Frau Emilie Davis Martin am 13. Oktober 1853 geboren. Sie wuchs mit sechs Brüdern im alten Pfarrhaus in St. Saviour auf. Sie ritt, kletterte in den Felsen herum und schwamm wie ein Junge.

Trotz dieser Aktivitäten an der frischen Inselluft bewahrte sie sich eine auffallend schöne, makellose weiße Haut. Ihre Familie nannte sie deshalb »Lillie«, und da sie ihren Taufnamen Emilie nicht mochte, wählte sie schon als Kind Lillie als ihren Vornamen. Bereits im zarten Alter von 16 Jahren wurde sie in die **Londoner Gesellschaft** eingeführt, denn ihr Vater war dort gut bekannt. Doch kehrte sie mit einem Gefühl größten Unbehagens bald wieder nach Jersey zurück, denn sie hatte schnell bemerkt: ihre Kleidung war für London zu altmodisch, tanzen konnte sie auch nicht, und die großen gesellschaftlichen Abendessen in der britischen Hauptstadt brachten sie mit ihrer Fülle verschiedener Bestecke und Gläser völlig aus dem Konzept. Schwimmen, Klettern und Reiten zog sie als Zeitvertreib vor. Doch schon vor ihrem Londoner Aufenthalt veranlasste **Lillies frühreife Schönheit** den Sohn des Erzbischofs von Canterbury, der als junger Leutnant auf Jersey stationiert

Umschwärmte Schönheit

war, bei ihrem Vater um die Hand der Tochter anzuhalten. Der Verdutzte musste allerdings erfahren, dass sie noch keine 15 war, und ließ sich daher baldmöglichst wieder nach England versetzen.

Maler, Dichter, Prinzen

Mit 21 Jahren versuchte Lillie nochmals ihr Glück in London. Inzwischen hatte sie den irischen Sportsegler Edward Langtry geheiratet und begleitete ihn, doch in London blieben die erhofften gesellschaftlichen Einladungen aus. Als ihr Bruder frühzeitig starb, verbrachte sie mehrere Wochen bei ihren Eltern auf Jersey. Sie ließen ihr ein **Kleid** schneidern, **vollkommen schwarz**, das Lillie nicht einmal sonderlich gefiel, das aber eine **unerwartete Kehrtwende** in ihr Leben brachte. Bei einer Einladung in London trug sie dieses schlichte schwarze Kleid ohne jeglichen Schmuck, die Haare hochgesteckt. Sie fiel damit vollkommen aus dem Rahmen, da alle anderen Damen brilliantenbehängt und schick gekleidet waren – doch die Männer scharten sich um Lillie.

Von diesem Tag an flogen ihr die Einladungen nur so zu. Maler wollten sie porträtieren. Berühmt wurde ein **Gemälde** des **Jersianers John Everett Millais**. Er hielt sie in ihrem schwarzen Kleid mit hochgesteckten Haaren fest, gab ihr eine Lilie in die Hand, und nannte das Gemälde »A Jersey Lily«, ein Name, den sie von nun an selbst trug. **Oscar Wilde** war ein großer Verehrer von Lillie Langtry. Höhepunkt ihrer großen gesellschaftlichen Karriere aber war die Begeg-

nung mit **Prinz Edward von Wales**, dem ältesten Sohn von Queen Victoria, der im Jahr 1901 englischer König wurde.

Ganz London war auf das erste Zusammentreffen von Edward und Lillie gespannt. Der verheiratete Frauenliebhaber fing auch tatsächlich Feuer, und 1880 verbrachte die Schönheit aus Jersey mit dem inkognito reisenden Thronfolger einige Tage in Paris. Es entwickelte sich eine lange, innige Freundschaft, die sogar von Alexandra, Edwards Frau, gebilligt wurde.

Getrennt Mutter

Durch Edward lernte sie auch dessen Neffen **Prinz Louis von Battenberg** kennen und lieben. Als sie von ihm schwanger war, schlug sie ihrem Mann, der mit seinen Geschäften konkurs gegangen war, die Trennung vor. Ihre Schwangerschaft erwähnte sie nicht. Lillie brachte **ihre Tochter Jeanne-Marie** auf Jersey zur Welt, überließ das Kind einer Gouvernante (offiziell galt Jeanne als ihre Nichte) und kehrte nach London zurück. Jeanne-Marie erfuhr erst als sie 18 Jahren alt war, wer ihre wirkliche Mutter war. Scheiden lassen wollte sich ihr Mann nicht, aber Lillie musste nach der Trennung selbst für ihren Lebensunterhalt sorgen und begann eine **Ausbildung als Schauspielerin**. Zunächst spielte sie im Londoner Theatre Royal Haymarket in einem Stück von Oliver Goldsmith und die Besucher kamen in Scharen, um die Geliebte des Prinzen auf der Bühne zu sehen. Es begann eine beispiellose Erfolgsserie. Im Oktober 1882 fuhr sie an Bord der »Arizona« nach New York, ein enthusiastischer Amerikaner hatte ihr einen Aufenthalt in Amerika angeboten. Noch zuvor hatte sie in London für Aufsehen gesorgt, weil sie als erste Frau Werbung machte: **Pears Seife** hatte ihr angeblich ihre makellose Haut beschert.

Hit: Jersey Lily Waltz

Der Empfang in New York war spektakulär, es gab einen Aufruhr am Hafen. Der Komponist Henry Le York landete mit seinem **»Jersey Lily Waltz«** den Hit des Jahres, und die schöne Lillie spielte immer in ausverkauften Häusern. Sie nahm die amerikanische Staatsangehörigkeit an, um sich endlich scheiden lassen zu können, und hatte viele gut betuchte Liebhaber.

Sie hielt sich durch Laufen fit und griff als eine der ersten Frauen öffentlich zur Zigarette. Zeitweilig besaß sie 20 Pferde, die bei großen Rennen Preise gewannen. Mit 45 Jahren zog sie sich von der Bühne und den Pferderennen zurück. Anfeindungen in der Presse machten ihr zu schaffen. Sie heiratete den 19 Jahre jüngeren Hugo de Bathe in St. Saviour's Church auf Jersey und kam so in den Besitz des Adelstitels.

Wieder in die USA

Bald aber zog es sie wieder auf die Bühne und nochmals nach Amerika, wo sie mit einem Luxus-Eisenbahnwaggon reiste, den ihr der Besitzer der Eisenbahngesellschaft spendiert hatte. Sie besuchte das **Städtchen Langtry** (Texas), dem der legendäre »Judge« Roy Bean, ein glühender Verehrer, ihren Na-

men gegeben hatte. In Kalifornien kaufte sie eine Farm und **baute Wein an** – die Prohibition brachte ihr eine ihrer wenigen Pleiten ein. Wieder zurück in England erfuhr Lillie, dass sie mit 51 Jahren schon Großmutter geworden war. Später wurde ihre Enkeltochter eine der ersten Radiosprecherinnen des BBC. Während des Ersten Weltkriegs betätigte sich Lillie Langtry karitativ und spendete die Eintrittsgelder ihrer Auftritte für Verwundete.

Eine Legende

Nach dem Krieg ließ sie sich in Monaco nieder, wo sie am 12. Februar 1929 an einer Grippe starb. Bis heute besuchen ihre Verehrer das Grab auf dem Friedhof der St. Saviour's Church auf Jersey. Ihr Lebenslauf inspirierte zu englischsprachigen Romanen und Biographien und die BBC drehte in den 1970er-Jahren eine Fernsehserie über ihr Leben.

Grabskulptur von Lillie Langtry

ERLEBEN UND GENIESSEN

Wandern auf Klippenwegen mit schönem Meerblick, Gärten anschauen, Blumenkarneval – Inselbesucher haben die Qual der Wahl. Neben Strand- und Golfurlaub sind sportliche Abenteuer vom Wellenreiten über Seekayaking bis zum Küstenklettern möglich. Genießer können sich auf die Inselküche mit frischen lokalen Zutaten und Gourmet-Festivals freuen.

Fangfrisches auf den Tellern

Wie so vieles auf den Kanalinseln ist auch die Küche eine gelungene Mischung aus britischen und französischen Elementen, wobei beim Essen der Hang zum Französischen überwiegt. Aber natürlich lassen sich mehrere Jahrhunderte britischer Tradition auch in den zahlreichen Pubs und Restaurants der Inseln nicht verleugnen.

Eine besondere Spezialität der Kanalinseln sind Meeresfrüchte, am eindrucksvollsten Krebse, die es in dieser Größe speziell in den Gewässern um die Kanalinseln gibt. Auch Hummer (»lobster«) wird gern gegessen. Wunderbar schmecken zwei typische Spezialitäten, **»scallops«** (Jakobsmuscheln) und **»ormers«** (Seeohr), die in köstlichen Zubereitungen auf den Tisch kommen. Die Gelegenheit, vor allem die andernorts seltenen Seeohren (S. 90) hier einmal zu probieren, ist also günstig. Auf mehreren Inseln werden **»oysters«** (Austern) gezüchtet und kommen frisch in die Restaurants. Beliebt sind auch Miesmuscheln (»mussels«) und Herzmuscheln (»cockles«). Mitunter gibt es auch mit Krabbenfleisch gefüllte Tortellini.

Meeresfrüchte

Fisch ist auf den Kanalinseln fangfrisch. Häufig werden Scholle (»plaice«) und Seezunge (»sole«) angeboten, gedünstet (»steamed«) oder gegrillt (»roasted«). Weiter stehen Butt (»brill«), Steinbutt (»turbot«), Lachs (»salmon«) und Kabeljau (»codfish«) auf den meisten Speisekarten; Kabeljau wird übrigens häufig auch an Imbissständen verkauft. Ein traditionelles Gericht ist die Meeraal-Suppe (»conger«). Seebarsch (»sea bass«) wird auf viele Arten zubereitet, beispielsweise als Seebarschfilet in Minzsoße mit Kartoffeln und Tomaten in zerlassenem Honig, eine feine Gourmet-Kreation, die man auch bei Seafood-Festivals probieren kann. Die etwas handfestere Variante ist Seebarsch mit bodenständigen Erbsen und Kartoffeln, Schinken und einer Kräutersoße.

Fisch

Fleischgerichte werden immer mit Gemüse – Tomaten oder Karotten, Pilzen, Bohnen etc. – auf den Tisch gebracht. So z. B. Rumpsteak (»sirloin steak«), Roast beef (Rind), Schwein (»pork«), Lamm (»lamb«), Hühnchen (»chicken«) gegrillt, gebraten oder gekocht.

Fleisch

Auffällig sind die Milchprodukte, die man auf den Inseln bekommt. Sie sind sehr fetthaltig und gelblich – das gilt für die Milch selbst, aber auch für Sahne, Eis und sogar für den Käse.

Milchprodukte

Frisches aus dem Meer für Fans von Garnelen und Lobster

Getränke Wie überall sonst auf der Welt hat in den letzten Jahrzehnten auch auf den Kanalinseln eine Konzentration auf dem Brauereimarkt stattgefunden. Nur zwei große Brauereien haben überlebt, die Liberation Group auf Jersey und Randalls of Guernsey, die aber eine ganz erstaunliche Bandbreite an Bieren brauen. Reichlich **Bier** fließt vor allem in den Pubs. Man bestellt ein »pint« (ca. 0,57 l) oder ein »half a pint« (0,29 l) und bezahlt sofort am Tresen. Ausgeschenkt werden Bitters und Ales, dunkles Stout und helles Lager.

Auf Jersey gibt es einen eigenen **Wein**, den das Weingut La Mare Vineyard produziert. Im Restaurant sind die Inselweine allerdings relativ teuer. Früher war Weinanbau auf den Inseln üblicher, die Gewächshäuser heißen noch wie früher »vineries«, obwohl dort überwiegend Blumen und Gemüse angebaut werden. Nachdem die Apfelweinproduktion der Kanalinseln so gut wie zum Erliegen gekommen war, sind in den letzten Jahren einige **kleine Cider-Keltereien** entstanden, deren Produkte man vor Ort, in einigen Läden und teilweise auch wieder in Pubs kaufen und konsumieren kann.

PUBS, RESTAURANTS, MAHLZEITEN

Pubs Wer es etwas legerer mag und auch den Geldbeutel schonen möchte, ist sowohl mittags als auch abends in den vielen Pubs gut aufgehoben, die leckere bodenständige Gerichte (»pub grubs«) servieren. Meist kann man in einem abgetrennten Bereich mit Tischen in Ruhe essen. Ein relativ neues Phänomen sind die **Gastropubs**. Sie verbinden die ungezwungene Atmosphäre eines Pubs mit den kulinarischen Ansprüchen eines Restaurants. Sowohl Getränke als auch Speisen werden am Tresen bestellt und vorab bezahlt. Die Getränke nehmen die Gäste direkt mit; das Essen wird meist an den Tisch gebracht oder es wird eine Nummer aufgerufen.

PREISKATEGORIEN
Restaurants (Preis für ein Hauptgericht)
❶❶❶❶ = über 20 £
❶❶❶ = 15–20 £
❶❶ = 10–15 £
❶ = bis 10 £

In Pubs und Restaurants hrreschen nach wie vor begrenzte **Ausschankzeiten** für alkoholische Getränke. Zwar können Gastwirte ihre Pubs bis 1.00 Uhr offen halten, viele ziehen es aber vor, schon früher zu schließen. Am längsten sind die Pubs traditionell auf Alderney geöffnet, wo es schon immer bis Mitternacht oder 1.00 Uhr Alkohol gab. Nachdem der Ruf **»last order«** ertönt ist, bleibt nur noch der Besuch von Nightclubs. Normalerweise werden alkoholische Getränke nur an über 18-Jährige ausgeschenkt, Jugendliche dürfen Pubs nur in Begleitung Erwachsener betreten.

Imbisse Auch auf den Kanalinseln gibt es hin und wieder einen Imbiss, oft in etwas gepflegter Variante, dann aber nicht ganz preisgünstig. **Burger**

Britisches Flair: Scones zum Afternoon Tea

und »rolls« mit verschiedenen Füllungen sind sehr gängig, ebenso Sandwiches in allen Variationen, die hier ganz schlicht in dreieckigen Plastikboxen zu haben sind. **Pies** sind kleine deftige Pasteten.

Breakfast

In Hotels und Pensionen hat man meist die Wahl zwischen einem englischen und kontinentalen Frühstück. Wer sich für die kontinentale Variante entscheidet, verpasst Wesentliches, denn ein **Full English Breakfast** sollte man sich nicht entgehen lassen. Dazu gehören verschiedene Fruchtsäfte, Früchte – klassischerweise eine halbe Grapefruit –, eine Vielfalt an Zerealien und Müslis, gekocht, pochiert, als Spiegel- oder Rührei servierte Eier, Toast, Marmelade, Honig, gebratene Würstchen, Pilze, Tomaten und Speck. Das englische Frühstück ist nicht nur köstlich, sondern schont auch das Portemonnaie, denn schließlich hält es bis zum Nachmittagstee vor.

Lunch

Mittags zum Lunch öffnen Pubs und Restaurants zwischen 12.00 und 14.30 Uhr. In Pubs werden meist Kleinigkeiten wie Salate, Pies oder Sandwiches angeboten, in den Restaurants bekommt man eine volle Mahlzeit. Preiswert sind vor allem die Tagesmenüs (»set menues«).

Afternoon Tea

Zwischen 16.00 und 17.00 Uhr ist »tea time« angesagt, die man in den vielen schönen Tearooms zelebrieren kann. Zum **Cream Tea** mit Sahne gibt es klassischerweise **Scones** aus Rühr- oder Hefeteig, zu denen rote Marmelade und »clotted cream« (Rahm) gereicht werden. Neben Kuchen und Gebäck gibt es zum Tee aber auch Gurken- oder Lachssandwiches, stilvoll auf einer Etagere angerichtet.

Dinner

Wer richtig gepflegt essen gehen möchte, hat auf den Inseln reichlich Gelegenheit. Ab 18.30 Uhr bekommt man in den Restaurants Abendessen. Am schönsten leitet man den Abend mit einem ersten Getränk an der Bar ein. Hier kann man schon mal in die Speisekarte schauen. Das Abendessen wird dann oft bei Kerzenlicht im Speisesaal serviert. Wer ein Menü wählt, ist meist auch preislich gut bedient.

Typische Gerichte

Fisch und Meeresfrüchte spielen in der Inselküche eine große Rolle. Krebse und Lobster, Seeohr und Aalsuppe zählen zu den Spezialitäten. Trotz der Nähe zu Frankreich ist die traditionelle Küche der Inseln eher bodenständig und herzhaft.

Jersey Bean Crock: Das Gericht lässt sich am ehesten mit der französischen Cassoulet vergleichen. Es ist ein langsam in einem Tontopf gegarter, deftiger Bohneneintopf mit Zwiebeln und Schweinefleisch, und möglichst mit einem Schweinefuß, wenn es richtig traditionell sein soll. Früher wurde die Speise im Tontopf zum Bäcker gebracht und über Nacht im Ofen gegart. Dem Jersey Bean Crock verdanken die Inselbewohner ihren Spitznamen »Jersey Beans«.

Ormer: Die »ormer«, im deutschsprachigen Raum als Seeohr oder Abalone bekannt, gilt als eine ganz besondere Delikatesse. Mehr noch als die Auster, die auf den Kanalinseln ebenfalls sehr beliebt ist.

Aufgrund ihrer Seltenheit dürfen sie nur während weniger Monate im Winter bei Ebbe gesammelt werden. Es ist verboten, nach ihnen zu tauchen. Seit wenigen Jahren gibt es einen kleinen Zuchtbetrieb auf Jersey, der die Versorgung mit den Trüffeln des Meeres, wie die »ormer« auf den Kanalinseln auch genannt wird, verbessert. Meeresfrüchtefans sollten sich das nicht ganz billige Vergnügen gönnen und Seeohr bestellen. Sie können wie Austern roh gegessen werden. In Japan z. B. werden sie als Sashimi verspeist. In den Restaurants der Kanalinseln kommen sie aber meist gebraten auf den Tisch.

Ploughman's Lunch: Das klassische Pub-Essen ist ein kaltes Gericht und zweifellos eine britische Ikone. Auch in den Pubs der Kanalinseln

wird es gerne bestellt. Traditionell besteht es aus einer dicken Scheibe Käse (meist Cheddar, es kann aber auch Stilton oder eine lokale Käsesorte sein) sowie Pickles, Brot und Butter. Ergänzend können Salat, Tomaten oder eingelegte Zwiebeln hinzukommen.

Conger Soup: Fisch und Meeresfrüchte spielen bei der Ernährung auf einer Insel naturgemäß eine große Rolle und eines der populärsten Gerichte war über Jahrhunderte hinweg die Aalsuppe. Heutzutage geht der Trend zwar eher zu kalorienärmeren Speisen, doch die herzhafte Suppe aus Aal, Zwiebeln oder Lauch und Kohl ist es Wert, nicht in Vergessenheit zu geraten, denn sie schmeckt gut und sättigt auch wunderbar.

Black Butter: Der Brotaufstrich besteht aus frischem Cider, der über Stunden oder Tage auf die Hälfte eingekocht wird und dem anschließend Äpfel, Zucker, Zitrone, Lakritz und Gewürze zugegeben werden. Die Mixtur wird dann wieder gekocht und dabei ständig mit einem großen hölzernen Löffel umgerührt (Abb. o.). Das Ergebnis heißt Black Butter oder Nièr Beurre und ist eine dunkle, sehr kalorienreiche Köstlichkeit.

Jersey Royal Potatoes: Ja, Kartoffeln können eine Delikatesse sein! Wer dies nicht glaubt, hat noch nie einen Teller mit frischen Jersey Royals gegessen. Der intensive Geschmack dieser Kartoffel mit ihrer papierdünnen Schale kommt am Besten zur Geltung, wenn man sie nur mit etwas Butter verzehrt. Die Bezeichnung dieser Kartoffelart ist geschützt, nur Kartoffeln von der Insel Jersey dürfen sich »Jersey Royals« nennen.

Gastronomische Highlights bei den Gourmet-Festivals

Die Kanalinseln bringen, was Lebensmittel angeht, Produkte von höchster Qualität hervor. So sorgt das klare und saubere Wasser rund um die Inseln für ein fantastisches Angebot an frischen Meeresfrüchten und Fischen, das milde, vom Golfstrom begünstigte Klima ist dem Anbau von Obst und Gemüse förderlich und die kleinen Jersey- und Guernsey-Kühe produzieren die schmackhafteste und fettreichste Milch der Welt.

Was sich aus diesen Zutaten alles zubereiten lässt, können Besucher auf den Gastronomie-Festivals der Inseln bestaunen und kosten. Dort führen die Inselköche ihr Können vor und zaubern ihre besten Gerichte, die anschließend **von fachkundigen Jurys prämiert** werden. Aber auch in den Restaurants und Hotels, in den Pubs und Cafés werden während der Food-Festivals ganz besondere Köstlichkeiten auf den Tisch gebracht. Für jeden Gourmet sind diese Veranstaltungen mittlerweile ein echtes Kriterium für die Wahl des Reisetermins!

Sterne-Küche

Essen und Trinken werden auf Jersey groß geschrieben, dies bezeugt allein die Tatsache, dass auf der doch relativ kleinen Insel nicht weniger als **drei mit Michelin-Stern ausgezeichnete Köche** ihren Dienst tun. Das neuntägige Jersey Food Festival findet immer in der zweiten Maihälfte statt und zelebriert die lokalen Produkte und Spezialitäten. Viele Restaurants, Hotels und Pubs kreieren spezielle **Festival-Menüs**, es werden aber auch zahlreiche **Veranstaltungen** rund um das Thema Essen angeboten.

Auf dem Programm stehen etwa die Besichtigungen von Farmen und Molkereien, auch die örtliche Brauerei und das einzige Weingut der Kanalinseln laden regelmäßig ein. Bei Ebbe kann

man unter Anleitung Muscheln suchen, und während des Festivals
werden geführte Spaziergänge
und Wanderungen angeboten,
ebenso wie Picknicks und Afternoon Teas.

Seafood-Festivals

Speziell den Fischen und Schalen-
tieren haben sich zwei Veranstaltung auf den kleineren Kanalinseln
verschrieben. In der ersten Maihälfte bereiten auf Alderney die
besten Köche der Insel im Rahmen
des **Alderney Seafood Festival**
zehn Tage lang köstliche Meeres-
früchtegerichte zu.

Ob Hummer, Krabben oder Muscheln, Wolfsbarsch, Steinbutt oder
Seezunge, die Qualität der in den
umliegenden Küstengewässern gefangenen Meerestiere ist wirklich
fantastisch, ebenso deren gekonn-
te Zubereitung. Nicht nur die Bewohner und Köche auf den großen
Inseln verstehen sich auf Meeresfrüchte. Auch die Insel Sark glänzt
im Juni mit einem kleinen, aber
feinen Seafood Festival.

Preisgünstig schlemmen

Seit über 15 Jahren wird auf den
Inseln Jersey, Guernsey, Alderney
und Sark das **Tennerfest** veranstaltet, an dem sich in den letzten Jahren über 180 Restaurants, Gastro-
Pubs und Bistros beteiligt haben.
Das Festival beginnt am 1. Oktober
und dauert sechs Wochen. Dabei
kreieren die äußerst erfinderischen
Küchenchefs der Inseln spezielle
All-Inclusive-Menüs zu ausgesprochen günstigen Preisen. Der Name
Tennerfest wurde gewählt, weil ursprünglich alle Menüs nur einen
»Tenner«, also 10 £ kosteten. Heut-

zutage gibt es Menüs in verschiedenen Preislagen, allen ist jedoch
gemeinsam, dass sie ein ganz ausgezeichnetes Preisleistungsverhältnis bieten.

Black Butter Making

Ein Festival, bei dem die Einheimischen meist unter sich sind, ist das
Black Butter Making an einem Wochenende in der zweiten Oktober-
hälfte auf Jersey, für Inselbesucher
ein **unvergessliches und sehr au-
thentisches Erlebnis**. Veranstalter
ist der National Trust der Insel Jersey. Das sehr gesellige Fest widmet
sich der Herstellung von Black Butter, einem köstlichen Brotaufstrich
aus Cider, Äpfeln und Gewürzen.
Es beginnt am Freitag mit dem ge-
meinschaftlichen Schälen der Äpfel. Dann wird sachverständig eingekocht (s. Abb. S. 91 oben), und
am Sonntag endet das Fest mit
dem Verkosten und Abfüllen der
Black Butter in Gläser.

Feierlustige Inseln

Veranstaltungen und Feiern sagen viel über den Charakter eines Landes und seiner Bewohner aus. Da ist es doch sehr erfreulich, dass ein nicht geringer Teil der Feste auf den Kanalinseln entweder mit Blumen, mit Essen oder mit Wandern zu tun hat.

Zucht und Export vom **Blumen** war einst einer der wichtigsten Wirtschaftszweige auf den Kanalinseln und so ist es nicht verwunderlich, dass sich viele Feste um Blumen drehen. Im April etwa feiert man auf Guernsey das Floral Guernsey Spring Festival, im Juli das Summer Festival. Auf Jersey wird die Blumenpracht der Insel beim June in Bloom im Juni gewürdigt. Wer die Insel zu Fuß erkunden möchte ist in den Monaten Mai und September genau richtig. Dann finden auf Jersey und Guernsey während der Spring bzw. der Autumn Walking Week auf den Inseln zahlreiche **geführte Wanderungen** statt. Den **fantastischen Zutaten**, die die Inseln bieten, sowie ihrer meisterhaften Zubereitung wird auf verschiedenen Food Festivals ein Denkmal gesetzt. Im Mai locken das Jersey Food Festival und das Alderney Seafood Festival Besucher auf die Inseln, das Tennerfest wird ab Anfang Oktober sechs Wochen lang auf allen Inseln gefeiert (▶ Baedeker Wissen S. 93).

Blumen-, Wander- und Gastronomie-Feste

Veranstaltungskalender

GESETZLICHE FEIERTAGE

1. Januar (New Year's Day)
Karfreitag und Ostermontag
Erster Montag im Mai (May Day)
9. Mai (Liberation Day Jersey, Guernsey)
10. Mai (Liberation Day Sark)
Letzter Montag im Mai (Spring Bank Holiday)
Letzter Montag im August (Summer Bank Holiday, auf Alderney aber am ersten Montag des Monats August)
15. Dezember (Homecoming Day, nur auf der Insel Alderney ein Feiertag)
25. Dezember (Christmas Day)
26. Dezember (Boxing Day)

Feste und Events

Floral Guernsey Spring Festival im April

Gartenbesuche und Workshops zur Gartengestaltung

Liberation Day im Mai

Nationalfeiertag am 9. Mai auf allen Inseln außer Alderney. Gefeiert wird die Befreiung von der

Im Sommer beliebt: Live-Musik im Castle Cornet

deutschen Besatzung. Vormittags geht es mit einer Parade alter Militärfahrzeuge zeremoniell zu, ab dem Nachmittag wird auf Jahrmärkten und bei Live-Bühnenshows bis spät abends gefeiert, mit Feuerwerk zum Abschluss.

Spring Walking Week im Mai

Während der Spring Walking Week im Mai können auch Touristen an den geführten Wanderungen auf Jersey und Guernsey teilnehmen. Dabei stehen Touren verschiedener Länge und Schwierigkeitsgrade auf dem Programm.

Bloomin' Alderney und June in Bloom im Juni

Dass es auch auf Alderney schöne Gärten gibt, kann man Mitte Juni feststellen. Privatgärten werden für interessierte Besucher geöffnet. June in Bloom heißt das Pendant auf Jersey.

Le Viaer Marchi im Juli

Le Viaer Marchi (»alter Markt«) ist eine vom National Trust of Guernsey organisierte Veranstaltung, bei der Guernseys altes Handwerk und die traditionellen Gerichte der Insel im Mittelpunkt stehen. Wer also einmal einen echten Guernsey Bean Jar oder einen Guernsey Gâche probieren möchte, sollte die Insel am ersten Donnerstag im Juli besuchen.

Sark Folk Festival im Juli

Noch relativ jung, aber trotzdem schon eine feste Größe im Veranstaltungskalender. Beim 2010 erstmals veranstalteten dreitägigen Festival auf Sark treten Anfang Juli regelmäßig über 50 Künstler und Bands auf. Die Veranstaltung ist schon jetzt so populär, dass Interessierte sich rechtzeitig um Karten bemühen müssen.

Alderney Week im August

Zehn Tage feiert die Insel sich selbst und das mitunter sehr selbstironisch. Umzüge, eine Strandolympiade, zahlreiche Sport- und Musikveranstaltungen, eine Miss-Alderney-Wahl, Theateraufführungen, ein Wettbewerb im Sandburgenbauen, ein Entenrennen im Hafenbecken und vieles mehr. Bei der Alderney Week nimmt man sich selbst nicht ernst und entsprechend ausgelassen ist die Stimmung.

Battle of Flowers im August

Der Blumenkorso ist das berühmteste Fest auf Jersey (▶ Baedeker Wissen S. 97).

Victor Hugo International Music Festival im September

Jedes zweite Jahr findet auf Guernsey das sechstägige Festival mit namhaften jungen Künstlern aus Klassik und Folk-Musik statt. Gespielt wird dabei nicht nur in der Konzerthalle, sondern auch in Cafés, Pubs und manchmal sogar in der Flughafenhalle.

Tennerfest im Oktober und November

Ab Anfang Oktober wird auf allen Inseln sechs Wochen lang das Tennerfest gefeiert (▶ Baedeker Wissen S. 93), bei dem man preisgünstig schlemmen kann.

Blumenkarneval auf Jersey

Der Höhepunkt im Veranstaltungskalender von Jersey ist ganz zweifellos die jährliche Battle of Flowers, die traditionell am zweiten Donnerstag im August in St. Helier stattfindet.

Der eindrucksvolle Korso mit zahlreichen blumengeschmückten Motivwagen wurde im Jahr 1902 zum ersten Mal ausgerichtet. Anlass war die Krönung von König Edward VII. und Königin Alexandra. Das Vorbild für diese erste **Battle of Flowers** war der berühmte Blumenkarneval in Nizza. Da die Veranstaltung großen Anklang fand beschloss man, das Ganze im nächsten Jahr zu wiederholen, die Geburtsstunde einer wunderbaren Tradition. Besucher sollten sich von dem Namen des Umzugs nicht abschrecken lassen, der **Hintergrund ist alles andere als kriegerisch**. In den frühen Jahren der Battle of Flowers war es üblich, dass Teilnehmer Blumen in die Menge warfen, meist in Richtung einer Dame, der sie besonders zugetan waren. Die Blumen flogen manchmal zurück und so entspann sich eine regelrechte Blumenschlacht. Vor allem am Ende der Parade wurde beinahe der gesamte Blumenschmuck der Wagen geworfen. Da die Blumenschlachten immer wilder wurden, beschloss man 1964, sie zu unterlassen. Heutzutage geht die Battle of Flowers friedlich zu Ende. An der Gestaltung der Motivwagen sind **Hunderte von Freiwilligen** beteiligt. Ein Jahr lang wird über das Design und den Schmuck gestritten und diskutiert und in den Tagen vor der Battle wird in den Lagerhäusern und Schuppen oft ganze Nächte hindurch gear-

beitet, um die Wagen fertigzustellen. Denn der Blumenkorso ist ein **Wettbewerb**, bei dem die Teilnehmer gegeneinander antreten. Jerseys zwölf Gemeinden schicken jedes Jahr einen eigenen Wagen ins Rennen. Die größten Wagen sind bis zu 14 m lang und mit bis zu 50 000 Blumen geschmückt. Begleitet wird der Umzug von zahlreichen Showbands, Tanzgruppen und Majoretten. Zum Programm gehören Jahrmärkte und Musikveranstaltungen. Seit 1989 ziehen am Abend des Folgetags bei der »Moonlight Parade« **beleuchteten Festwagen** durch die Nacht. Ihren Abschluss findet die Battle of Flowers in einem großen **Feuerwerk**. Das stimmungsvolle nächtliche Party-Ambiente der »Moonlight Parade« kommt bei den Zuschauern fast noch besser an als der Blumenkorso am Tag zuvor.

Blütenkreation bei der Battle of Flowers

Inselferienspaß für die ganze Familie

Für einen Urlaub mit Kindern sind die Kanalinseln ideal, sogar an Regentagen. Kindgerechte Museen, spannende Höhlen, Bauernhöfe, Tiere, Burgen und schöne Strände sorgen für Abwechslung. Viele Touristenattraktionen haben Kinderspielplätze. Tagesausflüge mit dem Boot zu einer anderen Insel sind bei Kindern ebenfalls beliebt. Für größere Kinder, die Spaß am Wandern haben, bieten sich die sicheren Klippenwege auf Jersey, Guernsey und Herm an.

Viele Ziele auf Jersey sind für die ganze Familie interessant. Allen voran der **Durrell Wildlife Conservation Trust** in Trinity, in dem vom Aussterben bedrohte Tiere leben. In der Hauptstadt **St. Helier** ist das Elizabeth Castle auch bei Kindern beliebt – am besten ist man mittags um 12.00 Uhr da, wenn ein paar Kanonenböller abgefeuert werden. Auch im Maritime Museum in St. Helier kommen Kinder auf ihre Kosten. Andere **Museen**, die für einen Ausflug mit Kindern in Frage kommen, sind das Hamptonne Country Life Museum in einem früheren Bauernhof in St. Lawrence und das Pallot Steam, Motor & General Museum mit alten Dampfmaschinen in Trinity. Gut sind auch Fahrten mit den drei **Mini-Bahnen**, »Lillie« und »Terence« fahren an der St. Aubin's Bay entlang, mit »Major Peirson« kann man eine Rundfahrt in St. Helier machen.

Jersey

Schöne **Ausflugsziele** für Kinder sind ansonsten Mont Orgueil Castle in Gorey, das Kinder in Ritter- oder Burgfräuleinverkleidung erkunden können, Corbière Lighthouse in St. Brelade, Devil's Hole in St. Mary und das eindrucksvolle Megalithgrab La Hougue Bie in Grouville. Unter den vielen **Jersey-Attraktionen** ist für Kinder das Spektakel »Treasures of the Earth« in St. Ouen interessant, »The Living Legend« in St. Peter und sicher »aMaizin Maze«, das große Maislabyrinth im Westen der Insel zwischen St. Peter und St. Ouen (www.jerseyleisure.co.uk).

Burgen, Leuchttürme und ein Labyrinth

Wer mit Kindern Ferien auf Guernsey macht, kann mehrere Ziele in der Hauptstadt **St. Peter Port** ansteuern: Castel Cornet, wo ebenfalls um 12.00 Uhr mittags ein Kanonenböller abgefeuert wird, das Guernsey Museum mit spannenden Einblicken in die Inselgeschichte und das Haus des National Trust Centre mit einem viktorianischen

Guernsey

Auch für Kinder ein Riesenspaß: die Battle of Flowers

Bei Ferienfreizeiten wird für Kinder jede Menge geboten.

Laden. Spaß macht eine Wanderung zum Lihou Island an der Küste vor St. Peter in the Wood, die man aber nur bei Niedrigwasser machen kann. Für ältere Kinder ist das **Shipwreck Museum** im Fort Grey bei St. Peter in the Wood interressant, in dem es um Schiffsunglücke geht, die sich vor der Westküste von Guernsey ereignet haben. Bei Vale kann man sich den Le-Déhus-Dolmen, eine spannende Megalithgrabanlage, ansehen. Zu Sausmarez Manor in St. Martin gehört eine Gartenanlage, in der eine Mini-Bahn fährt. In Castel gibt es den Saumarez Park mit einem **Folk Museum**. Auf Guernsey kann man mit Kindern gut die Little Chapel in St. Andrew und die New Strawberry Farm in St. Saviour besuchen.

Alderney Auf Alderney bietet sich mit Kindern bei Ebbe eine **Wanderung zur Île de Raz** mit einem kleinen Fort und den Hanging Rocks an. Das Lighthouse, der Leuchtturm, lohnt einen Besuch – allerdings müssen Kinder größer als 1 m sein. Spaß macht auch eine Fahrt mit dem **»Orient-Express« von Alderney**.

Sark und Herm Ausflugsziele auf Sark sind in erster Linie etwas für ältere Kinder: La Coupée, Little Sark, La Seigneurie. Ein besonderes Erlebnis ist die Besichtigung einer Höhle, die man aber nur im Rahmen einer geführten Wanderung machen sollte, da mehrere **Höhlen** nur bei Niedrigwasser zugänglich sind und bei Hochwasser überspült werden.

Herm Herm ist ein wahres **Strandparadies** für kleine Kinder. Wanderungen auf dem Klippenweg um die Südspitze sind ungefährlich. Strände auf den Kanalinseln, die sich für Familien mit Kindern eignen, sind beschrieben unter ▶Urlaub Aktiv S. 111.

Attraktionen für Kinder

Mont Orgueil Castle

www.jerseyheritage.org
April–Okt. tgl. 10.00–18.00,
Nov.–März Fr.–Mo. 10.00–16.00
Uhr, Eintritt 12,20/7,40 £
Bilderbuchburg über dem Hafen
von Gorey mit fantastischem Blick
bis zur französischen Küste.

Aqua Splash

Im Waterfront Centre St. Hellier,
www.aquasplash.je, Mo.–Fr.
6.30–19.00, Sa. und So. 8.00–
20.00 Uhr, Eintritt 6,90/4,70 £
Großes Erlebnisbad mit Innen-
und Außenpool, Wellenbad,
Wasserrutschen, Sauna etc.

Sark Carriages

www.sarkcarriages.co.uk
Kutschentouren ab 12,50 £
Da es auf Sark keine Autos gibt,
bleibt nur die Fortbewegung zu
Fuß oder eine bei Kindern beson-
ders beliebte Kutschfahrt.

La Carriere Stables

Baubigny, St. Sampsons, Guernsey, www.lacarrierestables.com
Mo.–Fr. 9.00–17.30, Sa. 9.00–
16.30 Uhr
Reiten auf Ponys oder Pferden –
dieser Reiterhof erfüllt die Träume
vieler Kinder.

Fort Grey

Rue de la Lague, St Peters,
Guernsey, www.museums.gov.gg
Ostern–Okt.10.00–16.30 Uhr
Eintritt 4/1,50 £
Das kleine Fort, das die Einwoh-
nern liebevoll als Tasse und Unter-
tasse bezeichnen, beherbergt
auch das Shipwreck Museum.

Alderney Railway

www.alderneyrailway.com
Juli, Aug. Sa., So. 14.30, 15.30
Uhr, Ostern, Mai, Juni, Sept. nur
So.; Fahrpreis ab 3/1,50 £
Die 15-minütige Fahrt mit der ein-
zigen Eisenbahn der Kanalinseln
ist wirklich ein Vergnügen. Ihre
Waggons sind ehemalige Londo-
ner U-Bahn-Wagen.

Le Petit Train

www.littletrain.co.uk
Fahrpreis ab 5/2,50 £
Die Fahrten mit den Mini-Bahnen,
mit denen man eine Rundfahrt
durch St. Helier oder eine Fahrt
von St. Helier nach St. Aubin entlang der Promenade unternehmen kann, starten am Liberation
Square in St. Helier bzw. an der
Parish Hall in St. Aubin.

> **!** *Highlights für Kinder*
>
> **BAEDEKER TIPP**
>
> - Im Durell Wildlife Conservation Trust Tiere beobachten
> - Maritime Museum auf Jersey: Alles zum Thema Meer – sehen, ausprobieren und verstehen
> - »aMaizin Maze«: Maislabyrinth zum Verlaufen auf Jersey
> - Castle Cornet in St. Peter Port auf Guernsey mit kleinen Muse-en zur Inselgeschichte
> - Alderney: Fahrt mit dem »Ori-ent-Express«
> - Abenteuer: mit einem einheimi-schen Führer durch die Höhlen von Sark
> - Herm: Strandparadies für kleine Kinder

Shopping

Gemütlich bummeln, günstig und traditionell einkaufen

Ob man bei den Kanalinseln von einem Einkaufsparadies sprechen kann, sei dahingestellt, einer ausgedehnten Shoppingtour stehen aber weder ein mangelndes Angebot noch hohe Preise im Weg ...

Dafür, dass **viele Waren relativ preiswert** sind, ist vor allem die Mehrwertsteuer verantwortlich. Die wird auf Guernsey, Alderney, Sark und Herm nämlich gar nicht erhoben, auf Jersey beträgt sie seit 2008 gerade einmal 3 %. Erfreulich für Besucher vom Kontinent ist auch die Tatsache, dass die Zeiten, dass man für ein britisches Pfund bis zu 1,70 € bezahlen musste, längst vorbei sind. Und da beide Inselwährungen an das britische Pfund gekoppelt sind, haben sich zur großen Freude der Besucher auch Jersey- und Guernsey-Pfund seit dem Jahr 2000 mehr oder wenig stetig nach unten bewegt.

Überraschend günstig

Die größte Auswahl an Geschäften auf den Kanalinseln befindet sich in der **Fußgängerzone von St. Helier**, die hauptsächlich von der King Street, der Queen Street und dem Halkett Place gebildet wird. Lohnend ist aber auch ein Besuch von **Liberty Wharf**, einer überdachten Ladenpassage in den alten Lagerhallen am Jachthafen. Haupteinkaufsstraße in **St. Peter Port** ist die High Street am Hafen und auch das Old Quarter lädt mit seinen kleinen Antiquitätenläden, Galerien und Boutiquen zum Shoppen ein.

Einkaufsstraßen

Ein absolutes Muss, wenn es ums Einkaufen geht, ist ein Besuch des Kaufhauses **De Gruchy** in St. Helier. Mit seinen 7000 m² Verkaufsfläche ist nicht nur der größte Einzelhändler der Kanalinseln, das Haus aus der Mitte des 19. Jhs. ist auch ein architektonisches Juwel. Selbst wenn man nicht vorhat etwas zu kaufen, ist ein Bummel durch den viktorianischen Prachtbau in der King Street ein reines Vergnügen. Auch sehr sehenswert ist das ebenfalls in der King Street gelegene Kaufhaus **Voisin's**. Nicht ganz so alt wie die Konkurrenz, kann es doch immerhin auf fast 200 Jahre Geschichte zurückblicken.

Einkaufspaläste

Ein weiterer Punkt auf der Besucherliste in Sachen Shopping ist der Central Market am Halkett Place, eine **gusseiserne viktorianische Markthalle** aus dem Jahr 1883 mit einem wunderschönen, von Goldfischen bevölkerten Springbrunnen. Es ist in erster Linie ein

Markthalle

Einkaufsbummel in der Mill Street, St. Peter Port

Beliebtes Mitbringsel: Chutneys

Gemüse-, Obst- und Blumenmarkt. Souvenirs oder Mitbringsel findet man hier kaum. Wer aber gerne gut isst, kann dort vielleicht ein Pfund **Jersey Royals** erwerben, die Inselkartoffeln mit ihrem intensiven Geschmack und ihrer papierdünnen Schale, die man auf dem Kontinent nicht bekommt.

Kulinarisches Sehr kalorienreich, aber unwiderstehlich sind die Pralinen und Trüffel von **Caragh Chocolates,** die auf der Insel Sark von Hand hergestellt werden. Eines der Ausgangsprodukte ist natürlich die berühmte fetthaltige Milch der Kanalinseln. **Black Butter**, der süße Brotaufstrich aus eingekochtem Cider, Äpfeln, Zucker, Zitrone, Lakritz und Gewürzen, ist eine uralte Spezialität aus Jersey. Sehr zu empfehlen sind auch die **Weine und Cider** der La Mare Wine Estate, die man außerhalb der Kanalinseln vergeblich suchen wird.

Pullover Sehr bekannt und ausgesprochen haltbar sind die **Jersey- und Guernsey-Pullover.** Ihr guter Ruf reicht zurück bis ins Mittelalter, denn bereits damals existierten auf beiden Inseln zahlreiche florierende Handwerksbetriebe. Vor allem Seeleute und Fischer haben den wärmenden Guernsey-Pullover in aller Welt bekannt gemacht. Ihre traditionelle Farbe ist Dunkelblau, obwohl heute natürlich auch viele andere Farben erhältlich sind. Die leicht ölige Wolle macht die

Guernsey-Pullover wasserabweisend und es ist nicht ungewöhnlich, dass ein Exemplar mehrere Jahrzehnte hält, ja sogar vererbt wird.

Die Keramikwaren der **Jersey Pottery** genießen weltweit einen ganz ausgezeichneten Ruf. Leider wurde die Herstellung in Gorey 2012 eingestellt und nach Großbritannien verlegt. Das alte Töpfereigelände hat ein Immobilienentwickler gekauft. Die Erzeugnisse der Töpferei kann man auf Jersey aber immer noch kaufen, gegenüber vom Central Market ist das gesamte Angebot im **Jersey Pottery Town Shop** erhältlich. Nicht nur Philatelisten mögen die **Briefmarken** der Kanalinseln: Die oft wunderschönen Marken aus Jersey, Guernsey und Alderney sind etwas ganz Besonderes. Vor allem die Wertzeichen von Alderney mit ihren Motiven der heimischen Flora und Fauna haben es Sammlern angetan. Bei Jersey Lavender dreht sich alles um die wohlriechende Mittelmeerpflanze **Lavendel**, die Dank des milden Klimas auch auf den Kanalinseln prächtig gedeiht. Ob Seife, Eau de Toilette, Öl oder Lavendelsäckchen, bei Jersey Lavender gibt es alles, was sich aus den Blüten herstellen lässt. Selbst Gelee und Marmelade sowie Lavendel-Backmischungen sind im Angebot.

Keramik, Briefmarken, Lavendel

Normalerweise haben die Geschäfte auf den Kanalinseln von Montag bis Freitag **zwischen 9.00 und 17.30 Uhr geöffnet.** Einige kleine Lebensmittelläden und Supermarktfilialen haben bis 21.00 oder 22.00 Uhr und auch sonntags geöffnet.

Öffnungszeiten

Übernachten

Schöne Unterkünfte für einen individuellen Urlaub

Auf den fünf Inseln gibt es Unterkünfte der unterschiedlichsten Kategorien. Bekanntlich sind die Kanalinseln aber kein Billigreiseziel. Grundsätzlich wäre zu überlegen, den Urlaub als Pauschalpaket zu buchen, auf diese Art erhält man oft günstigere Konditionen für Hotels und Pensionen. Camping und Unterkünfte für Selbstverpfleger sind gute Optionen für einen individuellen Familienurlaub.

Die Bandbreite der **Hotels und Pensionen** (»guest houses«) reicht vom Drei- bis zum Fünf-Sterne-Bereich, auf den kleineren Inseln ist die Auswahl allerdings recht eingeschränkt. Dies gilt vor allem für die Insel Herm, wo es nur ein Hotel gibt. Neben Einzel- und Doppelzimmern bieten einige Hotels auch Suiten und Apartments. In den meisten Hotel- und Pensionszimmern findet der Gast **»tea and coffee making facilities«** vor, also Wasserkocher, Tassen, Teebeutel, Kaffeepulver, Zucker und Milch, so dass man sich zwischendurch Tee oder Kaffee machen kann.

Hotels und Pensionen

PREISKATEGORIEN
Hotels (Preis für ein DZ mit Frühstück)
●●●● = über 150 £
●●● = 90 – 140 £
●● = 40 – 80 £
● = DZ 30 £

Übernachtungen buchen kann man über die Touristeninformationen, auf Jersey unter Tel. +44 (0) 1534 44 88 88 (www.jersey.com) und auf Guernsey unter Tel. +44 (0) 1481 72 35 52 (www.visitguernsey.com).

Buchung

Auf allen Inseln gibt es diverse Self-Catering-Unterkünfte. Diese Ferienhäuser und -wohnungen **für Selbstversorger** stellen gerade für Familien eine günstige Alternative zu Hotels oder Pensionen dar. Vor allem auf Herm mit nur einem Hotel mieten sich viele Inselgäste in **Cottages und Wohnungen** ein.

Self-Catering-Unterkünfte

Wohnwagen bzw. Wohnmobile sind auf den Plätzen Beuvelande und Rozel erlaubt, wenn man vorab die **Fähre und einen Stellplatz** gebucht hat. Da die Straßen sehr eng sind, darf man nur zum Campingplatz und zurück zur Fähre fahren. Auf Guernsey sind auf den Plätzen Fauxquets Valley und Le Vaugrat Wohnmobile zugelassen. Besitzer müssen vor ihrer Anreise eine entsprechende **Genehmigung vom Campingplatzbetreiber** einholen und diese bei den Kontrollen durch die Fährgesellschaft vorlegen.

Camping

White House Hotel: das einzige Hotel der Insel Herm

My home is my castle

Einige der historischen Festungen, Forts und Wehrtürme der Insel Jersey, die aus den Zeiten des englischen Bürgerkriegs und der Napoleonischen Kriege stammen, sind heutzutage originelle Unterkünfte mit Abenteuerfaktor.

Zugegeben manche dieser ungewöhnlichen Unterkünfte gehören nicht zu den luxuriösesten Übernachtungsmöglichkeiten. Im Archirondel Tower oder im Lewis Tower ist man auf nahe gelegene öffentliche Toiletten und Duschen angewiesen. Hier können **nur Gruppen** übernachten, ebenso wie im Seymour Tower und La Rocco Tower, die immerhin über Bäder und eine kleine Küche verfügen. Beide Türme liegen im Meer vor der Küste und sind nur bei Ebbe und zu Fuß zu erreichen, was ohne einen erfahrenen einheimischen Begleiter nicht möglich ist.

Traumblick ohne TV

Wesentlich luxuriöser ist das **La Crête Fort** in der Bonne Nuit Bay, eine kleine Festungsanlage aus dem frühen 19. Jh. Das an drei Seiten vom Meer umgebene Fort bietet Platz für vier Personen, traumhafte Ausblicke auf die Küste der Normandie und absolute Ruhe. Fernsehempfang gibt es in dieser Abgeschiedenheit allerdings nicht. **Über dem malerischen Hafen von Bouley Bay** im Nordosten Jerseys können bis zu acht Personen im Fort Leicester unterkommen. Die liebevoll eingerichteten Räume, so auch Küche und Bad, befinden sich hier allerdings in separaten Gebäuden. Das Fort bietet Gästen einen großen Garten und eine schöne Terrasse.

Neueren Datums ist der **Corbière Radio Tower**, ein im Jahr 1940 von den deutschen Truppen errichteter Beobachtungsturm, der nach dem Krieg als Funkturm und Radiostation diente. Auf drei Stockwerke verteilen sich jeweils ein Doppelzimmer mit Bad, in einem weiteren liegt die Küche. Absoluter Höhepunkt ist die große, rundum verglaste Lounge in der oberen Etage mit **fantastischem Rundblick** über die Insel, einer wirklich traumhaften Aussicht auf den La Corbière Leuchtturm unterhalb und vielen unvergesslichen Sonnenuntergängen. Auch **im Kasernentrakt des Elizabeth Castle** vor St. Helier gibt es eine Ferienwohnung für vier bis sechs Personen. Die Burg ist bei Ebbe zu Fuß und bei Flut mit einem Amphibienfahrzeug zu erreichen. Sobald sich die Tore für Besucher geschlossen haben, kann man die Anlage quasi ganz für sich allein genießen.

Exklusiv schlafen

Jerseys Festungen werden von der Kulturstiftung Jersey Heritage (Jersey Heritage Trust, Tel. 63 33 04, www.jerseyheritage.org) verwaltet, wo man die Ferienwohnungen auch buchen kann. Von 2005 bis heute wurden nach und nach immer mehr Forts und Festungen zu Feriendomizilen umgewandelt, die heute zu den ungewöhnlichsten Unterkünften der Insel zählen.

Der La Rocco Tower, Gruppenunterkunft mit Abenteuerfaktor

CAMPINGPLÄTZE

JERSEY
Beuvelande Campsite
St. Martin, Jersey JE3 6EF
Tel. 85 35 75
www.campingjersey.com

Rozel Camping Park
La Grande Route de Roze
St. Martin, Jersey JE3 6AX
Tel. 85 52 00
www.rozelcamping.com

Durrell Wildlife Camp
Trinity, Jersey JE3 5BP
Tel. 86 00 90
www.durrell.org/camp

GUERNSEY
Le Vaugrat Campsite
Route de Vaugrat
St. Sampson
Guernsey GY2 4TA
Tel. 73 64 53
www.vaugratcampsite.com

Fauxquets Valley Campsite
Fauxquets Valley, Candie Road,
Castel GY57QL

Tel. 25 54 60
www.fauxquets.co.uk

La Bailloterie Camping
Bailloterie Lane, Vale
Guernsey GY3 5HA
Tel. 24 36 36
www.campinginguernsey.com

ALDERNEY
Saye Beach Campsite
Tel. 82 25 56, Saye
Alderney GY9 3 YJ
www.sayebeachcampsite.com

SARK
La Valette Campsite
Tel. 83 22 02
Ostküste von Sark, GY10 1SE

Pomme de Chien
Tel. 83 23 16, Sark GY10 1SE

HERM
Island Camping
Herm Island
Tel. 75 00 00
www.herm.com/camping

Urlaub aktiv

Baden, Surfen, Angeln und mit Meerblick wandern

So klein die Kanalinseln auch sein mögen, Platz für Aktivitäten bieten sie reichlich. Wie es sich für Inseln gehört, gibt es an den zahlreichen Badestränden auch ein vielseitiges Angebot für Wassersportarten. Aber auch Klettern an den Steilküsten, Radfahren, Golfen und vor allem Wandern sind beliebt. Zudem sind die Inseln ein ideales Ziel für entspannte Sprach- und Gartenreisen.

Die **Badestrände auf den Kanalinseln** sind je nach Ebbe und Flut sehr unterschiedlich. Manche Strände sind bei Flut ganz schmal, bei Ebbe werden weite Sandflächen freigegeben; einige Buchten sind bei Flut vollkommen überspült. An mehreren Stränden ist das Baden wegen **Strömungen** oder nah unter der Oberfläche liegende Felsspitzen gefährlich. Bewachte Badestrände sind mit einer rot-gelben Flagge gekennzeichnet, **rote Flagge** bedeutet »Baden verboten«.

Ebbe und Flut geben den Ton an

DIE BESTEN STRÄNDE AUF JERSEY

Fast alle Strände Jerseys sind einfach zu erreichen und haben Parkplätze, an größeren Stränden gibt es immer auch Kioske und Toiletten. **Beaufsichtigte Badezonen** sind jeweils gekennzeichnet. In der **St. Aubin's Bay, St. Brelade's Bay** und in der **Royal Bay of Grouville** ist das Schwimmen ungefährlich. Die Strände an der St. Ouen's Bay, der Plémont Bay (nur bei Ebbe zugänglich) und der St. Brelade Bay werden **von Mitte Mai bis Ende September bewacht**. Insbesondere die **St. Ouen's Bay** ist wegen der Strömungen und der starken Brandung gefährlich – hier darf man auf jeden Fall nur in den gekennzeichneten Bereichen baden.

Ausstattung

In der **St. Clement's Bay** gibt es einen Sandstrand. Bei einsetzender Flut sollte man sich nur in Ufernähe aufhalten, da das Wasser hier sehr schnell steigt. **Green Island** – hier findet man einen guten Sandstrand, bei auflaufendem Wasser ist ebenfalls Vorsicht geboten. Der Strand am **Havre des Pas** in St. Helier ist ein sicherer und populärer Stadtstrand mit einer kleinen künstlichen Poollandschaft; Parkplätze gibt es in La Route du Fort und an der Green Street. Die **St. Aubin's Bay** weiter westlich umzieht ein herrlicher und sicherer Sandstrand,

Südküste

Urlaubsfeeling mit Strandgrill

die Bucht ist auch bei Windsurfern sehr beliebt; Parkplätze, Toiletten und Kioske gibt es an mehreren Stellen. Die kleine **Portelet Bay** ist eine schöne, geschützte und sichere Sandbucht, der Weg zur Bucht hinunter ist sehr steil und mit Stufen befestigt. Die **Ouaisne Bay** und die **St. Brelade's Bay** sind beliebtes Badeterrain mit feinen Sandstränden, hier ist sicheres Baden möglich. **Beauport Bay** ist eine wunderschöne kleine, ruhige Bucht, zu der ein steiler Weg vom Parkplatz hinunterführt. Getränke und Essbares muss man selbst mitbringen, es gibt kein Lokal und keinen Kiosk.

Westküste An der **St. Ouen's Bay** zieht sich ein kilometerlanger Sandstrand entlang. Baden ist hier nicht ungefährlich – in der Hauptsaison sind mehrere Abschnitte überwacht und als solche gekennzeichnet. Zum Surfen und Windsurfen ist die St. Ouen's Bay gut geeignet. Toiletten gibt es entlang der Five Mile Road an der Strandseite.

Nordküste Eine sehr schöne geschützte Sandbucht ist die **Plémont Bay** im Nordwesten, die bei Flut allerdings komplett überspült ist. Bei Ebbe bilden sich flache Wasserbecken – ideal zum Baden für Kinder also. In der Hauptsaison ist der Strand bewacht. Die Bucht **Grève de Lecq** umzieht ein Sandstrand, das Wasser wird hier sehr schnell tief. Vorsicht an der Ostseite der Bucht und bei starker Brandung! Auch in der **Bonne Nuit Bay** wird es schnell tief, am sichersten ist das Baden in Hafennähe. In der **Bouley Bay** gibt es einen Kiesstrand, auch hier wird es schnell tief und das Baden ist in Hafennähe am sichersten. Die **Rozel Bay** hat einen kleinen ungefährlichen Sandstrand.

Ostküste An der Ostküste ist das Baden in der **Royal Bay of Grouville** am schönsten – an dem langen Sandstrand ist sicheres Baden möglich; auch zum Windsurfen ist die Bucht geeignet. Toiletten gibt es am Parkplatz. Bei **Archirondel** gibt es einen kleinen Kiesstrand, die Parkmöglichkeiten sind begrenzt. In der **St. Catherine's Bay** weiter nördlich kann man nur an einer Rampe baden.

BADEN AUF GUERNSEY

Über 20 Strände Auf Guernsey gibt es über 20 Strände. Viele sind wegen ihrer geschützten Lage auch für Kinder geeignet. Speziell an der Südküste gibt es viele kleinere Buchten mit Klippen, die aber nur bei Ebbe etwas Sandstrand haben. Die Strände an der Nordküste sind leicht zu erreichen und zum Baden gut geeignet. Alle sicheren und sauberen Strände mit guter Wasserqualität sind durch eine **gelb-blaue Flagge** gekennzeichnet. **An fast alle Strände fahren Busse**, fast überall gibt es gute Parkmöglichkeiten, Toiletten und Kioske oder in der Nähe eine Möglichkeit, etwas zu essen und zu trinken.

Besonders breit bei Ebbe: die Sandstrände der Beauport Bay

Nordküste

Die **Pembroke Bay** und die **L'Ancresse Bay** bilden eine lange, hufeisenförmige Bucht mit guten Sandstränden, die sehr beliebt zum Baden sind; auch zum Windsurfen ist diese Ecke gut geeignet. Die sandige **Ladies Bay** ist bei Familien beliebt, auch hier ist Windsurfen möglich. **Le Grande Havre** ist eine große Bucht mit Sand- und Felsabschnitten, bei Ebbe gibt es Felswasserbecken. In der Bucht ist sicheres Schwimmen und Windsurfen möglich. **Port Soif** und **Portinfer Bay** – diese halbrunden geschützten Buchten sind bei Einheimischen und Urlaubern beliebt und gut geeignet für Kinder. Die **Saline Bay**, die **Cobo Bay** und die **Vazon Bay** haben lange Sandstrände und sind Windsurfer-Gebiet.

Westküste

Der Sandstrand bei **L'Erée** ist sehr beliebt und für Kinder gut geeignet. In der **Rocquaine Bay** wechseln Fels, Sand und Kies; bei Ebbe bilden sich in den Felsen gute Wasserbecken. Die **Portelet Harbour Bay** ist eine landschaftliche schöne und geschützte Bucht innerhalb der Rocquaine Bay, auch hier gibt es bei Ebbe viele Felsbecken.

Südküste

Die **Petit Bôt Bay** ist die beliebteste Bucht an der Südküste, bei Ebbe entsteht ein breiter Sandstrand. Zu der sehr ruhigen Bucht **Le Jaonnet** kommt man nur über einen schwierigen, langen Abstieg. **Saint's Bay** ist eine hübsche, geschützte Sand-/Kiesbucht, es gibt keinen Parkplatz. Ein längerer Weg mit einigen Stufen führt zur hübschen **Moulin Huet Bay** hinunter; oben gibt es Parkmöglichkeiten. Zu dem Sandstrand in der Bucht **Petit Port** führen ca. 300 Stufen hinunter.

Ostküste Eine vollkommen abgelegene und menschenleere Kiesbucht bei Le Pied du Mur ist die **Marble Bay**, zu der vom Küstenweg aus Stufen hinunterführen. In der beliebten **Fermain Bay** gibt es einen Kiesstrand, bei Ebbe ist die Bucht sandig. Sehr abgelegen und ruhig ist die **Soldier's Bay** weiter nördlich. **La Valette** ist bekannt für die Seewasserbecken. In der **Havelet Bay** in Höhe des Castle Cornet erstreckt sich der Stadtstrand von St. Peter Port. Im Nordosten gibt es bei **Bordeaux** eine bei Touristen und Einheimischen beliebte Bucht.

SANDBUCHTEN AUF ALDERNEY, SARK, HERM

Alderney Alle angegebenen Strände auf Alderney sind für Kinder gut geeignet. Die **Braye Bay** hat feinen weißen Sandstrand, Windsurfer kommen hierher, und beim Hafen gibt es Imbissbuden und Restaurants. Die **Saye Bay** ist eine geschützte Badebucht. Die **Corblets Bay**, eine geschützte Bucht mit feinem Sandstrand, ist für Familien mit Kindern gut geeignet, allerdings gibt es keinen Kiosk und keine Toiletten. Auch hier trifft man sich zum Windsurfen. Einen schönen Sandstrand gibt es in der lang gezogenen, geschützten **Longis Bay**; Restaurant und Pub sind in der Nähe.

Sark In den Buchten auf Sark gibt es generell keine Kioske oder Toiletten. Die Strände sind nicht überwacht und bei einsetzender Flut z. T. gefährlich – man muss unbedingt beachten, dass Rückwege abgeschnitten werden können. Ausdrücklich gewarnt wird vor der extrem starken Strömung in der **Gouliot Passage** im Westen. Die **Dixcart Bay** ist eine schöne und belebte Bucht mit Sand- und Kiesstrand, sie ist bequem zu erreichen und einigermaßen geeignet für Kinder. Die **Derrible Bay** ist bei Flut überspült und nicht zugänglich. Bei Ebbe ist sie eine landschaftlich sehr schöne Sandbucht, zu der man über steile Treppen kommt. Eine herrliche Sandbucht unterhalb von La Coupée ist **La Grande Grève**. Die Bucht selbst ist einigermaßen für Kinder geeignet, allerdings nur über einen steilen

Abenteuerlich: Coasteering
(»Küstenklettern«)

Abstieg zu erreichen. **Port du Moulin**, eine gut zugängliche Bucht, in der man bei Flut gut schwimmen kann, ist nachmittags besonders schön. Gut schwimmen kann man bei Flut auch in der landschaftlich sehr schönen **Les Fontaines Bay** an der Nordostseite und in der kiesigen Bucht **La Grève de la Ville**. In der **Clouet Bay** gibt es den sogenannten **Venus Pool** und den kleineren **Jupiter Pool**, natürliche Felsbecken, in denen das Wasser bei Ebbe stehen bleibt und etwas erwärmt wird.

Der berühmteste Strand der Kanalinseln ist der **Shell Beach**, ein sehr langer, sicherer, flacher Sandstrand, der für seine vielen Muscheln bekannt ist; es gibt einen Strandkiosk. **Belvoir Bay** ist eine malerische Sandstrandbucht ebenfalls mit einem Kiosk. **Fisherman's Beach** und **Bear's Beach** sind sehr schöne lange und sichere Sandstrände, ebenso der Mouisonnière Beach an der Nordküste. Bei Port les Valles nördlich des Bear's Beach gibt es einen kürzeren Sandstrand.   Herm

WASSERSPORT UND FREIZEITAKTIVITÄTEN

Von allen Inseln aus gibt es die Möglichkeit, auf Booten zum Angeln mitzufahren. Auskünfte dazu erhält man bei den Touristeninformationen und in Hotels. Zum Angeln im Meer eignen sich auf Jersey die St. Ouen's Bay, die Südwestküste, der Sorel Point an der Nordküste und Catherine's Breakwater. Auf Jersey kann man in verschiedenen Reservoirs, etwa dem Val de la Mar oder den Dannemarche Reservoirs Süßwasserfische angeln. Auskunft und Genehmigungen erhält man bei der **Jersey Freshwater Angling Association**.
Auf Guernsey eignet sich zum Angeln in erster Linie die Südküste. Beliebter Angelplatz auf Alderney sind die Felsen unterhalb von Essex Castle an der Longis Bay. Ein populärer Sport auf den Inseln ist auch das Wrackfischen.   Angeln

Die Steilküsten der Kanalinseln eignen sich vorzüglich zum Klettern. Angeboten werden organisierte Touren, bei denen man Erfahrung im **Coasteering**, im »Küstenquerklettern«, machen kann, bei denen man die Steilküsten also nicht rauf- und runterklettert, sondern ein paar Meter über der Wasserlinie an der Küste entlang. Beim **Coastal Traversing** umwandert und umschwimmt man Klippen. Beim **Abseiling** geht es – nur durch ein Seil gesichert – die Steilküste abwärts.   Klettern, Abseiling

Auf Jersey gibt es sechs Golfplätze (vier 18-Loch und zwei 9-Loch-Plätze), auf Guernsey drei (zwei 18-Loch-Plätze und einen 9-Loch-Platz) und auf Alderney einen 9-Loch-Platz. Golfbroschüren mit detaillierten Informationen erhält man bei den Touristeninformationen vor Ort.   Golf

Radfahren   Es empfiehlt sich, die beiden großen Inseln jenseits der Hauptstraßen per Rad zu erkunden. Dazu eignen sich die **Radrouten**, die auf den Inseln ausgearbeitet worden sind. Jersey besitzt ein 150 km langes Radwegenetz. Bei der Touristeninformation sind mehrere Broschüren und Karten erhältlich. Jersey Tourism bietet in der Hauptsaison mehrmals pro Woche **geführte Radtouren** an. Auch auf Guernsey ist ein Radwegenetz angelegt worden. Die insgesamt elf Wege sind mit verschiedenen Symbolen gekennzeichnet. In der Touristeninformation (►Auskunft S. 312) bekommt man die Broschüre »Guernsey Cycle Tours« auch auf Deutsch.

Reiten   Auf Jersey und Guernsey haben Urlauber die Möglichkeit, **Ausritte am Strand** und auf **Reitwegen** an der Küste und im Landesinneren zu unternehmen. Strandausritte werden meist nur für erfahrene Reiter angeboten. Auf Jersey ist das Reiten am Strand von Mai bis September zwischen 10.30 und 18.00 Uhr nicht erlaubt. Einige Reitställe bieten Unterricht und begleitete Ausritte an.

Seakayaking   Möglichkeiten zum Seakayaking werden vor allem auf Jersey und Guernsey von verschiedenen Veranstaltern angeboten. Auf Herm kann man Kajaks direkt am Shell Beach mieten. Geführte Kajaktouren zur Beobachtung der Papageientaucher (»puffins«) werden zu bestimmten Terminen auf Herm ebenfalls angeboten. Auf Alderney kann man die Longis Bay in einem transparenten Seekajak erkunden, was einen schönen Blick in die Unterwasserwelt erlaubt.

Boot an Boot – Jachthafen in St. Helier auf Jersey

In den Jachtclubs auf den Inseln sind auch Gäste willkommen. Auf Jersey gibt es **Jachthäfen** in St. Helier (Elizabeth Marina), St. Aubin und Gorey, auf Guernsey in St. Peter Port und in der Beaucette Marina im Norden. Auch der Braye Harbour auf Alderney steht Seglern offen. Außerdem bieten sich verschiedene Buchten als Ankerplätze an, so an der Nord- und Südküste von Jersey, an der Südküste von Guernsey und auf Sark. Auf Alderney ankern Jachten vorzugsweise in der Braye Bay und in der Longis Bay, auf Herm am Shell Beach und in der Belvoir Bay. Auf allen Inseln hat man die Möglichkeit, Jachten mit qualifizierten Bootsführern für Fahrten innerhalb des Archipels oder zur französischen Küste zu chartern. `Segeln`

Der Archipel ist ein interessantes Tauchgebiet mit hervorragender Wasserqualität und guten Lichtverhältnissen. Besonders eignen sich die Steilküsten und einige **vor der Küste liegende Wracks**. Die Gezeiten müssen unbedingt beachtet werden! Tauchgebiete auf Jersey, die sich direkt vom Strand aus erkunden lassen, sind die Bonne Nuit Bay, die Bouley Bay, die Rozel Bay und Catherine's Breakwater. Vor der Portelet Bay liegt in ca. 30 m Tiefe das **Wrack »Schockland«**. Ein deutsches Minensuchboot liegt in ca. 30 m Tiefe am Minquiers Riff. Tauchen kann man auch in den Gewässern um Guernsey, Sark und Alderney. Für den Notfall gibt es in St. Helier und in St. Peter Port Dekompressionskammern (»hyperbaric chambers«). `Tauchen/ Wracktauchen`

Wasserskimöglichkeiten bestehen auf Jersey in der St. Aubin's Bay, St. Brelade's Bay und Royal Bay of Grouville, auf Guernsey in der Havelet Bay bei den La Valette-Schwimmbecken (St. Peter Port). Auf Alderney kann man in der Braye Bay Wasserski praktizieren. `Wasserski`

Auf Jersey wird in der St. Ouen's Bay, in der Grève de Lecq Bay, in der Plémont Bay und in der St. Brelade's Bay gesurft, zwischen April und Oktober allerdings nur vor 10.00 Uhr und nach 19.00 Uhr. In der St. Ouen's Bay sind die Surfzonen mit roten und weißen Streifen an der Mauer markiert. Auf Guernsey bieten sich die Sandstrände der Vazon Bay, der Perelle Bay und der Portinfer Bay an der Nordküste an. Brettverleih und Schulen gibt es auf beiden Inseln. Eine sichere Bucht zum Surfen auf Alderney ist die Corblets Bay, die selbst bei etwas rauerer See noch relativ geschützt ist. `Wellenreiten`

Gute Bedingungen für Windsurfer mit zahlreichen geschützten oder offenen Buchten gibt es vor allem auf den beiden großen Inseln: auf Jersey die St. Ouen's Bay, die St. Aubin's Bay und die Royal Bay of Grouville, auf Guernsey die Pembroke Bay, L'Ancresse Bay, Ladies Bay und Le Grand Havre im Norden, sowie die Cobo Bay, Saline Bay und Vazon Bay im Westen. Auf Alderney wird Windsurfing in der Braye Bay und in der Longis Bay betrieben. `Windsurfen`

WANDERN

Wanderwege,
Führungen,
Broschüren Zum Wandern eignen sich alle Kanalinseln ausgezeichnet. Die meisten Wege sind bequem und ohne Gefahr zu begehen. Trotzdem braucht man gutes, festes Schuhwerk und muss darauf eingestellt sein, dass man teilweise große Höhenunterschiede bewältigen muss. Dies gilt für die Klippenwege auf Jersey, Guernsey und Herm, insbesondere aber für die steil abfallenden Küsten auf Sark. Manchmal sind Treppenstufen eingelassen. Auf Jersey und auf Guernsey haben der **National Trust** und die **Société Jersiaise** bzw. die **Société Guernesiaise** Land erworben und unter Naturschutz gestellt. Beide Organisationen bieten naturkundliche Führungen an, sowohl Klippenwanderungen als auch Führungen durch die Orchideenfelder.

> **BAEDEKER TIPP**
>
> *Wanderwochen und Festivals*
>
> Auf **Jersey** finden jeweils im Frühjahr und Herbst Wanderwochen statt, die **Spring Walking Week** im Mai und die **Autumn Walking Week** im September. Sie sind auch bei Einheimischen beliebt und eine wunderbare Gelegenheit, die Insel kennenzulernen und mit ihren Bewohnern ins Gespräch zu kommen. Jersey Tourism veranstaltet bei besonders starkem Niedrigwasser »**Moonwalks**« an der Ostküste (▶Baedeker Wissen S. 124), ein besonderes Erlebnis, das als Abendwanderung oder mit Übernachtung möglich ist. Auch auf **Guernsey** gibt es Wanderwochen: das **Spring Walking Festival** im Mai und das **Autumn Walking Festival** im September.

Das Fremdenverkehrsamt von Jersey bringt einen kostenlosen deutschsprachigen **Wanderführer** heraus, den man über den Jersey Prospektversand bestellen oder von der Webseite herunterladen kann. Er ist aber ebenfalls im Fremdenverkehrsamt in St. Helier erhältlich. In der 40-seitigen Broschüre sind zahlreiche Wanderungen sowohl an der Küste als auch im Landesinneren beschrieben. Auf Guernsey sind die unter Schutz gestellten Gebiete in einer Broschüre aufgeführt, die die Inselbesucher in der Touristeninformation bekommen können.

Auf **Jersey** kann man entlang der Nordküste auf dem **Klippenweg** wandern, der sich vom nördlichen Ende der St. Ouen's Bay bis zur St. Catherine's Bay zieht. Außerdem haben auf dem etwa **80 km langen Netz der Green Lanes** Radfahrer, Fußgänger und Reiter Vorrecht vor Autos. Besonders lohnend sind im Inselinneren die Täler **Waterworks Valley, St. Peter's Valley** und **Vallée des Vaux.** Einen schönen Spaziergang kann man im Südwesten auf dem **Corbière Walk** machen, auf dem früher die Inseleisenbahn gefahren ist. Er verbindet St. Aubin mit dem Corbière Point. Die Touristeninformation gibt eine Broschüre heraus, in der mehrere Tageszeiten- oder Themenwanderungen aufgeführt sind, an denen Interessierte teilnehmen können. Auch der National Trust for

Beim Wandern und Radeln lohnen viele kleine Pausen am Wegesrand, um die Aussicht zu genießen.

Jersey bietet interessante Wanderungen an. Über die Insel **Guernsey** führt ebenfalls ein **Klippenweg** mit schönem Meerblick. Er verläuft an der Südküste von St. Peter Port bis zur Pleinmont-Halbinsel. In der Touristeninformation bekommt man eine Broschüre zu den »Ruettes Tranquilles« und zu den »footpaths« der einzelnen Gemeinden. Eine deutschsprachige Wanderkarte mit Routenvorschlägen ist ebenfalls erhältlich.

Sark ist die einzige Insel, auf der es keinen Klippenweg gibt. Dafür bieten sich das Inselinnere und die landschaftlich sehr reizvollen Buchten – teilweise mit Höhlen – für Wanderungen an. Wegen der Gezeiten sind sie nicht ganz ungefährlich zu begehen.

Sark per Pedes entdecken

Herm kann man innerhalb weniger Stunden komplett umwandern. In der Südhälfte gibt es einen schönen Klippenweg, in der Nordhälfte lange Sandstrände. Auf **Alderney** bieten sich die Süd- und die Westküste für Wanderungen an.

ZUSCHAUERSPORT

Vom Pferderennen bis zur Segelregatta

Speziell auf Jersey sind die **Pferderennen**, die von April bis September veranstaltet werden, sehr beliebt. Sie finden regelmäßig in Les Landes Racecourse in St. Ouen statt (Auskünfte Tel. 86 34 84 oder Touristeninformation). Auf Jersey gibt es **Autorennen** im südlichen Abschnitt der St. Ouen's Bay. Auf Guernsey finden des öfteren **Sandrennen** am Strand der nördlichen Vazon Bay statt. Auf Alderney gibt es während der Alderney Week **Segelregatten** in der Braye Bay.

ORGANSISIERTE REISEN UND AUSFLÜGE

Sprach- und Gartenreisen

Wer Englisch lernen oder seine Sprachkenntnisse verbessern möchte, kann auf den Kanalinseln auch Sprachurlaub machen. Entweder meldet man sich vor Ort in einer Sprachschule an oder man bucht eine Sprachreise. Gartenfans haben die Wahl zwischen mehreren Anbietern von Gartenreisen. Wandern kann man auf den Kanalinseln individuell, aber auch in organisierter Form.

Muschelsammlerglück auf der Insel Herm

Es kann durchaus lohnen, an organisierten **Ausflügen** teilzunehmen. Besonders schön sind Fahrten aufs Meer, auf die Nachbarinseln, zu unbewohnten Felsen und zu unzugänglichen Küstenabschnitten. Dabei kann man die Vogelwelt der Kanalinseln, mit Glück auch Delfine und Seerobben beobachten. Auf allen Inseln werden auch Gartenbesichtigungen organisiert. Von Guernsey aus kann man in der Saison einmal wöchentlich eine »Gardentour« auf die Insel Herm buchen. Auch auf Sark werden im Sommer einmal in der Woche Gartenspaziergänge angeboten.

Adressen für den Sport- und Aktivurlaub

ANGELTOUREN
Jersey
Tarka Sea Trips
Skipper David Nuth, Tel. 85 80 46
www.tarkaseatrips.com

Anna 2
Skipper Tony Heart
Tel. 07797 725 301
www.fishingjersey.co.uk

Guernsey
Out the Blue
Skipper Richard Seager
mob. 07781 10 43 56
www.boatfishing.net

BOOTTRIPS
Guernsey
Island RIB Voyages
St. Peter Port, Inter Island Quay
Tel. 71 30 31
www.islandribvoyages.com

Sark
George Guille
Tel. 83 21 07

KLETTERN, ABSEILING
Jersey
Jersey Adventures
Tel. 07797 72 75 03
www.jerseyadventures.com

Guernsey
Outdoor Guernsey, Tel. 26 76 27
www.outdoorguernsey.co.uk

GARTENREISEN
Guernsey, Sark, Herm
Ravenala Touristik
Fleischhauerstr. 37
23552 Lübeck, Tel. 0451 7 10 25
www.ravenala-touristik.de

GOLFPLÄTZE
JERSEY
La Moye
St. Brelade, Tel. 74 71 66
www.lamoyegolfclub.co.uk
18 Löcher, Par 72, Handikap-
Nachweis erforderlich

The Royal Jersey Golf Club
Grouville, Tel. 85 44 16
www.royaljersey.com
18 Löcher, Herren Par 70, Damen
Par 71, Handikap-Nachweis erforderlich

Les Mielles Golf and Country Club
St. Ouen's Bay, Tel. 48 27 87
www.lesmielles.com
18 Löcher, Herren Par 70, Damen
Par 71

St. Clements Golf & Sports Centre
Plat Douet Road, St. Clement
Tel. 72 19 38, www.stclements
golfandsportscentre.co.uk
9 Löcher, Par 33

Wheatlands
Le Mont de Grupieaux, St. Peter
Tel. 88 88 77
www.wheatlandsgolf.com
9 Löcher, 18 Tees / Par 54

Les Ormes
Mont à la Brune, St. Brelade
Tel. 49 70 00
www.jerseysport.co.uk/golf
9 Löcher, Par 33

Guernsey
Royal Guernsey Golf Club
L'Ancresse, Vale, Tel. 24 65 23
www.royalguernseygolfclub.com
18 Löcher, Par 70

L'Ancresse Golf Club
L'Ancresse, Vale, Tel. 24 74 08
www.lancressegolfclub.com
9 Löcher, Par 33

St. Pierre Park Hotel Golf Club
Le Rohais, St. Peter Port
Tel. 72 70 39
www.stpierrepark.co.uk
9 Löcher, Par 33

Golf Club Vazon Bay, Castel
Tel. 25 34 32
www.lagrandemare.com
18 Löcher, Par 64

Alderney

Alderney Golf Club
Tel. 82 28 35
www.alderneygolfclub.com
9 Löcher, Par 33

FAHRRADVERLEIH
Jersey

Zebra Hire
9 The Esplanade
St. Helier
Tel. 73 65 56
www.zebrahire.com

Jersey Cycletours
St. Aubin
Tel. 74 67 80
www.littletrain.co.uk

Guernsey

Millard & Co Ltd.
Victoria Road, St. Peter Port
Tel. 72 07 77
www.millards.org

Guernsey Cycle Hire
Rocque du coin
Grande rue, St. Saviours
Tel. 07781 10 36 92
www.guernseycyclehire.com

REITSTÄLLE
Jersey

Bon Air Riding School and
Livery Stables
La Grande Route de St. Laurent
St. Lawrence
Tel. 86 51 96

Le Claire Riding and Livery Stables
Sunnydale, La Rue Militaire
St. John, Tel. 86 28 23

Greencliff Equestrian Centre Rue
de Villot, St Martin
Tel. 74 39 79

Guernsey

La Carriere Stables
Baubigny, St. Sampson
Tel. 24 99 98
www.lacarrierestables.com

Otterbourne Riding Centre
Rue Planel, Torteval
Tel. 26 30 85

Melrose Farm
Rue du Dos d'Ane, Castel
Tel. 25 21 51

SEGELN
Jersey

Jersey Yachting
Tel. 07797 79 28 58
www.jerseyyachting.co.uk

Guernsey

Royal Channel Islands Yacht Club
57, Lower Pollet, St. Peter Port
Tel. 72 55 00
www.rciyc.com

Alderney

Alderney Sailing Club
Tel. 82 29 59
www.alderneysailingclub.com

TAUCHEN
Jersey
Bouley Bay Dive Centre
Les Charrieres de Boulay
The Waters Edge Hotel
Trinity, Tel. 866990
www.scubadivingjersey.com

Guernsey
Dive Guernsey
Tel. 71 45 25
www.facebook.com/diveguernsey

SPRACHSCHULEN
Jersey
St. Brelade's College
Mont Les Vaux, St. Aubin JE3 8AF
Tel. 74 13 05
www.stbreladescollege.co.uk/de

Guernsey
Accent Multiligual Services
28a Commercial Arcade
St Peter Port, Guernsey, GY1 1JX
Tel. 71 49 09, www.accent.gg

SPRACHREISEN
Jersey
Dr. Steinfels Sprachreisen
Fliedersteig 11–13
90604 Rückersdorf
Tel. 0911 57 01 97
www.steinfels.de

ist Internationale Sprach- und
Studienreisen GmbH
Stiftsmühle
69080 Heidelberg
Tel. 0 6221 8 90 00
www.sprachreisen.de

Martin Peters Sprachentraining
Friedrichstr. 32
53111 Bonn
Tel. 0228-23 99 40
www.superlearning.de

WANDERN
Jersey
The National Trust for Jersey
Tel. 48 31 93
www.nationaltrust.je

WANDERREISEN
Jersey, Guernsey
Wikinger Reisen
Kölner Str. 20, 58135 Hagen
Tel. 02331 90 47 42
www.wikinger-reisen.de

WASSERSKI
Jersey
Jersey Sea Sport Centre
La Haule, St Aubin's Bay
Tel. 07797 73 81 80
www.jerseyseasport.com

WELLENREITEN
Jersey
Jersey Surf School
c/o 1 Bath Street, St. Helier
Tel. 48 40 05
www.jerseysurfschool.co.uk

Guernsey
Guernsey Surf School
Vazon Bay, Castel
Tel. 07911 71 07 89
www.guernseysurfschool.co.uk

WINDSURFEN
Jersey
Active Island Sports
Wayside Slip
St. Brelade's Bay
Tel. 07797 71 75 64
www.activeislandsports.com

Guernsey
Guernsey Sailing Trust
Castle Emplacement, St. Peter
Port, Tel. 71 08 77
www.sailingtrust.org.gg

Wanderungen im Mondschein

Gezeitenabhängige Wanderungen bei Ebbe sind ein ganz besonderes Erlebnis. Es geht durch eine Landschaft, in der man sich vorkommt als sei man gerade auf dem Mond gelandet. Bis die Flut kommt, müssen die Wanderer das Festland wieder erreicht haben oder abenteuerlich in einer meerumspülten Unterkunft übernachten.

Dank des hohen Tidenhubs vergrößert sich die Landmasse von Jersey bei Ebbe täglich zweimal um 40 %. Das Meer zieht sich fast bis zum Horizont zurück und ermöglicht den Blick auf eine Welt, die anderswo den Augen von Besuchern immer verborgen bleibt. Dabei wird eine Landschaft freigelegt, die auf den ersten Blick so unwirtlich und karg scheint, wie die Oberfläche des Mondes. Die »rockpools«, wie die zahlreichen **Priele und Gezeitenbecken**, die diesen Eindruck erwecken, auf Englisch heißen, sind jedoch Heimat unzähliger Lebewesen. In der Royal Bay of Grouville, im Südosten der Insel, werden bei Ebbe **geführte Wanderungen**, sogenannte »Moonwalks«, angeboten, bei denen die Teilnehmer viel über die Flora und Fauna lernen.

Dass diese Wanderungen nur mit einem erfahrenen Führer erlaubt sind, wird verständlich, wenn man beobachtet, mit was für einer beeindruckenden Geschwindigkeit sich das Wasser zurückzieht: **Der Wasserstand fällt bis zu 7 cm in der Minute.** Mit der gleichen Geschwindigkeit kehrt das Wasser bei Flut aber auch zurück und hat dann schon so manchen unachtsamen Wanderer überrascht.

Sonnenuntergänge

Die gut 3 km langen »Moonwalks« führen zum **Seymour Tower**, einem vor der Küste liegenden Verteidigungsturm aus der Zeit der Napoleonischen Kriege, der heute im Besitz der Denkmalschutzorganisation Jersey Heritage ist. Auf den knapp dreistündigen Wandertouren durch tiefe Priele und über bizarre Felsformationen können Wanderer z. B. **Schwämme, Seeanemonen, Krebse und Krabben** und auch verschiedene Muschel- und Algenarten bestaunen. Ein ganz besonderes Erlebnis sind die geführten Nachtwanderungen, bei denen die Teilnehmer im Seymour Tower übernachten und dann erst am nächsten Tag bei Ebbe wieder auf

Algenduft und feuchter Grund

Für Romantiker: lange Wattwanderungen bis die Flut kommt

das Festland zurückkehren. Schlaf-
säcke und Lebensmittel sollte man
mitbringen; im Turm sind Stockbet-
ten und eine kleine Küche vorhanden. Die Aussicht aus dem oberen
Stockwerk des Turms ist einfach
fantastisch und dabei zuzuschau-
en, wie die Sonne untergeht und
am Morgen wieder aufgeht ist un-
vergesslich.

Leuchtende Algen

Oft lässt sich während dieser Wanderungen im Flachwasserbereich
mit Einsetzen der Dunkelheit das
Phänomen der Biolumineszenz beobachten. Dabei fangen die Algen
gleichsam an zu leuchten, sobald
man mit der Hand über sie streicht.
Es werden auch kürzere, etwa an-
derthalbstündige Abendwande-
rungen angeboten, bei denen sich
die Biolumineszenz gut beobachten lässt. Nur bei sehr tiefen Nied-

rigwasserständen führen geführte
Touren zum **Icho Tower,** einem
Martelloturm aus dem frühen 19.
Jh., der sich etwa 2 km vor dem
kleinen Ort Le Hocq im Meer befindet. Von hat man eine **wunderbare Aussicht auf Jersey**. Der Blick
reicht vom Mont Orgueil Castle im
Osten, über St. Helier und die
Aubin's Bay bis zum Noirmont
Point im Westen. Mehrmals im
Jahr, bei ganz extremem Niedrig-
wasser, werden sogenannte »**Two
Tower Moonwalks**« zwischen den
beiden Türmen angeboten. Diese
sollten allerdings, wenn möglich,
weit im Voraus gebucht werden.
Außerdem ist nur ausdauernden
und geübten Wanderer zu empfehlen, an diesen Touren teilzunehmen, da die über 10 km lange
Strecke in einer vorgegebenen
Zeit bewältigt werden muss. Die
Flut wartet nicht!

TOUREN

Fünf Touren über die fünf bewohnten Inseln. Natürlich werden auf jeder die schönsten Stellen angesteuert – und zwar zu Fuß, mit dem Fahrrad oder ganz gewöhnlich mit dem Auto.

Touren auf den Kanalinseln

Fünf Touren, auf denen man sich jeweils eine der fünf Inseln gut erschließen kann. Über die größeren Inseln Jersey und Guernsey führen Autotouren, über die kleineren Radtouren oder Wanderungen. Auf Herm, der kleinsten Insel, gibt es gar keine Räder – aber auch zu Fuß ist man in drei Stunden einmal um die Insel rum!

Tour 1 **Tagestour auf Jersey**
Die kulturellen und landschaftlichen Highlights der Insel lassen sich mit dem Auto an einem Tag entdecken: Mont Orgueil Castle, das Ganggrab von La Houge Bie aus vorgeschichtlichen Zeiten, die Hafenrestaurants von St. Aubin.
▸Seite 134

Tour 2 **Rundfahrt um Guernsey**
Guernsey ist zu groß, um an einem Tag komplett erkundet zu werden, aber auf dieser Tour lernen Sie die schönsten Küstenabschnitte und ausgewählte Sehenswürdigkeiten im Inselinneren kennen.
▸Seite 136

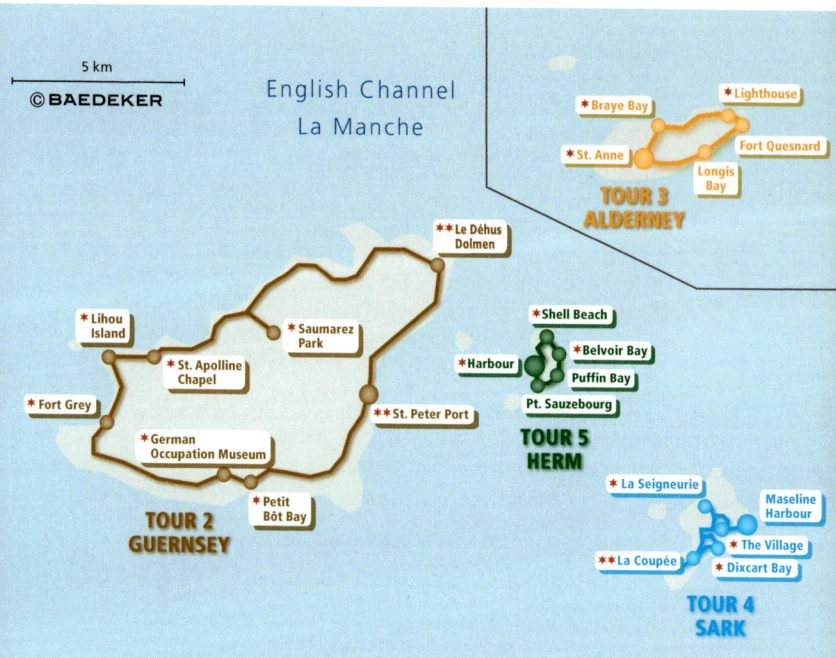

5 km
© BAEDEKER

English Channel
La Manche

Braye Bay
Lighthouse
St. Anne
Fort Quesnard
Longis Bay
TOUR 3 ALDERNEY

Le Déhus Dolmen

Lihou Island
Saumarez Park
St. Apolline Chapel
Fort Grey
German Occupation Museum
St. Peter Port
Petit Bôt Bay
TOUR 2 GUERNSEY

Shell Beach
Harbour
Belvoir Bay
Puffin Bay
Pt. Sauzebourg
TOUR 5 HERM

La Seigneurie
Maseline Harbour
La Coupée
The Village
Dixcart Bay
TOUR 4 SARK

Tour 3   **Alderney entdecken**
Die gemütliche Inselhauptstadt durchstreifen und dann
Alderney mit dem Fahrrad entdecken – schöne Buchten,
Festungen, ein Leuchtturm. Erholung pur!
▶Seite 138

Tour 4   **Zu Fuß auf Sark**
Sark ist bestens geeignet zum Wandern auf aussichtsrei-
chen Klippenpfaden. Die Tour führt zu den schönsten
Fleckchen der Insel.
▶Seite 140

Tour 5   **Herm umwandern**
Hier geht es nicht anders: Herm muss man sich per pe-
des aneignen. Ein Weg zu grandiosen und lieblichen
Küstenabschnitten und zum Manor, dem Wohnsitz der
Inselpächter.
▶Seite 142

Unterwegs auf den Kanalinseln

Auf zum Inselhopping Wer noch nie auf den Kanalinseln war und nicht schon eine »Lieblingsinsel« hat, kann sich ohne großen Aufwand mehrere Inseln ansehen. Am einfachsten ist das **von Guernsey aus**: Man kann sich auf Guernsey einmieten und Tagesausflüge mit dem Schiff nach Herm und Sark machen. Nach Jersey und Alderney gibt es einen regelmäßigen Flugverkehr, in der Hauptsaison werden ab und zu auch Schiffsausflüge angeboten. **Von Jersey aus** werden ebenfalls unregelmäßig Ausflugsfahrten per Schiff nach Guernsey und Sark veranstaltet, nach Guernsey gibt es Linienflüge. Tui Wolters bietet die Möglichkeit an, ein paar Tage auf Jersey und anschließend ein paar Tage auf Guernsey oder umgekehrt zu verbringen.

Jersey Jersey ist die größte der Kanalinseln mit einer richtigen kleinen **Hauptstadt**, die nicht allzu hübsch ist, dafür aber international und kosmopolitisch, jugendlich und frisch erscheint. Neben städtischem Leben bietet die Insel viel **Natur**: lange Sandstrände im Süden, Westen und Osten, eine fantastische Steilküste im Norden und viele lauschige Badebuchten zwischen hohen Klippen. Ein »cliffpath« führt einmal die gesamte Nordküste entlang – wunderschön zum **Wandern**. Im Inselinneren gibt es herrliche Wiesenlandschaften mit malerischen Baumgruppen, kleine idyllische Flussläufe und Weiden für die berühmten Jersey-Kühe. **Sonnenbaden, Baden**, Schwimmen und Windsurfen kann man in den vielen kleineren Buchten und an den endlos langen Sandstränden, die sich auch für Spaziergänge eignen. Das **Besichtigungsprogramm** kann etliche Tage füllen: Es gibt mehrere sehr gute Regionalmuseen, zwei große Burgen, Megalithanlagen, den berühmten Tierpark von Gerald Durrell, Bunker und Tunnel, in denen die Geschichte der deutschen Besatzung dargestellt wird, und die vielen »Jersey-Attraktionen« von der Lavendel- über die Orchideenfarm bis zum Geschichtsevent. Jersey gilt als die Insel der Autoliebhaber – vor allem an Wochenenden werden die ungewöhnlichsten Mobile ausgefahren und bevölkern die kleinen Landstraßen. Lebensfreude und Sinn für ausgefallene und kostspielige Lebensart

Auf Jersey keine Seltenheit: Begegnung mit Oldtimer-Liebhabern im Aston-Martin-Cabriolet

bekommt man auf Jersey allemal zu spüren. In diversen Marinas schaukeln bei Flut die kleinen und großen Yachten, bei Ebbe sinken alle auf den trockenen Meeresgrund. Wer immer es sich leisten kann, hat hier sein eigenes Boot und fährt die Küste ab oder kleinere Nachbarinseln an. Geradezu südliche Lebensfreude auch in Sachen **Nightlife**, allerdings nicht bis in die Puppen, sondern nur bis 2.00 a.m. – wegen der nach wie vor begrenzten Schankzeiten. Schon am frühen Abend sind daher die Pubs gut gefüllt, später geht es in eines der etwa 200 Restaurants, und gut gelaunt lassen Insulaner und Urlauber den Tag ausklingen. So jedenfalls in St. Helier oder beispielsweise in St. Aubin. Aber auch die **absolute Ruhe** ist auf der Insel zu finden – es gibt viele ruhige Unterkünfte im Inselinneren oder in einer der Buchten an der Nordküste, weitab von jeder Unterhaltung.

Die zweitgrößte Insel ist ein wenig beschaulicher, kein bisschen hektisch und ideal für einen erholsamen Urlaub. Ein großes Plus von Guernsey ist die gemütliche Hauptstadt: **St. Peter Port** ist etwas fürs Auge und für einen genussreichen Einkaufsbummel. Die schönste **Landschaft** gibt es an der Südküste, eine Steilküste mit weiten Buchten und nur wenigen kleinen Badeständen. Auguste Renoir war von dieser Küste begeistert, immer wieder hat er die Moulin Huet Bay im Südosten gemalt. Die sicherlich schönsten Landschaftseindrücke gewinnt man auf **Wanderungen** auf dem Klippenweg, der in St. Peter Port beginnt und sich an der ganzen Südküste entlang bis zum süd-

Guernsey

westlichsten Punkt der Insel zieht. Im südlichen Inselinneren findet man überaus idyllische kleine Dörfer. Lange Sandstrände ziehen sich an der Nordwestküste entlang, hier gibt es familiäres **Badeleben**, und Wassersportler kommen auf ihre Kosten. Auch auf Guernsey gibt es viel zu **besichtigen**: ebenfalls gute Regionalmuseen, Castle Cornet in der Bucht von St. Peter Port, das Wohnhaus von Victor Hugo, in dem er einen Großteil seiner Exilzeit verbrachte, auch auf Guernsey sind die Spuren der deutschen Besatzungszeit museal aufbereitet und auch hier gibt es verschiedene Attraktionen, die mit dem eigentlichen Inselleben allerdings oft herzlich wenig zu tun haben. Ein zweites Plus von Guernsey ist die Nähe und gute Erreichbarkeit von Sark und Herm, zu denen man **Tagesausflüge** machen kann. Nach Herm fährt man ca. 20 Minuten mit einem kleinen Boot, die Insel selbst ist klein und schnell erkundet. Nach Sark kann man ebenfalls einen Tagesausflug unternehmen – die Insel ist etwas größer, und man kann überlegen, ob man nicht sogar eine Übernachtung dort einplant.

Alderney Auf Alderney findet man von jeder der anderen Inseln etwas: Alderney hat eine mittlere Größe, es gibt einen **kleinen, recht ansprechenden Ort** und ansonsten viel Natur. Die Landschaft im Inselinneren ist nicht besonders abwechslungsreich, es gibt hier nur wenige Bäume und schon gar keine Wälder. Die Küste ist teilweise Steilküste mit kleinen Badebuchten, teilweise erstrecken sich längere flache Sandstrände. Zu besichtigen gibt es nicht besonders viel, dafür kann man eine kurze Fahrt mit einer kleinen alten Eisenbahn unternehmen. Ansonsten bietet Alderney **Natur und Ruhe**.

Sark Die ungewöhnlichste der Kanalinseln ist sicher Sark, was zum einen an ihrem mittelalterlichen Feudalsystem liegt, das heutzutage höchst seltsam anmutet, von dem man als Besucher aber natürlich nicht allzu viel merkt. Zum anderen fasziniert die **Landschaft** dieser abgelegenen Insel, die als begrünter Felsblock aus dem Wasser ragt. Sark hat nur Steilküsten, an denen es kleine Strandbuchten und mehrere Höhlen gibt. Für einen Badeurlaub eignet sich Sark nicht besonders. Zu besichtigen sind der sehenswerte **Garten der Seigneurie**, die Dorfkirche und ein kleines Museum zur deutschen Besatzungszeit. Darüber hinaus ist Sark Natur ohne Ende, die man auf **Spaziergängen** auf dem Hochplateau und an der Steilküste erkunden kann. Auf Sark fahren **keine Autos**, dafür aber relativ viele und verhältnismäßig laute Traktoren, die jede Art von Transporten tätigen. Rund um das Dorf bekommt man davon einigermaßen viel mit – ansonsten herrscht auf der Insel eine göttliche Ruhe.

Herm, ideal für Familien Herm ist ein kleines Eiland, das man in 20 Minuten von Guernsey aus mit dem Schiff erreicht. Diese **Mini-Insel** kann man in etwa drei Stunden umwandern – im Süden gibt es eine schöne Steilküste, im

Nordteil liegen herrliche Strände. Wer am liebsten **reine Bade- und Strandferien** machen möchte, ist hier richtig. Auch auf Herm, wo nur knapp 60 Menschen leben, fahren keine Autos.

Für Familienferien eignen sich die Kanalinseln ausgesprochen gut. In den Sommermonaten ist man **überall auf Kinder eingestellt**. Bis auf Sark haben alle Inseln lange Badestrände, die gut zu erreichen sind. Auf Jersey und Guernsey gibt es diverse Ausflugs- und Besichtigungsmöglichkeiten für Kinder. Und Herm und Sark sind – obwohl anders als auf den beiden Hauptinseln keine speziellen Attraktionen für Kinder eingerichtet wurden – regelrechte **Familieninseln**.

Familienferien

Wer sich für Pflanzen interessiert, kommt auf den Kanalinseln mit ihrer Fülle von mitteleuropäischer und südeuropäischer Vegetation in ein kleines Paradies: Eichen, Kastanien, Palmen, Eukalyptus, Feigenbäume, Kamelien, Agapanthus, Hortensien, Fuchsien, Rosen sind hier in trautem Nebeneinander zu finden. Es gibt ein paar Gärten, die man auf eigene Faust besichtigen kann, außerdem werden **geführte Gartentouren** angeboten.

Für Pflanzenliebhaber

Auf Herm und Sark stellt sich die Frage nach einem Verkehrsmittel gar nicht: Auf Herm geht man zu Fuß, auf Sark kann man sich allenfalls ein Fahrrad mieten. Das **Busnetz** auf Jersey und Guernsey ist recht gut ausgebaut, Busse fahren regelmäßig und man kommt in alle Ecken der Inseln. Ansonsten bleibt das Auto bzw. der Mietwagen. Autofahren ist allerdings nicht einfach: Es herrscht Linksverkehr und die **Straßen sind sehr eng**. Auf Guernsey sind sie noch enger als auf Jersey, dafür sind die Autofahrer hier besonders rücksichtsvoll und geduldig mit auswärtigen Autofahrern, und Mietwagen sind gesondert gekennzeichnet. Auf Jersey wird die Hupe öfter betätigt, und an Wochenenden wird man von flotteren Sportwagen überholt.

Nicht nur zu Fuß

Das gesamte Spektrum an Übernachtungsmöglichkeiten ist auf allen Inseln vertreten. Wer abends gern noch etwas unternehmen möchte, quartiert sich auf Jersey und Guernsey am besten in den kleinen **Städten** ein, in denen man zentrumsnah teilweise sehr schön und ruhig wohnen kann. Ruhesuchende und **Naturliebhaber** haben keinerlei Probleme, etwas zu finden: Es gibt Hotels in allen Preiskategorien über die Inseln verteilt, außerdem die etwas günstigeren »guest houses«, wo man B&B, »Bed and Breakfast«, buchen kann, und einige recht schöne Self-Catering-Unterkünfte für **Selbstversorger**. Jede Insel hat auch mindestens einen Campingplatz, auf Herm kann man beispielsweise **mit erstklassigem Meerblick campen**. Generell sind Unterkünfte auf den Kanalinseln relativ teuer. Daher ist eine Pauschalreise unter Umständen keine schlechte Alernative bzw. einen Preisvergleich wert.

Hotels, Gästehäuser, Camping

Tour 1 # Tagestour um Jersey

Start und Ziel: St. Helier nach St. Aubin
Dauer: 1 Tag
Länge: ca. 57 km

Bei dieser Tour ist man von morgens bis abends unterwegs und lernt Jersey abwechslungsreich kennen: interessante kulturelle Plätze, die Einblick in die Inselgeschichte geben, die ausgesprochen verschiedenen Küsten Jerseys. Zum Abschluss des Tages locken die Restaurants im attraktiven St. Aubin.

In ❶****St. Helier** nimmt man die A 6 Richtung Five Oaks, also nach Nordosten aus der Stadt hinaus. In Five Oaks biegt man auf die B 28 und folgt dann der Ausschilderung nach La Hougue Bie. Die Megalithanlage ❷****La Hougue Bie** ist eine der bedeutendsten historischen Sehenswürdigkeiten der Kanalinseln. Auf dem Hügel des

Ganggrabs wurde in späteren Jahrhunderten eine Kapelle errichtet, die ebenfalls besichtigt werden kann. Anschließend fährt man weiter nach **Gorey**, einen hübschen Ort mit einem kleinen Hafen, über dem das wuchtige ❸**Mont Orgueil Castle** thront. Für die Besichtigung des Castle sollte man sich ruhig etwas Zeit nehmen – es gibt viel zu sehen und auch für Kinder eine Menge zu entdecken. Wer hier schon eine Pause einlegen möchte, kann das sehr schön im Secret Garden im Ort machen. Für die weitere Tour muss man die Straße wählen, die direkt nach Norden aus Gorey in Richtung Anne Port und Catherine's Breakwater hinausführt. Sie verläuft am Castle vorbei und dann immer an der Küste entlang durch Anne Port und am dem rot-weißen Archirondel Tower vorbei. Bevor man in Catherine's Bay an der Mauer (Breakwater) landet, biegt eine schmale Straße im spitzen Winkel nach links Richtung Rozel Bay ein. Man folgt ihr immer Richtung Rozel und macht zuletzt den Abstecher in die hübsche ❹**Rozel Bay** mit einem Hafen und einer kleinen Häuseransammlung. Wieder auf der C 93 fährt man weiter in Richtung Westen und trifft schließlich auf die etwas breitere B 31. Den Zoo lässt man links

Rozel Bay

Rozel
Ville ès
Noüaux

ST. MARTIN

St. Martin's

St. Catherine's Bay

Maufant Village

Gorey

La Hougue Bie

Mont Orgueil Castle

GROUVILLE

Royal Bay of Grouville

Grouville

Le Hurel

Pontac

Entfernungsangaben in **km**

liegen – er lohnt einen gesonderten Besuch – und macht dafür noch einen Abstecher an die Küste zur ❺**Bouley Bay**, zu der sich die Straße durch Wald in Serpentinen den Berg hinunter windet. Dann geht es ein Stück ins Inselinnere zum ❻**Hamptonne Country Life Museum** in der Rue de la Patente in St. Lawrence. Das sehenswerte kleine Ensemble aus Bauernhöfen gibt Einblick in das frühere Landleben auf Jersey. Die B 39 und die B 40 führen wieder an die Nordküste in die Bucht ❼**Grève de Lecq**. Dann nimmt man die B 64 nach Westen und kommt in die weite und flache St. Ouen's Bay, die einen gänzlich anderen Charakter hat als die kleinen Buchten an der steilen und felsigen Nordküste. Man fährt hier an dem Dünengebiet **Les Mielles** vorbei und kommt über La Pulente schnell zum südwestlichsten Punkt von Jersey, vor dem das ❽**Corbière Lighthouse** die gefährlichen Felsen markiert. In ❾**St. Brelade** sollte man einen Stopp einlegen, über die Uferpromenade spazieren und sich die alten Wandmalereien in der **Fishermen's Chapel** anschauen.

Den Tag kann man gut in ⑩*St. Aubin in einem der Restaurants mit Blick auf den Hafen und die weite St. Aubin's Bay ausklingen lassen. Von hier aus sieht man auch hinüber nach St. Helier, die gesamte Bucht wird abends beleuchtet.

Tour 2   Rundfahrt über Guernsey

Start und Ziel: St. Peter Port
Dauer: 1 Tag
Länge: 42,5 km

Auf dieser Inselrundfahrt lernt man nicht die komplette Insel kennen, erhält aber einen guten Eindruck von der Verschiedenartigkeit der Küstenabschnitte. Einige Abstecher führen ins Inselinnere, z. B. zu einer Megalithanlage, einer mittelalterliche Kapelle und einem Museum, das eine Ausstellung über die Zeit der deutschen Besatzung auf der Insel zeigt.

Startpunkt für diese Inselrundfahrt ist ❶**St. Peter Port**. In der Stadt nimmt man die Uferstraße in Richtung Norden. Am besten findet man den Weg, wenn man sich so weit östlich wie möglich, also immer nah am Wasser hält – auch in **St. Sampson**, dem nördlich angrenzenden Ort. Dort fährt man bis zum Hafenbecken, an dem man nach links in Richtung Westen abbiegen muss. Man fährt quasi einmal um das Hafenbecken herum und biegt am Nordende wieder nach Osten ab. Man verlässt St. Sampson, fährt durch Industrie- und Hafenanlagen Richtung **Bordeaux Harbour,** einer schönen Bucht nördlich der Hauptstadt. Die nächsten Häuser gehören schon zu **Vale**, der nördlichsten Inselgemeinde. Jetzt aufpassen: In einer scharfen Linkskurve muss man in die Seitenstraße abbiegen, die geradeaus weiterführt, und kommt nach wenigen Metern zum ❷** Le Déhus Dolmen** – in vollkommen unspektakulärer Umgebung und leicht zu übersehen, lediglich ein kleines Schild am rechten Fahrbahnrand weist den Weg. Zurück auf der Hauptstraße fährt man weiter Richtung Nordwesten, folgt der Straße und muss Acht geben, dass man bei Les Fouaillages links abbiegt und nicht geradeaus in das flachdünige Gebiet weiterfährt. Schließlich erreicht man die Straße L'Islet und

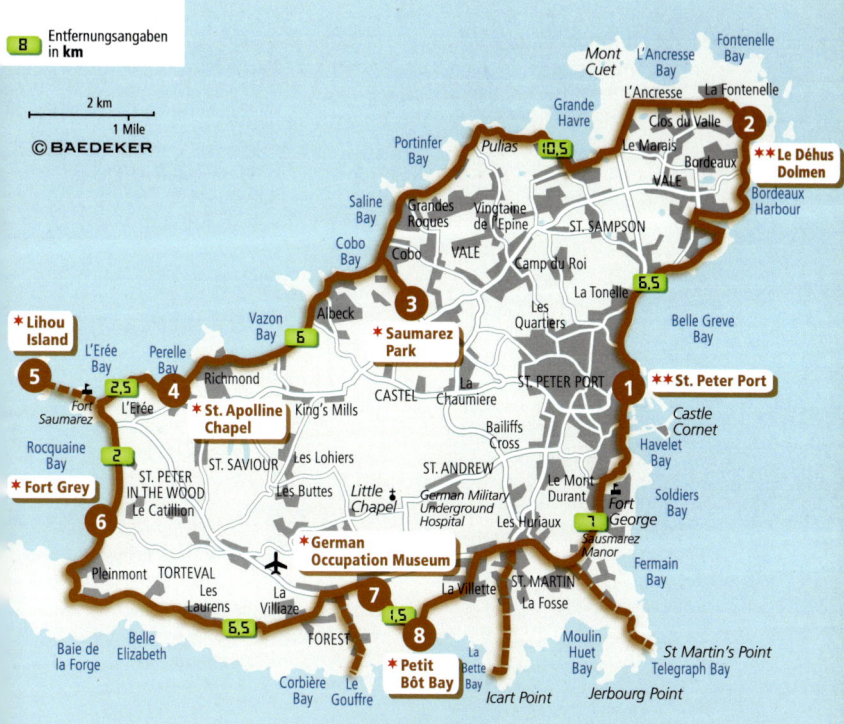

Entfernungsangaben in **km**

2 km
1 Mile
© BAEDEKER

folgt über ca. 12 km dieser Küstenstraße. Eine schöne Sandbucht reiht sich an die andere: Die schönsten sind die Portinfer Bay, Port Soif und die weite **Cobo Bay**. Überall kann man auf kleinen Parkplätzen halten und den Blick über die Strände genießen. Wem der Sinn nach Inselinneren und Ländlichkeit steht, kann einen Abstecher machen und in der Cobo Bay auf die Straße nach Südosten abbiegen. Nach kurzer Zeit kommt man zum ❸ **Saumarez Park**, einem beliebten Familienausflugsziel. Hier gibt auch das nette **Folk Museum** einen kleinen Einblick ins ländliche Dasein früherer Jahrzehnte. Aber zurück zur Küste: Auf der Hauptstraße fährt man an der weit geschwungenen Vazon Bay entlang und kann in der westlich benachbarten Perelle Bay einen kurzen Kulturabstecher machen: Man biegt inseleinwärts ab Richtung St. Saviour und hält sich auf der kleinen Vorfahrtsstraße, die nach links abzweigt. Auf der linken Straßenseite steht die ❹ **St. Apolline Chapel** und mit etwas Glück findet man die kleine, noch vollkommen unverändert erhaltene mittelalterliche

Kirche offen und kann sich die Fresken aus dem 14. Jh. ansehen. An der Küste entlang geht es weiter bis zu der Landzunge, die **5** *****Lihou Island** vorgelagert ist. Von hier aus hat man einen schönen Blick zu dieser Insel. Bei Ebbe ist sie zu Fuß zu erreichen, was allerdings in jedem Fall den zeitlichen Rahmen der Tour sprengen würde. Die weitere Rundtour führt in Richtung Süden an der Rocquaine Bay entlang – hier kann man sich im **6** *****Fort Grey** das **Shipwreck Museum** ansehen. In der Portelet Bay, dem südwestlichen Teil der Rocquaine Bay, verlässt man die Küste und biegt nach Süden ab. Dieser relativ wenig befahrenen Straße folgt man in östlicher Richtung, bis man in Flughafennähe auf die größere Hauptstraße stößt. Man folgt ihr einen knappen Kilometer und biegt dann in einer Linkskurve nach rechts ab zum lohnenden **7** *****German Occupation Museum**, das über die deutsche Besatzung von Guernsey informiert. Nach dem Museumsbesuch kann man der kleinen Straße Richtung Forest folgen, dort links abbiegen, immer geradeaus und schließlich etwas abwärts durch idyllische Landschaft Richtung Le Gouffre fahren. Am Ende der Straße gibt es eine Möglichkeit zum Einkehren. Alternativ fährt man nach dem Museumsbesuch auf die Hauptstraße, biegt nach wenigen Metern zur **8** *****Petit Bôt Bay** ab und folgt der Straße abwärts zu der kleinen Bucht, wo es ebenfalls ein kleines Lokal gibt. Auf der anderen Seite der Bay geht es dann wieder hinauf zur Hauptstraße und man kann weitere, ausgesprochen lohnende Abstecher zum **Icart Point** und zum **Jerbourg Point** machen. Dann nimmt man die Hauptstraße weiter nach St. Peter Port.

Tour 3 Alderney entdecken

Start und Ziel: St. Anne
Dauer: min. 4 Stunden
Länge: 11 km

Nachdem man ausgiebig durch den hübschen Inselort St. Anne gebummelt ist, kann man mit dem Fahrrad ein paar schöne Ecken auf der Insel erkunden.

Von **1** *****St. Anne** aus fährt man die Victoria Street Richtung Norden hinaus und folgt dann etwas weiter östlich der Route de Braye zum Hafen hinunter. Der Braye Harbour liegt in der westlichen Ausbuchtung der herrlichen **2** *****Braye Bay**, die im Nordwesten durch einen Wellenbrecher, den Breakwater, geschützt wird. Dann geht es auf der Hauptstraße in östlicher Richtung einmal an der Braye Bay entlang. Im Osten der Bucht sieht man Fort Albert aufragen. Man biegt ab Richtung Fort Château à L'Etoc. Von dieser kleinen Straße zweigt ein

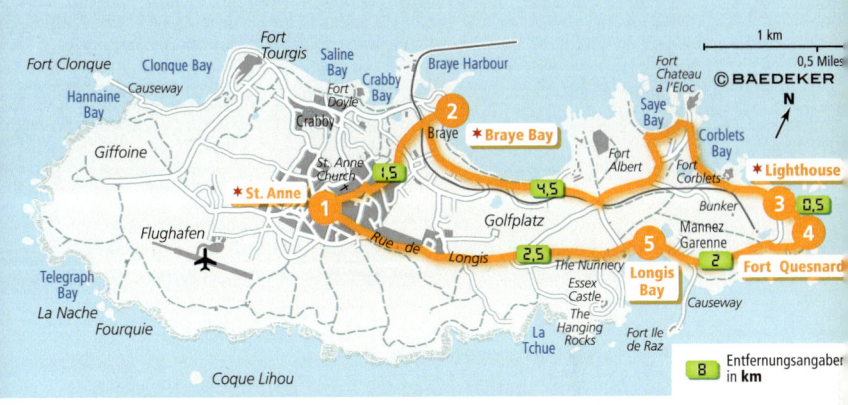

Weg zur **Saye Bay** ab, an der ein Campingplatz liegt. Man fährt an der Saye Bay entlang, vorbei am Fort Château à L'Etoc und sieht dann die schöne **Corblets Bay**, die an ihrer Ostseite wiederum von einer Festung, dem Fort Corblets, bewacht wird. Von hier aus sind es noch ein paar hundert Meter bis zum ❸ **Lighthouse**, dem 37 m hohen Leuchtturm, der an Wochenenden im Rahmen von Führungen zu besichtigen ist. Beim ❹ **Fort Quesnard** ist man fast am östlichsten Punkt von Alderney angekommen. Von hier sieht man bei guter Sicht das 15 km entfernte Cap de la Hague. Nun fährt man nach Westen und kommt nach etwa einem Kilometer zur ❺ **Longis Bay**, eine Bucht mit schönem Sandstrand, an deren landeinwärtiger Seite zur Zeit der deutschen Besatzung im Zweiten Weltkrieg eine Panzerabwehrmauer gebaut wurde.

Am Ostende der Bucht gibt es einen Übergang, auf dem man bei Niedrigwasser zu Fuß zur Île de Raz gehen kann. Von dieser kleinen vorgelagerten Insel hat man Blick auf die **Hanging Rocks**, an der anderen Seite der Longis Bay. In der Bucht selbst sind noch Reste der Nunnery (»Nonnenkloster«) aus dem 18. Jh. erhalten. Lange glaubte man, dass es hier einst eine römische Befestigung gegeben hat. Vorbei am Golfplatz von Alderney geht es dann in westlicher Richtung wieder zurück nach St. Anne.

BAEDEKER TIPP

Wildlife Bunker

Auf Alderney gibt es zwei **Naturschutzgebiete**, das 105 ha große Longis Nature Reserve im Osten und das 7 ha große Val du Saou südlich von St. Anne. In letzterem unterhält der Alderney Wildlife Trust ein Informationszentrum, den sogenannten »Wildlife Bunker«. Das in einem ehemaligen Bunker aus dem Zweiten Weltkrieg untergebrachte Zentrum vermittelt Besuchern interessante Informationen zur vielfältigen Flora und Fauna der Insel.

Zu Fuß auf Sark

Start und Ziel: Maseline Harbour
Dauer: ca. 4 Stunden
Länge: 7–10 km

Auf dieser mit kulinarischen Stopps gewürzten Wandertour lernt man die wichtigsten Sehenswürdigkeiten von Sark und Little Sark kennen und auch einen der schönsten östlichen Küstenabschnitte. Sark kann man nur zu Fuß oder mit dem Fahrrad erkunden, allerdings sind die schmalen Pfade oberhalb der Küste zum Radfahren eher ungeeignet.

Vom ❶ **Maseline Harbour** geht es bergauf zu dem auf dem Hochplateau gelegenen Dorf. Am besten nimmt man den kleinen »footpath«, der durch ein Wäldchen fast parallel zum breiten Hauptweg hinaufführt. Oben in ❷***»The Village«** angekommen, kann man zuerst die Avenue entlangbummeln und dann den Weg nach rechts Richtung Kirche und ❸* **La Seigneurie** einschlagen. Sehr lohnend ist ein Besuch der schönen Gartenanlagen, die zur Seigneurie gehören. Das Herrenhaus selbst ist bewohnt und kann nicht besichtigt werden. Dann geht es zurück ins Dorf, wobei man zur Abwechslung auch den Parallelweg nehmen kann und dann an der Kreuzung landet, an der die Pferdewagen auf Gäste warten. Noch einmal geht es die Avenue entlang – diesmal bis zum Visitor Centre – und weiter den Hauptweg südwestlich aus dem Dorf hinaus.

Ein kleines Stück hinter dem Visitor Centre zweigt ein Weg mit dem Wegweiser Dixcart Hotel ab. Dieser Weg führt durch eine idyllische, baumbestandene Feld- und Wiesenlandschaft abwärts Richtung Dixcart Hotel und Stocks Hotel. ❹ **Dixcart Hotel** war das älteste Inselhotel, einst hat sogar Victor Hugo hier genächtigt. Das Hotel wurde von den Barclay Brothers, den Besitzern von Sarks Nachbarinsel Brecqhou Island (▶ S. 281, S. 291), erworben und geschlossen. Man geht an dem romantischen Granithaus vorbei; an einem Gatter, das zu einer Pferdekoppel gehört, macht der Weg eine Rechtsbiegung – an dieser Stelle führt ein schmaler Weg links des Gatters in ein Wäldchen und in Windungen abwärts Richtung Dixcart Bay.

La Grune

Boutiques
Caves

Eperquerie
Landing

Les Fontaines
Bay

Banquette Bay

Port du
Moulin

Banquette
Landing

Brecqhou

Mouton
Cave

Window
in the Rock

La Gréve
de la Ville

Hafen

Gouliot
Caves

★ **La Seigneurie**

Rue du Sermon

Gulls
Chapel

Leuchtturm

Havre
Gosselin

3

Pilcher
Monument

★ **The Village**

2

Rue
Hotton

**Maseline
Harbour**

0,75

1

Grand
Gréve Bay

4

**Dixcart Hotel
und Inn**

Harbour
Hill

Creux
Harbour

0,75

0,75

0,75

5

★★**La Coupée**

6

★ **Dixcart Bay**

Derrible
Bay

1,75

Adonis
Pool

Little Sark

Derrible
Point

La Sablonnerie
Hotel

Silber-
minen

Pôt Bay

Port Gorey

Venus Pool

Clouet Bay

1   Entfernungsangaben
in **km**

1 km
0   1/2 Mile
©BAEDEKER

Schon relativ weit unten folgt man einer Abzweigung nach links hinunter, und zum Schluss führen Stufen in die **5** ★**Dixcart Bay**. Dort kann man durch ein schmales Felstor in die Nachbarbucht sehen. Dann geht es wieder hinauf, diesmal nimmt man an der Abzweigung den Weg nach links, der dann aufwärts führt und herrliche Blicke auf die Bucht freigibt. Der Weg verläuft am Klippenrand entlang, und schließlich zweigt – wiederum in Höhe der Pferdekoppel – der »cliffpath« Richtung La Coupée ab, ein Hinweisschild steht an der Stelle, an der man einen Holztritt über eine Abzäunung nehmen muss. Der »cliffpath« führt hoch über dem Meer nach Südwesten. Schließlich trifft man auf den breiten Hauptweg und erreicht **❻**La Coupée**, den schmalen Überweg nach **Little Sark**. Je nach Zeit und Kondition kann man diesem Weg jenseits von La Coupée folgen und über Little Sark spazieren, wo es bei dem Hotel **La Sablonnerie** einen schönen »Teagarden« gibt, in dem man eine Pause einlegen kann. Andernfalls kehrt man bei La Coupée um und geht den Hauptweg zurück ins Dorf – zunächst in Richtung Norden, dann biegt man nach Osten ab, kommt an der Windmühle vorbei und beim Visitor Centre wieder ins Dorf.

Tour 5 Herm umwandern

Start und Ziel: Dorf oder Hafen
Dauer: ca. 2 Stunden
Länge: 4 km

Die kleinste Kanalinsel hat man in knapp drei Stunden komplett umrundet. Diese Wanderung ist etwas kürzer, sie beginnt am Hafen und führt auf einem hochgelegenen Küstenweg um den Inselsüden Richtung Südosten. Unterwegs gibt es zwei schöne Buchten – Badezeug mitzunehmen lohnt!

Startpunkt ist der **❶*Harbour** bzw. die Rosaire Steps etwas weiter südlich, wo die Boote bei Niedrigwasser anlegen. Vom Weg zwischen Dorf und den Rosaire Steps kommt man über etliche Stufen zum »cliffpath« hinauf auf die Steilküste. Die Wanderung führt zunächst an der Küste entlang auf dem Klippenpfad nach Süden. Während man die kleine Nachbarinsel Jethou rechter Hand neben sich liegen sieht, ist man relativ schnell schon am südlichsten Punkt von Herm, dem **❷Point Sauzebourg**. Von hier aus hat man Blick auf Jethou und die Ostküste von Guernsey, zur anderen Seite, also nach Südosten, erkennt man jetzt Sark, bei klarer Sicht auch Jersey. Weiter geht es an der **Südküste** entlang, von der Küste unten dringt das Geschrei der Möwen herauf. Über einen Stufenweg gewinnt man nochmal an Höhe, dann umzieht der Weg eine Bucht und führt etwas von der Küste weg ins Inselinnere. Hier zweigt auch ein

Basstölpel

Weg ab, auf dem man direkt ins Dorf kommt. Der Klippenpfad verläuft weiter am Meer entlang durch weite Farn- und Brombeerfelder – mehr oder weniger direkt oberhalb des Küstenstreifens. Jenseits der Südostspitze sieht man den kleinen Campingplatz von Herm liegen. Hinter dem Campingplatz senkt sich der Weg am nördlichen Rand der ❸**Puffin Bay**. Die Puffin Bay trägt ihren Namen nach den »puffins«, den Papageientauchern, die auf dem Vogelfelsen vor der Bucht brüten. In Richtung Norden erkennt man die Felsen Les Jacquets – bei Niedrigwasser liegen ganze Felsflächen frei. Als nächste Bucht sieht man die Belvoir Bay, weiter nördlich den hellen Streifen des Shell Beach.

An einem weiten Farnhang vorbei kommt man zur ❹**Belvoir Bay**, die als schönste Bucht von Herm gilt. Der ❺**Shell Beach** ein paar Minuten weiter nördlich, ist der wohl berühmteste Strand der Kanalinseln, weil er nicht nur sehr schönen hellen Sand hat, sondern weil man hier hin und wieder ganz außergewöhnliche Muscheln findet. In der Belvoir Bay oder am Shell Beach kann man wunderbar in Strandcafés sitzen – oder im

klaren Wasser baden. Anschließend nimmt man den Weg Richtung ❻**Manor**, dem Wohnsitz der Inselpächterfamilie. Hier kann man sich die St. Tugual's Chapel ansehen, die zum Manor gehört, und geht dann hinunter in das Mini-Dorf mit den kleinen Häusern und dem Hafen.

REISEZIELE VON A BIS Z

Die Kanalinseln feiern ihre Pflanzenfülle mit überbordenden Parkanlagen und sogar die alten Menhire werden mit Blumen geschmückt. Sehenswert ist aber nicht nur die Blumenseite der Inseln, schöne Ziele sind auch die Städte, die Burgen, die Dörfer und die grandiosen Küstenlandschaften.

JERSEY

Fläche: 116 km²
Bevölkerungszahl: 100 000

**Im Meer vor der normannischen Küste liegt eine wahre Natur-
schönheit: Jersey, die südlichste und größte der Kanalinseln.
Sie ist etwas wärmer als ihre nördlichen Nachbarn, es gibt etwas mehr Sonne, die Pflanzenwelt ist vielfältig, das Inselinnere zauberhaft. An der Küste wechseln sich spektakuläre
Klippenlandschaften mit endlos langen Stränden und lauschigen kleinen Strandbuchten ab.**

**Vom Klima
begünstigt**

Jersey ist wegen der herrlichen Landschaft, des guten Klimas und des
Pflanzenreichtums beliebt. Jersey-Urlauber kommen überwiegend
aus Großbritannien, zunehmend aber auch vom europäischen Festland. Das günstige Klima hat Jersey durch die relativ geschützte Lage
in der Bucht von St. Malo. Alles ist hier noch etwas angenehmer als
auf den nördlichen Nachbarinseln: Die **Temperaturen** sind im Allgemeinen ein wenig höher. Auch die **Sonnenscheindauer** liegt mit
knapp 2000 Stunden im Jahr etwas über der auf den anderen Inseln.

**Üppig grün
und leicht
gewellt**

Jersey ist in weiten Teilen ländlich geprägt und etwas weniger zersiedelt als Guernsey. Fast überall findet man leicht gewellte, üppig grüne
Regionen, Weideland, Ackerflächen und hin und wieder kleine Wäldchen. In der Inselmitte fällt das Land von Norden nach Süden leicht
ab, mehrere kleine Wasserläufe fließen – teilweise zu Wasserreservoirs aufgestaut – in landschaftlich sehr reizvollen, bewaldeten Tälern zur St. Aubin's Bay hinunter. Im Westen zieht sich eine Stufe in
Nordsüdrichtung, die man von der Küstenstraße entlang der St.
Ouen's Bay am besten sehen kann. Durch Westwinde werden Sande
aus der St. Ouen's Bay an die Küste geweht und haben sich im Verlauf
der Zeit auf dem flachen Küstengebiet vor dieser Anhöhe gesammelt.
Dort ist das größte Dünengebiet der Kanalinseln mit etwa 400 verschiedenen Pflanzenarten entstanden.

***Strände und
Küsten**

Die längsten Strände findet man im Westen der Insel in der St. Ouen's
Bay, im Osten in der Royal Bay de Grouville und im Süden in der St.
Aubin's Bay. In diesen sacht abfallenden Buchten entstehen bei Ebbe
weite Sandflächen. Der **romantischste Küstenabschnitt** der Insel
liegt im Südwesten: felsige Steilküsten mit malerischen Sandbuchten.

****Klippen-
weg im
Norden**

Entlang der Nordküste führt von Rozel im Osten bis jenseits von
Grosnez Castle im Westen der landschaftlich bezaubernde Klippenweg (»cliffpath«) – eine zerklüftete Felsküste mit eindrucksvollen

Das ist Jersey: farbenprächtige Pflanzenwelt und traumhafte Küste.

Felsformationen und dicht wuchernden Farngewächsen. Zwischen den Steilküstenabschnitten gibt es ausgesprochen hübsche kleine Buchten, die meist nur bei Ebbe zum Baden geeignet sind, z. B. die Plémont Bay, Grève de Lecq, Bonne Nuit und Bouley Bay.

Zum Bailiwick of Jersey gehören außer der Insel Jersey die Felseninseln Les Écrehous und Minquiers. Jersey selbst bildet ein 116 km² großes Rechteck, in Nordsüdausdehnung knapp 8 km, in Ostwestausdehnung durchschnittlich 12 km lang. Die höchste Erhebung der Insel misst 138 m. Jersey ist in **zwölf Gemeinden** (»parishes«) eingeteilt, die alle von jeher aus wirtschaftlichen und verteidigungspolitischen Gründen **Zugang zum Wasser** haben: St. Helier, Grouville, St. Brelade, St. Clement, St. John, St. Lawrence, St. Martin, St. Mary, St. Ouen, St. Peter, St. Saviour und Trinity. Die Einteilung stammt noch aus dem Jahr 933, schon damals waren die Gemeinden nicht nur kirchliche, sondern auch politische Einheiten. Rund 100 000 Menschen leben auf Jersey, davon allein gut 33 500 in der Hauptstadt St. Helier, dem geschäftigen Zentrum der Insel. Weitere größere Ortschaften sind St. Aubin, Gorey und St. Brelade.

Bailiwick of Jersey

Das Inselparlament von Jersey, die States of Jersey, setzt sich aus zwölf Senatoren (»Senators«), den zwölf Vorstehern der Gemeinden (»Constables«) und 29 Abgeordneten (»Deputies«) zusammen. Diese 53 Mitglieder des Inselparlaments, die jeweils für unterschiedliche Zeiträume zwischen drei und sechs Jahren gewählt werden, sind stimmberechtigt. Stimmberechtigt ist auch der Bailiff. Die States tagen einmal pro Woche jeweils dienstags.

Inselparlament

Jersey

Die »Toads« »Toads« (Kröten) werden die Bewohner von Jersey genannt, oder auch französisch »crapauds«, weil es außer auf Jersey auf keiner der anderen Kanalinseln Kröten gibt. **Kröten** waren noch nicht bis zu den anderen Inseln vorgedrungen, als diese vor Jahrtausenden vom

Festland abgetrennt wurden. Die Jersianer leben in ihrem **kleinen Inselstaat**, in dem es an fast nichts fehlt, **relativ autark**. Es gibt ein Krankenhaus, Kirchen, Schulen … Wer studieren möchte, muss allerdings nach Großbritannien oder auf den Kontinent ziehen.

Unbezahlt und ohne Uniform

Eine Besonderheit, die sich noch aus normannischer Zeit erhalten hat, sind die unbezahlten und nicht uniformierten ehrenamtlichen **Polizisten**, die jeweils für drei Jahre gewählt werden und neben der offiziellen Polizei der States tätig sind.

Steueroase

Zur Jersey-Bevölkerung gehören auch die »**wealthy immigrants**«, die reichen bis schwerreichen Zuwanderer. Auch Jersey hat wie Guernsey wegen seiner Steuergesetze Probleme mit der Einwanderung. Nur noch ca. 50 % der Einwohner sind gebürtige Jersianer. Anders als auf Guernsey, wo lediglich der extrem teure, sogenannte offene Immobilienmarkt für Einwanderer eine Schranke darstellt, müssen Immigranten auf Jersey ihr **Vermögen prüfen lassen**. In eine engere Auswahl kommen nur diejenigen, die der Insel jedes Jahr Steuereinnahmen im sechsstelligen Bereich einbringen (▶ Baedeker Wissen S. 152). Eine Zeitlang wurden pro Jahr nur zehn Personen neu aufgenommen, bis man diese Begrenzung aufhob und vielmehr für den Wohnort Jersey warb. Um den Ruf der Insel nicht zu gefährden, führt man einen Check der Bewerber durch: Wer durch kriminelles oder asoziales Verhalten an sein Vermögen gekommen ist, muss draußen bleiben.

Wirtschaft und Tourismus

Die **Finanzwirtschaft** steht auf Jersey mit fast 50 % Anteil am Bruttoinlandsprodukt an erster Stelle, fast 40 Banken und mehrere 10 000 Firmen, zumeist Briefkastenfirmen, sind auf der Insel eingetragen. Die Gewinnsteuern aus Offshore-Unternehmen machen einen Großteil des gesamten Steueraufkommens aus. **Tourismus** ist der zweitwichtigste Wirtschaftszweig: Knapp 12 000 Betten stehen den jährlich rund 334 000 Gästen zur Verfügung. Bedeutung für den Export hat die **Austernzucht** in der Royal Bay of Grouville, die aber heute längst keine so große Rolle mehr spielt wie im 19. Jh. Mit unter 5 % ist auch die Landwirtschaft recht unbedeutend, doch werden noch über 50 % der Fläche landwirtschaftlich genutzt. Immer größere Bedeutung hat sich in den letzten Jahren der **Einzelhandel** erwirtschaftet. Dies liegt nicht zuletzt an der Zahl von ca. 100 000 Tagestouristen, die jährlich von Frankreich nach Jersey kommen. Die niedrige Mehrwertsteuer und ein günstiger Pfundkurs machen das Einkaufen auf der Insel attraktiv.

Jersey-Royal-Kartoffel

Auf einem Großteil der Anbauflächen wachsen Kartoffeln. Weit über die Inselgrenzen hinaus bekannt wurde die Frühkartoffel Jersey Royal, die im 19. Jh. von dem Farmer Hugh de La Haye erstmals angebaut wurde und die trotz zahlreicher anderer Versuche nur auf Jersey gedeiht. Die Kartoffel war sozusagen ein Zufallstreffer, sie wuchs viel früher als andere Kartoffelarten und war zudem resistent gegen Mehltau. Die teure Jersey Royal gilt geradezu als **Delikatesse**. Sie wird vorzugsweise an geschützten Hängen angebaut, und im Frühjahr sind die Felder meist zusätzlich mit wärmenden Plastikplanen abgedeckt. Auch heute noch werden sie per Hand geerntet und sortiert. Der Export gilt als schwierig, da die Kartoffel ihren besten Geschmack zwei Stunden nach der Ernte entfaltet.

Auf Jersey fahren nicht nur viele teure Automobile und Mietwagen herum. Insgesamt 117 000 Fahrzeuge sind mit dem amtlichen Kennzeichen GBJ gemeldet, und ein Straßennetz von rund 570 km Länge überzieht die Insel. Autoverkehr spielt auf Jersey eine große Rolle, in St. Helier sind Parkplätze knapp. Im Stadtgebiet und auf den wichtigsten Zufahrtsstraßen gibt es eine echte Rush-Hour. Darüber hinaus werden alle Inselregionen durch Busverkehr bedient. Die Verbindung zu den Inseln im Bailiwick Guernsey erfolgt größtenteils per Flugzeug mit der lokalen Fluggesellschaft Aurigny, im Sommer gibt es regelmäßige Schiffsverbindungen zu den Inseln.
Verkehr

Der **Name** des heutigen US-Bundesstaats New Jersey geht auf den Namen der Insel zurück. Nachdem George de Carteret, Bailiff und Lieutenant-Governor der Insel im englischen Bürgerkrieg, den damals verbannten Prinz Charles auf Jersey aufgenommen hatte und zum König ausgerufen hatte, dankte dieser ihm seine Loyalität mit der Übergabe der Gebiete in Nordamerika, die George de Carteret nach seiner Heimatinsel benannte.
New Jersey

Typisches Merkmal für die alten Farmgebäude auf Jersey ist der Bogen des Eingangsportals der **»Jersey Arch«,** der immer aus neun groben, verschieden großen Steinen besteht – an den Seiten jeweils drei

> **?**
> **BAEDEKER WISSEN**
>
> *Tuchartige Maschenware*
>
> Weithin bekannt ist Jersey, die feine, tuchartige Maschenware gleichen Namens. Der gestrickte elastische Stoff trägt die Bezeichnung »Jersey« höchstwahrscheinlich nach der Insel – war hier doch das Stricken und Exportieren von Strickwaren über Jahrhunderte eine der Haupteinnahmequellen.

senkrecht übereinandergesetzte und oben drei Mittelsteine, die den Bogen vollziehen. In dem als Bauernhofmuseum eingerichteten Hamptonne House kann man außerdem den ebenfalls für Jersey typischen **Doppelbogen** an der Einfahrt zum Farmgelände sehen: ein größerer Bogen diente als Durchfahrt für die landwirtschaftlichen Wagen und ein kleinerer daneben als Durchgang für Fußgänger.

GESCHICHTE

Die mit Abstand ältesten Spuren menschlicher Anwesenheit im Bereich der Kanalinseln sind auf Jersey gefunden worden, und zwar in der heute unzugänglichen Höhle La Cotte de St. Brelade: Zähne und
Frühgeschichte

Im Steuerparadies

Der mit Abstand größte Wirtschaftszweig der Kanalinseln, insbesondere von Jersey und Guernsey, ist der Finanzsektor. Die Inselbanker locken, wie ihre Kollegen anderer Steueroasen, mit attraktiven Geldvermehrungsmodellen und Diskretion. Das Geschäft wird schwieriger, denn immer mehr Staaten verlangen Auskunft über Steuerflüchtlinge. Eine nicht ganz ernst gemeinte Anleitung zum »Glück«:

① **Kriterien bei der Auswahl eines »Steuerparadieses«**
Politische Stabilität, wenig regulierte Wirtschaftspolitik, niedrige bis keine Steuern

Schweiz
+ Hohe Reputation bzgl. Geheimhaltung und Zuverlässigkeit
⊖ Nach einigen Skandalen wurden Banken gezwungen, Namen von Konto-inhabern preiszugeben

Cayman Islands
+ Fünftgrößter Finanz-platz der Welt
⊖ Bilaterale Auskunfts-abkommen mit mehreren Ländern

Kanalinseln
+ Zuverlässige Geheimhaltung
+ 10% Einkommens- und Körperschaftssteuer
⊖ Auskunfts-Abkommen mit Kanada über Steuerinformationen

Isle of Man
Kanalinseln
Luxemburg
Schweiz
Liechtenstein
Andorra
Monaco
Malta
Gibraltar
©BAEDEKER
Karibik: Cayman Islands

② **Geheime Identität gründen**
Die Verschleierung des echten Namens kann u.a. durch die Gründung einer **Stiftung** im Steuerparadies erfolgen, z. B. auf den Kanalinseln.

Eine Stiftung bietet folgende Vorteile:
+ Die Gründungsurkunde ist nicht öffentlich.
+ keine Grundbesitz- oder Erbsteuern
+ normalerweise geringe bis keine Steuern

③ **Gründung einer Firma**
Zur Stiftung gehörend, bietet sie zusätzliche Sicherheit durch eine weitere Verschleierungsebene.

(4) Ein Konto eröffnen

Am sichersten ist es, ein Konto in einem zweiten Steuerparadies zu eröffnen, z.B. auf dem Cayman Islands.

(5) Das Geld auf das Konto bringen

Hier kommen wir zum schwierigen Teil: Sie müssen große Geldsummen über internationale Grenzen schaffen, was in vielen Ländern gegen das Gesetz verstößt.

Eine Auswahl der Möglichkeiten:

 Einen **Koffer** voller Geld schmuggeln: kann gutgehen.

 Diamanten einführen und diese im Steuerparadies wieder verkaufen. Erfolgsaussicht: s.o.

 Viele **Briefe** mit kleinen Summen verschicken, unter $10 000 ist es legal. Allerdings könnte Ihre Bank Verdacht schöpfen. Umständlich.

(6) Ihr Gewinn

Steuern auf Gewinne, die nicht gezahlt werden, gelten als hinterzogen.

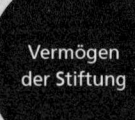

Vermögen der Stiftung

Gewinn

Anteil am Gewinn, der eigentlich dem Fiskus zusteht

(7) Das Geld nach Hause bringen

Zahlen Sie die entzogenen Steuern nach, um rechtlichen Problemen aus dem Weg zu gehen! Es bleibt dann die Frage: Wozu das alles?

▶ Finanzwirtschaft Kanalinseln 2016

■ Jersey   ■ Guernsey

Anteil am BIP in Mio. £
- 1700
- 786

Anteil am BIP in %
- 41,7
- 33,4

Registrierte Firmen
- 33063
- 14204

Anzahl der Beschäftigten
- 13020
- 6895

Jährlicher Durchschnittsverdienst in der Finanzbranche in £
- 49920
- 43550

Einlagen in Mrd. £
- 126,5
- 81,0

▶ Versteckte Schätze

Schätzung des Vermögens in »Steueroasen«, weltweit

■ min.   ■ max.   (1000 Mrd. €)

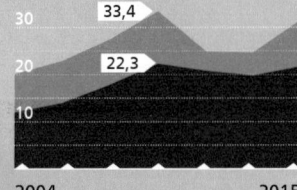

30 — 33,4
20 — 22,3
10

2004 — 2015

Paradies für Krösusse

Mehrwertsteuer war lange Zeit völlig unbekannt und Erbschafts-, Kapitalertrags-, Quellen- oder Schenkungssteuer gibt es nicht. Schon im Jahr 1959 wurde die Einkommenssteuer einheitlich auf 20 % gesenkt. Kein Wunder also, dass es immer mehr Krösusse auf die paradiesischen Schatzinselchen zog. Die spezielle Finanzgesetzgebung hat die Kanalinseln – ähnlich wie die Isle of Man, die Virgin Islands oder Barbados – zu einem Steuerparadies sondergleichen gemacht.

Seit den 1970er-Jahren ließen sich nach und nach Millionäre, Banken und Anlagegesellschaften aus der ganzen Welt auf den Inseln im Ärmelkanal nieder. Steuer- und Finanzexperten, Rechtsanwälte und Wirtschaftsprüfer folgten. Die Insel Jersey hat sich auf bestimmte **Anlagefonds** spezialisiert, auf Guernsey wiederum überwiegt die Verwaltung von **Stiftungsvermögen**, außerdem sind hier über 300 **Versicherungsgesellschaften** aus aller Welt angesiedelt.

Schon Ende des Jahres 1996 klagte ein Berater des damaligen Finanzministers Theo Waigel, deutsches Kapital werde in einem Volumen von bis zu 40 Milliarden Pfund auf die Kanalinseln und die Isle of Man transferiert, um Steuerzahlungen in Deutschland auszuweichen. Die Regelung der Vergünstigungen auf den Inseln müsse abgeschafft werden, wurde die EU-Kommission bedrängt, dabei hat die EU kaum Möglichkeiten einzugreifen. Durch den politischen Sonderstatus ist die **Steuergesetzgebung auf den Kanalinseln** nicht nur von Großbritannien, sondern auch **von der Europäischen Union unabhängig**.

Gutes Image

Allein das nach Jersey disponierte Geld wird auf mehrere Hundert Milliarden Pfund geschätzt. In den Banken der Insel wurden nach Angabe des Statistikamts der States of Jersey Ende des Jahres 2011 insgesamt 167 Milliarden Pfund verwaltet, in den registrierten offenen und geschlossenen Fonds lagerten zum selben Zeitpunkt ca. 194 Milliarden Pfund. Auf der größten Kanalinsel gibt es zur Zeit fast 40 Banken aus verschiedenen Ländern, darunter auch Vertreter deutscher Kreditinstitute. Die Kanalinseln sind im Unterschied zu anderen Finanzoasen so gut wie nie in der Skandalberichterstattung der Zeitungen aufgetaucht. In der Finanzwelt spricht einiges für

Messingschilder: Hinweise auf blühende Finanzen

Viele teure Oldtimer spiegeln den Reichtum auf den Kanalinseln.

den Archipel im Golf von St. Malo. Als großer Vorteil gilt die **politische Stabilität**. Und anders als beispielsweise auf Barbados ist die Bevölkerung der Kanalinseln größtenteils britischer Abstammung – und damit wirkt hier für Europäer **nichts sonderlich exotisch** oder befremdlich.

Diskretion Ehrensache

Das gute Image ist Teil des florierenden Offshore-Geschäfts. Angeboten werden niedrige Steuersätze, und daraus wird nirgends ein Geheimnis gemacht. Verständnisvolle Verwaltung und spezielles Know-how in Sachen Steuervermeidung gehören ins Angebotspaket. Alle arbeiten still und mit allerhöchster Kompetenz vor sich hin. Diskretion ist Ehrensache. Wirkliche **Angst** hat man **vor Skandalen und Imageverlust**. Die Vorstellung, Gelder aus Drogen- oder Betrugsgeschäften könnten auf ihren Inselchen gewaschen werden, erfüllt die Zuständigen mit blankem Entsetzen. Daher sucht eine für Geldwäsche zuständige Polizeieinheit bereits seit mehreren Jahren auf der Insel Jersey nach schwarzen Schafen. Natürlich fragt man sich letztendlich doch, wie das denn alles mit rechten Dingen zugehen kann.

Keine Bankhochhäuser

Man sieht **keine Bankhochhäuser** und keine repräsentativen Versicherungspaläste, dafür aber viele **blank geputzte Messingschilder einer Unzahl von Firmen**, sogar auf dem Inselchen Sark. Hier steht man nun gänzlich vor Rätseln. Verdutzt vernimmt man, dass auf Sark mehrere Zehntausend Firmendirektoren registriert sind – Genaueres ist nicht bekannt –, und dies obwohl es nur rund 400 volljährige Insulaner gibt.

Sarkee und Direktoren

Auf Sark hat man sich nämlich auch spezialisiert. Dort gibt es seit Beginn der 1980er-Jahre das recht lukrative **Direktorengeschäft**. Angeblich haben zwischen 15 000 und 100 000 internationale Unternehmen aus steuerlichen Gründen einen Sarkee zum Direktor – einzelne Insulaner sollen mehr als 1000 Direktorenposten innehaben. Eine Riesenverantwortung, könnte man meinen. Dieser ist man sich auf dem Eiland aber offenbar nicht immer ganz bewusst, denn wofür man eigentlich Direktor ist, ist in manchen Fällen nicht einmal den Direktoren selbst klar.

Die Sarkees – die meisten Landwirte und Handwerker – sind international hoch begehrt. Denn nicht nur Steuern werden gespart, sondern hin und wieder auch **kriminelle Aktionen verschleiert**, von denen die Sarkdirektoren im Regelfall nichts ahnen. So konnte es, gemäß

»Spiegel« vom 23.11.1998, passieren, dass während des Bürgerkriegs in Ruanda eine auf der Isle of Man registrierte Firma, für die ein Sarkee und dessen Sohn als Direktoren fungierten, »Waffen im Wert von 3,3 Millionen Pfund an die mörderischen Hutu-Milizen geliefert hatte«. Den Empfehlungen eines britischen Untersuchungsberichts von 1998 folgend müssen die Direktoren heute zumindest die wahren Firmeninhaber sowie die Herkunft des verwalteten Geldes kennen. Auch sollen sie – zumindest theoretisch – sicherstellen, dass die Firma sich an bestehende Gesetze hält und keinen »rechtswidrigen Handel« betreibt.

Viele Millionäre

Banken und Millionäre, die sich auf den Inseln niederlassen wollen, müssen bestimmte Bedingungen erfüllen. **Banken** müssen zu den **weltweit größten und bekanntesten** gehören. Auch Millionäre können nicht so einfach in die Steueroase ziehen. Als Eintrittsschein für Jersey ist ein Einkommen vorzuweisen, das der Insel **jährliche Steuereinnahmen im sechsstelligen Bereich** garantiert. Seit einiger Zeit wird geprüft, woher die Einnahmen kommen. Eine Zeitlang durften sich pro Jahr nur zehn neue Reiche auf Jersey niederlassen. Dadurch wollte man eine zunehmende Überfremdung verhindern. Doch dann wurde man sich der finanziellen Vorteile bewusst, die die Aufnahme von Geldgebern mit sich bringt – die Einschränkung wurde aufgehoben, und nun wird für die Insel als neuer Wohnsitz für gute Steuerzahler geworben.

Schädelfragmente von Menschen sowie Knochen von Mammuten und Nashörnern, von denen sie sich ernährt haben müssen. Nach dem Ende der Eiszeiten ist Jersey **als letzte der Kanalinseln** vor rund 10 000 Jahren **vom Kontinent abgetrennt** und zur Insel geworden. Aus der Zeit um 3500 v. Chr. stammen erste wichtige Kulturgüter, von denen das Megalithgrab La Hougue Bie das bedeutendste ist. Damals lebten etwa 3000 Menschen auf Jersey. Zeugnisse von einem Kontakt mit den Römern sind Münzen, auf die man u. a. auf der Île Agois im Norden und an dem menhirähnlichen Felsen Le Pinacle an der Nordwestküste stieß. Man weiß, dass die Insel unter den Römern Andium hieß. Die Bezeichnung Jersoi kam im 11. Jh. in der normannischen Gesellschaft auf, der Name leitet sich möglicherweise von einem Normannenführer namens Geirr ab.

Die systematische Christianisierung setzte auf Jersey mit dem Mönch **St. Helier** ein, der vom Bischof von Coutances (Normandie) auf die Insel geschickt wurde. Erste christliche Stätten gab es im 6./7. Jh. auf der Felseninsel neben Elizabeth Castle und der Île Agois, im 13./14. Jh. muss es auf Les Écrehous und Minquiers bereits kleine Klöster gegeben haben. Nachdem die Kanalinseln als Teil des Herzogtums Normandie der englischen Krone unterstellt worden waren, zeichneten sich die Herren von Jersey stets durch hohe Loyalität dem Königshaus gegenüber aus (▶ S. 192). Die wichtigste Familie der Insel waren über mehrere Jahrhunderte die **de Carterets**. Sie stellten teilweise sogar Bailiff und Lieutenant-Governor in einer Person und hatten dadurch enorme Macht. Auch auf Alderney und Sark waren sie zeitweilig die Inselherren. Eine andere mächtige Familie waren die **Samarès**, die auch auf Guernsey ihre Anwesen hatten. Während der französischen Revolution zog es auch viele französische Adelige nach Jersey, u. a. François-René de Chateaubriand.

6. bis 18. Jh.

1870 startete der Eisenbahnbetrieb auf Jersey, zunächst gab es eine Strecke der Jersey Railway zwischen St. Helier und St. Aubin, die bis nach Corbière erweitert wurde, ab 1873 eine weitere Strecke der Jersey Eastern Railway zwischen St. Helier und Gorey. Der Eisenbahnbetrieb wurde 1936 eingestellt – die Konkurrenz durch Busse war zu groß geworden. Bis heute ist noch die Streckenführung zwischen St. Aubin und Corbière deutlich zu erkennen.

Eisenbahn

Während der deutschen Besatzungszeit blieben relativ viele Jersianer auf der Insel, da der damalige Bailiff, der couragierte Lord Alexander Moncrieff Coutanche, der Bevölkerung eine gewisse Sicherheit vermittelte. Die Deutschen hinterließen mit **Bunkern** und **unterirdischen Tunnelanlagen** zahlreiche Zeugnisse ihrer Besatzung. Größtes unterirdisches Projekt war ein Tunnelsystem, das man heute besichtigen kann (▶S. 200). An der St. Ouen's Bay wurde ein Wall

Deutsche Besatzungszeit

gegen die befürchtete Invasion gebaut – heute ist man auf Jersey froh, da er das Abtragen von Küstensand verhindert. Während der deutschen Besatzungszeit waren zwischen 5000 und 6000 Zwangsarbeiter in 13 Arbeitslagern interniert, die über ganz Jersey verteilt waren.

Nachkriegszeit Nach dem Krieg gewannen neben dem schnell wachsenden Tourismus vor allem die ab 1962 geltenden günstigen Steuergesetze an Bedeutung, mit denen man Banken für Offshore-Geschäfte in das Steuerparadies holte.

✳ Gorey

✳ K 8/9

Einwohnerzahl: mehrere Hundert

Gorey ist einer der schönsten und durch das exponiert gelegene Castle auch touristischsten Orte der Insel. Umgeben ist Gorey von einer abwechslungsreichen Küste mit schroffen Felshängen und langen Sandstränden und einem lieblichen Hinterland.

Schöner Küstenort Die ausgesprochen schöne Ortschaft ist die größte in dem nordöstlichsten Gemeindebezirk der Insel St. Martin, gehört jedoch teilweise auch zum Gemeindebezirk Grouville. Wer Gorey erkunden möchte, geht am besten vom südlichen Ortsrand über die hübsche Uferpromenade durch gepflegte Parkanlagen auf den Hafen und Mont

Gorey erleben

ESSEN
Sumas ©©©©
Gorey Hill, Gorey
Tel. 85 32 91
www.sumasrestaurant.com
Kleines, sehr gutes Restaurant, das seine Gäste mit moderner britischer Küche mit mediterranem Flair bewirtet. Vom Balkon hat man Blick die Burg und die Grouville Bay. Recht günstige Menüs.

Château La Chaire ©©©©
Rozel Bay, St. Martin, Tel. 86 33 54
www.chateau-la-chaire.co.uk

Ausgezeichnetes Hotelrestaurant oberhalb der Bucht im Grünen. Hier kann man im Château La Chaire sehr gepflegt speisen. Etwas für außergewöhnliche Anlässe.

Feast ©©©
Gorey Pier
Tel. 61 11 18
www.feast.je
Mo. Ruhetag
Direkt unterhalb der Burg am Hafen, mit wunderbarem Blick auf die Bucht. Viel Fisch und Meeresfrüchte.

Der Hafen von Gorey. Bei Ebbe liegen alle Boote auf dem Trockenen.

Bass and Lobster ©©
Gorey Coast Road, St. Martin
Tel. 85 95 90, www.bassandlobster.com
So. Ruhetag
Ausgezeichnetes Seafood-Restaurant,
wird auch von Einheimischen gerne be-
sucht. Gutes Preisleistungsverhältnis.
.

The Crab Shack ©©
Gorey Coast Road, St. Martin
Tel. 85 08 30
www.crabshackjersey.co.uk
Gute Auswahl an einfachen Fischgerich-
ten, aber auch Steaks und Burger. Fami-
liäre Atmosphäre.

ÜBERNACHTEN
Château La Chaire ©©©©
Rozel Bay, St. Martin
Tel. 86 33 54

www.chateau-la-chaire.co.uk
Am Rand eines verwunschenen, waldigen Tals oberhalb der Rozel Bay. Großzügige, luxuriöse Innenräume, individuell
eingerichtete Zimmer.

The Moorings Hotel ©©©
Gorey Pier
Tel. 85 36 33
www.themooringshotel.com
Kleines Hotel mit 15 Zimmern, die teil-
weise einen wunderbaren Blick über den
Hafen bieten.

Maison Gorey ©©
Gorey Village
Tel. 85 77 75
www.maisongorey.com
Ruhiges, familiengeführtes Hotel mit 25
Zimmern in der Nähe des Village Green.

Orgueil Castle bzw. Gorey Castle zu. Ein beliebtes Fotomotiv ist die Häuserreihe direkt am Hafen unterhalb des Castle. Der eigentliche Ort liegt südlich der Burg abseits der Hafenpromenade.

Geschichte Gorey ist ein alter Fischerort und hatte als geschützter Hafen immer schon militärische und wirtschaftliche Bedeutung. Südlich von Gorey liegen in der Royal Bay of Grouville **Austernbänke**, die dem Ort im 19. Jh. zu Reichtum verhalfen und noch heute bewirtschaftet werden. Entlang der heutigen Promenade fuhr zwischen 1891 und 1929 die Jersey Eastern Railway.

** MONT ORGUEIL CASTLE/GOREY CASTLE

❶ April–Okt. tägl. 10.00–18.00, Nov.–März Fr.–Mo. 10.00–16.00, Jan. Sa., So. 10.00–16.00 Uhr, Eintritt Erw.12,20 £, Kinder ab 6 Jahre 7,40 £

Mont Orgueil Castle oder auch Gorey Castle erhebt sich geradezu majestätisch auf einer Anhöhe über dem Hafen von Gorey. Über **zwei Zugänge** kommt man in die Burganlage. Der weniger anstrengende führt von der Route de la Côte (B 29) auf halber Höhe über die Castle-Green-Ebene an einer Wiese und kleinen parkähnlichen Anlagen vorbei zum Burgeingang; der zweite beginnt unten an der Nordostecke des Hafens, von hier aus kommt man über eine Steintreppe zum Burgeingang.

Das Kastell ist die älteste, in solch gutem Zustand erhaltene Burganlage der Insel. Gorey Castle wurde zu dem Zeitpunkt gebaut, als England das Herzogtum Normandie an Frankreich verloren hatte, die Kanalinseln als Teil des Herzogtums aber weiterhin den englischen König als Souverän anerkannten. Die Inseln gerieten durch ihre Zugehörigkeit zur englischen Krone einerseits und ihre geografische Nähe zu Frankreich andererseits in eine gefährliche Lage und mussten von nun an stets mit Angriffen der Franzosen rechnen. Aus diesem Grund wurde in strategisch günstiger Position an der Frankreich zugewandten Seite von Jersey umgehend eine Burg hochgezogen. Bereits seit Jahrtausenden hatten Insulaner diesen Platz zu nutzen gewusst, und schon in den Zwischeneiszeiten, als Jersey mit dem Kontinent verbunden war, müssen sich hier oben Menschen aufgehalten haben, wie man aus archäologischen Funden geschlossen hat.

Geschichte der Burg Im Mittelalter war Gorey Castle durch die Lage hoch oben auf dem Felsen eine ausgesprochen schwer einzunehmende Burg. Während der Rosenkriege fiel sie dennoch an Frankreich – Jean de Carbonnel erhielt die Burg als Gegenleistung für seine Dienste für das Haus Lancaster. Sieben Jahre lang war Gorey Castle fest in französischer Hand, und aus dieser Zeit stammt auch die Bezeichnung Mont Orgueil Castle, was ins Deutsche übersetzt »Berg des Stolzes« heißt.

Über Jahrhunderte war die Burg Hauptsitz der strategischen Kräfte der Insel und **Sitz des Gouverneurs**. Mit der Einführung des Schießpulvers und der dadurch veränderten Militärtechnik war Mont Orgueil Castle dann plötzlich veraltet, da die Mauern einem Kanonenbeschuss nicht standgehalten hätten. Elizabeth Castle vor St. Helier wurde gebaut und zum neuen strategischen Stützpunkt und Sitz des Gouverneurs.

Zunächst dachte man daran, Mont Orgueil Castle zu schleifen. Doch Sir Walter Raleigh, Gouverneur der Insel um 1600, setzte sich, obwohl er viel Gefallen an dem neuen Elizabeth Castle fand, dafür ein, auch Mont Orgueil Castle zu erhalten. Die Burg diente daraufhin im 17. Jh. als **Gefängnis**. Später wurde sie immer wieder militärisch genutzt. Bereits 1929 gründete man ein Burgmuseum. Während des Zweiten Weltkriegs wurde auch Mont Orgueil Castle von den Deutschen besetzt, nach dem Krieg aber schnell wieder der Öffentlichkeit zugänglich gemacht.

Bevor man durch die Mauern ins Innere der Burganlage kommt, passiert man Teile des **Outer Ward**, des äußeren Burghofs. Der Outer Ward ist teilweise als Garten angelegt, teilweise einfache Rasenfläche. Vom Eingang aus kommt man durch die neueren Anlagen des **Lower Ward**, des unteren Burghofs mit dem Queen's Gate (1648) und dem Queen Elizabeth Gate (1593) hinauf in den mittleren Burghof, den **Middle Ward** mit den ältesten Teilen der Burg. Schließlich erreicht man den höchsten Punkt, den **Mount** oder auch Keep bzw. Donjon, von dem aus sich ein fantastischer Blick bis zur französischen Küste bietet und auf die Insel nach Norden sowie über Gorey und den Hafen nach Süden in die Royal Bay of Grouville. Im 16. Jh. wurden die älteren Teile des Middle Ward in den Mount integriert.

Burganlage

SEHENSWERTES IN DER UMGEBUNG VON GOREY

An einer Green Lane westlich von Gorey liegt mitten in einem Feld der Faldouët-Dolmen, der zwischen 4000 und 3250 v. Chr. errichtet wurde und möglicherweise ursprünglich ein religiöses Zentrum für 300 bis 500 Menschen war. Bei der Freilegung stießen die Archäologen auf drei menschliche Skelette, Keramik und Steinbeile. Ungewöhnlich scheint die Anlage des Dolmens, der nur an der Westseite mit einem Deckstein versehen war, die übrigen Kammern sollen offen gewesen sein.

La Pouquelaye de Faldouët

Anne Port ist ein unscheinbares Dörfchen oberhalb einer Strandbucht gleichen Namens. Es besteht nur aus ein paar recht hübschen Häuschen, hat aber eine schöne Umgebung.

Anne Port

BAEDEKER WISSEN

✶✶ *Jerseys älteste Burg*

... wurde um 1200 gebaut, um die Insel gegen Angriffe aus Frankreich zu schützen, und behielt diese Funktion 400 Jahre lang, bis Elizabeth Castle errichtet wurde. Seit ihrer Restaurierung zu Beginn des 21. Jh.s. präsentiert sie sich in hervorragendem Zustand. Ein Rundgang macht mit dem mittelalterlichen Leben in der Burg vertraut. Kinder können Gorey Castle in einer geliehenen Ritterrüstung erkunden.

❶ Outer Ward
Äußerer Burghof

❷ Tickets/Shop
Kasse und Informationen

❸ Lower Ward
Unterer Burghof

❹ Queen's Gate
Auch De Carteret's Gate genannt. Stammt aus dem 17. Jh.

❺ De Carteret Garden
Kleines Gärtchen des 17. Jh.s mit von Buchsbaumhecken gesäumten Beeten

❻ Queen Elizabeth Gate
Tor zum mittleren Burghof

❼ Middle Ward
Mittlerer Burghof

❽ The Mount
Der höchste Teil der Burg, auch »Keep« oder »Donjon« genannt, mit Wachtürmen, Kapelle, vierstöckigem Wohnbereich und Repräsentationsräumen.

❾ Dach des Wohnbereichs
Von hier konnte man ungestört die Bucht von Gorey beobachten und frühzeitig Angreifer ausmachen.

❿ South East Watch Tower
Der Südost-Turm wurde von den Deutschen aufgestockt und als Beobachtungsposten genutzt.

Mont Orgueil Castle bewacht den Hafen von Gorey.

die Krone:
von Elizabeth II.
Chamber

»Der perfekte Ritter«:
Skulptur eines Ritters zu
Pferd in mittelalterlicher
Rüstung

Prison Tower: Schon früh
wurden in diesem Turm
Gefangene unter un-
menschlichen Bedingungen
eingesperrt.

©BAEDEKER

Falkenschau: Falken abzurichten
und Falkenjagd gehörten zum
Leben auf der Burg.

Jersey und
Holografie
in der Grea...

Mittelalterliches Glücksrad:
Auch Könige können ins
Unglück stürzen und
morgen Bettler sein.

»The Wound Man« – die
grauenvolle Realität eines
mittelalterlichen Kriegers

heart

spleen

colon

Catherine's Breakwater

Als Cherbourg an der französischen Küste im 19. Jh. hochgerüstet wurde, reagierte man auf den Kanalinseln prompt mit Plänen, die Küsten und Häfen zu befestigen: Catherine's Breakwater ist auf Jersey der einzige Bau, der tatsächlich realisiert wurde. Geplant war die Mole als nördliche Begrenzung eines großen Hafens, der sich bis zu dem rotweißen Archirondel Tower, einem typischen Martello-Turm von 1794, hinunterziehen, also das gesamte Catherine's Bay umfassen sollte. Heute dient die lange Mole als kleine Spaziermeile. In einem ehemaligen deutschen Bunker ist eine Steinbuttzucht eingerichtet worden. Die Bucht selbst ist zum Baden nicht sonderlich gut geeignet, da sie sehr felsig ist.

St. Martin's Parish Church

St. Martin's Parish Church im Inselinneren geht auf eine Gründung im 11. Jh. zurück. Nach mehrmaligen Umbauten entstand die heutige Kirche mit ihren wuchtigen Säulen im Innenraum. Wenig homogen erscheint der spitze Kirchturm, der aus dem 19. Jh. stammt – die Vorgängertürme sind mehrfach vom Blitz getroffen worden.

*Rozel

Das ausgesprochen hübsche kleine Dörfchen Rozel im Nordosten der Insel besteht aus einigen alten Granithäusern, die von Gärten umzogen sind. In der malerischen Bucht gibt es einen kleinen Hafen und einen etwas steinigen Strand. Lohnend ist ein Gang durch das Dorf ins Inselinnere bzw. die Straße in Richtung Osten hinauf, an der ein paar Häuser in bester Küstenlage stehen.

* Grouville

—————————————— ✳ J/K 8/9

Einwohnerzahl: 4900

Grouville liegt im Südosten der Insel. Die Gemeinde ist ländlich geprägt, hat aber mit der lang gezogenen Royal Bay of Grouville einen bedeutenden Anteil an der Küste Jerseys.

Royal Bay of Grouville

Die Bucht, die die Hälfte der Ostküste Jerseys ausmacht, zieht sich in einem leichten Bogen als langer Sandstrand von Rocque Harbour im Süden bis Gorey im Norden. Der Strand ist sicher und geeignet zum Baden und daher sehr beliebt und frequentiert. Im Süden der Royal Bay of Grouville wurde 1797 eine Austernbank entdeckt. Ab 1810 boomte die **Austernzucht**, die im gesamten 19. Jh. ein absoluter Exportschlager war. Verkauft wurde und wird in erster Linie nach Frankreich. Zu Beginn des 19. Jh.s wurde in der Royal Bay of Grouville eine Verteidigungsreihe mit **Martello-Türmen** errichtet, die wie Perlen auf der Schnur am Ufer aufgereiht und zudem durchnummeriert sind. Weiter südlich wurde der Seymour Tower auf einem vor-

Grouville erleben

Café Poste ©©
La Rue de la Ville es Renauds
Tel. 85 96 96
www.cafeposte.co.uk

Gemütliche Brasserie, die im alten Postamt untergebracht ist. Empfehlenswert
sind die preiswerten Menüs. Leckerer
Schokoladenpudding.

gelagerten Felsen gebaut. Am südöstlichsten Punkt von Jersey, am
Rocque Harbour, steht ein Martello-Turm direkt am Ufer. Mit Fort
William und Fort Henry sind in der langen Bucht außerdem kleine
Befestigungen erhalten. Jersey Tourism veranstaltet »Moonwalks«,
Wattwanderungen, die bei extremem Niedrigwasser durch die bizar-
re Ostküstenlandschaft führen. Bei einigen kann man auch im Sey-
mour Tower übernachten (▶ Baedeker Wissen S. 124).

✶✶ LA HOUGUE BIE

❶ April–Okt. tgl. 10.00–17.00, Febr., März So. 10.00–16.00 Uhr, Eintritt
Erw. 8,95 £, Kinder ab 6 Jahre 5,70 £, www.jerseyheritage.org

Das Ganggrab La Hougue Bie ist als eine der größten und besterhal-
tenen megalithischen Grabanlagen Europas eigentlich die **bedeutendste Sehenswürdigkeit der Kanalinseln**. Interessant ist La
Hougue Bie auch, weil die gesamte Anlage im Verlauf der Zeiten ausgesprochen unterschiedlich genutzt wurde. Ein Einführungfilm über
die Geschichte von La Hougue Bie wird auf Anfrage auch in deutscher Sprache gezeigt. Im Sommer wird häufig ein Kinderprogramm
veranstaltet.

**Immense
Megalith-
anlage**

Der Name der Stätte gibt einige Rätsel auf. »Hougue«, das sich wahrscheinlich vom nordischen »Haugr« ableitet, bezeichnet im Allgemeinen einen Erdhügel. »Bie« ist vermutlich ebenfalls skandinavischen Ursprungs und bedeutet »Haus« oder «Gehöft«. Auch die
Legende des Drachentöters Lord of Hambye, der aus der Normandie
auf die Inseln kam, einen Drachen erlegte, dann selbst von seinem
Knecht getötet wurde und unter dem Grabhügel seine letzte Ruhe
gefunden haben soll, muss zur Namenserklärung herhalten.

**Namens-
deutung**

Das immense Ganggrab, das aus fast 70 Steinen zusammengesetzt ist,
muss in der Zeit um 3500 v. Chr. angelegt worden sein. Es ist unter
einem ca. 14 m hohen Erdhügel verborgen. Durch einen niedrigen
Eingang und einen Gang von knapp 10 m Länge kommt man in eine
raumartige Erweiterung mit einer Länge von 9 m und einer Breite
von 3,6 m, die mehreren Menschen Platz bietet und vermutlich **Ver-
sammlungsort für Kultzwecke** war. Von der Hauptkammer zwei-

**Eines der
größten
Ganggräber**

Megalithkulturen

Ab ca. 4000 v. Chr., nach ihrer Abtrennung vom französischen Festland durch den Anstieg des Meeresspiegels, entstanden auch auf den Kanalinseln Steinsetzungen, -kreise und -reihungen. Auch andernorts – in und außerhalb Europas – bildeten sich während der Jungsteinzeit und der Bronzezeit Megalithkulturen aus. Man geht heute allerdings davon aus, dass sie sich unabhängig voneinander entwickelten.

Brownshill-Dolmen, Irland
größter Deckstein (100 t)
Breite: 4,7 m, Höhe: 6,1 m

Dolmen (Steintisch) große Steinblöcke,
die oftmals als Grabstelle dienen.

Stonehenge, England
115 m Ø

Steinkreise
Runde oder ovale
Anordnung von
Menhiren und
Findlingen. Oft in
Verbindung mit
Grabstätten.

La Hougue Bie auf Jersey
Ganggrab unter einem
14 m hohen Erdhügel.
Länge des Gangs 10 m,
Grabkammer 9 x 3,6 m

4500	4000	3500	3000

Megalithkulturen
Pyramiden
Weitere Steinbauten

Sieben Steinhäuser
Brownshill-Dolmen
Alignements von Carnac
Mastabas, Vorläufer der Pyramiden

Haġar Qim

JUNGSTEINZEIT

Klekkende Høj, Dänemark
Ganggrab mit Doppelkammer
Länge: ca. 7 m

Ganggrab
Der Gang führt zu einer meist
länglichen Grabkammer.

**Sieben Steinhäuser,
Deutschland**
Eine Gruppe von fünf
Großsteingräbern, hier Anlage D

**Tempelanlage von Ħaġar Qim
»Steine des Gebets«, Malta**
Auf Malta und Gozo sind rund
40 Tempelanlagen aus neolithischer
Zeit erhalten. Ħaġar Qim ist eine
der eindrucksvollsten.

©BAEDEKER

**Naveta d'es Tudons,
Menorca**
Grabanlage
Länge: 13 m
Breite: 6 m
Höhe: 3 m

2500	2000	1500	1000

Stonehenge
La Hougue Bie
Naveta d'es Tudons
Klekkendehøj
Naos, Vorläufer der griechischen Tempel
Zikkurat, stufenförmige Pyramiden, Mesopotamien
Pyramiden

ÄGYPTISCHES REICH

MEGALITHKULTUR

EISENZEIT

BRONZEZEIT

Eindrucksvoll: die riesige Grabkammer von La Hougue Bie

gen mehrere Nebenkammern ab. 1924 nahm man Ausgrabungen vor, bei denen man auf Reste mehrerer menschlicher Skelette, Pfeilspitzen und Keramik aus jüngerer Zeit stieß. Letztere wird als Hinweis darauf angesehen, dass der Platz auch nach 3000 v. Chr. noch benutzt wurde, allerdings wahrscheinlich nicht mehr als religiöse Stätte. Man vermutet, dass die großen Ganggräber bereits in der Zeit um 3000 v. Chr. als Kultorte und Grabstätten aufgegeben wurden. Der Eingang ist nach Osten ausgerichtet, und zweimal im Jahr, am 21. März und am 23. September, scheint die aufgehende Sonne genau in den Gang.

Notre Dame de la Clarté/ Jerusalem Chapel

Oben auf dem Grabhügel sind im Mittelalter **zwei kleine Kirchen** gebaut worden. Im 12. Jh. wurde die kleine Kapelle Notre Dame de la Clarté errichtet, die Jerusalem Chapel wurde in der ersten Hälfte des 16. Jh.s direkt angebaut. Die Kapellen sind heute von außen kaum als zwei Bauten auszumachen. In der Jerusalem Chapel sind Wandmalereien aus der Entstehungszeit erhalten. Ende des 18. Jh.s wurde das Gelände mit den damals völlig heruntergekommenen christlichen Bauten von James d'Auvergne erworben, der ein Wohnhaus mit dem **Prince's Tower** errichtete. Um 1830 wurde an dieser Stelle dann das Prince's Tower Hotel gebaut, da der Ort wegen der damaligen Panoramasicht und seiner Bedeutung mittlerweile eine ungemeine touristische Attraktivität besaß. Turm und Hotel wurden 1924 abgetragen, als man begann, das Grab freizulegen.

Die Deutschen haben während ihrer Besatzungszeit auf dem Gelände von La Hougue Bie einen Bunker und einen Unterstand gebaut, in dem heute Dokumentationsräume als Gedenkstätte für die Zwangsarbeiter auf den Inseln eingerichtet sind.

Deutscher Bunker

Auf dem Gelände von La Hougue Bie wurde ein kleines, interessantes Museum eingerichtet, in dem viel über die ältere Geschichte von Jersey und über La Hougue Bie zu erfahren ist. Zudem gibt es eine Ausstellung zur Geologie und Mineralogie der Insel.

Archäologie/ Geologie

✳ St. Aubin

✴ F/G 9

Einwohnerzahl: mehrere Hundert

St. Aubin ist zweifellos einer der hübschesten Orte auf Jersey. Der kleine Hafenort zieht sich malerisch den Hang hinauf, unmittelbar dahinter erstreckt sich eine teils waldige Hügellandschaft.

St. Aubin, das zur Gemeinde ▶St. Brelade gehört, liegt am westlichen Ende der St. Aubin's Bay gegenüber von St. Helier. Vom Ort aus blickt man in die lang gezogene, weite Bucht, die je nach Wasserstand fast vollkommen überflutet ist oder einen schier endlos breiten Strand bzw. wattähnlichen Sand aufweist, der sehr flach abfällt. Abends ist die gesamte Bucht von einer Lampenkette umzogen, Elizabeth Castle und St. Aubin's Fort werden angestrahlt, in der Ferne glitzern die Lichter von St. Helier. Bei Ebbe kann man sich heute noch sehr gut vorstellen, dass auf der immens großen, alle paar Stunden vom Meer freigegebenen Fläche kleinere Flugzeuge ohne großen Aufwand starten und landen konnten – in dieser Bucht begann in den 1920er-Jahren der **Flugverkehr** der Insel (▶Abb. S. 44).

An einer weiten Sandbucht

Alles in allem ist St. Aubin ein ausgesprochen angenehmer Touristenort mit vielen, teilweise alteingesessenen guten Hotels, Pensionen und zahlreichen Restaurants und Bars. Der Hafen ist in erster Linie Sporthafen, eine Promenade zieht sich entlang des Hafens.

Hübscher Hafen- und Ferienort

St. Aubin war schon früh ein kleiner Hafenort, im 18. Jh. war es der Haupthafen von Jersey. Der Ort profitierte von der **Freibeuterei**, und die Bewohner kamen schnell zu Reichtum. Kaufmannshäuser, Lager-

Geschichte

St. Aubin erleben

ESSEN

The Boat House ⓔⓔⓔ
North Quay, Tel. 74 42 26
www.theboathousegroup.com
Modernes Gebäude mit großer Glasfront
und Blick auf den Hafen. Tagsüber sitzt
man bei gutem Wetter auf der Terrasse,
abends speist man sehr angenehm in
schönem Ambiente. Sehr gute Fischgerichte, gute Weinkarte.

Salty Dog Bar & Bistro ⓔⓔ
Le Boulevard
Tel. 74 27 60
www.saltydogbistro.com
Abends tgl., Mo mittags geschl.
Das erste New-World-Cuisine-Restaurant
in St. Aubin und heute eines der popu-
lärsten Inselrestaurants. In der hervorra-
genden Küche werden »Genuine
Jersey«-Produkte verwendet.

Bracewell's ⓔⓔ
La Rue du Croquet, Tel. 74 70 14
www.bracewells.je
Preiswertes Restaurant mit häufig wech-
selnder Karte.

ÜBERNACHTEN

Somerville Hotel ⓔⓔⓔⓔ
Mont du Boulevard
Tel. 74 12 26
www.dolanhotels.com
Dieses Haus thront über dem Hafen des
Städtchens und bietet eine schöne Aussicht auf die Bay. Die Zimmer verschiedener Kategorien sind unterschiedlich
eingerichtet. Auf der Terrasse vorm Haus
gibt es eine Liegewiese zum Sonnen und
einen Swimmingpool. Zum Hotel gehört
ein beliebtes Restaurant. Großer hotelei-
gener Parkplatz.

Fast wie am Mittelmeer: Hotelgarten oberhalb der Bucht von St. Aubin

Hotel Cristina ❸❸❸
St. Aubin's Bay, Tel. 75 80 24
www.dolanhotels.com
Herrliches Hotel weit außerhalb des Ortes oberhalb der St. Aubin's Bay mit wunderbarem Blick auf die Bucht. Viele Zimmer haben Meerblick.

The Panorama ❸❸❸
La Rue du Crocquet
Tel. 74 24 29, www.panoramajersey.com
Sehr angenehmes kleines Hotel oberhalb der Bucht, gastfreundliche Atmosphäre. Am schönsten sind die Zimmer nach vorne mit Blick aufs Meer. Wer zur anderen Seite wohnt, hat die herrliche Aussicht aus dem Frühstücksraum. Alle Zimmer sind unterschiedlich eingerichtet. Bei gutem Wetter kann man den hübschen Garten genießen.

La Haule Manor ❸❸❸
St. Aubin's Bay, La Neuve Route
Tel. 74 14 26
www.lahaulemanor.com
Empfehlenswerte Adresse: ein altes Herrenhaus aus dem 18. Jh. in einem herrlichen großen Garten. Schöne, individuell eingerichtete Zimmer und Apartments.

häuser und viele kleine Werften entstanden. Ab 1870 wurde St. Aubin durch eine Eisenbahn, die an der Bucht entlangfuhr, mit St. Helier verbunden. Im Jahr 1899 baute man eine weitere Strecke nach Corbière. Die heutige **Parish Hall** am Hafen war damals ein **Bahnhof**. Eine Reminiszenz an Eisenbahnzeiten sind heute die Minizüge für Touristen, mit denen man ebenfalls von St. Aubin nach St. Helier fahren kann.

SEHENSWERTES IN ST. AUBIN UND UMGEBUNG

Um das Städtchen, das wie das gegenüberliegende St. Helier an Bedeutung gewonnen hatte, vor den ständig drohenden Angriffen vom Meer her zu schützen, wurde Mitte des 16. Jh.s – also etwa zeitgleich mit Elizabeth Castle – mit dem Bau einer Burganlage auf dem kleinen vorgelagerten Felsen begonnen.   **St. Aubin's Fort**

Auf der **einstigen Eisenbahntrasse**, die 1936 stillgelegt wurde, kann man heute bequem durch eine herrliche Landschaft wandern oder radfahren. Der Corbière Walk startet etwas oberhalb der Parish Hall, des einstigen Bahnhofs, und führt zunächst hügelan durch waldiges Gebiet. Er quert mehrfach Straßen, ist ansonsten aber sehr geruhsam. Der Weg führt quasi von einer Küste zur anderen und endet in der Nähe des Corbière-Leuchtturms.   ***Corbière Walk**

Die schon 2002 gegründete **Harbour Gallery** ist die größte Galerie auf den Kanalinseln und das Zentrum der Kreativszene auf Jersey. Es werden Werke von über 100 Künstlern und Kunsthandwerkern von der Insel ausgestellt und verkauft, darunter Gemälde, Skulpturen, Fo-   **Harbour Gallery** tografien, Schmuck, Mode und Möbel. Im angeschlossenen kleinen und sehr gemütlichen **Cameo Café** im ersten Stock werden von morgens bis nachmittags leckere Kleinigkeiten serviert.

❶ tgl. 10.00–17.30 Uhr, www.theharbourgalleryjersey.com, Eintritt frei

Noirmont Point
.Südlich von St. Aubin führt die Route de Noirmont (B 57) über die weite Hochebene der Noirmont-Halbinsel zum Noirmont Point. Das Szenario wird durch mehrere **deutsche Bunker** und Geschützstellungen bestimmt, die man als eine Art Mahnmal stehen ließ – in Erinnerung an die Männer und Frauen von Jersey, die während des Zweiten Weltkriegs zu Tode kamen. Etwas unterhalb vom Parkplatz kommt man zu einem restaurierten Bunker, der zwei Stockwerke hinunter in den Felsen gebaut wurde.

❶ unregelmäßig geöffnet, Auskunft bei der Touristeninformation

*Portelet Bay
Westlich unterhalb des Noirmont Point sieht man die ausgesprochen malerische Portelet Bay, die man von der Route de Noirmont über einen Abzweig nach Portelet erreicht. Mitten in der Bucht liegt eine kleine Felseninsel, die **Île au Guerdain**, benannt nach dem Besitzer der Ländereien rund um die Bucht. Die Mini-Insel, auf der der Stumpf eines Martello-Turms steht, kann man bei Ebbe trockenen Fußes erreichen. Im 18. Jh. befand sich hier **Janvrin's Tomb**, das Grab des von der Insel Jersey stammenden Kapitäns Philippe Valpy dit Jan-vrin. Auf dem Rückweg aus Frankreich erhielt der 44-jährige Kapitän im Hafen von St. Aubin keine Landeerlaubnis, weil in Frankreich die Pest ausgebrochen war. So musste er in der Portelet Bay vor Anker gehen und die Quarantänezeit absitzen. Bald danach starb Janvrin an einer fiebrigen Erkrankung. Da man davon ausging, dass er an Pest erkrankt sei, durfte seine Leiche nicht an Land beerdigt werden, sondern auf dem küstennahen Inselchen.

✶ St. Brelade

✦ E – G 8/9

Einwohnerzahl: 10 600

St. Brelade hat den Ruf als Ort der Reichen – und tatsächlich suchten sich schon viele Neu-Insulaner, die es aus Geldgründen nach Jersey zog, dieses Plätzchen als neue Bleibe aus. Der Ort ist recht touristisch und bekannt für seine schön gelegenen, teuren Hotels.

Dreimal Küste
Die Gemeinde St. Brelade nimmt den gesamten Südwesten von Jersey inklusive der Halbinseln Corbière und Noirmont ein. An drei Seiten hat sie Küstenabschnitte: im Osten Teile der St. Aubin's Bay mit fla-

St. Brelade erleben

ESSEN
Oyster Box ©©©
La Route de la Baie, Tel. 85 08 88
www.oysterbox.co.uk
Schönes Restaurant direkt am Strand. Im
Angebot: Leckere Meeresfrüchte, Fisch-
und Fleischgerichte.

The Crab Shack ©©
La Route de la Baie, Tel. 85 08 55
http://jerseycrabshack.com
Preiswertes Familienrestaurant direkt am
Strand.

TEAROOM
The Poplars Tea Room ©
La Moye, St. Brelade, Tel. 74 21 84
www.thepoplarstearoom.com
Ideal für einen Cream Tea. Auch Salate
und Sandwiches.

ÜBERNACHTEN
L'Horizon Hotel ©©©©
La Route de la Baie, Tel. 74 31 01
www.handpickedhotels.co.uk
Großes Hotel direkt am Strand der St.
Brelade's Bay gelegen, geschmackvoll
eingerichtetes Haus. Sonnenterrasse und

Hallenpool; drei Restaurants – elegant,
etwas intimer und einfach.

Atlantic Hotel ©©©©
Le Mont de la Pulente Tel. 74 41 01
www.theatlantichotel.com
Elegantes, ruhiges Hotel oberhalb der
St. Ouen's Bay mit weitem Blick über die
Küste. Außen- und Hallenpool, großer
Garten. Das Ocean Restaurant im Hotel
hat einen Michelin-Stern!

St. Brelade's Bay Hotel ©©©©
La Route de la Baie, Tel. 74 61 41
www.stbreladesbayhotel.com
Gediegenes Hotel in hervorragender
Lage. Aus den Zimmern Blick in den
schönen Garten oder aufs Meer.

The Golden Sands Hotel ©©©
Route de la Baie Tel. 74 12 41
www.goldensandsjersey.com
Modernisiertes Hotel an der Strandpro-
menade. Fast alle Zimmer zur Südseite,
also mit Aussicht auf die St. Brelade's
Bay und den Strand. Zimmer mit
Standardausstattung, teilweise mit einem kleinen Balkon.

---

chem, weitem Strand, im Süden felsige Steilküste und kleine, malerische Sandbuchten, im Westen felsenreiche, flache Küstenregionen
und den Sandstrand der südlichen St. Ouen's Bay mit weiten Dünengebieten. Im Norden grenzt sie fast an das Flughafenareal. Die größten Orte der Gemeinde sind ▶St. Aubin und St. Brelade.

St. Brelade erstreckt sich an der Nordseite der gleichnamigen Bucht.   **Gepflegter**
Die St. Brelade's Bay liegt sehr geschützt quasi zwischen den Halbin-   **Ort und**
seln Noirmont im Osten und Corbière im Westen. Der flach abfal-   **beliebte**
lende Sandstrand wird bei Ebbe sehr breit, so dass man weite Wege   **Badebucht**
bis zur Wasserkante hat. Die Bucht ist der bestbesuchte und vielleicht
schönste Badestrand der Insel. An heißen Sommertagen ist der
Strand jedoch meistens überfüllt. Die oftmals sehr belebte Uferpromenade wurde von den deutschen Besatzern eigentlich als Panzerab-

wehrmauer errichtet. Sie zieht sich an dem gepflegten kleinen Ort entlang und führt an mehreren Hotels und Pensionen sowie an einer kleinen Parkanlage vorbei, die durch ihre Bepflanzung südliche Assoziationen weckt.

SEHENSWERTES IN ST. BRELADE UND UMGEBUNG

Sir Winston Churchill Memorial Park

Lohnend ist ein Besuch des in den 1970er-Jahren angelegten Sir Winston Churchill Memorial Park, der hinter dem Parkplatz jenseits der Uferpromenade liegt. Nicht nur die schöne Bepflanzung, auch Brunnen, Fontänen und ein kleiner Wasserfall ziehen vor allem Insulaner in den Garten. Ein Gedenkstein erinnert an Winston Churchill.

*St. Brelade's Parish Church

Im Westen des Orts steht unmittelbar oberhalb des Strands eine der hübschesten und schönstgelegenen Inselkirchen, die Parish Church von St. Brelade. Ihren Namen trägt sie, wie auch der Ort, nach dem heiligen Brelade oder Branwalader, der Legende nach ein Königssohn aus Cornwall, der vermutlich im 6. Jh. gelebt hat und gemeinsam mit St. Sampson mehrere christliche Kirchen gegründet haben soll. Der Kirchenbau geht auf das 12. Jh. zurück, als eine erste kleine Kapelle an der Stelle, an der sich heute der Chor befindet, gebaut wurde. Bereits im frühen 13. Jh. wurde sie um ein zweites Schiff erweitert und dann in der Folgezeit mehrfach verlängert, sie erhielt neue Eingänge, ein größeres Nordschiff und neben dem Chorraum eine Kapelle, die Chapel of the Holy Cross. Schon außen sind dem verwinkelten

Die Parish Church von St. Brelade, eine der schönsten der Insel

Kirchlein häufiger Umbau und Erweiterung anzusehen. Beachtenswert sind ein verwitterter Wasserspeier an der Westwand und die kleine Sonnenuhr über dem Südeingang. Der roh belassene, warme, **rötliche Granit** gibt dem Kircheninneren etwas geradezu Archaisches. Lediglich im Gewölbe der Vierung sind die Steine akkurat und passend geformt. An einigen Stellen erkennt man Schalen von Napfschnecken, die sich an den aus Strandnähe geholten Steinen festgesaugt hatten und von den Steinmetzen nicht entfernt wurden. Links vom Eingang steht ein achteckiger Taufstein, der im Zuge der Reformation entfernt worden war und 1845 zufällig in einem Waldstück wiederentdeckt wurde. Die Kirchenfenster stammen größtenteils von H.T. Bosdet, einem 1857 in St. Helier geborenen Künstler.

Direkt neben der Kirche steht die kleine Fishermen's Chapel, die vermutlich im 11./12. Jh. gebaut wurde. Der schlichte Raum birgt wunderbare **Fresken** aus dem 14. und 15. Jh.: im Chor an der Ostwand eine Verkündigungsszene, im Chorgewölbe rechts oben Adam und Eva, links oben den Einzug nach Jerusalem, darunter Jesus am Kreuz, gegenüber an der Westwand die Auferstehung Christi, direkt über dem Eingang König Herodes und im Gewölbe oben nochmals eine Verkündigungsszene.

*Fishermen's Chapel

Neben der Fishermen's Chapel kommt man zu einem kleinen Tor, von dem aus mehrere Steinstufen hinunter zum Strand führen. Dieses ist der letzte sogenannte »Perquage«, der auf der Insel erhalten geblieben ist. Die für Jersey charakteristischen Perquages waren **Fluchtwege**, die von den Kirchen aus zur Küste führten – jede Gemeinde hatte ja immer ihren eigenen Küstenzugang. **Zum Tode Verurteilte** konnten nach altem normannischen Recht **in Kirchen Schutz** suchen, da die weltliche Gerichtsbarkeit dort keine Gültigkeit hatte. Weil sie auch hier nur für begrenzte Zeit Brot und Wasser hatten, durften sie quasi legal die Inseln über die Fluchtpfade zum Wasser verlassen, wo ein Boot bereitstand. Ihre Überlebenschance hing vom Wetter, den Strömungsverhältnissen und der eigenen Kraft ab, meist standen nur kleine Boote zur Verfügung und keinerlei Lebensmittel. Mit der Reformation wurde diese Sitte abgeschafft. Der Perquage in St. Brelade war der kürzeste, nur ein paar Stufen führen von der Kirche bis ans Wasser. Wenn die Kirchen weiter im Inselinneren standen, konnte der Fluchtweg zum Wasser mitunter recht weit sein.

Perquages (Fluchtwege)

Der malerische Friedhof, der sich um die Kirche und die Fishermen's Chapel zieht, war während der deutschen Besatzung Soldatenfriedhof; bereits im Ersten Weltkrieg waren hier deutsche Soldaten begraben worden, die als Kriegsgefangene nach Jersey gebracht worden waren. Die Gräber der insgesamt 337 Soldaten wurden 1961 nach Mont de Huisnes nahe dem Mont St. Michel überführt.

Friedhof

Corbière Lighthouse markiert Jerseys gefährliche Südwestspitze.

Beauport Bay Unmittelbar hinter dem Friedhof führen eine kleine, kurvenreiche Straße bzw. ein Wanderweg hinauf bis zu einem Parkplatz, von dem aus man einen schönen Blick auf die Bucht von Beauport und einen Teil der St. Brelade's Bay hat. Unten in der malerischen Beauport Bay gibt es einen traumhaften, einsamen Sandstrand, der allerdings recht schwierig zu erreichen ist.

Ouaisne Bay Die Ouaisne Bay schließt sich südöstlich an die St. Brelade's Bay an. Man erreicht sie über einen Abzweig von der Route de Noirmont (B 57). Die kurvenreiche schmale Straße endet an einem Parkplatz direkt am Strand. Das Fleckchen ist erheblich intimer als die betriebsame Bucht von St. Brelade, unten gibt es auch einen urigen Pub.

La Cotte de St. Brelade Südlich der Bucht liegt in den Felsen die unzugängliche Höhle La Cotte de St. Brelade, in der Archäologen 1881 den sensationellen Fund von Knochen von Mammuten und Nashörnern und von **Knochenresten und Zähnen von Neandertalern** machten. Letztere sind die ältesten Spuren menschlichen Lebens auf den Kanalinseln.

*Corbière Lighthouse Einer der eindrucksvollsten Punkte Jerseys ist die Südwestspitze mit dem Corbière-Leuchtturm. An dieser Stelle wird der **große Gezeitenunterschied** besonders deutlich – bei Ebbe zeigt sich ein komplett anderes Landschaftsbild als bei Flut (►Baedeker Wissen S. 20). Während der Leuchtturmfelsen bei Hochwasser umspült wird, wird bei Niedrigwasser ein Weg über den Meeresboden freigegeben, auf dem man den 1873 gebauten Leuchtturm erreicht. Der Weg führt durch eine ausgedehnte Felsenlandschaft, die bei Flut weitgehend unsichtbar unter der Wasseroberfläche droht. Bei Niedrigwasser ist denn auch die lebenswichtige Funktion des Leuchtfeuers, das die gefährliche klippenreiche Südwestecke der Insel markiert, nur zu gut zu erkennen. 1995 verunglückte eine Fähre auf ihrer Fahrt von Jersey nach Sark in dem unberechenbaren Gewässer. Alle 307 Passagiere konnten gerettet werden konnten. Der **bei Ebbe harmlos wirkende Überweg zum Leuchtturm** kann mit einsetzender Flut schnell zur Falle werden, und man sollte unbedingt die Zeiten von Hoch- und Niedrigwasser im Kopf haben. Bei dem Versuch, einen Besucher zu retten, der bei auflaufendem Wasser in Not geraten war, ist 1946 der Leuchtturmwärter Peter Edwin Larbalestier ums Leben gekommen. Mit einer Tafel am Überweg wird an das Unglück erinnert.

Nordöstlich vom Corbière-Leuchtturm liegen die Häuser von **La Pulente**. Von La Pulente zieht sich die kilometerlange St. Ouen's Bay nach Norden. Auf der Straße nördlich von La Pulente werden Auto- und Motorradrennen veranstaltet. Etwas südwestlich von La Pulente ist oberhalb der kleinen Bucht Petit Port **das älteste Ganggrab der Insel**, La Sergenté, gefunden worden. Das heute recht unspektakuläre La Sergenté wurde in der Zeit um 3600 v. Chr. aufgebaut.

> **BAEDEKER TIPP** !
>
> *Für Lavendelfans*
>
> Lavendeldüfte herzustellen hat auf Jersey eine lange Tradition, an die die **Lavender Farm** an der B 25 anknüpft. Die Farm öffnet von Ende März bis Mitte September ihre Tore. Zur Blütezeit ab Ende Mai verströmt das große Feld den wohlbekannten Lavendelduft. Wer Lavendelprodukte liebt, kann sich mit Badezusätzen, Duftkissen, Seifen und dergleichen eindecken (Di.–So. 10.00 bis 17.00 Uhr, Eintritt Erw. 3 £, Hochsaison 5.50 £, Kinder bis 14 Jahre frei, www.jerseylavender.co.uk).

St. Clement

✳ H – K 9/10

Einwohnerzahl: 9200

Im Südosten liegt Jerseys kleinster Gemeindebezirk, in den die städtischen Ausläufer von St. Helier noch weit hineinragen. Auch der lange Südküstenstreifen von St. Clement ist dicht besiedelt, und lediglich ein kleines Stück im Inselinneren ist pure Landschaft. Vermutlich zählt St. Clement zu den beliebtesten Wohnlagen, denn hier gibt es zahlreiche schöne Häuser und großzügige Villen.

Ungewöhnlich ist der gesamte Küstenstreifen, der sein wahres Gesicht bei Ebbe zeigt, wenn aus dem flach abfallenden Meeresboden unzählige Felsspitzen ragen, die bei Flut allesamt von Wasser bedeckt

Gefährliche Küste

St. Clement erleben

ESSEN

Green Island Restaurant ❸❸❸
Green Island, St. Clement
Tel. 85 77 87, www.greenisland.je
Kleine und gute Auswahl an Fisch- und
Fleischgerichten. Schöner Blick aufs
Wasser, preiswerte Menüs.

Herb Garden Cafe ❸
Samarès Manor
Tel. 72 19 83
www.herbgardencafe.je
Samarès Manor Restaurant und Café im
Garten von Samarès Manor – leider nur
während der Gartenöffnungszeiten.

Man sitzt auf einer schönen Terrasse. Regionale Fisch- und Fleischgerichte.

ÜBERNACHTEN/SELF-CATERING

Samarès Manor ❸❸❸❸
La Grande Route de Saint-Clement
St. Clement, JE2 6QW, Jersey
www.samaresmanor.com
In den Nebengebäuden des Samarès
Manor kann man sich von April bis Oktober in sehr schönen Self-Catering Appartments einmieten.Es stehen drei Appartments und auch drei Cottages zur
Verfügung. Kinder sind willkommen und
man hat stets Zugang zu den Gärten.

sind. Für Badende und Spaziergänger ist dieser Bereich besonders deshalb gefährlich, weil man innerhalb kürzester Zeit von Wasser umschlossen werden kann.

Green Island An einer leichten südlichen Ausbuchtung ist die kleine Insel Green Island dem Strand vorgelagert. Sie ist bei Ebbe zu Fuß zu erreichen – auch hier sollte man genau wissen, wann das auflaufende Wasser einsetzt. Auf der Insel wurden mehrere frühgeschichtliche Gräber gefunden. Man begann mit Ausgrabungen, als 1911 bei einer Sturmflut erste Grabsteine freigespült worden waren.

St. Clement's Parish Church Der dreischiffigen St. Clement's Parish Church sollte man allein wegen der Fresken im Innenraum einen Besuch abstatten, die allerdings nicht mehr sonderlich gut erhalten sind. Die Malereien stammen aus dem 15. Jh. und zeigen u. a. Michael im Kampf gegen den satanischen Drachen. Die Kirche vermittelt einen einheitlichen Eindruck, was wohl daran liegt, dass sie nicht wie die anderen Inselkirchen aus einer kleinen Kapelle entstanden ist, die nach und nach vergrößert wurde, sondern auf einen normannischen Kirchenbau aus dem 15. Jh. zurückgeht, der bereits die Maße des heutigen Kirchenschiffs hatte.

✱ SAMARÈS MANOR

Hauptattraktion der Gemeinde St. Clement ist Samarès Manor, der neben St. Ouen's Manor einst wichtigste Herrensitz der Insel, dessen Ursprünge in normannische Zeit zurückreichen. Zu besichtigen sind die wunderschönen Gärten, die landwirtschaftlichen Nebengebäude mit einem kleinen Museum und zweimal täglich im Rahmen von Führungen das Herrenhaus selbst. Dabei können nur einige Räume gezeigt werden, da das Haus teilweise nach wie vor bewohnt wird.

❶ www.samaresmanor.com, April–Okt. tgl. 9.30–17.00 Uhr, Eintritt Erw. 9,50 £, Kinder frei, Führungen durch das Manor House Mo.–Sa. 11.30, 14.30 Uhr, Erw. 3,95 £, Kinder frei

Samarès Manor hat in seiner Geschichte einige bauliche Änderungen erfahren. So steht am Zufahrtsweg der inselälteste Taubenturm aus normannischer Zeit (11. Jh.), während das Herrenhaus in englischer Eleganz des 19. Jhs. erstrahlt. Die Familie Samarès, die auch auf Guernsey bekannt ist – dort unter Sausmarez und Saumarez –, ist hier erstmals 1186 dokumentiert. Der Familienname leitet sich vom normannischen »salse marais« ab, was »salziger Sumpf« bedeutet und einen Hinweis auf die damalige Bodenbeschaffenheit gibt. Später lebte die Familie Dumarescq hier, und im 20. Jh. kaufte der Reeder James Knott den Herrensitz. Knott heiratete mit 76 die 50 Jahre jüngere Elizabeth Gauntlet, die nach seinem Tod Alleinerbin war, drei große Reisen durch Afrika unternahm, ein zweites Mal heiratete und als Elizabeth Obbard hier wohnen blieb. Ihr Sohn, Vincent Obbard, ist der jetzige Seigneur von Samarès Manor. Bei der **Besichtigung** sieht man Porträts der Familie, Mobiliar, das James Knott anfertigen ließ, Schiffsmodelle, Mitbringsel von Elizabeth Obbards Afrikareisen. Neben dem Haus ist eine mittelalterliche Krypta erhalten.

Geschichte/ Besichtigung

Zu den landwirtschaftlichen Nebengebäuden gehören die Pferdeställe und Handwerksstätten. In einem kleinen **Museum** sind altes landwirtschaftliches Gerät, eine Cider-Presse und Kutschen zu bewundern, die früher auf Jersey fuhren.

❶ Führungen tgl. 11.30 u. 15.30 Uhr,

Schön sind die unter James Knott angelegten **Gärten**. Man sieht hier zahlreiche exotische Pflanzen, darunter verschiedene Kamelienarten, einen japanischen Garten und eine dekorative Pagode. Direkt am Herrenhaus kann man durch einen hübschen Kräutergarten spazieren.

❶ Führungen tgl. 12.30 Uhr

Im Garten von Samarès Manor

✶✶ St. Helier

✦ H 9

Einwohnerzahl: 33 500

Allein ein Blick auf die Inselkarte verdeutlicht die zentrale Bedeutung von St. Helier. Alle größeren Straßen führen von der Inselhauptstadt aus sternförmig in die verschiedenen Inselregionen. Mit ca. 33 500 Einwohnern ist St. Helier Jerseys lebendiges Zentrum. Die vielen Banken, Unternehmen, Versicherungen und Finanzfachleute haben hier ihren Sitz.

Inselhauptstadt

Die Stadt, die auch Hauptort der gleichnamigen, flächenmäßig relativ kleinen Gemeinde ist, liegt im Süden der Insel an der Ostseite der lang gezogenen St. Aubin's Bay. Von überall ist man schnell in St. Helier, wohingegen man relativ lange braucht, um auf kleinen Nebenstraßen von einem Dorf zum nächsten zu kommen. St. Helier ist somit **Verkehrsknotenpunkt** – mit einem entsprechend hohen Verkehrsaufkommen – und uneingeschränktes **Geschäftszentrum**. Es bestehen gute Einkaufsmöglichkeiten, in der Fußgängerzone findet man ein Geschäft neben dem anderen, darunter Filialen der bekannten englischen Handelsketten. Wer städtischen Trubel, kulturelle Veranstaltungen und abendliche Unterhaltungsmöglichkeiten aller Art sucht, kommt in der Inselhauptstadt auf seine Kosten. St. Helier ist zudem Hafenstadt und in Maßen Industriestadt.

Großstädtische Erscheinung

Ausnahmslos überall kann man es hören und nachlesen – St. Helier kann in Sachen Schönheit nicht mit St. Peter Port, der Inselhauptstadt von Guernsey, mithalten. Dies betrifft in erster Linie die »Waterfront«, die »Schauseite« der Stadt zum Wasser hin, die bei der kleinen Konkurrentin tatsächlich um einiges schöner ist. Doch hat Jerseys Hauptstadt ein recht hübsches, fast großstädtisch anmutendes Zentrum mit einer lebendigen Fußgängerzone und ansprechenden Plätzen. Auffällig sind die vielen schmucken Häuserfassaden, hinter denen meist Juweliere, Restaurants und Kneipen ihren Sitz haben.

Der heilige Helier

Ihren Namen trägt die Stadt nach dem Mönch St. Helier, der der Legende nach im 6. Jh. von Marculf, dem damaligen Bischof von Coutances, nach Jersey geschickt wurde, um die **Insel zu missionieren**. St. Helier soll sich **in einer Höhle** auf dem heute als Hermitage Rock bezeichneten Felsen nahe Elizabeth Castle niedergelassen und gepredigt haben. Angeblich hat er exzessiv gefastet, bis er sich kaum noch auf den Beinen halten konnte. Um das Jahr 555 wurde er von heidnischen sächsischen Piraten wohl wegen seiner eindringlichen Missionstätigkeit ermordet, man schlug ihm mit einem Beil den Kopf ab. In anderen Quellen heißt es, dass aus Nordafrika kommende Vanda-

Die Markthalle von St. Helier: Hier kaufen die Einheimischen ein.

len ihn umgebracht hätten, wiederum andere behaupten, seine Mörder seien Friesen gewesen. Am Tag nach seinem Tod soll seine Leiche einige hundert Meter von der Höhle entfernt gefunden worden sein, den abgeschlagenen Kopf von seinen Händen umschlossen. Der Körper wurde in ein Boot gelegt, das durch die Strömung nach Holland getrieben wurde. Auf dem Inselfelsen, auf dem St. Helier gelebt hatte, soll Marculf noch im selben Jahr ein **kleines Kloster** gebaut haben, das im 9. Jh. bei einem Überfall auf die Insel zerstört wurde. Nach der Geschichte des Namenspatrons zeigt das Wappen von St. Helier zwei Beile in Kreuzform.

Als Ersatz des zu Ehren von St. Helier errichteten und im 9. Jh. zerstörten Klosters ließ der normannische Lord William Fitz-Hamon 1155 auf dem größeren Nachbarfelsen eine Augustinerabtei bauen – heute steht hier das Elizabeth Castle. An der Küste nahe der felsigen Klosterinsel war bereits zuvor eine 1066 erstmals erwähnte Kirche errichtet worden. Hier entstand ein Marktort, der die Augustinermönche gut versorgte. Da es lediglich weiter östlich jenseits des relativ hohen Felsens Mont de Ville einen Hafen gab und am Marktort selbst nicht, entwickelte sich St. Helier nur zögerlich. Erst Mitte des 18. Jh.s begann man, einen Hafen direkt bei St. Helier zu bauen.

**Stadt-
geschichte**

Der **Haupthafen** entstand zwischen 1788 und 1820, der **Victoria Pier** 1846, kurze Zeit später der **Albert Pier**. Die Bewohner von St. Helier konnten nun in Fischerei und Seehandel einsteigen, zur Zeit der Wirtschaftsblockade blühte die Schmuggelei. Reich gewordene Insulaner bauten sich ihre Wohnpaläste in St. Helier, und das Städtchen begann zu wachsen. Erst in den 1960er-Jahren fing man an, einen neuen Hafen auszubauen, da der vorherige flach und dadurch tidenabhängig war. 1998 wurde die Elizabeth Marina eröffnet, anschließend entstand der Waterfront-Komplex.

John Le Capelain und John Everett Millais

Zwei auf Jersey geborene Maler sind über die Inselgrenzen hinaus bekannt geworden, John le Capelain (1814–1848) und John Everett Millais (1829–1896). John Le Capelain wird als **»zweiter Turner«** bezeichnet. William Turner hielt sich auf den Kanalinseln auf, als Le Capelain 15 Jahre alt war, und dürfte tatsächlich das große Vorbild gewesen sein: Le Capelain wählte dieselben Techniken wie Turner und malte ähnlich lichtdurchflutete und dunstig-gebrochene Landschaften. John Everett Millais verbrachte nur die ersten sieben Lebensjahre auf Jersey. Er war im Jahr 1848 Mitbegründer der Künstlervereinigung **»Pre-Raphaelite Brotherhood«**, die das Schaffen der Maler vor Raffael als vorbildlich ansah. In die Inselgeschichte ging Millais durch sein Porträt der »Jersey-Lily« (▶ Baedeker Wissen S. 81) ein.

RUNDGANG DURCH DAS STADTZENTRUM

Ein Stadtrundgang durch St. Helier lässt sich gut am lebhaften **Liberation Square** beginnen. Einen Besuch des lohnenden Maritime Museums südlich von diesem Platz und des ebenfalls sehr sehenswerten Jersey Museums im alten Lagerhaus östlich vom Platz sollte man sich für einen späteren Zeitpunkt aufheben. Der Rundgang führt in nördlicher Richtung durch die **Conway Street**, weiter durch die **Broad Street** und durch die **King Street**, die Haupteinkaufsstraße, die als Fußgängerzone nach Osten hin verläuft. Von der King Street aus führt ein Abstecher zu den beiden Markthallen Central Market und Fish Market bzw. Beresford Market, dann geht es zum **Royal Square** und zur St. Helier Parish Church. Von hier aus geht man zum Liberation Square zurück.

Liberation Square

Auf dem Liberation Square – benannt nach der Befreiung durch Truppen der British Army und der Royal Navy von der deutschen Besatzung – wurde aus Anlass des 50. Jahrestags der Befreiung am 9. Mai 1995 eine **Figurengruppe** von Philip Jackson aufgestellt. Sie besteht aus sieben Personen, die die britische Fahne hochhalten. Die Plastik steht direkt vor dem früheren Bahnhof von 1871. Hier konnte man in die Züge steigen, die an der lang gestreckten Bucht entlang bis nach St. Aubin fuhren – heute startet hier die **Mini-Bahn nach St. Aubin**. Südlich des Liberation Square erstrecken sich die wenig sehenswerten Hafenanlagen des Old Harbour mit dem English Harbour und dem French Harbour, die heute als Jachthäfen dienen.

Nördlich der Broad Street kommt man in die King Street, die zu einer recht hübschen Fußgängerstraße angelegt wurde. Hier reiht sich ein Geschäft an das andere, hauptsächlich Schmuck- und Bekleidungsgeschäfte sowie Warenhäuser. ***King Street**

Von der King Street gelangt man über den Halkett Place zum sehenswerten Central Market. Die 1881 erbaute viktorianische Halle bietet fast 50 Verkaufsständen Platz. Blumen, Obst, Gemüse, Fleisch, Geflügel und jede Art von Lebensmitteln und Feinkost werden verkauft, außerdem gibt es mehrere Stände, von denen man Blumengrüße in alle Welt verschicken kann. Bei dem verlockenden Angebot an frischer Ware sollte man einen Blick auf die **Eisenkonstruktion des Dachs** nicht versäumen. Zierliche Säulen mit kleinen korinthischen Kapitellen tragen filigran verzierte, rot gestrichene Eisenträger. Auch das Jersey-Wappen mit drei goldenen Löwen und einer Krone wurde beim Dekorieren nicht vergessen. Auf dem zentralen Platz unter der Glaskuppel plätschert ein Brunnen. ***Central Market**

> **BAEDEKER TIPP**
>
> *Nicht versäumen*
>
> - Maritime Museum: Spannendes, Kurioses und Wissenswertes zum Thema Meer
> - Jersey Museum: Alles rund um Jersey – höchst anschaulich präsentiert
> - Elizabeth Castle: Burganlage in der Bucht

❶ Mo.–Sa. 7.30–17.30, Do. bis 14.00 Uhr

Verlässt man den Central Market an der Nordseite, geht man über die Beresford Street direkt zum wesentlich kleineren Beresford Market. Der Besuch dieser 1854 gebauten Fischhalle lohnt sich vor allem in den frühen Vormittagsstunden, wenn fangfrischer Fisch verkauft wird. Besonders eindrucksvoll ist das **Angebot an Krustentieren**; man kann hier u. a. die für die Kanalinseln typischen, ungewöhnlich großen Krebse bewundern. **Fish Market**

❶ Mo.–Sa. 7.30–17.30, Do. bis 16.00 Uhr

Über den Halkett Place oder die Halkett Street und Queen Street kommt man zurück zur King Street und biegt dort direkt auf den Royal Square ein. Der Royal Square war bis Mitte des 19. Jh.s der **Marktplatz von St. Helier**. Der lang gezogene Platz mit konischem Grundriss lädt bei gutem Wetter zum längeren Verweilen ein. Unter Kastanienbäumen sind ein paar Bänke aufgestellt, an der Nordost- **Royal Square**

ecke kann man sich in den netten Pubs »The Cock & Bottle« oder in
»The Peirson« niederlassen. Die goldene Figur auf hohem Sockel
mitten auf dem Platz ist ein Standbild von George II., dem die Stadt
die Finanzierung des neuen Hafens verdankt und damit den wirtschaftlichen Aufschwung Mitte des 19. Jh.s. Die Bezeichnung »König-
licher Platz« erinnert aber an einen anderen König, nämlich an

St. Helier

Charles II., der auf diesem Platz 1649 **zum König ausgerufen** wurde, nachdem sein Vater Charles I. durch Cromwell hingerichtet worden war. Charles II. war während des Bürgerkriegs von dem loyalen George de Carteret im Elizabeth Castle aufgenommen worden, und so war es für den Lieutenant-Governor und Bailiff ein Leichtes, seine ungebrochene Königstreue auch noch durch dieses Politikum auf dem Royal Square unter Beweis zu stellen. Noch ein weiteres für Jerseys Geschichte bedeutendes Ereignis hat sich auf dem Royal Square zugetragen. Eine Plakette, die auf der Platzmitte in den Boden eingelassen ist, erinnert an die spektakuläre **Battle of Jersey**. Sie wurde am 6. Januar 1781 auf dem damals noch als »Market place« bezeichneten Platz ausgetragen. Bei dem Gefecht konnte die französische Truppe, die unter Baron de Rullecourt auf Jersey eingefallen war, in kürzester Zeit – es heißt, in nur 15 Minuten – von der Inselarmee besiegt werden. Sowohl De Rullecourt als auch Major Peirson, der die Jersey Militia anführte, kamen ums Leben. De Rullecourt wurde, nachdem er verwundet worden war, in das Eckhaus zwischen Platz und King Street gebracht – in dem sich heute »The Peirson« befindet – und erlag dort seinen Verletzungen.

Royal Court

In dem lang gestreckten, 1866 errichteten Gebäude an der Südseite des Royal Square hat der Royal Court seinen Sitz. Ein erster Bau für das Königliche Gericht wurde schon 1764–1769 gebaut; von diesem stammt noch das Wappen über dem westlichen Portal. Über dem anderen Portal wird an den Besuch von King George VI. und Queen Elizabeth am 7. Juni 1945 erinnert. Einen Gebäudeteil nimmt die »Bibliotheque Publique« (»Public Library«) von 1886 ein. Eine **Büste** an der Fassade zeigt **Lord Alexander Moncrieff Coutanche**, der in der Zeit zwischen 1935 und 1962, also auch zur Zeit der deutschen Besatzung, Bailiff von Jersey war. Von dem kleinen Balkon über der Büste hat er offiziell die Befreiung bekanntgegeben.

Maistre-Wace-Plakette

Daneben ist außerdem noch eine von der Société Jersiaise initiierte Plakette interessant, die an Maistre Wace erinnert. Wace war der erste namentlich bekannte französischsprachige Dichter. Der um 1100 auf Jersey geborene Wace lebte als Chorherr in Bayeux in der Normandie und schrieb neben Heiligenlegenden zwei bedeutende Chroniken. In **»Le Roman de Brut«** (1155 beendet) ist die Geschichte Britanniens in insgesamt 15 000 Versen festgehalten. Der Titel bezieht sich auf Brutus, der als erster König Britanniens angegeben wird. »Le Roman de Brut« ging in die Literaturgeschichte ein, weil hier erstmals die **Tafelrunde von König Artus** erwähnt wird. Sein unvollendet gebliebenes Werk »Le Roman de Rou« widmet sich der Geschichte der normannischen Herzöge, deren Dynastie von dem Normannenführer Rollo (= Rou) eingeleitet wurde. Wace schrieb in einem alten normannischen Dialekt, der dem inseltypischen Jèrriais

St. Helier erleben

AUSKUNFT
Jersey Tourism
The Weighbridge (Jersey Museum)
St. Helier, Jersey JE2 3NG
Tel. 85 90 00
www.jersey.com

AUSGEHEN
After-Work-, Abend- und Nachtleben
findet man auf Jersey vor allem in St.
Helier. Beliebt ist The Waterfront am Ha-
fen, wo es mehrere Bars und Pubs gibt.
Das »Chambers« in der Mulcaster Street
ist eine beliebte alteingesessene Adresse.
Später am Abend geht man ins »Ce
soir« (Caledonia Place), in »Roberto's
Jazz Bar« im Savoy Hotel, wo es Freitags
Jazz gibt, oder ins »The Drift« im Royal
Yacht Hotel, Weighbridge.

ESSEN
❶ *Bohemia* €€€€
Green Street
Tel. 88 05 88
www.bohemiajersey.com
Das Bohemia ist Jerseys Restaurant mit
Michelin-Stern: sehr gute Küche, ausge-
suchte Weine, hervorragender Service.
Angenehme, unkomplizierte Atmosphäre. Im vorderen Teil ist ein geschmackvoll
eingerichteter Barbereich. Unbedingt reservieren.

❷ *Merchant House Brasserie* €€€
The Weighbridge
Tel. 51 00 69
www.dolanhotels.com
Di.–Sa. 10.00–21.00, So. und Mo.
10.00–17.00 Uhr
Die nette Brasserei liegt direkt neben
dem Jersey Museum. Hier sitzt man bei
gutem Wetter in geradezu südlicher Atmosphäre.

❸ *Saffrons Restaurant/Hotel de
France* €€€
St. Saviour's Road
Tel. 61 40 00
www.hoteldefrance.co.uk
Im Hotel de France gibt es mehrere Restaurants – dieses ist das unkompliziertes-
te. Bei gutem Wetter sitzt man auf der
großen Hotelterrasse. Die Küche bereitet
eine kleine, feine Auswahl an leckeren
Gerichten zu.

❹ *SOY Seafood & Sushi Bar* €€€
Bath Street
Tel. 72 00 52
www.soyjersey.com/
Geöffnet Mo.–Sa.
Sehr zu empfehlen sind die Fischgerich-
te. In der Nähe der Fischmarkthalle..

❺ *Roseville Bistro* €€–€€€
Roseville Street 86
Tel. 87 42 59
www.rosevillebistro.com
In dem lebhaften, sympathischen Bistro-
lokal bekommt man gute kleine Gerichte, viel Fisch und Meeresfrüchte, aber es
werden auch ein paar wenige vegetari-
sche Gerichte angeboten. Das Roseville
ist am unteren Ende der Straße in
Strandnähe zu finden.

❻ *The Bar & Canteen* €€
Waterfront
Tel. 78 94 31
www.liberationgroup.com
Sehr angesagte Bar und Restaurant über
zwei Etagen im Waterfrontviertel – »af-
ter work« und später am Tag ist es hier
voll. Auf der Karte stehen leckere Fisch-
und Fleischgerichte, außerdem Salate,
Pasta, Panini und Wraps. Für Familien
mit Kindern nicht geeignet.

ÜBERNACHTEN

❶ The Club Hotel & Spa ⓔⓔⓔⓔⓔ
Green Street, Tel. 87 65 00
www.theclubjersey.com
Hübsches kleines Luxushotel, neu gestaltet in stilvollem, zurückhaltenden Design. Sehr attraktiver großer Spa-Bereich mit Salzwasserpool, Moorbad, Dampfbad etc.

❷ Hotel de France ⓔⓔⓔⓔ
St. Saviour's Road
Tel. 61 40 00
www.defrance.co.uk
Schönes großes Traditionshotel in Fußgängerentfernung zum Zentrum. Groß-

zügige Zimmereinrichtung, traditionell oder in modernem Design. Angenehmer Wellnessbereich. Parkplatz vorhanden.

❸ Revere Hotel ⓔⓔⓔ
Kensington Place
Tel. 61 11 11, www.revere.co.uk
Ruhiges Stadthotel. Zimmer teilweise in Laura-Ashley-Stil eingerichtet.

❹ Mayfair ⓔⓔⓔ
St. Saviours Road / Brooklyn Street
Tel. 73 55 11
www.modernhotels.com
Angenehmes Hotel mit 222 modernen Zimmern. Pool und Sauna.

sehr ähnlich war. Auf der Plakette am Royal Court ist ein Satz aus dem »Roman de Rou« zitiert: »Jo di è dirai ke jo sui Wace de l'isle de Gersui – ich sage und werde auch in Zukunft sagen, dass ich Wace von der Insel Jersey bin«.

Auf der Nordwestseite des Platzes befindet sich das Piquet-House, das heute der Polizei gehört. Bis Mitte der 1920er-Jahre war hier die Military Police Station untergebracht. **Town Police Station**

Westlich des Royal Square steht die Parish Church von St. Helier, deren Vorgängerbau auf die Zeit vor dem 12. Jh. zurückgeht. Im 12. Jh. wurde dann an die Stelle des heutigen Chorraums eine dem Mönch St. Helier gewidmete Kapelle errichtet, deren Reste im Inneren noch anhand der Bögen in den Chorwänden auszumachen sind. Die Kapelle wurde im 14. Jh. etwa auf die heutige Größe erweitert. In den 60er-Jahren des 19. Jh.s nahm man umfangreiche Renovierungen und Umbauarbeiten vor. Aus dieser Zeit stammen auch die Kirchenfenster. In der Kirche sind die **Gedenktafeln** für zahlreiche **bedeutende Insulaner** zu sehen. Im Boden der Vierung markiert ein Stein das Grab von Major Peirson. **St. Helier Parish Church**

✱ JERSEY MUSEUM AND ART GALLERY

Östlich des Liberation Square kommt man zum Jersey Museum, das mit einer sehr anschaulichen und abwechslungsreichen Ausstellung über die Geschichte und das Leben auf der Insel informiert. Das Museum ist in einem alten Lagerhaus und teilweise in den Räumen eines **Geschichte und Leben auf Jersey**

unmittelbar benachbarten Kaufmannshauses (Pier Road 9) untergebracht. Das repräsentative Stadthaus aus schwerem Granitgestein
wurde 1818 gebaut und war bis 1869 in Besitz des reichen Händlers
und Schiffseigners Philippe Nicolle. Als er in Konkurs ging, musste
er das Haus verkaufen. Vom nächsten Eigentümer, Josué Falle, erwarb
die Société Jersiaise 1893 das Haus und eröffnete das Jersey Museum.
Die 1873 gegründete **Société Jersiaise**, eine archäologische Gesellschaft, die sich mit dem Erhalt des kulturellen Erbes der Insel befasst
und zudem Aufgaben im Naturschutz übernimmt, hat ihren Sitz in
einem Teil des Gebäudes. Außerdem ist dort auch die Bibliothek der
Société Jersiaise untergebracht, die für jeden zugänglich ist. Das bereits **mehrfach ausgezeichnete Museum** hat seinen guten Ruf der
hervorragenden Sammlung und der technisch anspruchsvollen und
einfallsreichen Aufbereitung zu verdanken.

❶ Jan.–März Mo.–Sa. 9.00–17.00, So. 10.00–16.00, April–Okt. Mo.–Sa. 8.30
bis 17.00, So. ab 10.00, Nov.–Dez. Mo.–Sa. 9.00–16.00, So. 10.00–16.00
Uhr, Eintritt Erw. 9,95 £, Kinder bis 16 Jahre 5,55 £, www.jerseyheritage.org

Erdgeschoss Im Erdgeschoss kann man gleich zu Beginn das **Audiovisual Theatre** aufsuchen, in dem eine kurze Einführung in die Inselgeschichte
gegeben wird. Außerdem ist eine Szene aus dem einstigen Newgate-
Inselgefängnis nachgestellt worden: Mehrere mit Fußketten ange-
schlossene Gefangene – bis zu zwölf gleichzeitig sollen es gewesen
sein – mussten eine Tretmühle betätigen, mit der damals Pfeffer gemahlen wurde. Eine **Nachbildung der Höhle La Cotte de St. Bre-**

Wohnkultur des 19. Jh.s im Jersey Museum

lade, in der die ältesten Spuren einer menschlichen Anwesenheit auf den Kanalinseln gefunden wurden, zieht sich vom Erdgeschoss bis in den ersten Stock hinauf.

Im ersten Stockwerk ist die umfangreiche Sammlung zu sehen, die der **Geschichte Jerseys** gewidmet ist. Sehr anschaulich wird die Entstehung des Archipels dargestellt. Das sicher wertvollste Ausstellungsstück ist die **Gold Torque**, eine auf Jersey gefundene, schwere Goldkette, deren Ursprung in Irland vermutet wird. Man erhält Einblicke in Landleben, Fischerei, Post- und Finanzwesen und den Aufbau der Inselverwaltung. Nicht versäumen sollte man einen **Höreindruck des Jèrriais**, des auf Jersey gesprochenen westnormannischen Dialekts – zu hören in einer Hörmuschel in der Abteilung über das tägliche Leben auf den Inseln.

Erster Stock

Im zweiten Stock befindet sich die **Art Gallery**, in der Insellandschaften und Seestücke sowie zahlreiche Porträts von prominenten Insulanern ausgestellt sind, darunter auch zwei von Lillie Langtry (▶Baedeker Wissen S. 81) von Sir Edward Poynter und von John Everett Millais, beide 1878 gemalt. Millais bekanntes Porträt »A Jersey Lily«, zeigt sie mit einer Guernsey-Lilie. Neben einigen zeitgenössischen Kunstwerken sind überwiegend Gemälde des 19. Jh.s zu sehen.

Zweiter Stock

Im dritten Stock geht man hinüber in **The Merchant's House Lobby**, den restaurierten oberen Teil des alten Kaufmannshauses. Zu sehen sind Wohn- und Schlafzimmer. Von hier oben hat man einen direkten Blick auf die Signalstation des Fort Regent, deren frühere Funktionsweise erläutert wird.

Dritter Stock

* MARITIME MUSEUM UND OCCUPATION TAPESTRY GALLERY

Südlich des Liberation Square kommt man zum Maritime Museum (New North Quay), das in einem **Ensemble aus vier ehemaligen Lagerhäusern** eingerichtet ist, die aus dem 19. Jh. stammen. Verantwortlich für den Umbau und die Gestaltung war das Architekturbüro Quéréé aus Jersey, das für diese Arbeit eine Auszeichnung des Royal Institute of British Architects erhielt. Das 1997 eröffnete Museum wurde bereits 1998/1999 vom britischen National Heritage Museum Action Movement zum Museum des Jahres gekürt. Jedes der drei größeren Gebäude ist einem spezifischen Schwerpunkt gewidmet – den Elementen, den Schiffen und den Menschen. Im kleineren, vierten Lagerhaus sind Wechselausstellungen zu sehen.

Maritime Museum

❶ April–Okt. 10.00–17.00, sonst So. 10.00–16.00 Uhr, Eintr. inkl. Occupation Gallery, Erw. 9,80 £, Kinder bis 16 Jahre 6,15 £, www.jerseyheritage.org

In der Tat hätte man sich kaum träumen lassen, was es rund um die Seefahrt, Fischerei und das Meer alles zu sehen, wissen und lernen gibt, und vor allem staunt man, wie leicht und spielerisch viel Wissenswertes vermittelt wird. So ist das Maritime Museum stellenweise **Event und Happening** in einem, man drückt hier ein Knöpfchen und dort eine Taste, zieht ein Türchen auf und ist stets gespannt auf das, was da passieren wird. Mitunter hat man es nur mit einem juxigen Kunstobjekt zum Thema Meer zu tun, dann aber wieder mit **physikalischen Phänomenen**, die exemplarisch nachempfunden werden, wie beispielsweise die Auswirkungen der unterschiedlichen Windstärken auf die Meeresoberfläche oder das Zustandekommen von Wellen. Besonders interessant sind die mit Zeitraffer aufgenommenen Wasserstände an drei verschiedenen Orten der Insel, anhand derer Besuchern der **extrem große Tidenhub eindrucksvoll dargestellt** wird. Schiffsmodelle, Gemälde, etwas zum Thema Schiffbau, Seefahrt und Fischerei sowie Bildnisse der großen Seefahrer der Insel sind ebenfalls zu sehen, außerdem ein Foto von Louisa Journeaux (▶S. 77).

The Occupation Tapestry
In einer Lagerhalle gleich nebenan ist der Occupation Tapestry ausgestellt. Der »**Besatzungs-Teppich**« wurde zum 50. Jahrestag der Befreiung von der deutschen Besatzung am 9. Mai 1995 fertig gestellt. Vorbild war der berühmte, 70 m lange Teppich von Bayeux, auf dem die Eroberungsfahrt von Wilhelm dem Eroberer im 11. Jh. nach England dargestellt wurde. Sieben Jahre lang stickten insgesamt 227 Frauen – und ein Mann – aus den zwölf Inselgemeinden an den zwölf Wandteppichen; pro Gemeinde wurde ein Teppich hergestellt. Ein Großteil der Sticker hat die Besatzungszeit auf Jersey selbst erlebt. Die zwölf Wandteppiche zeigen Szenen aus der Zeit **zwischen 1940 und 1945**, die jeweils einen der folgenden Themenkomplexe behandeln: die Besetzung der Insel durch die Deutschen, Verkehr und Transport, Schule, Arbeit, Restriktionen, soziales Leben, Internierungen, Lebensmittelversorgung durch das Rote Kreuz, die Befreiung durch die britischen Truppen. Als Vorlagen dienten historische **Originalfotos**. Die Aufnahmen wurden so realistisch in Stickerei umgesetzt, dass einige Insulaner, die die damalige Zeit miterlebt haben, die Szenen wiedererkannten und sich wieder an Einzelheiten erinnerten.

?
BAEDEKER WISSEN

Die Teppiche in Zahlen

Jeder Teppich besteht aus insgesamt genau 626 688 Einzelstichen, alle Teppiche zusammen aus sage und schreibe 7 520 256 Stichen. 52 verschiedene Farben in 275 Schattierungen wurden ausgesucht, und alles in allem sind 1418 Woll-Docken (fachgerecht gewickelte Wollknäuel) mit jeweils 25 g verarbeitet worden.

❶ April–Okt.10.00–17.00, sonst So. 10.00–16.00 Uhr, Eintritt 4,60 £

Vor dem Maritime Museum ist das frühere Leuchtfeuer von **Catherine's Breakwater** als Denkmal aufgestellt worden, mit dem der **88 Insulaner** gedacht wird, die während der Besatzungszeit **in Gefängnissen oder Konzentrationslagern auf dem Festland** inhaftiert waren. Gründe für die Inhaftierungen waren z. B. Hilfeleistungen für russische Kriegsgefangene, das Hören von BBC-Sendungen oder Brotstehlen; auch wer noch ein Gewehr aus dem Ersten Weltkrieg im Schrank stehen hatte, musste mit der Deportation ins KZ rechnen. 20 Insulaner kamen während der Haft um.

Geldsammler im Maritime Museum

Auf der Rückseite des Maritime Museums erinnert die 15 m hohe dampfbetriebene Schiffsuhr »Steam Clock Ariadne« an den ersten regelmäßigen Passagierverkehr mit Raddampfern ab 1823 – die »Ariadne« nahm kurz nach der »Medina« ihren Betrieb auf. Stolz ist man auf einen Eintrag im Guinness-Buch der Rekorde: Die Ariadne ist die **weltweit größte Dampfuhr**. **Steam Clock Ariadne**

* ELIZABETH CASTLE

Da die Festungsanlage relativ groß ist und viel zu sehen bietet, muss man zwei Stunden allein für die Besichtigung einplanen, mit Hin- und Rückweg entsprechend mehr. Jeden Mittag zwischen 12.30 und 13.00 Uhr wird auf dem Gelände ein Böllerschuss abgefeuert, dem eine derb-ulkige Zeremonie mit freiwilligen Soldaten vorausgeht. Bei diesem Spektakel lernt man auch einiges über die Geschichte der Burg und damit von Jersey. Das Elizabeth Castle liegt auf einem als Islet (Inselchen) bezeichneten, St. Helier vorgelagerten Felsen in der St. Aubin's Bay. Bei Flut ist das Elizabeth Castle komplett von Wasser umspült, so dass man nur mit einer der beiden »Castle ferries« hinüber kommt. Bei Ebbe kann man Elizabeth Castle auf einem befestigten Übergang erreichen oder auch trotzdem die »castle ferries« benutzen. Der Startpunkt der Fähren liegt bei den Jardins de la Mar in Höhe des Grand Hotel.

❶ April–Okt. 10.00–17.30 Uhr, Eintritt Erw. 11,25 £, Kinder 7,40 £, mit Fähre 13,95/7,70 £, www.jerseyheritage.org

Geschichte Elizabeth Castle entstand im 16. Jh., als man gewahr wurde, dass Gorey Castle im Inselosten zu Verteidigungszwecken nicht mehr ausreichte, da es für die moderne Kriegsführung mit dem Einsatz von technisch immer ausgefeilteren und schlagkräftigeren Schusswaffen und Kanonen keinen ausreichenden Schutz bot. Als Standort für eine neue Burganlage wählte man das Islet in der St. Aubin's Bay. Bereits 1550 installierte man Geschütze auf dem Inselchen. Sowohl St. Helier als auch St. Aubin hatten inzwischen an Bedeutung gewonnen, und ein militärischer Schutz gegen die stets drohenden Angriffe von französischen und damals auch spanischen Schiffen war unverzichtbar geworden. Mit dem Bau des Kastells wurde der geschätzte Militärarchitekt Paul Ivy beauftragt, nach dessen Entwürfen zwischen 1590 und 1601 das Bauwerk errichtet wurde. Elizabeth Castle wurde **Hauptquartier der strategischen Kräfte** Jerseys, die 1600 von Gorey Castle auf die Felseninsel vor St. Helier umzogen. Die Burg wurde aber nicht nur eine für die Zeit moderne Verteidigungsanlage, sondern zugleich auch neuer **Sitz des Gouverneurs und des Lieutenant-Governors**. Der erste Repräsentant der Krone, der hier allerdings nur während zwei Besuchen residierte, war Sir Walter Raleigh (▶ S. 79), Günstling von Königin Elizabeth, nach der er im Jahr 1600 die neue Burg »Fort Isabella Bellissima« benannte.

In einer kleinen Höhle auf dem Nachbarfelsen, dem Hermitage Rock, noch jenseits des Islet, lebte vermutlich schon im 6. Jh. der Mönch St. Helier. Es heißt, dass Marculf, Bischof von Coutances, nach seinem Tod eine kleine christliche Mission hier aufbaute, die wohl im 9. Jh. zerstört wurde. Von der 1155 erbauten Augustinerabtei auf dem Islet ist heute nichts mehr erhalten (▶ S. 48). Während des englischen Bürgerkriegs zwischen der Krone und den Parlamentariern verschanzte sich der königstreue Lieutenant-Governor und Bailiff **Philippe de Carteret** gegen die Insulaner im Elizabeth Castle. Da die de Carterets den Posten des Lieutenant-Governor und des Bailiffs in sich vereinten und dadurch eine ungeheure Macht über die Insel hatten, stellten sich selbst Adelige, die nicht eigentlich die Parlamentarier unterstützten, gegen die Familie de Carteret und damit gegen die Royalisten. 1643 starb Philippe de Carteret auf dem Islet. Sein Neffe George de Carteret übernahm die Nachfolge und gewährte dem 15-jährigen **Prinz Charles**, dem Sohn des englischen Königs, Unterkunft. Charles kam 1645 für zehn Wochen mit 300 Gefolgsleuten ins Elizabeth Castle und stellte eine nicht unwesentliche Belastung dar, da zu viele Menschen auf der Insel untergebracht werden mussten und der Prinz zu diesem Zeitpunkt über keinerlei finanzielle Mittel verfügte. 1646 wurde zur Landseite hin eine weitere Befestigung, das Fort Charles, errichtet, von dem aus man die Verbindung zur Küste kontrollieren konnte. Elizabeth Castle und Fort Charles standen damals auf zwei verschiedenen, durch einen schmalen Graben getrennten Inseln. 1660 wurde dieser Graben zugeschüttet. Im 18. Jh. wurde die Burg-

Elizabeth Castle aus der Vogelperspektive, Eingang rechts oben

anlage unter Leitung des Militäringenieurs John Henry Bastide modernisiert. Die **Wohn- und Arbeitsbedingungen** für die auf Elizabeth Castle stationierten Soldaten waren nicht gerade komfortabel, die Räumlichkeiten nicht besonders groß, die sanitären Anlagen unzureichend. An die hundert Leute waren hier untergebracht, was die Kapazität der Burg im Prinzip sprengte. Die Wasserversorgung war abhängig von Regenwassertanks und Zisternen, erst in der zweiten Hälfte des 19. Jh.s wurde die Burg an die Wasserversorgung von Jersey angeschlossen. Auf dem Weg von Elizabeth Castle nach St. Helier bzw. auf dem Rückweg ertranken damals viele Soldaten, oft waren sie betrunken, oder sie brachen zu spät auf und wurden von der Flut überrascht. Zwischen 1872 und 1887 wurde der Niedrigwasser-Zugang zwischen dem Islet und der Stadt befestigt. Zur gleichen Zeit baute man auch die Verbindung zum Hermitage Rock. Elizabeth Castle war bis 1923 im Besitz der Krone und wurde dann für 1500 £ von den States of Jersey gekauft. **Zur Zeit der deutschen Besatzung** wurde das Islet zur deutschen Festung mit mehreren Bunkern und Flugabwehr-Geschützstellungen ausgebaut. Etwa 200 Zwangsarbeiter waren auf der kleinen Insel eingesetzt, 100 deutsche Soldaten waren hier stationiert. Nach dem Krieg wurden etwa 30 Kriegsgefangene mit der Räumung und Instandsetzung beauftragt. Seit 1984 genießt das Elizabeth Castle als bedeutendes Kulturgut den Schutz des Jersey Heritage Trust.

Elizabeth Castle

Fort Charles und äußerer Burghof (Outer Ward)   Man betritt den Burgfelsen durch das Haupttor (Maingate) am 1646 gebauten Fort Charles an der Nordostspitze. Im Guard House (Wächterhäuschen) direkt am Eingang wird ein kurzer historischer Überblick gegeben. Der Weg führt dann zum Zweiten Tor (Second Gate) von 1697 mit dem Wappen des englischen Königs Wilhelm III., des damaligen Gouverneurs Lord Jermyn und des Lieutenant-Governors Lt. Colonel Collier. Dann kommt man zum »Green« mit ebenfalls im 17. Jh. angelegten Bastionen und deutschen Bunkern. Hier stand einst eine Windmühle, später wurden ein Krankenhaus und Werkstätten gebaut. Man passiert die 1770 angelegte Grand Battery und erreicht, oberhalb des kleinen Hafens **Sally Port**, den Haupteingang zum eigentlichen Elizabeth Castle. Zuvor kommt man an der Kanone vorbei, von der aus jeden Tag die Böllerschüsse abgefeuert werden. Eine 1781 gebaute, verborgene Treppe (»concealed steps«) führt zu Kellermagazinen hinab. An dieser Stelle waren die beiden Inselchen durch den Wassergraben voneinander getrennt, der 1660 zugeschüttet wurde.

Im Wachhaus (Main Guard), das unmittelbar neben dem Eingang **Lower Ward** steht, hatten im 19. Jh. Schuhmacher und Schneider ihre Läden. Um den großen unteren Burghof (Lower Ward), der als Paradeplatz diente, gruppieren sich Bauten, die überwiegend aus dem 17. und 18. Jh. stammen, darunter Offiziers-Quartiere, Unterrichtsräume, Kantine, Waschräume und Magazine. Im ehemaligen Offiziers-Quartier an der Südseite ist ein **Museum zur Geschichte des Elizabeth Castle** eingerichtet worden, daneben in den einstigen Unterrichtsräumen erfährt man etwas über die Royal Jersey Militia. In den Gebäuden gegenüber, den früheren Kasernen, gibt es einen Museumsshop und eine Cafeteria. Das Kreuz auf dem Burghof ist 1959 aufgestellt worden, man wollte damit an die Abteikirche erinnern, die 1651 zerstört worden war, als englische Parlamentarier die Insel belagerten.

Durch das Iron Gate und das Queen Elizabeth's Gate, beide um 1600 **Upper Ward** gebaut, erreicht man den Upper Ward (oberer Burghof). Das Queen Elizabeth's Gate bildete den Eingang zu der von Paul Ivy gebauten Burganlage. Das einzige größere Gebäude ist das **Governor's House** von 1590, in dem die Gouverneure von Jersey residierten, die zuvor ihren Sitz auf Gorey Castle hatten. Als Erster zog Sir Walter Raleigh ein, und auch Prinz Charles wohnte während seines Exils hier. Die Räumlichkeiten werden heute teilweise zu Ausstellungszwecken benutzt. Ein weiteres Haus diente dem Lieutenant-Governor als Residenz. Von diesem Gebäude ist nur noch ein ehemaliger Küchenraum erhalten, und auch das Magazin war früher Teil dieses Hauses.

The Mount (Berg) oben auf der höchsten Stelle war die eigentliche **The Mount** Verteidigungsanlage des Elizabeth Castle, sie wurde 1594 gebaut. Paul Ivy hatte sie mit vier Kanonen bestückt. Die Deutschen bauten 1942 an dieser höchsten Stelle einen Turm, etwas weiter westlich wurde ein Flugabwehrgeschütz installiert.

Vom Lower Ward aus kommt man durch ein Tor und über einige **Hermitage** abwärtsführende Stufen zum Breakwater (Wellenbrecher), der 1887 **Rock** als Verbindung zum Hermitage Rock gebaut wurde, auf dem im 6. Jh. St. Helier gelebt haben soll (▶ S. 180). Zu sehen ist die Ruine einer später auf den Felsen gebauten Kapelle. Im Mittelalter war der Hermitage Rock Wallfahrtsort, und noch heute finden alljährlich Prozessionen zu dem Felsen statt.

WEITERE SEHENSWÜRDIGKEITEN IN ST. HELIER

Howard Davis Park

In der Verlängerung der King Street kommt man in die Queen Street und dann in die Colomberie – ebenfalls eine hübsche Fußgängerstraße – und stößt an deren Ende direkt auf den Howard Davis Park. Thomas Benjamin Frederick Davis ließ den Park anlegen und benannte ihn nach seinem Lieblingssohn Howard Leopold, der als Soldat im Ersten Weltkrieg fiel. Auf dem einstigen Anwesen des Lord Portsea legte man 1938 den Park nach Entwürfen des Jersianers James Darling Colledge an. Die Statue gegenüber dem Eingang zeigt den englischen König George V. Der Park ist eine wahre Oase am Rande der quirligen City und ein Genuss für Pflanzenliebhaber. Eine Fülle von Gewächsen unterschiedlichster Art sind hier zu finden; neben Linden, Kastanien, Ahorn, Pappeln, Rotdorn, Kamelien, Palmen, Judasbäumen und Rhododendren gibt es Büsche und Bäume aus aller Welt. Einen Teil des Parks nimmt ein **Rosengarten** ein, hinter dem sich ein lauschiger **Teegarten** und ein Spielplatz verbergen. Am südlichen Ende des Parks wurde im Jahr 1943 ein Militärfriedhof eingerichtet. Hier sind amerikanische und britische Soldaten begraben, die im Zweiten Weltkrieg auf zwei vor Jersey verunglückten Schiffen umkamen.

> **!** **BAEDEKER TIPP**
>
> *Park-Konzerte*
>
> Im Sommer werden im Howard Davis Park hin und wieder Konzerte in schöner Atmosphäre veranstaltet, der Eintritt ist frei. Die aktuellen Veranstaltungshinweise bekommen Besucher vor Ort von der Touristeninformation oder aus der Inselpresse.

Havre des Pas

Südwestlich des Howard Davis Park kommt man durch ein hübsches Wohnviertel mit kleinen Häuschen zur **Küstenstraße** Havre des Pas. Hier befand sich bis Mitte des 19. Jh.s der Hafen von St. Helier. Der Havre des Pas war für die Stadt ungünstig, da der hohe Mont de Ville nur eine ungenügende Verbindung zwischen Stadt und Hafen ermöglichte. Die nach dem einstigen Hafen benannte Uferstraße ist eine stark befahrene Ausfallstraße. An ihrem östlichen Ende erinnert eine Felstafel am Rocher des Proscrits an der Rampe von Dicq an **Victor Hugos Exilzeit** auf Jersey. Hier trafen sich Mitte des 19. Jh.s die französischen Exilanten, mit denen sich Hugo solidarisierte, bis er das königstreue Jersey verlassen musste. Die künstlich angelegte Poollandschaft am Stadtstrand wurde Ende des 20. Jh.s ausgebaut. In den Wasserbecken und auf den Liegeflächen ist ein tideunabhängiges Badeleben möglich, eine Cafeteria sorgt für das leibliche Wohl.

La Colette

Am westlichen Ende der Uferstraße Havre des Pas liegt unterhalb des Mont de Ville der schmale Park La Colette, in dem früher der Gouverneur seinen Sitz hatte. Heute leidet die terrassenförmige Grünanlage durch die Straße und vor allem durch das nahe Industriegebiet. Der Martello-Turm im Park wurde in den 30er-Jahren des 19. Jh.s gebaut. Am unteren Ende des Parks kann man ein ganzes Stück auf dem **Colette Walk** entlangspazieren.

Oben auf dem Mont de Ville steht den Insulanern ein **Freizeitzentrum** großen Stils zur Verfügung. Weithin sichtbar ist die flache weiße Kuppel, unter der sich die **Queens Hall**, eine große Veranstaltungs- und Sporthalle, verbirgt. Zum Fort Regent kommt man am besten vom Parkhaus Pier Road, von dessen oberster Etage eine Rolltreppe auf den Felsberg führt. Das Freizeitzentrum wurde 1966 in den Mauern eines alten Forts eingerichtet. Das war 1814 gebaut worden, als deutlich wurde, dass St. Helier von Elizabeth Castle aus nur unzureichend geschützt werden konnte. Da bei Hochwasser die Verbindung zwischen Elizabeth Castle und der Stadt für mehrere Stunden überflutet war, war die Verteidigung von St. Helier nicht immer schnell genug garantiert. Genau diese Situation war eingetreten, als Baron Rullecourt 1781 auf der Insel landete.

Fort Regent

St. John

✦ G/H 7

Einwohnerzahl: 2900

Der Gemeindebezirk St. John liegt zentral an der Nordküste, ragt allerdings in einem schmalen Keil ins Inselinnere, bis zu der Stelle, an der sich der Inselmittelpunkt befindet – markiert mit dem Island Centre Stone in dem Dörfchen Sion.

Nicht nur der Inselmittelpunkt liegt im Bezirk von St. John – an der Nordküste, die im Wesentlichen steile Felsküste ist, befindet sich auch der nördlichste Punkt von Jersey.

Geografische Superlative

Die einzige Bucht der Gemeinde mit einem kleinen Strand ist die Bonne Nuit Bay, die ihren Namen angeblich von einem Abschiedsgruß Charles' II. trägt, der, als er seine Exilinsel in Richtung Frankreich verließ, in dieser Bucht an Bord seines Schiffes stieg und gesagt haben soll: »Bonne Nuit, Jersey«. In der hübschen Bucht gibt es einen kleinen Jachthafen, mehrere Häuschen und ein Hotel, baden kann man am Sand- und Kiesstrand. Der **nördlichste Punkt** von Jersey ist der farnbewachsene Felsvorsprung Sorel. **Sorel Point** ist gut über eine kleine Straße zu erreichen. Sie endet oberhalb eines Leuchtfeuers, zu dem ein paar Stufen hinunterführen. Von hier hat man einen **hervorragenden Blick** auf die Inseln Sark, Jethou und Guernsey und auf der anderen Seite zur französischen Küste. An klaren Tagen sieht

*Bonne Nuit Bay

St. John erleben

ESSEN

Les Fontaines Tavern ⊚
Route du Nord
Tel. 86 27 07
www.randalls-jersey.co.uk
Preiswertes familiäres Pub zum Einkehren unterwegs.

Bonne Nuit Beach Café ⊚
La Charrieres De Bonne Nuit
Tel. 86 16 56
www.bonnenuitbeachcafe.co.uk
Schönes Strandcafé zum Chillen direkt am Wasser. Es gibt kleinere Gerichte, Sandwiches und Asiatisches.

man sogar Alderney im Norden. Der Küstenabschnitt von Jersey selbst wird an dieser Stelle durch einen großen Steinbruch verunziert. Unterhalb des Leuchtturms sieht man einen Vorsprung aus rötlichem Granit weit ins Wasser ragen, auf dem sich die Jersianer abends zum Angeln niederlassen.

✴ St. Lawrence

✴ G/H 8

Einwohnerzahl: 5400

St. Lawrence ist eine typische Gemeinde des Inselinneren, in der Landwirtschaft von jeher eine große Rolle spielte. Die Landschaft prägen schöne Waldgebiete und Täler.

Der Küstenabschnitt im Süden erstreckt sich entlang der schönen St. Aubin's Bay. Für den Tourismus ist er jedoch eher unbedeutend, da auf dem Gemeindegebiet kein Küstenort liegt und die Küste an dieser Stelle im Wesentlichen durch die mehrspurige, vielbefahrene Uferstraße bestimmt wird.

SEHENSWERTES IN ST. LAWRENCE UND UMGEBUNG

Hamptonne Country Life Museum

Sehr lohnend ist der Besuch des etwa im Zentrum der Insel gelegenen Bauerngehöfts, das zu einem Museum umfunktioniert wurde und einen guten Einblick in die **Geschichte des ländlichen Jersey** ermöglicht. Hier kann man sich vorstellen, wie es auf den Farmen im Inselinneren in früheren Zeiten einmal ausgesehen haben mag. Das schöne Gebäudeensemble war 2005 Drehort für die Verfilmung des Romans von Thomas Hardy »Under the Greenwood Tree«. Die Farm besteht aus drei Haupt- und mehreren Nebengebäuden. Die Haupthäuser, die in verschiedenen Jahrhunderten errichtet wurden, zeigen sehr schön die bauliche Entwicklung von Farmgebäuden auf der Insel. Das älteste der Haupthäuser ist das **Langlois Haus** mit Viehställen und Vorratsräumen im Erdgeschoss und Wohnräumen darüber, eine typisch normannische Bauweise des Mittelalters. 1633 ging die Farm in den Besitz der Familie Hamptonne über, die sich um 1640 das **Hamptonne Haus** gegenüber neu dazubaute. Im 19. Jh. übernahmen die **Syvrets** das Anwesen. Sie ließen sich in den 1830er-Jahren ein großzügiges, repräsentatives Wohnhaus mit hohen Räumen und Fenstern errichten, in dem heute eine Ausstellung zum Landleben auf Jersey seit dem Ersten Weltkrieg und zur Landwirtschaft auf der Insel zu sehen ist. Um die Häuser gruppieren sich mehrere Nebengebäude, in denen neben Ställen und Lagerräumen auch das Waschhaus des Gehöfts untergebracht war. In den Wirtschaftsräumen des Syvret Hauses sind eine Apfelmühle und eine Mostpresse zu sehen. Obst- und Gemüsegärten schließen sich an. Durch das Wiesental, das zum Farmgelände gehört, zieht sich ein kleiner Wasserlauf. Für Kinder gibt es einen Spielplatz und in dem einfachen Lokal werden regionale Spezialitäten angeboten

❶ La Rue de la Patente, Ende Mai–Mitte Sept. tgl. 10.00–17.00 Uhr, Eintritt Erw. 8,70 £, Kinder bis 16 Jahre 5,55 £, www.jerseyheritage.org

Die Jersey War Tunnels zählen zu den Hauptsehenswürdigkeiten Jerseys, sie liegen in dem als Cape Verd bezeichneten, landschaftlich wunderschönen Gebiet östlich von St. Peter's Valley. Im Zuge der Befestigung der Kanalinseln durch die Organisation Todt wurde an

**Jersey War Tunnels

Typisches Cottage im ländlichen Inselinneren

** »Festung Jersey«

*Die Jersey War Tunnels wurden als Teil der »Festung Jersey« ab 1941
von der Organisation Todt angelegt. Ho8, die »Hohlgangsanlage 8«,
war zunächst als Munitionslager gedacht, 1944 wurde sie unterirdisches Lazarett. Heute ist in den Schächten eine Ausstellung mit verschiedenen Themenkomplexen über die Zeit der deutschen Besatzung
auf den Kanalinseln zu sehen.*

❶ Visitor Centre, Restaurant
Eingangsbereich mit Kurzbiografien
der Personen, zu denen die Besucher
Identitätskarten erhalten

❷ Eingangsschacht
zur Hohlgangsanlage 8/Ausstellung

❸ Einführungsausstellung
Europa seit Hitlers Machtübernahme
und die Situation auf den Kanalinseln

❹ »Paper War«
Mit dem Beginn der Besatzung setzt
die deutsche Bürokratie auch auf den
Inseln ein.

❺ »Daily Life«
Der Alltag unter den Deutschen

❻ »Whispers and Lies«
Misstraut wurde den Nachbarn und
den »Jerry bags«, jungen Frauen, die
sich mit deutschen Soldaten einließen.

❼ »Heroes and Helpers«
Schicksale der Insulaner, die entflohe-
ne Zwangsarbeiter versteckten

❽ »Fortress Island«
Als Teil des »Atlantikwalls« wurde Jersey zur »Festung Jersey«.

❾ »Liberation«
Die Befreiung am 9. Mai 1945

❿ Geplante Tunnelschächte
Schächte, die nicht mehr fertig gestellt
wurden

Bewegend: Porträts und Schicksale von Insulanern im Zweiten Weltkrieg

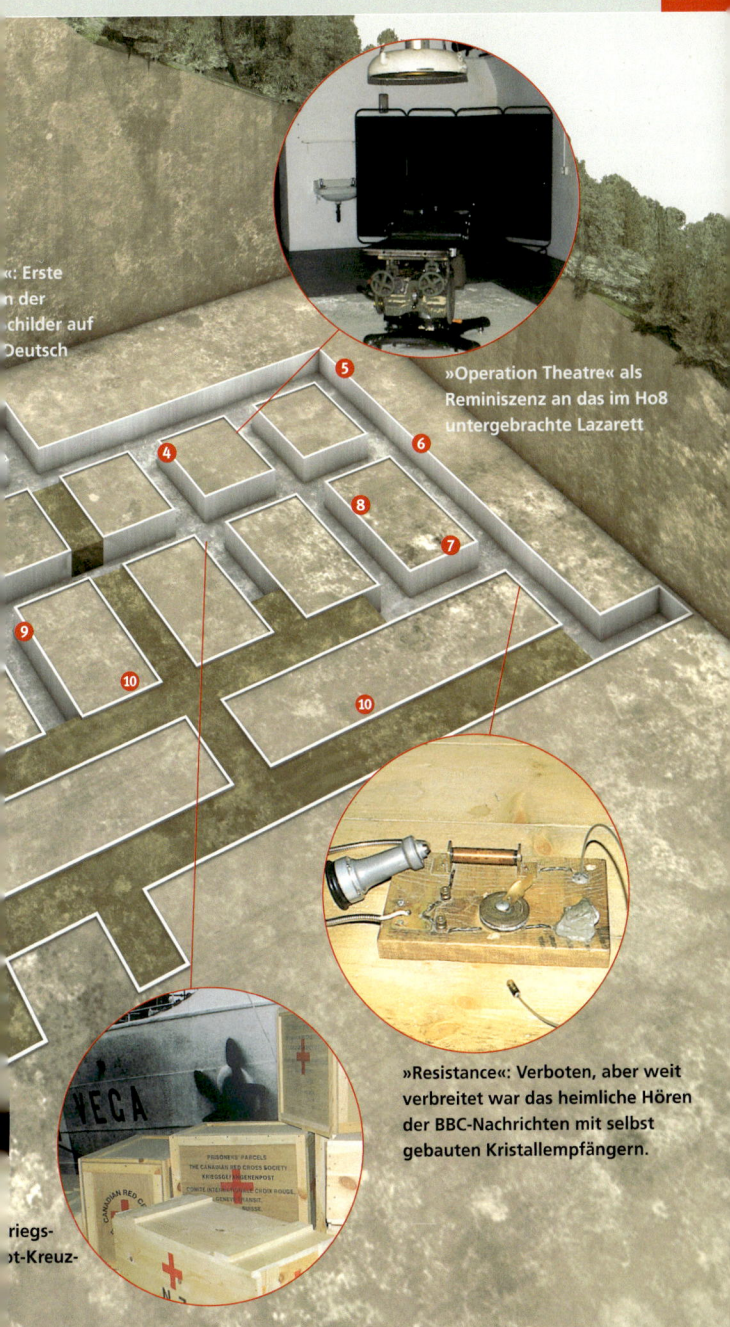

«: Erste
n der
childer auf
Deutsch

»Operation Theatre« als
Reminiszenz an das im Ho8
untergebrachte Lazarett

»Resistance«: Verboten, aber weit
verbreitet war das heimliche Hören
der BBC-Nachrichten mit selbst
gebauten Kristallempfängern.

riegs-
t-Kreuz-

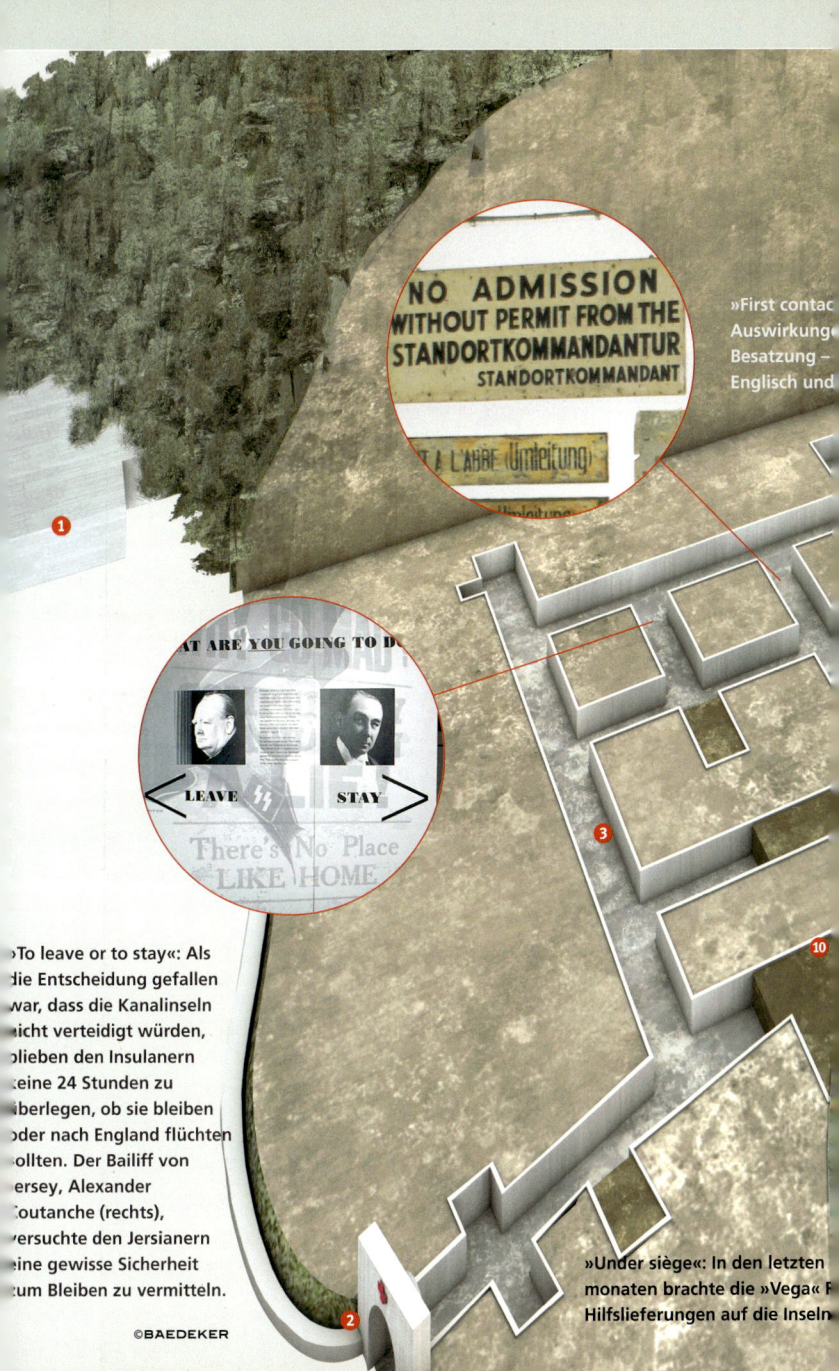

NO ADMISSION WITHOUT PERMIT FROM THE STANDORTKOMMANDANTUR
STANDORTKOMMANDANT

T A L'ABRI (Umleitung)

»First contac
Auswirkung
Besatzung –
Englisch und

1

WHAT ARE YOU GOING TO D

LEAVE ◄ ► STAY

There's No Place LIKE HOME

3

10

›To leave or to stay«: Als die Entscheidung gefallen war, dass die Kanalinseln nicht verteidigt würden, blieben den Insulanern keine 24 Stunden zu überlegen, ob sie bleiben oder nach England flüchten sollten. Der Bailiff von Jersey, Alexander Coutanche (rechts), versuchte den Jersianern eine gewisse Sicherheit zum Bleiben zu vermitteln.

»Under siège«: In den letzten monaten brachte die »Vega« Hilfslieferungen auf die Inseln

©BAEDEKER

2

St. Lawrence erleben

ESSEN

The Mont Felard ❷
La Rue de St. Aubin
Tel. 87 70 00
www.randalls-jersey.co.uk

Einfaches, günstiges und geselliges Pub.
Die Einheimischen treffen sich hier zu
Sportübertragungen, spielen Billard und
plaudern auch gern mit Urlaubern, die
sich zu ihnen gesellen.

dieser Stelle ab November 1941 ein immenses Tunnelsystem in das
Gestein geschlagen, um angriffssichere Unterkünfte und Munitions-
lager einzurichten. Anfangs mussten spanische Gefangene diese teilweise lebensgefährliche Arbeit ausführen, dann wurden polnische,
tschechische und elsässische Gefangene eingesetzt, ab Ende 1942
auch russische. 14 000 Tonnen Gestein wurden in einer Tiefe bis zu
33,5 m aus dem Berg gehauen und wegtransportiert, 4000 Tonnen
Beton verarbeitet. Der längste unterirdische Schacht ist 100,5 m lang.
In Erwartung einer Invasion auf den Kanalinseln beschloss man im
Januar 1944, in den Tunneln ein unterirdisches Krankenhaus einzurichten. Mehrere geplante Schächte wurden nicht mehr gebaut. Heutige Besucher der Jersey War Tunnels erwartet in den kalten Tunnel-
schächten eine Ausstellung, die die Schrecken der damaligen Zeit
nachzuzeichnen sucht. Teile der Ausstellung sind Einzelschicksalen
von Jersianern gewidmet, die Fluchtversuche unternahmen oder
versuchten, Widerstand zu leisten oder Verfolgten zu helfen. Im
Shop und Restaurant am Ausgang sind Kurzbiografien von Personen
aufgelistet, deren Identitätskarten beim Ticketkauf verteilt werden
und deren Schicksal man hier nachlesen kann.

❶ März–Nov. tgl. 10.00–18.00 Uhr, letzter Einlass um 16.30 Uhr, Eintritt Erw.
11,20 £, Kinder (7–15 Jahre) 7,20 £, www.jerseywartunnels.com

*Waterworks Valley
Die C 118, wegen der einst zahlreichen Mühlen auch »Le Chemin
des Moulins« genannt, führt in vielen sanften Kurven durch das
landschaftlich sehr schöne, teils bewaldete Waterworks Valley mit
mehreren lang gezogenen Stauseen in Folge: Handois Reservoir,
Dannemarche Reservoir und Millbrook Reservoir. Die Stauseen
werden durch einen kleinen Wasserlauf gespeist, der vom höheren
Inselnorden nach Süden in die St. Aubin's Bay abfließt.

*St. Matthew's Glass Church
In den Außenbezirken von St. Helier, aber bereits zu St. Lawrence
gehörend, steht die St. Matthew's Glass Church, die architektonisch
unspektakulär ist, innen aber eine ungewöhnliche Ausstattung aufweist. 1934 beauftragte Lady Florence Trent – die Witwe von Jesse
Boot, Baron Trent von Nottingham und Gründer der bekannten
Drogeriemärkte »Boots« – den Jugendstilkünstler **René Lalique** mit

der Innengestaltung der Kirche, die zu diesem Zeitpunkt an Stelle einer nur 100 Jahre alten Vorgängerkirche errichtet werden sollte. Die Gestaltung ließ Lady Trent in Erinnerung an ihren Mann vornehmen. Lalique hat das Kreuz, Altar und Chorschranke, Taufbecken, Fenster, die Engel in der Lady Chapel und die Türgriffe aus ungefärbtem Glas gearbeitet und als Dekorationselemente neben der Madonnenlilie als Würdigung des Ortes auch die Jersey-Lilie verwendet. Neben der Kirche liegen die hübschen Anlagen des Coronation Park

❶ Mo.–Fr. 10.00–18.00 Uhr, www.glasschurch.org

St. Mary

✦ F/G 7

Einwohnerzahl: 1750

Die kleine Gemeinde St. Mary im westlichen Teil der Nordküste von Jersey weist eine wunderschöne Landschaft mit eindrucksvoller steiler Felsküste und einem lieblichen Hinterland auf.

Die wilde Schönheit der Küste zeigt sich eindrucksvoll am Devil's Hole. Der Weg zum Devil's Hole beginnt an einem Parkplatz, der zu einem Ausflugslokal in einem alten Granitsteinhaus gehört. Man geht an einem Teich mit einer Teufelsfigur vorbei und dann steil bergab zur Teufelshöhle. Durch eine Felsspalte schäumt das Meerwasser in ein Felsbecken hinein, in das man von einem gesicherten Ausguck hinabsehen kann. Tief unten plätschert, schwappt oder zischt es unheimlich. Vom Devil's Hole aus bieten sich fantastische Ausblicke auf die zerklüftete Nordküste.

Devil's Hole

Knapp 1 km südlich von dem Parkplatz an dem Ausflugslokal liegt der Weinbaubetrieb La Mare Wine Estate. Allein oder im Rahmen von Führungen kann man durch das kleine Anbaugebiet schlendern und die ansprechend und humorvoll gestalteten Informationstafeln studieren, die überall aufgestellt sind. Der Rundgang führt noch in

La Mare Wine Estate

St. Mary erleben

ESSEN

St. Mary's Country Inn❸
La Rue des Buttes
Tel. 48 28 97
www.liberationgroup.com

Einfaches Gasthaus, in dem man preiswert essen kann. An warmen Tagen auch schön zum Draußensitzen bei einem lokal gebrauten Mary-Ann-Bier oder offenen Weinen.

eine Obstplantage und in eine sehenswerte Gartenanlage. In einem kleinen Informationsgebäude erhält man durch Schautafeln und ein Video Einblick in die Weinproduktion. Auch Weinproben werden angeboten. Für seine Weine ist La Mare bereits mit internationalen Preisen ausgezeichnet worden. In einem Laden kann man Wein, hausgemachte Marmeladen, verschiedene Senfsorten etc. kaufen. Für Kinder gibt es einen Abenteuerspielplatz.

 Ostern–Okt. tgl. 10.00–17.00 Uhr, www.lamarewineestate.com

Île Agois In der Bucht von Crabbé westlich des Devil's Hole liegt die Île Agois, auf der man bei Ausgrabungen **18 römische Münzen** fand und auf der es eine erste frühchristliche Ansiedlung gab. Als Insel ist sie kaum zu erkennen, da sie nur durch einen schmalen, aber extrem tiefen Felsspalt von der Küste getrennt ist. Die interessante Felsformation sieht man am besten vom Klippenweg östlich des lokalen Schießvereins (»rifle range«) aus.

⚹ St. Ouen

✦ D – F 7/8

Einwohnerzahl: 4100

St. Ouen ist flächenmäßig die größte Inselgemeinde. Sie nimmt den gesamten Nordwesten ein und verfügt mit der St. Ouen's Bay über einen langen und gut zugänglichen Küstenstreifen im Westen und im Norden und Nordwesten über felsige Steilküsten.

Die Gemeinde ist Sitz der berühmten **normannischen Familie de Carteret**, die aus dem gleichnamigen Ort auf der Halbinsel Cotentin stammt. Die de Carterets stellten Jahrhunderte lang die Bailiffs und Lieutenant-Governors der Inseln. Dem englischen König und dem Königshaus gegenüber waren sie immer loyal, und nicht zuletzt bewiesen ihre Familienmitglieder während des englischen Bürgerkriegs ihre Königstreue, indem sie den jungen Prinz Charles auf Jersey aufnahmen. Auch auf den Inseln Sark und Alderney spielten sie eine bedeutende Rolle.

SEHENSWERTES IN ST. OUEN UND UMGEBUNG

*St. Ouen's Manor St. Ouen's Manor, das Anwesen der de Carterets südlich des kleinen Dorfs St. Ouen, kann leider nicht besichtigt werden. Auch die Gärten, die lange noch der Öffentlichkeit zugänglich waren, sind heute geschlossen. Nur zu erahnen ist, dass hinter den Mauern und Garten-

St. Ouen´s Manor: Der Bau geht auf das 12. Jh. zurück.

anlagen verborgen noch ein absolutes Schmuckstück alter normannischer Bauweise erhalten ist, dessen Ursprünge bis in das 12. Jh. zurückgehen.

Westlich von St. Ouen's Manor kann man die alte Gemeindekirche besichtigen, deren erhöhte Lage von der Five Miles Road aus, die entlang der St. Ouen's Bay verläuft, deutlich wird. Die dreischiffige Kirche geht auf einen mittelalterlichen Bau zurück, dessen Reste noch im Mittelschiff über der Kanzel zu sehen sind. Neben mehreren Gedenktafeln für Mitglieder der Familie de Carteret sollte man eine **Inschrift** außen an der Ostwand beachten, die einem Mons. Pierre de la Place gewidmet ist, der nicht der anglikanischen Kirche angehörte, sondern als Presbyterianer hier Prediger war. Interessant ist der westnormannische Dialekt, das **Jèrriais**, in dem sie geschrieben ist.

St. Ouen's Parish Church

Weite Teile an der Westküste werden von einem **Dünengebiet** bedeckt, das für die Kanalinseln ansonsten eher untypisch ist. Entstanden ist dieser Dünenstreifen, der sich kilometerlang in Nordsüdrichtung zieht, durch Sande, die mit Westwinden von der St. Ouen's Bay herübergeweht werden und sich vor der östlichen Anhöhe ablagern. Lange Zeit galt das Gebiet von Les Mielles nur als unfruchtbare, nicht

*Les Mielles

Die flache St. Ouen´s Bay zieht sich an der gesamten Westküste von Jersey entlang.

nutzbare Fläche und verkam völlig. Dass sich hier eine ganz spezifische Tier- und Pflanzenwelt entwickelt hatte, war niemandem bewusst – im Gegenteil, in dem Dünengebiet wurde gecampt, gepicknickt, herumgefahren und Müll abgeladen. Ende der 1970er-Jahre gerieten der Schandfleck und die zerstörte Pflanzenvielfalt ins Bewusstsein der Insulaner, und man ergriff Maßnahmen zum Schutz von Les Mielles.

Der mittlere Teil um den St. Ouen's Pond wurde vom National Trust erworben und **unter Naturschutz** gestellt. Hier sind mittlerweile wieder über 400 Pflanzenarten heimisch; u. a. ist hier auch die berühmte **Jersey-Orchidee** zu finden. Der St. Ouen's Pond ist ein Eldorado seltener Pflanzen- und Tierarten. Trotzdem finden auch heute noch gelegentlich Autorennen im Dünengebiet und auf dem bei Ebbe sehr großen Sandstrand der St. Ouen's Bay statt. Im Norden von Les Mielles gibt es Picknickplätze, weiter südlich wurden auf den Gemeindegebieten von St. Peter und St. Brelade Golfplätze angelegt. Während des Ersten Weltkriegs gab es im Gebiet von Les Mielles ein Barackenlager für deutsche Kriegsgefangene.

Am Rand der Les Mielles-Dünen steht an der drei Meilen (!) langen Five Mile Road (B 35) der Kempt Tower, ein 1834 gebauter Martello-Turm, der nach einem von Wellingtons Generälen in Waterloo benannt wurde. Wie andere **Martello-Türme** auch, so etwa der Lewis's Tower, der La Tour Cârrée und der La Rocco Tower – alle an der St. Ouen's Bay – sowie der Seymour Tower an der Royal Bay of Grouville und der Archirondel Tower am Archirondel Beach wird auch der Kempt Tower von der Denkmalschutzorganisation Jersey Heritage verwaltet und kann als Ferienhaus gemietet werden.

Kempt Tower

❶ www.jerseyheritage.org

In einem ehemaligen deutschen Bunker an der Five Mile Road ist dieses Militärmuseum eingerichtet, das im Wesentlichen Objekte aus der Zeit der deutschen Besatzung zeigt. Zur Sammlung gehören u. a. Seiten aus der »Deutschen Inselzeitung«, Uniformen, Funkgeräte und Motorräder.

Channel Islands Military Museum

❶ März–Okt. tgl. 10.00–17.00 Uhr, Erw. 4 £, Kinder 2 £

Nicht weit entfernt, ca. 2,5 km östlich, befindet sich mit Les Monts de Grantez einer von Jerseys sieben gut erhaltenen **Dolmen mit Gang**. Diese aus dem Neolithikum stammenden Megalithanlagen werden als »Passage Tomb« bezeichnet und unterscheiden sich stark von den Ganggräbern des Kontinents. Bei den Ausgrabungen im Jahr 1912 wurden neben Werkzeugen und Gefäßen in der Hauptkammer die Skelette von sechs Erwachsenen und einem Kind gefunden, ein weiteres Skelett befand sich im Gang des Grabs.

Les Monts de Grantez

Die Ruine des Grosnez Castle (Grosnez = großes Vorgebirge) thront direkt über der Nordwestspitze von Jersey in eindrucksvoller Lage oberhalb der Steilküste. Die Burg, von der heute im Wesentlichen nur noch die Toreinfahrt mit umgebenden Mauern erhalten ist, wurde im 14. Jh. an diese strategisch günstige Stelle gebaut und hatte während des Hundertjährigen Kriegs eine ausgesprochen wichtige Schutzfunktion. Im Inneren der Anlage fand man die Fundamente von sechs Häusern. Unmittelbar hinter dem Burggelände kommt man zum Grosnez Point mit dem Leuchtfeuer. Von hier oben bietet sich an klaren Tagen ein hervorragender Blick auf die Inseln Guernsey, Jethou, Herm und das am nächsten gelegene Sark.

*Grosnez Castle

St. Ouen erleben

TEAROOM

Le Moulin de Lecq ⊙⊙
Le Mont de la Grève de Lecq
Tel. 48 28 18
www.moulindelecq.com
Sehr beliebtes Ausflugsziel in einer alten
Wassermühle, deren Mühlrad sich auch
heute noch dreht. Drinnen sitzt man ur-
gemütlich auf zwei Ebenen, bei schö-
nem Wetter kann man draußen sitzen.
Gute, preiswerte Gerichte.

Plémont Beach Café ⊙⊙
La Route de Plémont
Tel. 48 20 05
Schönes Café direkt an der Plémont Bay.

Big Vern's ⊙
The Five Mile Road
St. Ouen's Bay
Tel. 48 17 05
Zur »tea time« und auch abends gibt es
gute kleine Gerichte

ÜBERNACHTEN

Coastal Retreat ⊙⊙⊙–⊙⊙⊙⊙
St. Ouen
Tel. 72 52 59
www.jersey.com
Zwischen dem Ort St. Ouen und dem
Meer steht dieses kleine Selbstversorger-
Apartment für zwei Personen. Hübsche
einfache Einrichtung und in der Ferne
kann man sogar das Wasser sehen.

Corbière Phare ⊙⊙⊙
La Rue de la Corbiere
St. Brelade
Tel. 74 61 27 (Restaurant)
Corbiere Phare Apartments
Tel. 48 42 22
www.corbierephare.com
Das Corbière Phare ist ein gutes Restau-
rant mit Blick auf den Leuchtturm. Im
ersten Stock kann man wohnen: es gibt
ein paar schöne Gästezimmer für Selbst-
versorger.

*Le Pinacle Ein kurzer Spaziergang führt von Grosnez Castle aus in südwestli-
cher Richtung an dem mehrstöckigen deutschen Marinepeilstand
vorbei zu der **Felsformation** Le Pinacle, die mehr als 60 m menhir-
artig über der Küste aufragt. Wegen seiner Form ist der Felsen schon
früh Kultstätte gewesen. Man vermutet, dass er auch als Abschlag-
platz zur Herstellung von Äxten gedient hat. Archäologen stießen an
dieser Stelle auf Münzen aus römischer Zeit.

*Plémont Bay Zwischen Grosnez Point und der östlich davon gelegenen Halbinsel
Plémont liegt **eine der landschaftlich schönsten Buchten** Jerseys,
die Plémont Bay, die ihre Schönheit allerdings nur bei Niedrigwasser
entfaltet. Bei Hochwasser ist sie komplett überflutet, worauf man bei
Erkundungen unbedingt achten muss. Bei Ebbe wird ein herrlicher,
feiner Sand frei, zwischen den steilen Felsen tun sich Spalten und
Höhlen auf, und an einigen Stellen bleiben flache Wasserstellen in
kleinen Pools zurück, die sich erwärmen und auch für Kinder hervorragend zum Baden und Planschen geeignet sind.

In der südöstlich von Plémont Bay gelegenen Bucht Grève de Lecq gibt es einen hübschen kleinen Hafen mit einer Straßenpromenade, ein paar Cafés und Hotels. An dem herrlichen Strand findet man einen feinen, leicht rötlichen Sand. Etwas oberhalb der Bucht steht auf dem Parkplatz ein Martello-Turm – dieser war der erste seiner Art auf der Insel.

Grève de Lecq

Der Hafen von Grève de Lecq wurde um 1870 als Fischerhafen angelegt, da die Fischereiflotte in dieser Zeit stark angewachsen war und gerade an der Nordküste Häfen fehlten. Bereits 1879 und nochmals 1885 erlitt er durch Sturmfluten schwere Schäden.

In den Barracken aus dem 19. Jh. gegenüber dem Parkplatz zeigt der National Trust eine Ausstellung zu Flora und Fauna der Insel mit Schwerpunkt auf dem nördlichen Küstenstreifen.

Grève de Lecq Barracks

❶ Mai–Sept. Fr.–So. 11.00–17.00 Uhr, Spende von 2 £ von Nichtmitgliedern des Trust erwünscht, www.nationaltrust.je

Südlich von Grève de Lecq, am Rande des kleinen Weilers Leoville, befindet sich mit Judith Quérée's Garden einer der schönsten Gärten der Insel. Obwohl gerade einmal 1000 m² klein, bietet er doch eine ungewöhnlich große Vielfalt an Pflanzenarten. Beispielsweise finden Besucher dort mehr als 200 Sorten Klematis, einer der Lieblingspflanzen der Besitzerin. Sehenswert ist auch der Sumpfgarten mit seinen über 150 verschiedenen Irisarten. Im Garten verteilen sich mehrere Skulpturen – einige nicht zu übersehen, andere versteckt.

Judith Quérée's Garden

❶ Mai–Sept. Di., Mi. und Do. 11.00 u. 14.00 Uhr Führungen (mit Anmeldung unter Tel. 48 21 91), Eintritt 7 £, www.judithqueree.com

St. Peter

✳ F/G 8

Einwohnerzahl: 5000

Die Gemeinde St. Peter erstreckt sich über einen Großteil des westlichen Inselinneren. An zwei Stellen hat sie Zugang zum Meer: im Süden an einem sehr kleinen Abschnitt der St. Aubin's Bay und im Westen an der St. Ouen's Bay zwischen Rocco Tower und St. Ouen's Pond.

St. Peter Village ist eines der typischen Dörfer im Inselinneren mit einem Eigenleben, das den Touristen meist verborgen bleibt. Hauptstraße ist die vom Durchgangsverkehr geprägte A 12 – allzu idyllisch muss man sich das Dörfchen also nicht vorstellen. Besucher zieht es in erster Linie in die recht schöne Umgebung. Auf dem Gemeindegebiet von St. Peter liegt der Flughafen von Jersey.

SEHENSWERTES IN ST. PETER UND UMGEBUNG

St. Peter's Parish Church Im Ortszentrum steht die Kirche von St. Peter, deren hoher Turm schon von weitem auffällt. Er ist mit 37 m der höchste auf Jersey. Der dreischiffige Bau geht auf eine erste Kirche aus dem Jahr 1053 zurück, die etwa den heutigen Chorraum einnahm und allmählich erweitert wurde. Beachtenswert ist das kunstvolle Granitgewölbe der Vierung. Am linken Nebenaltar fällt eine in die Granitwand geschlagene Nische auf.

*St. Peter's Valley Zu den landschaftlich schönsten Gebieten im Inselinneren gehört St. Peter's Valley, das von der A 11 einmal der Länge nach durchquert wird. An der A 11 befanden sich einst acht Mühlen, daher rührt noch der eigentliche Straßenname **»Le Chemin des Moulins«**. Die Schön-

Moulin de Quétivel, alte Wassermühle im St. Peter´s Valley

St. Peter erleben

ESSEN

Greenhills Country Hotel ⊜⊜⊜
Mont de l'Ecole
Tel. 48 10 42
www.seymourhotels.com
Hervorragendes Hotelrestaurant mit
schönem Ambiente.

Victoria in the Valley ⊜
La Vallee de St.Pierre
Tel. 48 54 98
www.lescharriereshotel.co.uk
Das »Vic in the Valley« ist ein Traditions-
pub mitten in der Landschaft in St.
Peter's Valley. Das Ambiente ist rustikal-
gemütlich, die Pubküche bereitet Sandwiches, Salate, Fleisch- und Pastagerich-
te zu. Bei schönem Wetter sitzt man
auf einer netten Terrasse, im Winter
am Kaminfeuer.

ÜBERNACHTEN

Greenhills Hotel ⊜⊜⊜⊜
Mont de l'Ecole
Tel. 48 10 42
www.seymourhotels.com
Hübsches Landhotel in einem abgeschie-
denen Granithaus aus dem 17. Jh. Mitten in dem sehenswerten Garten kann
man sich am Swimmingpool erholen.
Durchweg elegante und großzügige
Räumlichkeiten, Komfort und Service
werden großgeschrieben; ausgezeichnetes Restaurant.

---

heit der leicht hügeligen und bewaldeten Gegend erschließt sich Fuß-
gängern eigentlich nur auf einem Weg, der ab der Kreuzung
A 11/B 89 parallel zu dem kleinen Wasserlauf in Richtung Nordwesten verläuft. Weiter nördlich bieten sich mehrere schöne Green Lanes
zu Wanderungen an.

Die Moulin de Quétivel, eine hübsche alte **Wassermühle**, die von   ***Moulin de**
Jerseys National Trust unterhalten wird, liegt inmitten der land-   **Quétivel**
schaftlichen Idylle von St. Peter's Valley. Sie ist eine der in früheren
Zeiten acht Mühlen in diesem Tal und heute eine der letzten Insel-
mühlen überhaupt. Das heutige Haus wurde im 18. Jh. gebaut, eine
Mühle existierte aber schon seit dem 14. Jh. an dieser Stelle. Sie ist voll
funktionstüchtig, kommt allerdings nur noch selten zum Mahlen
zum Einsatz. Ein Video und eine Ausstellung informieren über Müh-
lentechniken und Landwirtschaft. Zur Mühle gehört auch ein kleiner
Kräutergarten.
❶ Mai–Sept. Mo., Di. 10.00–17.00 Uhr, Eintritt 3 £, www.nationaltrust.je

Vor der Küste der weiten St. Ouen's Bay sieht man den La Rocco To-   **La Rocco**
wer, den man bei Ebbe sogar zu Fuß erreichen kann. Der La Rocco   **Tower**
Tower ist einer der originalen Martello-Türme der Insel. Zwischen
1796 und 1801 wurde er gebaut und ursprünglich nach General Gor-
don, dem damaligen Lieutenant-Governor, benannt. Seinen heutigen
Namen trägt der Turm nach der kleinen Felsinsel, auf der er steht.

St. Saviour

✦ **H/I 8/9**

Einwohnerzahl: 13 600

Die Gemeinde St. Saviour im östlichen Inselinneren ist ausgesprochen ländlich, wird aber in ihrem Südwesten durch die Ausläufer von St. Helier geprägt. Auf Gemeindegebiet befindet sich unweit der St. Saviour's Parish Church der heutige Sitz des Gouverneurs, der dritte nach Mont Orgueil Castle und Elizabeth Castle.

Nadelöhr-
Zugang zur
Küste

St. Saviour reicht von der Südküste weit nach Norden und mit einem kleinen Querkeil nach Osten. Das schmale Nadelöhr, das die Rampe von Dicq nahe des Havre des Pas in St. Helier als Küstenzugang bildet, verdeutlicht die Regelung, nach der jede Gemeinde Zugang zum Meer haben sollte.

Auf dem Friedhof von St. Saviour ist die legendäre Lilly Langtry begraben.

St. Saviour erleben

ÜBERNACHTEN/ESSEN
Longueville Manor ⓔⓔⓔⓔ
Longueville Road
Tel. 72 55 01
www.longuevillemanor.com
Das beste Hotel der Insel mit viel
Charme im alten Longueville-Herrensitz.

Elegante, gediegene Zimmer und Hotellounges. Großes Parkgelände mit kleinen
Wasserläufen, einem Swimmingpool
und Tennisplatz. Auch das angeschlosse-
ne Restaurant gilt als eines der besten
auf der Insel; besonders gut kann man
hier Fisch und Meeresfrüchte essen.

Zu den schönsten Kirchen auf der Insel zählt die **Pfarrkirche von St.
Saviour**. Die Kirche wurde aus einem rötlichen Granit als zweischif-
figer Bau errichtet. Unüblich ist auf den Inseln der viereckige stump-
fe Turm, der keine Spitze aufweist und dadurch einen besonders
wehrhaften Charakter hat. Berühmtheit erlangte die Kirche von St.
Saviour aber eigentlich nicht wegen ihrer Schönheit, sondern wegen
ihres Friedhofs, auf dem sich das **Grab von Lillie Langtry** befindet,
die im Pfarrhaus auf der Straßenseite gegenüber aufwuchs (▶S. 81).

Einer der bedeutenden alten Herrensitze der Insel liegt im Süden des
Gemeindebezirks. Das Herrenhaus Longueville Manor ist heute ein
exklusives Hotel.

***Longueville
Manor**

✳ Trinity

✦ H/I 7/8

Einwohnerzahl: 3200

**Trinity im Norden ist ländlich geprägt und ausgesprochen
grün. Die Gemeinde hat aber zugleich auch einen sehr langen
Anteil an der felsigen Nordküste. Im Norden von Trinity befindet sich die mit 138 m höchste Erhebung der Insel.**

Etwa 2 km östlich der Dorfkirche liegt die Einfahrt zu dem weit über
Jerseys Grenzen hinaus bekannten »Zoo, der kein Zoo ist«. Studen-
ten, Tierschützer und -freunde kommen aus aller Welt speziell wegen
dieses berühmten Tierparks nach Jersey. Mehr als 250 000 Besucher
jährlich werden hier gezählt. Der Zoo ist eine Gründung von Gerald
Durrell (▶S. 75), der Ende der 1950er-Jahre die Ländereien des Augrès Manor für sein Vorhaben erwerben konnte. Was den Zoo von
Gerald Durrell von anderen unterscheidet, ist die **tierfreundliche
Anlage**, die die Vorlieben der Tiere und nicht die der Besucher in
den Vordergrund stellt. So sollte man sich nicht wundern, wenn Tie-

****Durrell
Wildlife
Conservation
Trust**

Orang Utans in dem berühmten Durrell Wildlife Conservation Trust

re, die versteckte Plätzchen lieben, auch ein solches haben und von der Bildfläche verschwunden sind. Hauptanliegen des Durrell Wildlife Conservation Trust ist die **Aufzucht von bedrohten Tierarten**, die sich im Schutz des Zoos so weit entwickeln können, dass sie anschließend in lebensfähigen Gruppen – zunächst unter schützender Beobachtung – in die Freiheit zurückgeführt werden können. So konnte u. a. der Mauritius-Falke, von dem es zu Beginn der 1970er-Jahre nur noch vier Exemplare gab, Ende der 1990er-Jahre von der roten Liste gestrichen werden. **Wahrzeichen des Zoos ist der Dodo**, ein flugunfähiger Kranichvogel, der seit dem 17. Jh. ausgerottet ist.

Auf dem wunderschönen 25 ha großen Gelände gibt es u. a. einen Wasserlauf mit Flamingos, Kranichen und Reihern, eine Spielfläche für Orang-Utans, ein Reptilienhaus mit seltenen Schlangen- und Schildkrötenarten, einen Gehege für Fledermäuse, ein Lemurenwäldchen, ein Dunkelraum für Aye-Aye, eine Lemurenart aus Madagaskar, und viele Vogelarten. Die Hauptattraktion ist jedoch sicherlich das große Freigehege für Gorillas, wo man das »soziale« Leben dieser Menschenaffen auf hervorragende Weise beobachten kann.

❶ tgl. 9.30–18.00, Winter bis 17.00 Uhr, Eintritt Erw. 14,50 £, Kinder 10 £, www.durrell.org

Eric Young Orchid Foundation Südlich des Durrell Wildlife Conservation Trust empfiehlt sich der Besuch der von Eric Young gegründeten Orchideenfarm. In den Gewächshäusern werden Orchideen aufgezogen und neue Orchideen gezüchtet, Besucher erleben die unglaubliche Farben- und Formen-

Trinity erleben

ESSEN

Trinity Arms €
La Rue des Picots
Tel. 86 46 91
Das einfache und günstige Lokal ist in
einem hübschen Landhaus eingerichtet.

ÜBERNACHTEN

Undercliff Guest House €€
Bouley Bay, Tel. 0800 112 30 58
www.undercliffjersey.com
Self-Catering-Zimmer, -Suiten und
-Apartments in schöner Landschaft in
der Nähe der Bouley Bay. Das hübsche

alte Haus hat einen großen Garten und
einen kleinen beheizten Outdoor-Swim-
mingpool.

SELF-CATERING

Fort Leicester €€€
Bouley Bay
Tel. 63 33 04
www.jerseyheritage.org
Ein ungewöhnliches Self-Catering-Haus
im Besitz von Jersey Heritage, sehr ge-
schmackvoll eingerichtet in einem alten
Fort, dem im Zweiten Weltkrieg noch ein
Bunker angebaut wurde.

vielfalt dieser faszinierenden Gewächse. Das eigentliche Ausstel-
lungshaus ist zudem sehr ansprechend gestaltet.
❶ Feb.–Mitte Dez. Mi.–Sa. 10.00–16.00 Uhr, Eintritt Erw. 4 £, Kinder 1 £,
www.ericyoungorchidfoundation.co.uk

Das Pallot Steam, Motor & General Museum südwestlich der Trinity-   **Steam, Motor**
Kirche zeigt die Sammlung von Don Pallot (1910–1996) – ein Sam-   **& General**
melsurium, das allerlei interessante Maschinen wie Dampflokomoti-   **Museum**
ven, Dampfwalzen, dampfbetriebene Orgeln und Harmoniums,
Traktoren und ein paar Autos aus den 1950er-Jahren umfasst.
❶ April–Okt. Mo.–Sa. 10.00–17.00 Uhr, Eintritt Erw. 6 £, Kinder 2.£, www.
pallotmuseum.co.uk

Die kleine Bouley Bay ist die einzige in der Gemeinde Trinity, die   **Bouley Bay**
man mit dem Auto erreichen kann. Eine schmale Straße führt in
zahlreichen Windungen durch ein Wäldchen hinunter. Unten liegt
die malerische Bucht, an der nicht viel los ist – im Wesentlichen steht
hier nur ein Hotel. Der kleine Strand besteht aus Kieseln.

GUERNSEY

Fläche: 65 km²
Bevölkerungszahl: 63 000

Guernsey ist nach Jersey die zweitgrößte Kanalinsel. Sie ist die westlichste der gesamten Inselgruppe und in dieser Lage Wind und Wetter stärker ausgesetzt als Jersey. Von wilder Schönheit ist vor allem die Südküste. Auf dem Klippenweg kann man sich diese Küste erwandern und das Zusammenspiel aus bunten Blumenwiesen, Felslandschaften und stillen Buchten kennenlernen.

Die »Diamanten« von Guernsey

Guernsey – frz. Guernesey – liegt etwa 30 km nordwestlich von Jersey und 36 km südwestlich von Alderney. Die 65 km² große Insel bildet ein Dreieck, dessen Südküste und Ostküste mit knapp 10 km fast gleich lang sind. Die Nordküste verläuft mit einer Länge von 13,5 km in Südwest-Nordost-Richtung. Auf Guernsey sind die Temperaturen im Schnitt etwa 2 °C niedriger als auf Jersey, das tiefer im schützenden Golf von St. Malo liegt. Deshalb wird dem Pflanzenwachstum auf Guernsey in Gewächshäusern auf die Sprünge geholfen – diese sind ein **Markenzeichen der Insel**, wie bei der Ankunft per Flugzeug an einem Sonnentag deutlich wird, wenn von unten zahlreiche glitzernde »Diamanten« das Sonnenlicht reflektieren.

**Küsten-landschaft

Da die Inseloberfläche von Süden nach Norden abfällt, hat Guernsey zwei vollkommen unterschiedliche Küsten. Die **Südküste**, die bis auf über 90 m ansteigt, ist durchweg Steilküste – vor allem im Südosten gibt es äußerst malerische Buchten zwischen dicht bewachsenen Steilhängen und kleineren pittoresken Felsformationen. Die Küste, die sich **von Nordosten nach Südwesten** zieht, ist dagegen größtenteils flach, hier findet man die langen Sandstrände und kleinere, von Dünen gesäumte Sandbuchten. Die flachen Strände und Buchten werden bei Niedrigwasser um ein Mehrfaches breiter, und in den meisten zeigen sich dann zwischen längeren oder kürzeren Sandstränden auch felsige Abschnitte. Die **Ostküste** steigt südlich von St. Peter Port abrupt an und ist landschaftlich ähnlich eindrucksvoll wie die Südküste, in nördlicher Richtung geht das Häusermeer von St. Peter Port unmittelbar in die kleine Hafenstadt St. Sampson und das Industriegebiet von Guernsey über.

Inselinneres

Das Inselinnere ist relativ stark zersiedelt. Doch findet man im Süden und Südwesten noch abgelegene, idyllische Fleckchen mit lieblichen Wiesenlandschaften, die sich über flaches Hügelland ziehen. Zur Küste hin gibt es an einigen Stellen im Süden kleine Wäldchen. Der

Belvedere House bei St. Peter Port mit Blick auf die Nachbarinseln

Norden und Nordosten ist überwiegend Flachland, im äußersten Nordosten erstreckt sich Guernseys ausgedehnteste Dünenlandschaft.

Guernsey ist die Hauptinsel des Bailiwick of Guernsey, zu dem auch Alderney, Sark, Herm und die kleinen Eilande bzw. Felsen Brecqhou, Jethou, Lihou, Ortac, Burhou und Les Casquets gehören. Insgesamt leben im Bailiwick etwa 63 000 Menschen. Alderney und vor allem Sark haben jedoch eine relativ große Unabhängigkeit mit eigener Gesetzgebung und eigenem Gericht. Das Inselparlament des Bailiwick of Guernsey (States of Deliberation) besteht aus 58 Mitgliedern mit vollem Stimmrecht: dem **Bailiff**, 45 gewählten Abgeordneten, zwei Vertretern von Alderney sowie dem Procureur und dem Comptroller, beide von der Krone ernannt. Bailiff, Procureur und Comptroller sind allerdings nicht stimmberechtigt. Die States tagen jeweils am letzten Mittwoch im Monat.

Bailiwick of Guernsey

Die Insel Guernsey selbst ist in die zehn Gemeinden (»parishes«) St. Peter Port, Castel, Forest, St. Andrew, St. Martin, St. Peter in the Wood, St. Sampson, St. Saviour, Torteval und Vale unterteilt. Diese Gemeinden sind traditionell sowohl kirchliche als auch politische Einheiten. Die Verwaltung innerhalb einer Gemeinde liegt in den Händen der »Douzaine«, einem traditionell – und dem Namen entsprechend – aus zwölf Gemeindemitgliedern bestehenden Rat.

Gemeinden

Der antike Name der Inseln lautete Sarmia. Im Mittelalter bildete sich allmählich der heutige Name Guernsey heraus, dessen Bedeutung bis auf die Endsilbe -ey für »Insel« nicht bekannt ist. Möglicherweise

Inselnamen

leitet er sich von einem Normannenführer namens **Guernin** ab. Bezeichnungen wie Garnereia, Gernere, Gerneroi oder Guernereye sind ebenfalls überliefert.

Die »donkeys«

Insbesondere von den Jersianern werden die Inselbewohner von Guernsey als »donkeys« bezeichnet – als sture, spießige Esel – was die Konkurrenz zwischen den Inseln deutlich zum Ausdruck bringt. Auf Guernsey heißt es, wer mit 25 Jahren noch nicht in festen Händen ist und auch noch nie in London war, ein »donkey« sei. Letztlich sind die Menschen auf Guernsey aber stolz darauf, »donkeys« zu sein, und eine bekannte Karikatur, die anlässlich der Befreiung von der deutschen Besatzung Ende des Zweiten Weltkriegs entstand, zeigt einen selbstbewussten und frechen Esel, der den Deutschen einen kräftigen Huftritt gibt. Die meisten Insulaner wohnen in der Hauptstadt St. Peter Port; daneben gibt es viele Dörfer, deren Häuser teilweise weit zerstreut in der Landschaft liegen, sowie das kleinere Städtchen St. Sampson. Wie auf Jersey gibt es auf Guernsey ein Krankenhaus, Kirchen verschiedener Glaubensrichtungen, alle Schularten mitsamt diverser Ausbildungsmöglichkeiten und keine Universität. Die »zufriedene« Bevölkerung stammt zu 64,4 % von der Insel selbst, also nur knapp 39 000 Bewohner sind gebürtig von Guernsey. Das restliche Drittel der Inselbevölkerung sind **gut betuchte Zugewanderte**. Da die Bevölkerungsdichte mit 861 Personen pro km² inzwischen sehr hoch ist, versucht man, die Zuwanderung durch Gesetze einzudämmen. Andererseits ist man an den Steuereinnahmen der Zuwanderer interessiert. Ebenso wie auf Jersey gibt es auf Guernsey neben einem **lokalen Immobilienmarkt** – der nur **für Einheimische** und Personen, die einen auf der Insel benötigten Beruf ausüben, zugänglich ist – einen offenen Markt für die Zugezogenen, auf dem erheblich höhere Preise gezahlt werden müssen.

? BAEDEKER WISSEN

Glückliche Bewohner

Die »donkeys« können sich in puncto Glück offenbar nicht beklagen: Einer Umfrage zufolge bezeichneten sich die Inselbewohner überwiegend als »ganz glücklich« oder als »recht glücklich«. Vielleicht weil fast jeder jeden kennt oder wegen der Meerluft?

Finanzwirtschaft und Tourismus

Finanzgewerbe und Unternehmungsdienstleistungen spielen in der Wirtschaft Guernseys mit einem Anteil von knapp 50 % am Bruttoinlandsprodukt immer noch die bedeutendste Rolle. Es gibt zahlreiche Banken auf der Insel, außerdem haben Tausende von Firmen, meist **Briefkastenfirmen**, hier ihren Sitz. Anders als auf Jersey liegt das Gewicht der Finanzindustrie auf hauseigenen Versicherungsgesellschaften steuersparender Konzerne. Zweitstärkster Wirtschaftszweig ist der Tourismus, auch wenn seine Bedeutung in den letzten zehn bis zwölf Jahren spürbar zurückgegangen ist. Den Besuchern der Insel stehen aber immerhin noch 3350 Betten in 1560 Zimmern zur Verfügung. Stark entwickelt hat sich der **Einzelhandel**, nicht zuletzt begünstigt durch die zahlreichen Tagestouristen, die von Frankreich aus anreisen. Der einstmals so bedeutende **landwirtschaftliche Sektor** schlägt mit weniger als 5 % des Bruttoinlandsprodukts zu Buche.

Neben der Milchwirtschaft ist für Guernsey der Anbau in Gewächshäusern wichtig. Früher wuchsen Weinreben in den Gewächshäusern, daher tragen sie noch heute den Namen »vineries«. In den »vineries« wurden dann lange hauptsächlich Tomaten gezogen, die berühmten **»Guernsey-Toms«**, die 1865 von Spaniern nach Guernsey gebracht worden waren. Über Jahrzehnte waren sie ein bedeutender Exportartikel für den englischen Markt, in der Zeit des Ersten Weltkriegs gab es einen regelrechten Boom. Ein erster großer Einbruch kam mit der Ölkrise in den 1970er-Jahren, als es relativ kostspielig wurde, die Treibhäuser zu heizen. Mit Englands Beitritt zur EU verlor Guernsey die Monopolstellung im Tomatenhandel. Heute werden in den »vineries« in erster Linie Schnittblumen – Rosen, Freesien und Nelken – sowie Topfpflanzen für den Export angebaut.

Gewächshäuser

Auf Guernsey sind insgesamt über 60 000 Fahrzeuge gemeldet – das **Autokennzeichen** besteht nur aus einer maximal fünfstelligen Zahl, lediglich bei Verlassen der Insel bekommen die Autos das zusätzliche Kennzeichen GBG. Guernseys **schmale Straßen** sind meist sehr befahren, und die hohe Verkehrsdichte ist eines der Probleme auf der Insel, besonders in St. Peter Port, wo Parkraum sehr knapp ist. Das Straßennetz ist gut ausgebaut, eine der Hauptstraßen führt um die gesamte Insel herum. Der öffentliche Verkehr wird durch ein dichtes Busnetz abgedeckt. Auf dem Guernsey Airport werden jährlich knapp 1 Million Passagiere ins Ausland und zu den Kanalinseln Alderney und Jersey abgefertigt. Die Nachbarinseln Sark und Herm sind durch einen regelmäßigen Schiffsverkehr mit St. Peter Port verbunden, auch nach Jersey besteht Schiffsverkehr.

Verkehr

Dass auf Guernsey und den Nachbarinseln relativ viele megalithische Grabanlagen erhalten sind und die Grabbeigaben in Museen ausgestellt werden, ist in erster Linie Frederick Corbin Lukis (1788 bis 1871) zu verdanken. Er entstammte der **bedeutenden Inselfamilie** Lukis mit Sitz in der Ortschaft Grange. F. C. Lukis, dessen Namen man in Zusammenhang mit Ausgrabungsstätten überall auf den Inseln begegnet, wurde eher durch einen Zufallsfund zum Archäologen. Lukis und seine Kinder nahmen viele Ausgrabungen vor und stellten eine große Privatsammlung von Pfeilspitzen, Knochennadeln, Dolchen, Äxten, Keramikscherben, Urnen etc. zusammen, die sie 1907 den States of Guernsey übergaben.

Archäologenfamilie Lukis

Guernsey

Saline Bay

Cobo Bay Cobo

Albeck

Vazon
Bay

CASTEL

Perelle
Bay

L'Erée
Bay Richmond

*Lihou
Island* King's Mills

**Fort
Saumarez** L'Erée

ST. SAVIOUR

Les Lohiers

Rocquaine
Bay

Les Buttes

**Little
Chapel**

Le Catillion

Fort Grey

✈ **Airport**

**ST. PETER
IN THE WOOD**

**ST. PIERRE
DU BOIS**

Pleinmont La
Villiaze

**German
Occupation
Museum**

TORTEVAL

Les Laurens

FOREST

0   1 km

0,5 Miles

Baie de
la Forge Belle
Elizabeth

Havre de
Bon Repos Corbière
Bay Le
Gouffre

© BAEDEKER

Fontenelle Bay

Mont Cuet

L'Ancresse Bay

Golfplatz

L'Ancresse

La Fontenelle

Grande Havre

Clos du Valle

Le Marais

Pulias

Portinfer Bay

Bordeaux

Bordeaux Harbour

VALE

Grandes Roques

Oatlands Village

Saltpans

Vingtaine de l'Epine

ST. SAMPSON

VALE

Camp du Roi

La Tonelle

Belle Greve Bay

Saumarez Park

Les Quartiers

La Chaumiere

ST. PETER PORT

Bailiffs Cross

Castle Cornet

Havelet Bay

ST. ANDREW

Le Mont Durant

German Military Underground Hospital

Les Huriaux

Fort George

Soldiers Bay

Les Naftiaux

Sausmarez Manor

Fermain Bay

La Villette

ST. MARTIN

La Fosse

Moulin Huet Bay

Petit Bôt Bay

La Bette Bay

Saint's Bay

St Martin's Point

Telegraph Bay

Jerbourg Point

Icart Point

GESCHICHTE

Megalithen Guernsey wurde nach der letzten Eiszeit ab 10 000 v. Chr. allmählich vom Kontinent abgetrennt. Die frühesten kulturellen Hinterlassenschaften sind auch auf Guernsey Megalithanlagen, die die Besiedlung um 4500 v. Chr. dokumentieren. Nahe der King's Road in St. Peter Port entdeckte man die relativ gut erhaltene Leiche eines **eisenzeitlichen Kriegers**, der ein **Schwert mit Dekorationen im La-Tène-Stil** bei sich trug. Zu römischer Zeit gab es in St. Peter Port eine Hafensiedlung, die in ihrer Bauweise römische Einflüsse aufweist. Guernsey hieß damals Lesia; andere Quellen nennen Sarnia als römischen Namen sowohl für Guernsey als auch für das benachbarte Sark.

Ein Wrack aus römischer Zeit Der Fund eines **Wracks aus römischer Zeit** im Hafen von St. Peter Port zeugt ebenfalls von einem relativ engen Kontakt der Insulaner zur römischen Bevölkerung und Kultur. Die Christianisierung der Insel erfolgte ab etwa 600 durch den keltischen Missionar St. Sampson, der vermutlich im Nordosten der Insel, in der heutigen Gemeinde St. Sampson, gelandet ist. Erste kleine Abteien gab es auf der damaligen Insel Clos du Valle nördlich von St. Sampson und auf dem Eiland Lihou.

Festung gegen Frankreich Im 11. Jh. wurde Guernsey in zwei gleich große Lehnsgüter aufgeteilt. Nachdem sich die Inseln im 13. Jh. als letzter Teil des Herzogtums Normandie für den englischen König als Regenten ausgesprochen hatten, war Guernsey über Jahrhunderte hinweg ständig den Angriffen der Franzosen ausgesetzt. Castle Cornet, Vale Castle und Château de Marais entstanden, und noch im 19. Jh. wurden an den Küsten militärische Schutzbefestigungen gebaut. Die Bewohner von Guernsey waren im Vergleich zu den Jersianern stets **weniger loyal dem englischen König gegenüber**, was zur Zeit des englischen Bürgerkriegs im 17. Jh. zu massiven Spannungen zwischen dem damaligen Gouverneur, dem königstreuen Sir Peter Osborne, und der Bevölkerung führte.

Piraterie und Schmuggel Im frühen 17. Jh. lebten etwa 7500 Menschen auf Guernsey; mit zunehmendem Reichtum, den Seehandel – aber auch Piraterie und Schmuggel – auf die Insel brachten, wuchs die Bevölkerungszahl bis 1800 auf 16 155 Menschen, und Ende des 19. Jh.s waren es doppelt so viele. In seinem Roman **»Les Travailleurs de la Mer«** beschreibt **Victor Hugo** (1802–1885) den Schmuggel sehr eindrücklich: »In jener Zeit kamen die spanischen Schmugglerschiffe bis nach Guernsey. Sie brachten Zigarren aus Havanna und Wein von Xeres, welchen die Engländer Sherry nennen. (...) Über alle Zweifel sicher ist, daß keine Woche verging, ohne daß in der Baie des Saints oder bei Pleinmont ein oder zwei dieser Schiffe anlangten. Das nahm sich beinahe wie ein regelmäßiger Verkehr aus. Eine Höhle am Meer bei Sercq hieß oder heißt heute noch »der Laden«, weil die Schmuggler in dieser Grotte ihre Ware feilhielten. Für die Bedürfnisse dieses Handels hatte sich im Ärmelkanal eine Art Paschersprache herausgebildet, die nun der Vergessenheit anheimgefallen ist. Sie verhielt sich zum Spanischen, wie sich das Levantinische zum Italienischen verhält. An vielen Punkten der englischen und der französischen Küste herrschte zwischen dem Schmugglervolk und dem konzessionierten, steuerpflichtigen Handel ein heimliches Einverständnis. Die Konterbande fand bei so manchem reichen Geldmann Einlaß, freilich nur durch die Hintertür, und ergoß sich unterirdisch in den Handel und durch das ganze Geäder des Geschäftsverkehrs. Ehrliche Kaufleute von vorne, Schmuggler von hinten: das war die Geschichte vieler Vermögen. Séguin behauptete es von Bourgain; Bourgain behauptete es von Séguin. Wir können für ihre Behauptungen nicht einstehen; vielleicht verleumdeten sie sich gegenseitig. Wie dem auch sei, der von der Justiz verfolgte Schleichhandel erfreute sich gewogener Gönner in der Welt der Begüterten und stand so mit der »besten Gesellschaft« in Verbindung. Die Diebeshöhle, in der einst der Schmugglerhauptmann Mandrin mit dem Grafen von Charolais zusammentraf, präsentierte sich nach außen hin ehrbar und zeigte der Gesellschaft eine untadelige Fassade, genau wie ein gutes Bürgerhaus.«

In Familienbesitz oder von Zuwanderen erworben: schöne Cottages

19. und 20. Jh. Die mächtigsten Familien von Guernsey waren die Le Mesurier, Le Cocq, Sausmarez, Andros, Priaulx, Carey, Lukis – Namen, die teilweise auch auf den anderen Kanalinseln Bedeutung hatten. Während der Amtszeit des Lieutenant-Governors Doyle von 1803 bis 1816 wurde der schmale **Meeresgraben »Braye«** trocken gelegt, wodurch die Insel Clos du Valle nordöstlich von Guernsey an den Inselkörper angeschlossen wurde; außerdem wurde in dieser Zeit das Straßennetz ausgebaut. Im Jahr 1879 eröffnete man eine **dampfbetriebene Straßenbahnlinie** zwischen den bedeutendsten Orten St. Peter Port und St. Sampson, dem kleinen Hafenort, über den im 19. Jh. ein Großteil des für Guernsey wichtigen Granitexports abgewickelt wurde. Wie auch auf den anderen Inseln brachte die **deutsche Besatzung** einen großen Einschnitt für die Insel. Von den etwa 42 000 Insulanern wurden 17 000 evakuiert. Nach dem Krieg wurde die Wirtschaft schnell wieder angekurbelt. Als das Geschäft mit Tomaten rückläufig war, senkte man die Einkommenssteuer und zog so die Finanzindustrie auch nach Guernsey; der Tourismus wurde aufgebaut.

Castel

✳ B/C 2/3

Einwohnerzahl: 9000

Der Ort Castel bzw. Câtel im Westen der Insel hat an seiner Küste die schönsten Sandstrände von Guernsey. Zu Guernseys größter Gemeinde gehören die attraktive Cobo Bay mit dem Küstendorf Cobo und dem Saumarez Park, deren Besuch man sich nicht entgehen lassen sollte.

*Cobo Bay Die Cobo Bay mit langen Sandstränden zwischen Felsabschnitten ist bei Touristen und Einheimischen gleichermaßen beliebt und eignet sich ausgezeichnet zum Surfen. Vor allem Familien mit Kindern kommen an diesen Badeplatz, an dem man den Tag mit Strandboccia oder Sandburgenbauen verstreichen lassen kann. An der Uferstraße stehen außer den Häuschen von Cobo auch kleinere Hotels.

Fort Guet Südlich oberhalb der Cobo Bay liegt versteckt in einem Pinienwäldchen die Ruine des Fort Guet, das zu Beginn des 19. Jh.s gebaut wurde. Bereits im 16. Jh. hatte es hier oben einen **Beobachtungspunkt** gegeben. Von oben bietet sich ein schöner Blick auf die Häuschen von Cobo und die Cobo Bay.

Vazon Bay Die benachbarte Vazon Bay gibt bei Niedrigwasser einen noch breiteren Sandstrand frei, auf dem hin und wieder Strandbike-Rennen stattfinden. Wie in der Cobo Bay gibt es auch hier felsige Abschnitte.

Castel erleben

ÜBERNACHTEN/ESSEN

Waves Apart Hotel ●●●●
Vazon Coast Road
Tel. 25 62 46
www.wavesguernsey.com
Modernes Hotel mit kleinen, geschmackvoll eingerichteten Apartments nahe der Vazon Bay.

Cobo Bay Hotel ●●●
Cobo Bay
Tel. 25 71 02
www.cobobayhotel.com
Das Hotel liegt zwar an der Straße, dafür aber direkt an der Cobo Bay, auf die man einen wunderschönen Blick hat. Einige der Zimmer haben Balkone. Unmittelbar vor dem Hotel gibt es einen großen Sandstrand. Mit Sauna, Solarium, Sonnenterrasse und Restaurant.

Fleur du Jardin Hotel ●●●
King's Mills, Castel
Tel. 25 79 96
www.fleurdujardin.com
Schönes Landhotel in einem restaurierten alten Bauernhaus, geschmackvoll eingerichtete Zimmer. Herrlicher Garten mit Swimmingpool. Angeschlossen ist ein Restaurant mit guter Küche.

Auch die Vazon Bay wird sowohl von Familien mit Kindern als auch von Schwimmern gern besucht und ist ebenfalls eine hervorragende Surfbucht.

Fort Hommet Gun Casemat

Auf dem Landvorsprung zwischen den beiden Buchten wurde im 19. Jh. das Fort Hommet errichtet, von dem noch Reste erhalten sind. Die Deutschen nutzten auch diesen strategischen Punkt und errichteten Bunker, die Teil der **Verteidigungslinie »Stützpunkt Rotenstein«** an der Westküste waren. Einer der 1943 gebauten Bunker ist als Museum Fort Hommet Gun Casemat eingerichtet.
❶ April–Okt. Di. u. Sa. 14.00–17.00 Uhr, Eintritt Erw. 2,50 £, Kinder 1 £

Saumarez Park/Folk & Costume Museum

Südöstlich der Cobo Bay liegt das einstige Anwesen der Saumarez-Familie, das heute als Park öffentlich zugänglich und beliebtes Ausflugsziel für Familien ist. Der größte Teil ist eine englische Gartenanlage mit weiten Rasenflächen und altem Baumbestand, außerdem gibt es einen Rosengarten und einen kleinen Japanischen Garten. Das Herrenhaus ist heute Altersheim. In den ehemaligen Stallgebäuden hat der **National Trust das Folk & Costume Museum** eingerichtet, in dem man einen Einblick in das frühere ländliche Leben auf Guernsey erhält und vor allem etwas über das Dasein der Inselkinder erfährt. Nachgebildet wurden eine Küche, ein Schlafzimmer, eine »gute Stube«, ein Schulraum, ein Waschhaus. Zudem sind hier auch eine Cider-Scheune und eine Sammlung landwirtschaftlicher Geräte und alter Kutschen zu sehen.
❶ Mitte März–Ende Okt. tgl. 10.00–17.00 Uhr, Eintritt Erw. 5 £, Kinder frei, www.nationaltrust-gsy.org.gg

Castel Parish Church Die Kirche Sainte Marie du Câtel steht südöstlich des Saumarez Parks auf einem Hügel, auf dem es früher eine Burg gab. Von dieser einstigen Burg rührt wohl auch der Name der Gemeinde. Die Kirche wurde bereits im 12. Jh. erwähnt. Innen sind **Wandmalereien** aus dem 13. Jh. erhalten, die u. a. eine Abendmahlsszene zeigen sowie Abbildungen von verwesenden Leichen. Vor der Kirche steht eine Art **Menhir**, wahrscheinlich aus dem 6. Jh., von dem man annimmt, dass er ähnlich wie die bekannte Gran'mère du Chimquière (▶St. Martin) eine weibliche Gottheit verkörpert. Ein steinerner Sitzplatz davor war im Mittelalter vermutlich für den Richter bestimmt.

✳ Forest

 B/C 3/4

Einwohnerzahl: 1550

Auf dem Gemeindegebiet von Forest im Zentrum der Süd-küste gibt es – wie der Name verrät – ein kleines Wäldchen, das sich zur Petit Bôt Bay hinunterzieht. Vermutlich war das Gebiet einst viel waldreicher als heutzutage. Im Norden liegt auf Gemeindefläche ein Teil des Flughafens.

✳✳Cliffpath Wunderschön ist auch hier der Küstenabschnitt, den man auf dem Klippenwanderweg (»cliffpath«) erwandern kann (▶ S. 231).

✳Petit Bôt Bay Landschaftliches Schmuckstück der Gemeinde ist die idyllische kleine Badebucht Petit Bôt Bay, in die sich zwei Sträßchen hinunterwinden. Aus zwei Tälern fließen kleine Wasserläufe hinunter in die Bucht. Die hübsche Petit Bôt Bay liegt geschützt zwischen begrünten Felsen und ist auch für Kinder geeignet. Bei Flut hat sie einen Kiesstrand, bei Niedrigwasser kommt ein Sandstrand zum Vorschein. Bei Ebbe kann man zwei Höhlen erkunden.

Forest erleben

ESSEN
Le Gouffre ⬤⬤
Le Gouffre, Tel. 26 41 21
Mitten in der Landschaft am Cliffpath. Am schönsten sitzt man draußen mit Meerblick durch eine Schlucht. Zum Genießen sind gut zubereitete Meeresfrüchte, aber auch Kaffee und Kuchen.

ÜBERNACHTEN
Le Chêne Hotel ⬤⬤⬤
Forest Road
Tel. 23 55 66
www.lechene.co.uk
Angenehmes ländliches Familienhotel in der Nähe der Petit Bôt Bay. Zimmer, Apartments, Swimmingpool.

Unweit der Hauptstraße Le Bourg steht mitten in den hügeligen Wiesen die zweischiffige Pfarrkirche Sainte Marguerite de la Forêt. 1048 wurde das Kirchlein in der Royal Charter erstmals erwähnt, jedoch existierte es wohl auch zu diesem Zeitpunkt schon länger. Ältester Teil ist das östliche Ende des Südschiffs, wo heute die Orgel steht, anschließend baute man den Glockenturm. Der etwas **gedrungene Kirchturm mit den vier kleinen Spitztürmchen an der Basis** ist typisch für die Bauweise auf Guernsey.

Forest Parish Church

Südlich der Forest Parish Church informiert das German Occupation **Museum über die deutsche Besatzung**. Sehr anschaulich werden der Alltag der Insulaner während der Kriegsjahre und die Auswirkungen der Nahrungsmittelknappheit auf das häusliche Leben anhand von privaten Fotoalben, Dokumenten, Bekanntmachungen, Zeitungsausschnitten, Waffen und Geräten gezeigt. Eine ganze Straße (Occupation Street) wurde mit Figuren, Fahrzeugen, Telefonzelle etc. nachgestellt. Gezeigt wird außerdem ein informatives Video über diese Zeit auf Guernsey und über die Befreiung der Insel. Nach dem Rundgang kann man sich in einem idyllischen kleinen Teegarten niederlassen.

*German Occupation Museum

❶ April–Okt. tgl. 10.00–16.30, Nov.–März 10.00–13.00 Uhr, Mo. geschl., Eintritt Erw. 5 £, Kinder 2,50 £, www.germanoccupationmuseum.co.uk

✴ St. Andrew

✴ B/C 3

Einwohnerzahl: 2400

St. Andrew im südöstlichen Inselzentrum ist die einzige Inselgemeinde ohne Küstenabschnitt. Nach Westen hin ist die Gemeinde sehr ländlich geprägt und hat geradezu romantische Flecken mit leicht gewellten Wiesen und Feldern, im Osten spürt man noch die Nähe des benachbarten St. Peter Port.

Ein ansehnliches Kuriosum und das bestbesuchte Touristenziel Guernseys ist die Little Chapel nordöstlich vom Flughafen. Sie macht ihrem Namen alle Ehre, denn sie ist angeblich die **kleinste Kirche der Welt**. Das mit Muscheln und Porzellanscherben übersäte Kirchlein ist das Werk von Déodat, Mitglied der De La Salle Bruderschaft, die 1904 nach Guernsey kam, als sie in Frankreich verboten worden war. Déodat verliebte sich in das in der Tat sehr hübsche Tal und beschloss, hier eine **Miniaturausgabe der Kirche von Lourdes** zu bauen. Er begann seine Arbeit im März 1914, riss die halbfertige Kirche aber wieder ein, da sie bereits in diesem Zustand Gegenstand von Witzen und herber Kritik geworden war. Schließlich baute er doch

*Little Chapel

Little Chapel – für kleine Kirchgänger gerade groß genug

weiter – allerdings zerstörte er sie 1923 angeblich nochmals, als der Bischof von Portsmouth hier eine Messe halten wollte, als großgewachsener Mann aber nicht aufrecht in der kleinen Kirche stehen konnte. Die heutige Little Chapel wurde 1925 fertig, das Porzellan nach einem Aufruf in der Zeitung von vielen Insulanern gebracht.

**German Military Underground Hospital

Unweit östlich der Little Chapel kann man in einer wunderschönen, leicht hügeligen Wiesenlandschaft das **German Military Underground Hospital** besichtigen. Es bringt seine Besucher nicht nur physisch zum Frösteln. Die unterirdischen Schächte, die von Zwangsarbeitern aus Frankreich, Spanien, Marokko, Algerien, Belgien, Holland, Polen und Russland in den Berg gehauen werden mussten – eine Arbeit, bei der es zahlreiche Tote gab –, dienten nach der Invasion der Alliierten in der Normandie für drei Monate als Krankenhaus für deutsche Verwundete. Es war für 800 Patienten angelegt und sollte im Notfall die drei- bis vierfache Anzahl aufnehmen können. Nach drei oder vier Wochen in dem sonnenlichtlosen Krankenlager waren die Verwundeten aschfahl, nach sechs Wochen wurden sie nach draußen gebracht, als man sicher war, dass es keinen Angriff der Alliierten auf die Insel gab. Das Inventar nahmen die Deutschen teilweise mit, teilweise wurde es 1945 von den Briten ausgeräumt. Heute gehen Besucher oft allein durch die grauenvollen, leeren Gänge, in denen es von den Decken tropft und jeder Schritt widerhallt. An einigen Stellen sind noch ein paar rostige Feldbetten zu sehen.

❶ April tgl. 14.00–16.00, Mai–Okt. tgl. 10.00–12.00 u. 14.00–16.00 Uhr, Nov. und März eingeschränkte Öffnungszeiten, Dez. bis Ende Febr. geschl., Eintritt Erw. 3,50 £, Kinder 1 £

In der Nähe einer Quelle, der man heilende Wirkung zusprach, wurde im 12. Jh. eine kleine Kirche errichtet. Der Bau wurde im 15. Jh. etwa auf die heutige Größe erweitert. Um die Kirche zieht sich ein hübscher alter Friedhof.

St. Andrew's Church

★ St. Martin

✦ C/D 3/4

Einwohnerzahl: 6500

St. Martin liegt im Südosten der Insel Guernsey an einem der schönsten Küstenabschnitte der Insel. Auch der kleine Ort selbst lohnt einen Besuch; hier kann man schöne Spaziergänge durch die teilweise sehr malerischen Straßen in Richtung Icart Point machen.

St. Martin's Parish Church wartet schon an der Eingangspforte zum Friedhof mit einer der wichtigsten Inselsehenswürdigkeiten auf. Der berühmte Menhir, die ***Gran'mère du Chimquière** (Großmutter des Friedhofs), gilt als **Erd- oder Muttergottheit**. Sie wurde in zwei unterschiedlichen Epochen gestaltet. Etwa **2500 – 1800 v. Chr.** wurde der 1,5 m hohe Granitmenhir zu einer weiblichen Figur mit Brüsten, verschränkten Armen und einem Gürtel bearbeitet. In spätrömischer Zeit um 200 – 300 n. Chr. verstärkte man die Gesichtslinien, meißelte Locken um das Gesicht herum und gab ihr einen Mantelumhang. Zu bestimmten Anlässen wird die Gran'mère du Chimquière mit der Bitte um Fruchtbarkeit und Glück mit Münzen bedacht oder mit Blumensträußen und Blumenkränzen um den Hals oder im Haar geschmückt.
Die zweischiffige Kirche geht auf das 11. Jh. zurück, lange Zeit war sie die **Familienkirche der Sausmarez**. Innen sind Gedenktafeln für Mitglieder der Sausmarez und der Familie Andros zu sehen. Ein Fenster an der Südseite zeigt St. Martin und das Wappen von Tour, wo der Heilige im 4. Jh. das Amt des Bischofs innehatte. Außerdem sind die Wappen von Frankreich und England zu sehen sowie das Wappen von Coutance, da die Kanalinseln jahrhundertelang dem Bischof von Coutance unterstanden.

St. Martin's Parish Church

Sausmarez Manor ist Sitz der Familie Sausmarez, ein Familienzweig der Samarès auf Jersey, der seit dem 13. Jh. auch auf Guernsey bezeugt ist. Heute trifft man hier auf den Familiennamen in zweifacher Version: Sausmarez und Saumarez. Die **Namensänderung** ging unter männlichen Familienmitgliedern der Sausmarez vonstatten, die in der englischen Armee tätig waren und ungern ihren französischen Namen präsentierten. Sausmarez Manor geht auf ein erstes, wesent-

*Sausmarez Manor

St. Martin erleben

ÜBERNACHTEN/ESSEN

Bella Luce Hotel ⊛⊛⊛⊛
La Fosse
Tel. 23 87 64
www.bellalucehotel.com
Kleines, idyllisches Hotel in einem alten
Herrensitz. Die Zimmer sind komfortabel
ausgestattet, es gibt einen Swimming-
pool im Freien. Gutes Restaurant.

Fermain Valley Hotel ⊛⊛⊛
Fermain Lane
Tel. 23 56 66
www.fermainvalley.com
Gediegenes Hotel in der schönen Fer-
main Bay. Großzügige, hell eingerichtete
Zimmer mit allem Komfort. Zum Hotel
gehören ein gutes Restaurant und eine
Brasserie. Große Terrasse, Swimming-
pool und Sauna.

Hotel Jerbourg ⊛⊛⊛
Jerbourg Point
Tel. 23 88 26
www.hoteljerbourg.com
Das Hotel hat eine einmalig schöne Lage
ruhig und hoch oben auf den Felsen.
Man kann den Blick über das Meer und
die Inseln Herm und Sark schweifen lassen. Direkt unterhalb zieht sich der berühmte Klippenpfad die Küste entlang.

Komfortabel ausgestattete Zimmer,
Swimmingpool. Das Hotelrestaurant
»Les Trois Isles« bietet u. a. gut zuberei-
tete Fischgerichte.

Saints Bay Hotel ⊛⊛⊛
Icart Point
Tel. 23 88 88
www.saintsbayhotel.com
Mitten in der Landschaft nur ein paar
Meter vom »cliffpath« entfernt. Einfa-
che, gepflegte Zimmer und ein kleiner
Garten mit einem Swimmingpool. Zum
Hotel gehört ein Restaurant.

*La Barbarie Hotel
& Self Catering* ⊛⊛⊛
Saints Road, Saints Bay
St. Martin, Guernsey
Tel. 23 52 17
www.labarbariehotel.com
Die Anlage bietet schöne Ferienwohnun-
gen und ein Hotel.

Sunnydene Hotel ⊛⊛
Rue des Marettes
Tel. 23 68 70
www.sunnydenecountryhotel.co.uk
Liebevoll geführtes Hotel mit ländlichem
Charme. Moderner Komfort, Garten
und Pool. Gutes kleines Restaurant.

lich kleineres Herrenhaus aus dem 13. Jh. zurück, das senkrecht zu
dem heutigen Bau stand und von dem nur noch wenige Überreste
erhalten sind. Im 16. Jh. wechselte der Besitz an die Familie Andros,
nachdem George Sausmarez ohne Erben gestorben war; John Andros
ließ ein Haus in der heutigen Ausrichtung im Tudorstil bauen, durch
Veränderungen um das Jahr 1700 erhielt es die Granitfassade mit
dem **»widow walk«**, dem Ausguck über dem Eingang. Mitte des 18.
Jh.s konnte die Familie Sausmarez den Sitz wiederum übernehmen.
Unter Thomas Sausmarez und seiner Frau, die insgesamt 28 Kinder
hatten – von denen allerdings zwölf starben – wurden innen umfas-
sende bauliche Veränderungen vorgenommen. Die größeren Räume

wurden geteilt, da man für die vielen Personen mehr Zimmer brauchte. George Sausmarez, einer der Söhne von Thomas Sausmarez, ließ nochmals Umbauten vornehmen, aus dieser Zeit stammt die gelungene Eingangshalle. Heute noch ist das Haus in Besitz der Familie Sausmarez und wird derzeit von Peter de Sausmarez bewohnt. Teile des Herrenhauses sind im Rahmen von englischsprachigen Führungen zugänglich.

❶ Führungen (45–50 Min.) Ostern–Okt. Mo.–Do. 10.30 u. 11.30, Juni–Sept. auch 14.30 Uhr, Eintritt Erw. 7,50 £, Kinder 5,50 £, weitere Infos zu Haus, Garten, Skulpturenkunst und Events unter www.sausmarezmanor.co.uk

Um das Haus zieht sich ein weites Gartengelände, auf dem u. a. eine kleine Eisenbahn, der sogenannte Manor Train, eine Runde dreht. Man kann über den Sculpture Park Path spazieren und sich anschließend im Tearoom oder im Grünen niederlassen. Sehr lohnend ist schließlich ein Bummel durch den **subbtropischen Garten**, der um einen Teich herum durch große Kamelien- und Rhododendronbüsche, Bambus, Hortensien, Palmen, Eukalyptus und Mimosen führt. In dem als **Sculpture ArtPark** bezeichneten Teil des Gartens ist außerdem hervorragende **Openair-Kunst** zu sehen: eine der umfangreichsten Sammlungen Großbritanniens mit zeitgenössischen Skulpturen von ca. 90 Künstlern.

Garten mit Skulpturensammlung

❶ ganzjährig tgl. 10.00–17.00 Uhr, Führungen (20 Min.) jeweils 6,50/3 £

★★ WANDERUNG AUF DEM KLIPPENWEG

Den sehr malerischen Küstenabschnitt auf dem Gemeindegebiet von St. Martin lernt man am besten bei Wanderungen auf dem Klippenweg kennen. Bewaldete Steilküste wechselt mit blumenübersäten und farnbewachsenen Hängen, man kommt an pittoresken Felsformationen und den malerischsten Buchten der Insel vorbei. Der Klippenweg beginnt südlich von St. Peter Port und führt entlang der Südostküste und der gesamten Südküste bis nach Pleinmont. Überall stehen Bänke zum Ausruhen. Auf den folgenden Seiten wird nur der Abschnitt beschrieben, der zu St. Martin gehört.

Die Fermain Bay östlich des Sausmarez-Hauses gehört zu den schönsten Buchten auf Guernsey – schon Victor Hugo hat es häufig in dieses Idyll gezogen. Der Weg in die Fermain Bay führt durch ein bewaldetes Tal, das von einem Bach durchflossen wird. Bei Ebbe gibt es in der windgeschützten Badebucht einen Sand- und Kiesstrand. Wer nicht nur Baden und Faulenzen möchte, kann bei Ebbe im Süden der Bay die **Höhle Le Grand Creux** besichtigen. Der Turm am Ufer ist ein »unechter« Martello-Turm, der noch vor 1794, also vor der Schlacht bei Korsika, gebaut wurde.

★★Fermain Bay

Cottage mit Meerblick oberhalb der Moulin Huet Bay

*Jerbourg
Point

Sehr eindrucksvoll ist ein Spaziergang um die **Südostspitze** von Guernsey, bei dem man von der Ostküste aus zunächst noch die Nachbarinseln liegen sieht und schließlich bei Richtungsänderung die landschaftliche Schönheit der Südküste vor sich hat. Im Norden der Jerbourg-Halbinsel steht die **Doyle Column**, die an den Lieutenant-Governor von Guernsey und seine Leistungen für die Insel zu Beginn des 19. Jh.s erinnert.

Die **Moulin Huet Bay** ist die östlichste Bucht an der Südküste. Sie liegt geschützt zwischen der Jerbourg-Halbinsel und Icart Point. Landschaftliches Charakteristikum sind die kleinen kahlen Felsen am südöstlichen Ende der Bucht. Die Schönheit der Moulin Huet Bay zog nicht nur Victor Hugo, sondern auch **Auguste Renoir** an, der fast alle seine Guernsey-Gemälde hier malte. Der Name leitet sich von einer Wassermühle ab, die es hier noch Mitte des 19. Jh.s gegeben hat. Die Gewässer eignen sich hervorragend zum Schnorcheln.

BAEDEKER TIPP

!

Gut ausgerüstet ...

... muss man sein, wenn man die gesamte Südküste auf dem »cliffpath« entlangwandern möchte. Wichtig sind festes Schuhwerk und guter Sonnenschutz, da es auf dem Weg fast keinen Schatten gibt. Einkehrmöglichkeiten gibt es nur im Südosten – wer weiter nach Westen wandert, muss an Erfrischungen für unterwegs denken. Auch eine gute Kondition ist von Vorteil.

Im westlichen Teil der Moulin Huet Bay schließt sich die Saint's Bay an, eine kleine Bucht mit Sand- und Kiesstrand, in die ein Bach durch das bewaldete Tal hinunterfließt. Von hier aus hat man den schönsten Blick auf die Felsen in der Moulin Huet Bay.

Saint's Bay

Der Klippenweg oberhalb der Moulin Huet Bay und der Saint's Bay führt in westlicher Richtung zum Icart Point, dem **südlichsten Punkt von Guernsey** ca. 100 m über dem Meeresspiegel. Vom Parkplatz Icart Point kann man in beide Richtungen durch faszinierende Landschaften den Klippenweg entlanggehen.

*Icart Point

St. Peter in the Wood

A 3/4

Einwohnerzahl: 2500

St. Peter in the Wood im Südwesten ist auf der Insel auch noch unter dem französischen Namen St. Pierre du Bois bekannt. Von dem einstigen Wald, den es dem Namen nach hier gegeben haben muss, ist heute praktisch nichts mehr erhalten.

Der größte Teil des Gemeindebezirks zieht sich an der Westküste mit der Rocquaine Bay entlang, außerdem gehört zu St. Peter in the Wood noch ein gesondertes Gebiet an der Südküste, das auf zwei Seiten von der Nachbargemeinde Torteval umschlossen wird.

Zweigeteilter Gemeindebezirk

Die längste Bucht an der Westküste ist die Rocquaine Bay, die – wie auch die Bezeichnung verrät – sehr steinig und felsig ist. Zwischen den Felsabschnitten gibt es Sandstrände, an denen man baden kann. Zur Rocquaine Bay gehören die L'Eree Bay im Norden und die Portelet Bay im Süden. Bei L'Eree befand sich ein **erster Flugzeuglandeplatz** auf Guernsey, bevor der Guernsey Airport 1939 in Betrieb genommen wurde.

Rocquaine Bay

Auf einem Felsen in der Rocquaine Bay ließ Guernseys Lieutenant-Governor John Doyle 1803 einen Martello-Turm bauen, den er mit dem Namen Fort Grey nach dem damaligen Gouverneur versah. Zuvor stand an dieser Stelle das Rocquaine Castle. 1891 wurde der Turm an einen Fischer verpachtet, der dafür im Jahr fünf Schilling zahlte. Nach einer Auseinandersetzung über die Instandsetzung des Damms zu dem Turm hinüber übernahmen die States of Guernsey den Besitz wieder. Im Volksmund heißt der flache, weiß getünchte Turm auch **»the cup and saucer«** – »Tasse und Untertasse«.

*Fort Grey

St. Peter in the Wood erleben

ESSEN

The Longfrie Inn ⊙⊙
Route de Longfrie
Tel. 26 31 07
www.thelongfrieinn.com
Lokal mit großem Biergarten; man sitzt
schön und zu essen gibt es eher bodenständige und regionstypische Gerichte.

SELF-CATERING

Mille Fleurs ⊙⊙⊙
Rue du Bordage
Tel. 26 39 11
www.millefleurs.co.uk
Ruhe und Idylle: drei Ferienhäuser auf
dem Areal einer alten Farm. Herrliche
Gartenanlagen mit Swimmingpool.

Shipwreck Museum In dem Turm, der im Zweiten Weltkrieg von Deutschen besetzt wurde, ist 1975 das sehr interessante kleines Shipwreck Museum eingerichtet worden, das sich der **Geschichte der Schiffsunglücke vor
den Kanalinseln** und speziell vor der Westküste von Guernsey widmet. Zwischen 1734 und 1974 wurden mehr als hundert Schiffs-
wracks geortet und systematisch dokumentiert. Viele Schiffskatast-
rophen sind einzeln dargestellt, der Hergang des jeweiligen Unglücks
beschrieben und die zu beklagenden Verluste aufgelistet. So erfährt
man etwa, dass 195 Menschen starben, als die »HMS Boreas« 1807
sank – oder auch, dass 18 Inselbewohner auf der »Titanic« mitgereist
sind, von denen sechs die Katastrophe überlebten.
❶ Apr.–Nov. tgl. 10.00–16.30 Uhr, Eintritt Erw. 4 £, Kinder 1,50 £

Fort Saumarez Auf dem Landvorsprung, der die Rocquaine Bay im Norden begrenzt, steht das Fort Saumarez, ein originaler Martello-Turm, der im
Zweiten Weltkrieg wiederum von Deutschen für ihre Zwecke umgebaut wurde. Am Parkplatz hier oben ist ein Denkmal für die tödlich
verunglückten Seeleute der **»Prosperity«** aufgestellt worden, die am
16./17. Januar des Jahres 1975 in den Felsen vor der Insel leckschlug.
Die »Prosperity« war mit einer Holzladung auf der Fahrt von Finnland nach Piräus/Athen. 20 Meilen westlich von Hanois hatte sie einen Maschinenschaden, wurde bei schlechtem Wetter auf die Felsen
getrieben und brach bei Perelle auseinander.

Le Creux ès Faies Jenseits des Parkplatzes kann man ein sehr interessantes, von einem
Grabhügel bedecktes, 9 m langes Ganggrab besichtigen, das zwischen
3000 und 2500 v. Chr. gebaut worden ist. Le Creux ès Faies wurde
1840 von dem Archäologen F. C. Lukis freigelegt, dabei wurden auch
Grabbeigaben aus der Zeit um 1800 v. Chr. gefunden, darunter Pfeilspitzen und Scherben von Schnurkeramik.

*Lihou Island Sehr viel Spaß macht ein Ausflug hinüber nach Lihou Island im Norden der Rocquaine Bay. Lihou Island ist in Privatbesitz; es gibt kein

»The cup and saucer«: Tasse und Untertasse alias Fort Grey

Café und keinerlei Aufenthaltsmöglichkeiten. Die Insel ist **nur bei Niedrigwasser** über einen Damm zu erreichen, auf dem meist aber kleinere oder größere Wasserlachen zurückbleiben – Barfußlaufen oder Gummistiefel können also vonnöten sein. Am Anfang des Übergangs gibt eine Tafel genaue Auskunft über die Zeiten, in denen der Damm betreten werden kann – die **wasserfreie Zeit ändert sich täglich** und schwankt zwischen einer und vier Stunden, an einigen Tagen im Monat gibt es gar keine Möglichkeit, auf die Insel zu kommen. Diese Zeiten sollte man genauestens beachten, da ein Betreten des Wegs bei auflaufendem Wasser äußerst gefährlich sein kann. Auf der 40 Morgen großen Insel gibt es eine reichhaltige Pflanzenwelt, im Frühjahr sieht man vor allem Unmengen von Grasnelken und Hyazinthen. Einige Gebiete, in denen Vögel brüten, dürfen in dieser Zeit nicht betreten werden. Bereits im frühen Mittelalter stand auf der Insel das Kloster Ste. Marie de Lihou, das zur Abtei Mont St. Michel gehörte und später in ein Bauernhaus umfunktioniert wurde. Im 18. Jh. wurde es zerstört, die Ausgrabungsreste kann man heute beim Rundgang über die Insel in Augenschein nehmen.

Die Kirche von St. Peter in the Wood steht an einem Hang inmitten eines Friedhofs. Sie ist bereits in einem Dokument aus dem 11. Jh. erwähnt, der heutige Bau stammt aber im Wesentlichen aus dem 14./15. Jh. Interessant ist ein vorchristlicher **Menhir**, der als waage- **St. Peter's Parish Church** rechter, langer Stein in der Nordostecke unten **in die Kirchenmauer eingebaut** wurde. Der Boden der Kirche ist der Hanglage etwas angeglichen und steigt etwa 1,5 m zum Altar hin an. Links und rechts vom Altar sieht man die zehn Gebote und das Glaubensbekenntnis auf Französisch.

La Longue Pierre

Westlich der Route des Paysans steht mitten in einem Feld gut sichtbar ein **Menhir**, der den Namen La Longue Pierre trägt. Die Bedeutung des 3,5 m hohen Menhirs konnte bisher nicht eindeutig geklärt werden. Als Seezeichen, wie manche andere Menhire, hat La Longue Pierre sicher nicht gedient, da er zu weit im Landesinneren steht. Es heißt, dass eine Frau, die sich ein Kind wünscht, ihn berühren soll.

✶✶ St. Peter Port

C/D 2/3

Einwohnerzahl: 17000

Obwohl die Inselhauptstadt St. Peter Port ein richtiges Städtchen mit viel Verkehr ist, ist sie eigentlich der schönste Ort auf Guernsey. Allein die Lage wird oft gepriesen: Die Straßen mit den hübschen Häusern ziehen sich an mehreren sanften Hängen hinauf. Unten am Wasser zeigt sich die Stadt von ihrer schönsten Seite als ansehnlicher Hafenort mit einer langen Uferzeile, die an den großen Yachthäfen entlangführt.

Inselhauptstadt

St. Peter Port ist die einzige größere Stadt auf Guernsey, Hauptort der gleichnamigen Gemeinde, Geschäftszentrum und Verkehrsknotenpunkt der Insel. Von den 60 000 Insulanern leben rund 17 000 in der Hauptstadt. Sie zieht sich an der Ostküste von Guernsey oberhalb der weiten Hafenbucht Havelet über hügeliges Gebiet. Am südlichen Rand der Stadt steigt die Steilküste unvermittelt an, am nördlichen Rand geht St. Peter Port unmerklich in das Stadt- und Hafengebiet von St. Sampson über. Im Zentrum gibt es eine hübsche kleine Fußgängerzone und wunderschöne Parkanlagen. Geschäfte aller Art und kleine Kaufhäuser sind in der Hauptstadt zu finden, außerdem gibt es ein gutes kulturelles Veranstaltungsprogramm und jede Menge Restaurants und Pubs.

Zahlreiche blank geputzte Messingschilder an den Hauseingängen zeugen von der **regen Finanzwelt**. Wichtig für St. Peter Port ist außerdem der Hafenbetrieb, in den **Jachthäfen** Queen Elizabeth II. Marina, Albert Marina und Victoria Marina stehen ca. 1400 Liegeplätze zur Verfügung, darüber hinaus besitzt St. Peter Port einen lebhaften **Verkehrshafen** mit einem großen Terminal und mehreren Rampen für Personen- und Fährverkehr.

Spätestens in römischer Zeit diente die Bucht von St. Peter Port als Hafen, an dessen Ufer es eine Ansiedlung gab. Bei Ausgrabungen im Jahr 1983 fand man bei La Plaiderie Hausreste aus der Zeit um 100 – 400 n. Chr. mit einem typisch römischen Kanalisationssystem. Ein Jahr später entdeckte man ein **gallorömisches Schiffswrack** im Hafengebiet. Vermutlich war der vor Westwinden geschützte Ankerplatz an der Ostseite der Insel ein wichtiger Zwischenhafen für Handelsschiffe auf dem Weg vom Mittelmeer nach England. Bereits Mitte des 11. Jh.s gab es unten am Hafen eine Kirche, in deren Nähe sich auch das Marktgeschehen abspielte. Als sich die Kanalinseln nach 1204 zunehmend gegen **französische Angriffe** zur Wehr setzen mussten, wurde zum Schutz des wichtigsten Inselhafens auf dem Felsen an der Hafeneinfahrt das Castle Cornet errichtet. **Legaler Seehandel, Freibeuterei und Schmuggel** brachten St. Peter Port im Lauf der Jahrhunderte enorme Reichtümer ein. In der schnell wachsenden Stadt wurden im 19. Jh. viele große Bürgerhäuser hochgezogen, und man begann mit dem Hafenausbau. Bis dahin landeten die Passagierschiffe noch an einem weiß angemalten Felsen (White Rock), an den heute der Name des White-Rock-Pier erinnert. Dem

**Stadt-
geschichte**

Castle Cornet – Schutzburg in der Hafenbucht von St. Peter Port

Hafenausbau, der sich bis ins 20. Jh. hinzog, ging eine groß angelegte **künstliche Gewinnung von Landfläche** voraus. So sind nicht nur der heutige nördliche Teil des Hafens mit der großen Parkfläche und den Hafeneinrichtungen auf einstigem Meeresboden gebaut, sondern auch die Uferstraße und ufernahe Bereiche wie beispielsweise die Gebiete um die Touristeninformation und den Busbahnhof.

RUNDGANG DURCH DAS STADTZENTRUM

Einen ersten Eindruck von St. Peter Port erhält man bei einem kleinen Rundgang, der vom St. Julian's Pier mit relativ guten Parkmöglichkeiten beginnen kann. Wer zuerst zur Touristeninformation möchte, muss die Hauptstraße unten am Wasser über die North Esplanade nehmen – sie ist in einem palastähnlichen Granitgebäude untergebracht, das im Jahr 1911 als Sitz der Inselregierung gebaut wurde. Ansonsten geht man direkt durch die Fußgängerstraßen Le Pollet und High Street, bis man auf die Kirche von St. Peter Port trifft. Ein Stückchen die Cornet Street aufwärts kann man noch das Haus des National Trust besuchen, dann geht es zurück unten am Quay entlang und über eine der kleinen Treppen wieder hinauf zur High Street, der man bis zur Smith Street folgt. Durch die Smith Street gelangt man in westlicher Richtung zu den Candie Gardens mit dem Guernsey Museum. Über die St. Julian's Avenue oder die kleinen Gassen und Treppen nördlich des Parks kommt man wieder hinunter zum Hafen.

BAEDEKER TIPP

! *Nicht versäumen*

- Castel Cornet bewacht den Hafen und beherbergt auch das Maritime Museum
- Candie Garden mit Guernsey Museum: das interessante Inselmuseum in den schönsten Gartenanlagen der Stadt
- Victor Hugo House: Einblicke in Wesen und Leben des französischen Exilanten
- Guernsey Tapestry: aufwendige Teppiche machen mit der Inselgeschichte vertraut

Le Pollet Die Straße Le Pollet vermittelt einen guten Eindruck davon, wie eng die Hauptstraßen des Städtchens im 18. Jh. waren. Mit dem Gebäude Moores Central Hotel ist noch eines der alten Stadthäuser erhalten. Hier zweigt die Straße **La Plaiderie** ab, in deren unterem Bereich man auf das **römische Kanalisationssystem** stieß. Man fand in den Gebäuderesten außerdem Gefäße, Glas und Münzen aus den verschiedenen Gebieten des römischen Reichs.

High Street Die High Street, die frühere »Grande Rue«, zieht sich oberhalb des Hafens parallel zur Uferstraße. Sie ist die Haupteinkaufsstraße von St. Peter Port – hier findet man die wichtigsten Geschäfte, außerdem kleinere Kaufhäuser und jede Menge Banken. In der ersten Hälfte des 19. Jh.s wurden viele Wohnungen in der High Street zu Geschäften umgebaut.

Ende der 20er-Jahre des 19. Jh.s errichtete man zwischen High Street und Markthalle ein neues Einkaufsviertel, dem viele alte Wohngebäude zum Opfer fielen: Les Arcades. Alle Häuser dieses **systematisch angelegten Karrees** wurden über tiefe Kellergewölbe gebaut. Unter der Straße befinden sich mehrere Zisternen zur Wasserversorgung, aber auch für den Brandfall. Das Arcade-Viertel war ursprünglich etwas größer geplant, außerdem sollten die Straßen eine Glasüberdachung erhalten. Diese Vorhaben scheiterten jedoch an den hohen Baukosten. Sehenswert sind einige schöne Häuserfassaden mit noch originalen Details.

Arcade

Auch die Markthalle gegenüber dem Arcade-Viertel wurde in den 1820ern gebaut. Bei der Eröffnung waren 36 kleine Läden gegen eine Pachtgebühr hier ansässig. Die Finanzierung des staatlichen Markthallenprojekts ging in die Geschichte Guernseys als »**The Guernsey Swindle**« ein, bei dem indirekt durch Inflation – man brachte zusätzliche Ein-Pfund-Noten in Umlauf – vor allem ärmere Leute mit festem Einkommen zur Kasse gebeten wurden. Die Markthalle wurde schon 2006 zur Shopping Mall umgebaut.

Market

Die Town Church von St. Peter Port wurde erstmals 1048 in einer Urkunde erwähnt, mit der Wilhelm der Eroberer die Kirche »St. Petri de Portu Maris« der Abtei von Marmoutier übertrug. Vermutlich stand hier schon wesentlich früher eine Kirche. Die umfassendsten Veränderungen stammen aus dem 15. und 19. Jh., die heutige Innengestaltung geht im Wesentlichen auf John Wilson's Arbeit im Jahr 1822 zurück. Im Inneren sind die Fenster interessant, die Szenen aus dem Leben des Kirchenheiligen zeigen, sowie das »**Old Contemptibles Window**« von 1975 mit einer Antikriegsthematik. Gedenktafeln erinnern an die großen Inselfamilien wie die Sausmarez, Priaulx, Carey. Im südlichen Querschiff bei der Orgel fällt ein in den Granit gemeißelter Tierkopf auf, von dem es heißt, es sei ein Löwe oder ein Schaf. Neben dem gotischen Schnitzaltar sind die zehn Gebote in französischer Sprache zu sehen. Die umliegenden Häuser wurden ehedem extrem nah an die Kirche gesetzt, einige nur 3 m entfernt. Das »Albion-House« – heute ein Pub – wirbt denn auch damit, dass es **die einer Kirche nächstgelegene Gaststätte** auf den britischen Inseln ist und mit diesem Rekord im Guinness-Buch landete.

*St. Peter Port Town Church

Die Cornet Street war Teil des mittelalterlichen Zentrums von St. Peter Port. Das 1680 gebaute vierstöckige Haus Cornet Street 26, in dem heute der National Trust seinen Sitz hat, ist das älteste in ursprüngli-

Cornet Street

St. Peter Port

200 m

© BAEDEKER

Essen
1 Christies
2 The Crow's Nest
3 The Swan Inn
4 The Boathouse
5 La Lanterna

Übernachten
1 La Fregate Hotel
2 Duke of Normandie
3 The Yacht Inn
4 Hotel Ziggurat
5 Les Cotils

St. Peter Port erleben

AUSKUNFT
Visitor Information Centre
North Esplanade
Tel. 72 35 52
www.visitguernsey.com

AUSGEHEN
Angesagt ist vor allem das Laska im
Albert House, South Esplanade. Die
beliebteste Bar in St. Peter Port ist The
Doghouse, hier gibt's auch Live-Musik.

ESSEN
❶ Christies ©©©
Le Pollet, Tel. 72 66 24
www.christies.gg
Sehr beliebt und immer voll, und das zu
Recht: Restaurant und Bistro in einem.
Gutes Touristenmenü, Kleinigkeiten und
À-la-carte-Gerichte. Man sitzt zur Straße
hin oder auf der anderen Seite mit Blick
auf den Hafen.

❷ The Crow's Nest ©©
St. Peter Port Seafront
Tel. 72 89 94
Gute Küche – Fleisch, leckere Meeresfrüchte und Fischgerichte, dazu ein herrlicher Blick auf die Marina, Castle Cornet
und die Nachbarinseln.

❸ The Swan Inn ©©
St. Julians Avenue, Tel. 72 89 69
http://theswaninn.gg
Der alteingesessene gemütliche Gastro-
Pub ist schon ausgezeichnet worden.

❹ The Boathouse ©
Victoria Marina, Tel. 70 00 61
www.theboathouseguernsey.com
Am Rand der Marina sitzt man in mariti-
mem Ambiente, es gibt gute frische
Fischgerichte.

❺ La Lanterna ©
Mill Arcade –13/15 Mill Street
Tel. 72 25 30
www.lalanternaguernsey.com
Eine Mittelmeer-Alternative: Mit diesem
einfachen Italiener sind Pizza-, Pasta-
und Risotto-Freunde gut bedient.

ÜBERNACHTEN
❶ La Frégate ©©©©
Les Cotils, Tel. 72 46 24
www.lafregatehotel.com
Sehr schön oberhalb des Zentrums gelegen. Um das alte Herrenhaus mit modernem Anbau zieht sich ein hübscher
Garten den Hang hinab. Mehrere Zimmer mit Seeblick und mit Balkonen. Sehr
gutes Restaurant. Parkplatz am Haus.

❷ Duke of Normandie ©©©
Lefebvre Street, Tel. 72 14 31
www.dukeofnormandie.com
Sehr zentral, aber ruhig gelegenes Hotel
mit allem nötigen Standardkomfort.

❸ The Yacht Inn ©©©
South Esplanade Tel. 71 54 88
www.theyacht.gg
Solides Stadthotel in bester Lage im Zen-
trum von St. Peter Port und direkt am
Jachthafen. Einfache, aber komfortable
Zimmer. Restaurant und Bar im Haus.

❹ Hotel Ziggurat ©©©
5 Constitution Steps Tel. 72 30 08
www.hotelziggurat.com
Gute Stadtadresse – einfaches Boutique-
hotel oberhalb vom Hafen und Zentrum.

❺ Les Cotils ©©
am Cambridge Park
Tel. 72 77 93, www.lescotils.com
26 Zimmer in einem Herrenhaus im Park.

chem Zustand erhaltene Haus der Stadt. Im Erdgeschoss befindet sich ein **Laden aus viktorianischer Zeit**, den man nahezu original erhalten und als Museumsladen bzw. Souvenirshop eingerichtet hat.

❶ April–Sept. Di.–Sa. 10.00–16.00 Uhr

*Ausblick   Oberhalb der Cornet Street kommt man zum **Mignot Plateau**, von dem aus sich ein hervorragender Blick über die Dächer auf den Hafen, Castle Cornet und die Nachbarinseln bietet. Hier oben befand sich früher der im 14. Jh. gebaute Tour Beauregard, von dem aus die Bucht mit dem Castle Cornet überwacht wurde.

The Quay   Die vielbefahrene Uferstraße **The Quay** verläuft am Becken der Victoria Marina entlang und wird durch mehrere steile Treppen mit der High Street verbunden. Bevor The Quay durch Landgewinnung gebaut worden war, reichte das Wasser hier unten direkt bis an die Uferzeile mit den Lagerhäusern, wo die Handelsschiffe anlegten. Die schmalen Treppen, über die man in die High Street kommt, waren die einzigen Zugänge hinauf zur Stadt.

> **BAEDEKER TIPP**
>
> ! *Traditionell per Schneckenpost*
>
> Postkarte schreiben, Guernsey-Briefmarke aufkleben und in den ältesten Briefkasten der Britischen Inseln einwerfen – der steht ein Stück südwestlich der Hauptpost in der Union Street. 1852/53 wurde er aufgestellt und ist noch heute in Funktion.

Die **Smith Street**, ebenfalls Fußgängerzone, zweigt von der High Street ab. Hier befindet sich die **Hauptpost** von Guernsey. An der Mauer des Postamts ist noch ein alter Grenzstein zu sehen; um 1700 war hier bereits die nördliche Stadtgrenze. Ein kurzer Abstecher führt in die Rue du Manoir zum **Royal Court House**, einem auffälligen Granitgebäude, in dem der Royal Court 1803 zum ersten Mal getagt hat. Auch der Bailiff von Guernsey hat hier sein Büro.

St. James Concert Hall   Durch die St. James Street kommt man zur klassizistischen St. James-The-Less-Church, die 1818 nach Entwürfen des Architekten Edward Way als Garnisonskirche errichtet wurde. Die Innengestaltung übernahm John Wilson. Man baute eine Kirche eigens für die englischsprachige Garnison, da in den übrigen Inselkirchen der Gottesdienst auf Französisch abgehalten wurde. Heute dient die Kirche als Konzert- und Veranstaltungshalle. In den Räumen sind unter der Bezeichnung The Guernsey Tapestry zehn Wandteppiche zu sehen, die **The Guernsey Tapestry** im Zuge des Millenniumprojekts entstanden und auf sehr interessante Weise 1000 Jahre Geschichte des Bailiwick illustrieren. Jede Inselgemeinde hat einen Teppich hergestellt.

❶ März–Oktober Mo.–Sa. 10.00–16.30, Nov.–Febr. Do. 10.00–16.00 Uhr, Eintritt Erw. 4,95 £, Kinder frei, www.guernseytapestry.org.gg

Gegenüber sieht man die Mauer des Gefängnisses, das 1811 die Räume im Castle Cornet als Stadtgefängnis ablöste und bis 1988 als solches benutzt wurde. Der palastartige Bau oberhalb ist das private Gymnasium Elizabeth College, Nachfahre eines von Elizabeth I. gegründeten Colleges aus dem 16. Jh. Das heutige Gebäude wurde 1826–1828 von John Wilson gebaut.

Gefängnis, Gymnasium

In der Arsenal Road etwas südwestlich des Parks wurde an der Stelle einer früheren Windmühle 1846 in Erinnerung an den Besuch von Queen Victoria der **Victoria Tower** errichtet. Unmittelbar neben dem Turm stehen in einer kleinen Gartenanlage deutsche Kanonen von Krupp, Essen, aus den Jahren 1917 und 1918. Sie wurden der Insel nach dem Ersten Weltkrieg übergeben.

> **BAEDEKER TIPP** ❗
>
> *Schlüsselerlebnis*
>
> Von der Plattform oben auf dem Victoria Tower hat man einen fantastischen Blick über die Kanalinseln und bei guter Sicht bis zur französischen Küste. Den Schlüssel für die mächtige Tür kann man sich an der Kasse des Guernsey Museum geben lassen und den Turm allein besichtigen.

Die Candie Gardens entstanden auf dem ehemaligen Anwesen der Priaulx-Familie, die 1871 Haus und Gärten den States of Guernsey vermachte. Zu dem übereigneten Bestand gehörte auch die **Priaulx Library**, eine umfangreiche Bibliothek mit Publikationen über die Kanalinseln, die heute im einstigen Wohnhaus der Familie am oberen Ende des Parks der Öffentlichkeit zugänglich ist – ein Blick in die Räume lohnt sich! Der herrlich gelegene Park wurde 1896 neu gestaltet. Hier wandelt man heute auf zwei Ebenen mit Kamelien, verschiedenen Palmenarten, Magnolien, Azaleen und Hortensien. Vom oberen Teil aus bietet sich ein weiter Blick auf den Hafen und bis hinüber nach Herm, Jethou und Sark, an klaren Tagen bis Jersey. Am Rand einer großen Rasenfläche wurde 1914 das von Jean Boucher gearbeitete Standbild eines windzerzausten **Victor Hugo** aufgestellt. Das Zitat an dem Denkmal stammt aus seinem Roman »Les Travailleurs de la Mer«. Am oberen Ende des Parks zwischen Priaulx-Bibliothek und Museum (siehe unten) wurde 1897 eine Victoria-Statue zum 60. Jahrestag der Inthronisierung von Queen Victoria aufgestellt.

*Candie Gardens

❶ Mo.–Sa. 9.30–17.00 Uhr, www.priaulxlibrary.co.uk, Candie Gardens tgl. bis zur Dämmerung

Das Guernsey Museum at Candie ist in einem flachen, 1977 gebauten und 1993 erweiterten Gebäude untergebracht und nebenan wurde in einem viktorianischen Musikpavillon ein lichtdurchfluteter »Teagarden« eingerichtet. Das Museum vermittelt einen Einblick in die **Geschichte des Bailiwicks**. Ein Teil der ausgestellten Objekte stammt aus der Sammlung des Archäologen F. C. Lukis. Jeder kann den Museumsbesuch nach Belieben ausdehnen. Von den Räumlichkeiten

*Guernsey Museum at Candie

her ist das aus mehreren Achtecken zusammengesetzte Gebäude nicht einmal besonders groß, aber durch diverse Bild- und Tonmedien kann man sich per Display in tiefere Ebenen der Inselgeschichte einschalten. Zu den Ausstellungsstücken gehören u. a. archäologische Funde aus Stein-, Bronze- und Eisenzeit, eine Kopie des Menhirs Gran'mère du Chimquière (Original vor der Kirche in St. Martin), ein Schema des Le Déhus Dolmen, Gemälde und Porzellan des Sammlers Wilfried Carey sowie mittelalterliche Dokumente

❶ April–Okt. tgl. 10.00–17.00 Uhr, Jan. geschl., Eintritt Erw. 6 £, Kinder 1,50 £, www.museums.gov.gg

German Naval Signals Headquarter

Zu sehr eingeschränkten Öffnungszeiten sind in dem ab 1943 gebauten Bunker Funkeinrichtungen der deutschen Marine aus der Besatzungszeit zu besichtigen.

❶ März–Okt. Do. u. Sa. 14.00 bis 17.00 Uhr, Eintritt Erw. 3,50 £, Kinder 2 £

* CASTLE CORNET

Die größte Attraktion der Inselhauptstadt ist die äußerst malerisch in der Hafenbucht vor St. Peter Port gelegene Burg. Man erreicht sie zu Fuß über den Castle Pier, der erst im 19. Jh. im Rahmen des Hafenausbaus gebaut wurde. Zuvor kam man nur bei Niedrigwasser zu Fuß auf das Burginselchen. Auf dem Pier selbst stehen begrenzt Parkplätze zur Verfügung. Wenn man auf den Burgwällen spazieren geht, bieten sich immer wieder traumhafte Ausblicke auf das Stadtpanorama. In den Gebäuden des Castle Cornet sind Museen und Ausstellungen zu sehen, für deren Besuch man etwas Zeit einplanen sollte. Zu den Höhepunkten der Besichtigung gehört ein Kanonenböller (»Noonday Gun«), der mittags um 12.00 Uhr auf einer Bastion des Castle Cornet abgefeuert wird.

Wächter mit Armbrust

❶ April–Okt. tgl. 10.00–17.00 Uhr, Eintritt Erw. 10 £, Kinder 2,50 £, www.museums.gov.gg

Mit dem Bau des Castle Cornet wurde 1204 begonnen, als die Kanalinseln als letzter Rest des Herzogtums Normandie den englischen König als ihren Souverän anerkannten. Damit wurden die Inseln zum militärischen Vorposten gegen Frankreich und mussten vor französischen Angriffen geschützt werden. Als strategisch günstiger Ort bot sich der Felsen in der Bucht von St. Peter Port an, von dem aus der Ankerplatz und das kleine Städtchen überwacht werden konnten. Die Burg war nicht nur militärische Anlage, sondern auch **Sitz des Gouverneurs** und zudem bis 1811 **Gefängnis**. Nach vielen

Castle Cornet

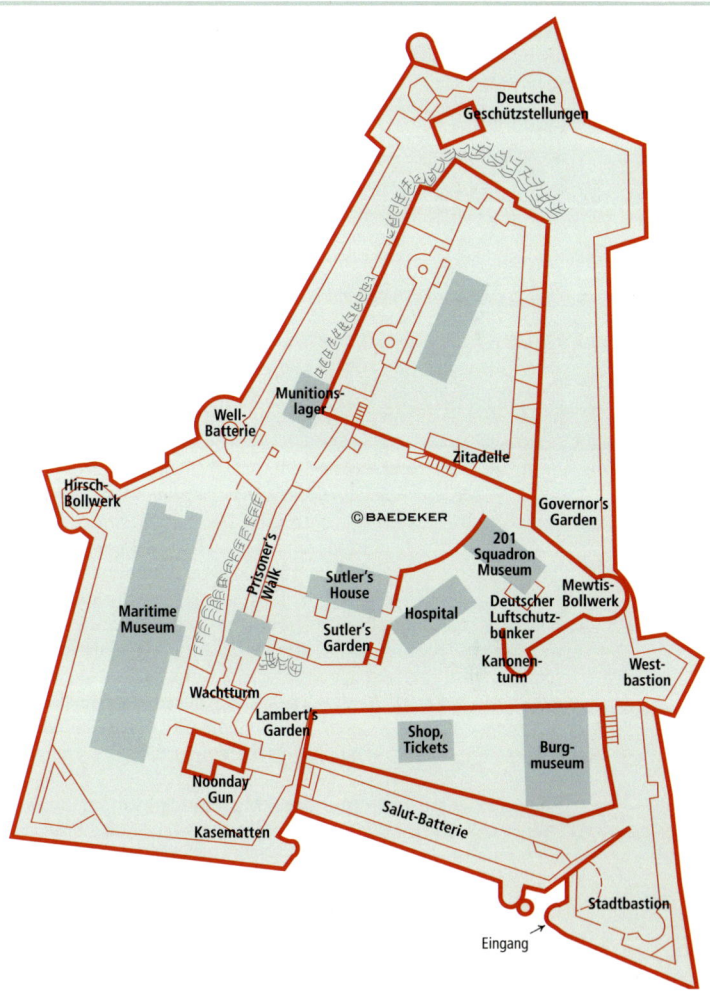

Deutsche Geschützstellungen

Well-Batterie

Munitions-lager

Zitadelle

Hirsch-Bollwerk

© BAEDEKER

Governor's Garden

201 Squadron Museum

Prisoner's Walk

Sutler's House

Hospital

Mewtis-Bollwerk

Deutscher Luftschutz-bunker

Maritime Museum

Sutler's Garden

Kanonen-turm

West-bastion

Wachtturm

Lambert's Garden

Shop, Tickets

Burg-museum

Noonday Gun

Kasematten

Salut-Batterie

Stadtbastion

Eingang

ergebnislosen Überfällen der Franzosen führte 1338 ein Angriff von Admiral Bahuchet zum gewünschten Erfolg, und Castle Cornet gehörte für sieben Jahre zu Frankreich. Im 16. Jh. wurde die Burg unter Guernseys Gouverneur Sir Thomas Leighton zunächst im Tudorstil ausgebaut, in einer zweiten Bauphase zog man den namhaften Festungsarchitekten Paul Ivy hinzu, der Elizabeth Castle auf Jersey gebaut hatte. Während des englischen Bürgerkriegs im 17. Jh. verschanzte sich der königstreue Gouverneur Sir Peter Osborne gegen die Inselbevölkerung, die auf Seiten Cromwells stand, für neun Jahre im Castle Cornet und nahm von dort aus St. Peter Port unter Beschuss. Ein nichtmilitärischer Vorfall erschütterte die Burg im Jahr 1672, als **eine Explosion durch einen Blitzeinschlag** ausgelöst wurde. Sieben Personen, darunter die Frau und die Mutter des damaligen Gouverneurs Lord Hatton, kamen dabei ums Leben. Castle Cornet wurde auch noch im 20. Jh. als militärische Einrichtung benutzt – zuletzt unter deutscher Besatzung, die hier Luftabwehrgeschütze stationierte. Im Jahr 1947 erhielten die States of Guernsey die Burg vom britischen König George VI. als Geschenk.

Untere Ebene

Gleich am Eingang ist in einem Gebäude aus dem 18. Jh. im Burgmuseum eine interessante Ausstellung zur Geschichte von Castle Cornet zu sehen, die sich der Entwicklung und den wichtigsten Ereignissen in der Zeit vom Mittelalter bis zur deutschen Besatzung widmet. Auch erfährt man etwas über archäologische Ausgrabungen, die im 20. Jh. im Burgbereich vorgenommen wurden. Im Eingangsbereich gibt es außerdem einen Souvenirladen und eine Kanonenbatterie.

Mittlere Ebene

Auf der mittleren Ebene kommt man zur »**Noonday-Gun«-Kanone**, die jeden Mittag um 12.00 Uhr mit einem kugellosen Schuss abgefeuert wird. Der Gang durch das Burggelände führt an verschiedenen Burgtürmen, Toren und Garnisonsgebäuden vorbei. Zu sehen sind auch der Garten des Gouverneurs aus dem 18. Jh. und Lambert's Garden, den John Lambert, General unter Cromwell, angelegt hat, als er zwischen 1661 und 1670 in dem Gefängnisturm oberhalb des Gartens inhaftiert war. Als einer der ältesten Teile der gesamten Burganlage ist der schmale, von hohen Mauern eingefasste Prisoner's Walk aus dem 13. Jh. erhalten.

Das sehr sehenswerte **Maritime Museum** informiert umfassend über die Geschichte des Hafens von St. Peter Port und die Schifffahrt der Kanalinseln. Zu sehen sind Schiffsmodelle, Wracks und historische Dokumente. Von großer Bedeutung war der Hafen für die Fischerei, den Seehandel, den Fährverkehr sowie für den einst blühenden Schmuggel immer schon. Interessant ist auch ein Film über die Restaurierung eines römischen Handelsschiffs, das im Hafengebiet entdeckt wurde. Auch der verunglückten »Stella« (▶ Baedeker Wissen S. 263) ist ein Teil der Ausstellung gewidmet, u. a. ist die Schiffsglocke zu sehen. Das **201 Squadron Museum** ist der Guernsey-Staffel der Royal Air Force gewidmet. Zu sehen sind Gerätschaften und Fotos aus der Zeit ab 1914. Im **Militia Museum** im Hospital-Gebäude ist die Geschichte der Royal Guernsey Militia und der Light Infantry dargestellt.

Auf der grasbewachsenen Fläche der Oberen Ebene standen einst der **Obere Ebene**
Burgfried, die Gouverneursresidenz und eine Kapelle, die alle bei der
Explosion 1672 zerstört wurden. Von hier kommt man hinauf zur
Zitadelle mit Magazinen aus dem 19. Jh. und einer deutschen Ge-
schützstellung; etwas westlich unterhalb steht ein deutscher Bunker.

WEITERE SEHENSWÜRDIGKEITEN IN ST. PETER PORT

Ausgesprochen lohnend ist der Besuch des Hauteville-Hauses im ***Victor**
südlichen Stadtbereich. Das einstige Wohnhaus von Victor Hugo in **Hugos Haus**
der Straße Hauteville Nr. 38 ist seit dem Jahr 1927 Eigentum der Stadt
Paris und kann im Rahmen von Führungen besichtigt werden. Man
bekommt dabei einen Einblick in die Wohnkultur des 19. Jh.s und
auch eine eine Vorstellung der Person Victor Hugos, der **selbst das
gesamte Haus innenarchitektonisch gestaltet** hat. Geradezu
überwältigend zeigen sich Schaffenskraft und Fantasie des Dichters
auch bei der Einrichtung der Räume. Alte Stuhllehnen sind als solche
unkenntlich z. B. als Wanddekoration aufgehängt, Schalen in geflies-
te Wände eingearbeitet. Fast alles in
Hauteville House hat seine symboli-

Blick vom Hauteville-Haus nach Frankreich

sche Bedeutung, hier sind Initialen
zu entdecken, dort Sinnsprüche.
Unter dem Dach richtete sich Hugo
eine Schlafkammer mit zahlreichen
Wandschränkchen, Kläppchen und
Verstecken und ein verglastes Ar-
beitszimmer ein, von dem aus er
den Hafen und die Nachbarinseln
überschauen und nach Frankreich
blicken konnte. Hugo hat in seiner
Zeit auf Guernsey u. a. an den Werken »Marie Tudor« und »Les Voix
intérieures« gearbeitet sowie einen
Großteil von »Les Misérables« und
den Anfang von »La Légende des
siècles« geschrieben und auf Guer-
sey entstand auch der Roman »Les
Travailleurs de la Mer«, der als einziger Roman des französischen
Schriftstellers auf den Kanalinseln
spielt (▶ Baedeker Wissen S. 248).

❶ April–Sept. tgl. außer Mi. 10.00 bis
16.00 Uhr, Eintritt Erw. 8 £, Kinder frei;
www.victorhugo.gg

Exil auf Guernsey

1851 hatte der Republikaner und oppositionelle Schriftsteller Frankreich verlassen müssen. Er ging mit seiner Familie nach Brüssel, und als er nach drei Jahren wegen eines polemischen Artikels auch aus dieser Stadt fliehen musste, zog er nach Jersey vor der Küste Frankreichs. Als er sich dort zu der Schrift eines Mitexilanten bekannte, die sich gegen die englische Königin und ihre Solidarität mit Napoleon III. richtete, musste er 1855 auch das traditionell königstreue Jersey verlassen. Die liberalere Insel Guernsey nahm ihn in dieser schwierigen Situation auf.

Von 1856 bis 1870 lebte Victor Hugo in Hauteville House in St. Peter Port, einen Großteil seines Exils, das ganze 20 Jahre dauerte. Anfangs wohnte er mit seinen beiden Söhnen im Hôtel de L'Europe zwischen High Street und The Quay. Im Mai 1856 bezog die Familie das Haus **Hauteville 38**, das Hugo mit so viel Hingabe einrichtete, dass seine Frau Adèle panisch registrierte, dass dies wohl kein Provisorium sein könne. In der Tat blieb die Familie 15 Jahre in dem großen Haus. Victor Hugo unternahm ausgedehnte Spaziergänge auf der Kanalinsel mit den schroffen Felsen und der Pflanzenfülle, die ihm auf Anhieb gefiel. Zu seinen Lieblingsplätzen erklärte er die **Fermain Bay** und die **Moulin Huet Bay**.

Dauerschatten

Meist begleitete ihn seine Geliebte **Juliette Drouet**, eine Pariser Schauspielerin. Schon früher war sie ihm ständig hinterhergereist und blieb dann ebenfalls 15 Jahre auf Guernsey. Hier wohnte sie zunächst im Crown Hotel an der North Esplanade, dann in dem kleinen Haus Havelet 8 und dann ganz in der Nähe des Hauteville House in der Beauregard Lane 1 (»La Fallue«). Juliette war eine Art Dauerschatten im Leben der Familie Hugo. Adèle Hugo billigte die Beziehung, zumal auch sie eine Nebenbeziehung hatte. Doch wollte sie Ehe und Familienleben der Form halber aufrechterhalten. Allerdings konnte die Pariserin Hauteville House und der Kleinstadt nicht viel abgewinnen und sah, wie ihre Kinder unter dem öden Inseldasein litten. Mit ihnen zog sie nach zehn Jahren auf Guernsey wieder nach Brüssel und ließ ihren Mann mit seiner Geliebten zurück.

Eine eigene Insel

Gemeinsame Spaziergänge führten Juliette und Victor immer wieder durch St. Peter Port, wo sie im Victoria Tower ihre **Initialen** hinterließen. Sie besuchten **Haunted House**, das in Hugos Roman »Les Travailleurs de la Mer« eine wichtige Rolle spielt, und **Victor Hugos Inselchen** zwischen Portinfer und Port Soif, das er 1868 gekauft hatte. Dem Namen »Juliette« setzte Hugo wohl mit dem Gilliatt in »Les Travailleurs de la Mer« ein Denkmal. 1870 kehrte er schließlich nach Frankreich zurück. Dreimal noch kamen Victor und Juliette nach Guernsey zurück: 1872 für ein Jahr, 1875 für eine Woche und 1878 für vier Monate.

Von der Town Church führen die Straßen Fountain Street und Le Bordage in südwestliche Richtung hinauf zum **Trinity Square**, einem recht idyllischen kleinen Platz, an dem die 1789 erbaute Trinity Church steht. Am Trinity Square ist ein Brunnen von 1876 erhalten. Das Viertel um den Platz lohnt einen kleinen Erkundungsgang, es besteht aus verwinkelten Sträßchen mit vielen kleinen Läden.

Trinity Square, Piquet House

Am **Piquet House** unten am Busbahnhof war einst die **Endstation der Dampfstraßenbahn**, die St. Peter Port zwischen 1879 und 1934 mit St. Sampson verband. Die Bahn wurde eingestellt, als der günstigere Busverkehr eingerichtet wurde. Das Piquet House war 1818 als Wachhaus für die Guernsey Militia gebaut worden. An dem Granitgebäude gegenüber ist an der zum Piquet House gerichteten Ecke eine verblassende gelbe Zahl auszumachen – eine Straßennummerierung aus deutscher Besatzungszeit.

Entlang der Straße La Valette am Südende der Hafenbucht findet man **Badebecken**, in denen bei Ebbe Meerwasser zurückbleibt. Die heute wenig attraktiven Badeplätze wurden 1862/1863 für den zunehmenden Tourismus gebaut.

Unter der Anhöhe des Fort George fand das **La Valette Underground Museum** in einem Tunnelsystem, das den Deutschen als Treibstofflager für U-Boote diente, einen adäquaten Raum. Zu sehen ist eine reichhaltige Sammlung von Dokumenten aus der Besatzungszeit, Bekanntmachungen auf Deutsch und Eng-

Victor Hugo fand Zuflucht auf Guernsey.

lisch, Uniformen, Abzeichen und Waffen. Gezeigt werden auch Briefe und Erinnerungsstücke von Insulanern, die nach Biberach deportiert wurden.

❶ März–Mitte Nov. tgl. 10.00–17.00 Uhr, Eintritt 5 £, www.lavalette.tk

Das Aquarium ist von Privatleuten in einem Teilstück eines Tunnels eingerichtet worden, der 1861 als Verbindung zwischen der Straße La Valette und der Soldier's Bay gebaut werden sollte. Als er einzustürzen drohte, stellte man die Bauarbeiten ein. Neben Fischen und Seegetier aus aller Welt – Regenbogenfische, Piranhas, Löwenfische, Seepferdchen – sind auch verschiedene Reptilien zu bewundern.

Guernsey Aquarium

❶ tgl. 9.00–18.00 Uhr, Eintritt Erw. 4,75 £, Kindr 3,75 £

Fort George Hinter dem Aquarium führt eine Treppe die Steilküste hinauf zu den Überresten von Fort George, das man zwischen 1782 und 1812 zum Schutz der Hafenbucht als Verteidigungsanlage mit neuester Technik baute. Die Deutschen richteten auf Fort George eine Radarüberwachung ein, die bei einem Luftangriff zerstört wurde. 1958 erwarben die States of Guernsey vom Verteidigungsministerium die gesamte Burganlage, die sich wesentlich weiter den Berg hinaufzog. Drei Jahre später verkauften sie es an eine britische Baufirma, die auf dem Baugelände ein großes Gebiet mit **Luxusvillen** errichtete. Man gab die Grundstücke und Häuser in den offenen Immobilienmarkt, und seither gibt es auf der Anhöhe eine merkwürdige **Kunstsiedlung für reiche Neuinsulaner**. Gegen den Verkauf an die Baugesellschaft hatte es auf Guernsey starken Widerstand gegeben. Oben sind noch Mauern der früheren Burg erhalten, außerdem am Hang ein Militärfriedhof.

Beau Sejour Centre Nördlich der Innenstadt steht im Cambridge Park das Beau Sejour Centre, ein Freizeitkomplex mit Theater, Schwimmbad, Fitness- und Sporträumen sowie Messe- und Veranstaltungshallen.

St. Sampson

✳ C/D 2

Einwohnerzahl: 9000

Die zweite Stadt der Insel, St. Sampson, schließt sich nördlich an St. Peter Port an. Sie selbst ist ein Industrie- und Hafenort, wie man ihn auf Guernsey ansonsten nicht findet. Recht ansprechend ist der Straßenzug am Hafenbecken.

Auf Gemeindegebiet befinden sich die einzigen Industriebetriebe der Insel und der zweitwichtigste Hafen. Die Küste im Stadtbereich ist nicht besonders schön. Zwei weitere kleine Küstenabschnitte, die zu St. Sampson gehören, liegen an der Nordküste: einer bei der Bucht Le Grand Havre an der Nordgrenze des Gemeindebezirks, ein zweiter weiter westlich, der von der Gemeinde Vale umschlossen wird.

Geschichte Der Ort St. Sampson blickt auf eine recht bedeutende Geschichte zurück, da der Hafen **wichtigster Exporthafen von Granitgestein** war. Im Norden der Insel gab es in der ersten Hälfte des 19. Jh.s mehr als 100 Steinbrüche, und in den 1830ern wurden jährlich im Schnitt 43 000 Tonnen Gestein exportiert. An der Küste um St. Sampson gab es außerdem zahlreiche Werften. Der heutige Hafen von St. Sampson wurde zwischen 1866 und 1880 angelegt. Man füllte dabei große Wasserflächen mit Felsbrocken aus den Steinbrüchen auf – zuvor hatte die Kirche von St. Sampson unmittelbar am Wasser gestanden. St. Sampson und St. Peter Port verband zwischen 1879 und 1934 eine Dampfstraßenbahn. Ihre Endstation lag an der Hafenstraße The Bridge. The Bridge war im Übrigen tatsächlich einmal eine Brücke. Sie führte auf die benachbarte Insel Clos du Valle hinüber, die erst seit 1807 durch Trockenlegung mit Guernsey direkt verbunden ist.

SEHENSWERTES IN ST. SAMPSON UND UMGEBUNG

Die Kirche von St. Sampson geht auf das 12. Jh. zurück. Allerdings gab es an dieser Stelle schon wesentlich früher eine Kirche – vielleicht die erste Kirche der Insel überhaupt. Vermutlich ist in diesem Küstenbereich um 600 der Missionar St. Sampson gelandet, um die Insel zu christianisieren.

St. Sampson's Parish Church

Zwischen St. Peter Port und St. Sampson stehen die Reste des Ivy Castle, einer Burg aus dem 13. Jh., die schon früh zerstört, von den Deutschen Jahrhunderte später aber noch einmal mit Bunkern versehen wurde. Die Anlage war einst eine in sumpfiges Gebiet gebaute Wasserburg mit dem Namen Château de Marais (»marais« = Sumpf).

Ivy Castle

Etwa 2 km südwestlich von St. Sampson wurde das sogenannte Oatlands Village, eine ziemlich kommerzielle Angelegenheit, auf dem Gelände eines alten Bauernhofs eingerichtet. Mehrere Häuschen mit kleinen Läden umziehen einen hübschen Innenhof. In ein paar Räumen ist ein kleines Puppenstubenmuseum eingerichtet. Wahrzeichen des Oatlands Village sind zwei **konisch zulaufende Backsteinkamine** alter Brennöfen. Für Kinder gibt es verschiedene Attraktionen.

Oatlands Village

❶ tgl. 9.30–17.00 Uhr, Eintritt frei, www.oatlands.gg

St. Saviour

──────────────── ✦ A/B 3

Einwohnerzahl: 2800

St. Saviour ist eine überwiegend ländlich geprägte Gemeinde im Westen von Guernsey. An der Küste gibt es nur einen kleinen Sandstrand in der ansonsten sehr felsigen Perelle Bay, die für ein ausgeprägtes Badeleben nicht sonderlich geeignet ist.

Kultureller Höhepunkt von St. Saviour ist die St. Apolline Chapel, die einzige mittelalterliche Kapelle auf Guernsey, die intakt und ohne bauliche Veränderungen erhalten geblieben ist. 1392 wurde die kleine

*St. Apolline Chapel

Kirche mit Erlaubnis der Abtei Mont St. Michel gegründet und gebaut. Zwei Jahre später erteilte Richard II. dann die Erlaubnis, einen Priester hier wohnen zu lassen. Gewidmet ist das Kirchlein der heiligen **Apollonia**, der **Schutzheiligen der Zahnärzte und Zahnleidenden**. Die Kapelle wurde jahrhundertelang als Stall genutzt und verkam im Verlauf der Zeit. Im Jahr 1873 wurde sie von den States of Guernsey erworben, aber erst 100 Jahre später, in den 1970er-Jahren, restauriert. Im Innenraum sind noch Fresken aus dem 14. Jh. erhalten, die eine Abendmahlsszene zeigen.

Le Trépied Dolmen
In Küstennähe oberhalb der Perelle Bay liegt etwas erhöht ein weiteres Megalithgrab, der Le Trépied Dolmen aus der Zeit zwischen 3000 und 2500 v. Chr., der 1840 von F. C. Lukis freigelegt wurde. Das Grab hat eine Länge von 5 m, drei Deckensteine sind noch erhalten. Bei der Freilegung wurden Grabbeigaben aus späterer Zeit – um 1800 v. Chr. – entdeckt. Dem Ort wird nachgesagt, dass er **Treffpunkt der Hexen von Guernsey** war. Auf dem Landvorsprung im Nordosten der Bucht sind zwei Menhire erhalten, außerdem das im 18. Jh. erbaute Fort Richmond.

St. Saviour's Parish Church
Südlich des Wasserreservoirs steht etwas erhöht die Pfarrkirche von St. Saviour, die größte der ländlichen Kirchen auf Guernsey. Wie auch die meisten anderen Inselkirchen geht sie zwar auf das 12. Jh. zurück, der heutige Bau entstand aber im 14./15. Jh. Am Eingang zum Friedhof steht ein alter menhirähnlicher Stein, in den ein Kreuz tief eingemeißelt wurde.

Kräutergarten Auberge du Val
In dem kleinen Dorf gibt es einen hübschen Garten, der einen kurzen Besuch lohnt. Er gehört zum Gelände des Hotels Auberge du Val, ist aber öffentlich zugänglich. Außer Kräutern sind auch Blumenstauden und Büsche angepflanzt.

St. Saviour erleben

ÜBERNACHTEN/ESSEN
Auberge du Val ☺☺
Sous L'Eglise, Tel. 26 38 62
www.aubergeduvalguernsey.com
Kleines Hotel in absolut idyllischer Landschaft in einem lieblichen Tal mit rau-
schendem Bach. Hinter dem Haus gibt es einen hübschen Kräutergarten. Die Zimmer sind geschmackvoll eingerichtet. Es gibt eine Sauna, Solarium und Whirlpool. In dem angeschlossenen ländlichen Restaurant kann man gut essen.

Auf dem Gelände einer alten Farm mit kleinen Wasserbecken und einem Garten nördlich vom Flughafen werden Gold- und Silberwaren angeboten. Vom alten Bauernhof ist noch eine steinerne Apfelmühle erhalten. Bei Kaffee, Tee und Kuchen oder einem Imbiss kann man hier durchaus länger verweilen.

Gold- und Silberwaren

❶ Mo.–Fr. 9.00–17.00 Uhr

Torteval

✳ A/B 3/4

Einwohnerzahl: 1000

Torteval ist die südwestlichste Gemeinde von Guernsey. Sie zieht sich an der Südküste entlang, wobei sie ein Teilgebiet der Gemeinde St. Peter in the Wood umschließt, und nimmt die gesamte Südwestspitze Pleinmont ein.

Eine erste Kirche wurde an dieser Stelle vermutlich wegen einer heiligen Quelle gebaut. Der heutige Kirchenbau stammt aus dem frühen 19. Jh.; der für Guernsey unübliche runde Turm birgt noch die alten Glocken, die die ältesten auf der Insel sind. Die schmucklosen hellen Fenster wurden Ende des 20. Jh.s erneuert.

Torteval Church

Der Südwesten von Guernsey ist ein Hochplateau, das zu allen Seiten steil abfällt. Auf der Pleinmont-Hochebene ist eine Serie von deutschen Geschützstellungen angelegt worden. Der 1942 gebaute mehrstöckige **Pleinmont-Tower** kann heute besichtigt werden. U. a. gibt es eine kleine Informationsausstellung über das Projekt **»Atlantikwall«** (S. 71). In der Nähe des Parkplatzes südwestlich des Pleinmont-Towers sieht man die Überreste des **Haunted House**, das es bereits zu Victor Hugos Zeiten gab. In seinem Roman »Les Travailleurs de la Mer« verewigte er es als Schrecken einflößendes Haus, in dem Schmuggler ihren illegalen Tätigkeiten nachgingen.

Pleinmont-Hochebene

❶ Pleinmont-Tower So., Mi. 14.00–17.00 Uhr

Im Norden senkt sich die Pleinmont-Hochebene in die Portelet Bay hinab. Unten sieht man eine eindrucksvolle kreisförmige Steinkonstellation, die Forschern bis heute Rätsel aufgibt. Ihren Namen »Table des Pions« trägt sie nach einem Brauch der Insulaner, die einmal jährlich die Inselstraßen nach Schäden untersuchten und abliefen und zum Schluss an diesem »Tisch« einen Imbiss einnahmen.

Table des Pions

Auf den Hanois-Felsen vor der gefährlichen Südwestküste von Guernsey wurde 1862 ein Leuchtturm in Betrieb genommen. Ausschlaggebend für den Bau war die Katastrophe der »Boreas« im Jahr

Hanois-Leuchtturm

1807, die einem Lotsenschiff, das in Seenot geraten war, helfen wollte und nach gelungener Rettungsaktion selbst mit der gesamten Besatzung vor den Hanois-Felsen unterging. Die 1000-Watt-Lampe in dem Leuchtturm hat eine Reichweite von 23 Seemeilen. 1995 wurde eine automatische Solaranlage eingebaut. Bis dahin war der Leuchtturm als letzter auf den britischen Inseln noch bemannt.

✴ Vale

✴ >D/E 1/2

Einwohnerzahl: 10000

Vale ist die nördlichste Region von Guernsey. Zum Gemeindegebiet gehören sehr schöne, oft von Dünen umzogene Sandstrände: teilweise geschützte kleine Buchten wie Port Soif und Portinfer im Westen, Baie de la Jaonneuse im Norden und Bordeaux Harbour im Osten oder längere Strände wie Ladies Bay, Pembroke Bay und L'Ancresse Bay.

Der nordöstliche Teil des Gemeindebezirks war ehedem die Insel Clos du Valle, die durch die schmale **Meerenge Braye du Valle** von Guernsey getrennt war. Sie verlief zwischen St. Sampson Harbour im Osten und der Bucht Le Grand Havre im Westen. Noch bis 1806 war Clos du Valle bei Hochwasser eine Insel, bei Niedrigwasser konnte man von Guernsey aus auf zwei Dämmen hinübergehen. Unter dem tatkräftigen Lieutenant-Governor John Doyle wurde der Graben 1807 trockengelegt und zugeschüttet, anschließend wurden Verbindungsstraßen hinüber nach Vale gebaut.

Einst eine Insel: Clos du Valle

SEHENSWERTES IN VALE

Unmittelbar nördlich von St. Sampson Harbour thront Vale Castle oberhalb der Küste. Vale Castle wurde im 14. Jh. gebaut, es sollte damals die Meerenge zwischen Guernsey und Clos du Valle sichern. Heute ist es eine Burgruine. Stehengeblieben sind die Außenmauern und eine Toreinfahrt. Ein Besuch der Festung lohnt sich auch wegen der weiten Aussicht aufs Meer und auf die Nachbarinseln.

Vale Castle

Folgt man der Hauptstraße Richtung Norden, kommt man zum Le Déhus Dolmen, einer der interessantesten Grabanlagen der Kanalinseln. Sie ist durch eine kleine Tür verschlossen, die tagsüber bis zur

**Le Déhus Dolmen

Table des Pions: Bis heute gibt die Bedeutung der kreisförmigen Steinanordnung der Nachwelt Rätsel auf.

Dämmerung offensteht. Zur Besichtigung kann man im Innenraum Licht machen (Lichtschalter innen direkt neben der Tür). Das 10 m lange Grab, das von einem Grabhügel bedeckt wird, weist mehrere Seitenkammern auf. In der Hauptkammer ist vor allem einer der Deckensteine von Interesse, den man gesondert anstrahlen kann. In den Stein sind ein Männergesicht mit Bart sowie Pfeil und Bogen eingemeißelt – **»Gardien du Tombeau«** (»Grabwächter«) wird die Figur genannt. Vermutlich hatte der heutige Deckenstein vor dem Grabbau als einzeln und aufrecht stehender Stein eine andere Funktion. Die Grabanlage stammt aus der Zeit um 3500 v. Chr., in der ersten Hälfte des 19. Jh.s nahm F. C. Lukis eine erste Freilegung vor. Bereits im Jahr 1775 hatte John de Havilland diesen Flecken käuflich erworben und zur Auflage gemacht, dass Le Déhus nicht zerstört werden sollte, aber komplett erforscht wurde der Le Déhus Dolmen erst in den 1930er-Jahren.

Beaucette Marina

Im Nordosten von Vale lohnt sich ein Besuch der winzigen Beaucette Marina, dem einzigen in Privatbesitz befindlichen Hafen der Insel. Der fast runde Yachthafen mit etwa 250 Liegeplätzen ist aus einem küstennahen Steinbruch entstanden, der über Jahrzehnte stilllag. In den 1960er-Jahren ließ die Vale Investment Ltd. in die schmale Granitwand zwischen Steinbruch und Küste eine Öffnung schlagen. So entstand ein absolut geschützter Hafen, der 1969 eingeweiht wurde.

Dünen und Türme

Auf dem flachen Gemeindegebiet von Vale liegt die ausgedehnte **Dünenregion L'Ancresse Common**. An der Küste stehen mehrere schöne Martello-Türme, die aber alle vor 1794 gebaut wurden und in dem Sinne keine originalen Martello-Türme sind. Insgesamt 15 solcher Türme wurden zur Zeit der amerikanischen Unabhängigkeitskriege gebaut und durchnummeriert.

Ganggrab La Varde

Im Dünengebiet im Norden von Vale, in dem sich ein großer Golfplatz befindet, gibt es mehrere etwas versteckte Megalithgräber. La Varde ist recht gut zu finden, da das Grab ein wenig erhöht auf einem Hügel liegt. Das Ganggrab ist mit etwa 10 m Länge eines der größten auf der Insel. Es wurde um 3500 v. Chr. gebaut und etwa bis 2000 v. Chr. benutzt. 1811 stieß **F. C. Lukis** mehr oder weniger zufällig auf die

Vale erleben

ÜBERNACHTEN/ESSEN
Peninsula Hotel ●●●
Les Dicqs, Tel. 24 84 00
www.peninsulahotelguernsey.com

Hotel in sehr schöner Strandlage an der Nordwestküste. Standardzimmer und schöner Garten. Das Sarnia Restaurant serviert Fisch und Meeresfrüchte.

Die flache L´Ancresse Bay – ideal für den sportlich aktiven Urlaub

Anlage. Erst nach diesem Erlebnis begann er sich als Hobby-Archäologe zu betätigen und fing an, die Kanalinseln systematisch nach Megalithgräbern zu durchforsten. 1837 begann er mit der Freilegung von La Varde und entdeckte Keramikscherben, Steinwerkzeug und Pfeilspitzen. **Les Fouaillages** weiter südwestlich ebenfalls auf dem Golfplatz ist etwas schwieriger zu finden. Das Grab, das von Ginsterbüschen umgeben ist, gilt als **eines der ältesten Steinmonumente Europas** überhaupt. Um 4500 v. Chr. ist an dieser Stelle vermutlich ein Cairn, ein aus losen Steinen aufeinandergeschichteter Haufen, entstanden. Ca. 2500 v. Chr. wurde die Anlage verändert, indem man eine Grabkammer – umgeben von einem Kreis aus Findlingen – über das erste Monument setzte. Das Grab wurde erst 1977 entdeckt und zwischen 1979 und 1981 freigelegt.

Vale Parish Church

Die Kirche von Vale steht weithin sichtbar auf einer Anhöhe. Sie geht auf einen Bau aus dem 12. Jh. zurück, der sich an der Stelle des heutigen Chores befand. Diese Kirche war unter dem Namen St. Michel du Valle bekannt, sie war von der Abtei Mont St. Michel, der damals das Lehnsgut im Norden Guernseys gehörte, gebaut worden. Bereits im 6. oder 7. Jh. muss es hier eine christliche Gemeinde gegeben haben, ein Grabstein aus dieser Zeit ist neben der Kirche gefunden worden. Auch eine frühe christliche Abtei soll hier existiert haben.

Rousse Tower

Der Rousse Tower an der Bucht Grand Havre war einer der Türme, die zur Zeit der amerikanischen Unabhängigkeitskriege im 18. Jh. zum Schutz vor französischen Angriffen errichtet wurden. Man baute ihn zur Überwachung des Braye du Valle an diese Stelle. Der Rousse Tower ist restauriert worden und kann besichtigt werden.

ALDERNEY

Fläche: 7,9 km²
Bevölkerungszahl: rund 2000

Alderney ist karg. Bäume gibt es fast gar nicht und auch die Vegetationsfülle der anderen Inseln sucht man hier vergebens. Die drittgrößte der Kanalinseln hat keine besonderen Sehenswürdigkeiten für Touristen zu bieten. Womit die Insel aber wirbt – und das zu Recht! – ist die Besonderheit ihrer Bewohner.

Alderney (frz. Aurigny) ist die nördlichste der Kanalinseln und mit nur 15 km Entfernung zum nordfranzösischen Cap de la Hague die Frankreich am nächsten gelegen. Nach Jersey und Guernsey ist Alderney die drittgrößte Kanalinsel; mit einer Fläche von 7,9 km² kann man sie allerdings eher als größte der drei kleinen Inseln bezeichnen. Sie bildet ein lang gezogenes Oval, das sich über gut 5 km von Südwesten nach Nordosten erstreckt, die Breite beträgt höchstens 2 km, an der schmalsten Stelle weniger als 1 km. **Die Größte der Kleinen**

Die Insel senkt sich in Nordostrichtung leicht ab. An der flacheren Nordküste gibt es in der Saline Bay und in der Braye Bay lange Strände, in der Saye Bay und in der Corblets Bay kleinere Strände. An der Südostseite ist die einzige größere Strandbucht die Longis Bay. Westlich der Longis Bay steigt die Küste an und zieht sich als Steilküste um den Inselsüden bis nach Nordwesten. Der Südküste sind die kleinen Felseninseln Cocque Lihou, La Nache, Fourquie, Sister Rocks und L'Etac de la Quoire vorgelagert. **Landschaft**

Alderney liegt im Bereich sehr starker Meeresströmungen, die der Schifffahrt seit jeher schwer zu schaffen machen – zumal die küstennahen Gewässer klippenreich sind. Die **»The Swinge«** genannte Strömung umzieht die Insel im Norden, **»The Race«** im Süden. Leuchttürme im Nordosten und westlich von Alderney markieren die gefährlichen Bereiche. **Zahlreiche Wracks** ruhen vor den Küsten von Alderney, in Leuchtturmnähe wurde 1992 ein Wrack aus elisabethanischer Zeit gefunden, Teile sind im Alderney Museum zu sehen. **Gefährliche Strömungen**

Etwa 2000 Menschen leben auf Alderney, viele sind **Zuwanderer**, vor allem aus Großbritannien. Einziger Inselort ist St. Anne, hinzu kommen noch vereinzelt Häusergruppen im Osten der Insel. Auf **Besonderheiten der Insulaner**

Wer darauf achtet, kann im Wasser Strömungen erkennen, wie hier »The Swinge« im Nordwesten von Alderney.

Alderney gibt es fünf Kirchen für unterschiedliche Konfessionen, ein Krankenhaus und zwei Schulen. Schüler können bis zum Alter von 15 Jahren auf der Insel bleiben und müssen zu weiterführenden Schulen dann nach Guernsey wechseln. Auf Alderney ist man unter sich und ist sich der **Inselsituation** vollkommen bewusst. Bewusst sind auch die Zuwanderer hier, die neben den Steuervorteilen die Natur und die Nähe der Freunde zu schätzen wissen. Alle möglichen Veranstaltungen werden ersonnen, man amüsiert sich, trifft sich – und ist offen für Fremde.

Wer als Besucher nach Alderney kommt, findet schnell Kontakt zu den Insulanern, die **kaum »touristenmüde«** sind, und hat das Gefühl, wohlwollend aufgenommen zu werden. Da hier alles in Miniaturformat existiert, hilft man sich mit humorvollen Übertreibungen, die auch einen Einblick in die Insulanermentalität geben: Das Hauptsträßchen von St. Anne ist für die Insulaner die **Champs-Elysées**, die kleine Eisenbahn wird fix zum **Orient-Express** und der Fußballplatz zum **Wembley Stadion**. Alles wird ernst genommen, und selbst auf dem kleinsten Inselflohmarkt finden sich zahlreiche Verkäufer und Käufer ein. Fast schon sprichwörtlich lange fließt seit eh und je der Alkohol auf Alderney. Zu Zeiten, als auf den anderen Kanalinseln

Alderney ist seit jeher berühmt für seine Pub-Kultur. The Rose & Crown gehört zu den beliebtesten Adressen.

noch strengere **Ausschankzeiten** galten, war Alderney regelrecht berühmt-berüchtigt, weil in den Pubs noch bis nach Mitternacht gezapft wurde.

Verwaltungstechnisch gehört die Insel zum Bailiwick of Guernsey. Alderney hat aber seit 1949 ein eigenes Inselparlament, die States of Alderney, in dem zehn gewählte Insulaner und der gewählte Präsident sitzen. Zwei davon vertreten Alderney in den States of Deliberation, dem Inselparlament von Guernsey. Grundsätzliche kommunalpolitische Änderungen müssen von Guernsey abgesegnet sein, wie Fragen in Erziehung und Gesundheit. Ansonsten macht Alderney seine eigene Inselpolitik mit eigenen Gesetzen und eigener Rechtsprechung in lokalen Angelegenheiten. **Verwaltung**

Von den anderen Kanalinseln gibt es keinen Schiffsverkehr nach Alderney, sondern nur Flugverbindungen mit Aurigny Airways. Die kleinen Maschinen mit 18 Sitzen fliegen ca. 15 Minuten nach Guernsey und nach Jersey. Schon 1935 wurde auf Alderney der **erste Flughafen der Kanalinseln** eröffnet, da die Insel wegen der gefährlichen Strömungen immer schon schwer zu erreichen war. Anders als auf Herm und Sark fahren auf Alderney **Autos**. Etwa 1000 Autos sind gemeldet, das amtliche Kennzeichen ist GBA. Das Straßennetz ist kurz, aber fast alle Teile der Insel sind schnell zu erreichen. Nur die steile Südküste ist lediglich durch Wanderungen zu erkunden. Alderney besitzt auch die **einzige Eisenbahn der Kanalinseln**, die allerdings heute nur noch Touristenattraktion ist. **Verkehr**

Wichtigste Einnahmequelle sind wie auf den anderen Kanalinseln die **Steuerzahlungen von Immigranten** (50 %), gefolgt von **Finanzwirtschaft** (25 %) und **Tourismus** (20 %). Etwa 50 000 Touristen kommen jährlich auf die Insel, darunter viele Segler. Ca. 500 Betten stehen zur Verfügung. In letzter Zeit wählen viele Internet-Firmen Alderney als Offshore-Niederlassung, wie z. B. Internet-Casinos. Traditionelle Berufe sind auf Alderney kaum noch zu finden. Nur noch ein Dutzend Fischer leben und arbeiten auf der Insel, und nur noch eine Farm, die hauptsächlich von der Milchproduktion lebt, existiert hier. **Wirtschaft**

GESCHICHTE

Von einer frühen Besiedlung der Insel weiß man durch prähistorische Funde auf der Ebene Longis Common. Hier stieß man auch auf Münzen aus römischer Zeit, als Alderney Riduna genannt wurde. Spuren der keltischen und normannischen Bevölkerung fand man in der Longis Bay. **Erste Siedler**

Gouverneure auf Alderney

1559 erhielt Alderney wie auch Guernsey und Jersey einen **eigenen Gouverneur**. Dieser wurde zunächst lange von der Familie Chamberlain gestellt, nach dem englischen Bürgerkrieg erhielt die Familie de Carteret aus Jersey das Recht des erblichen Gouverneurs, anschließend die Familie Andros aus Guernsey und ab 1714 die Familie Le Mesurier. Fast durchgängig hatten die Gouverneure auf Alderney einen schweren Stand und waren von den Insulanern ungern gesehen. Der letzte Gouverneur, John Le Mesurier, verkaufte 1825 seine Rechte an die britische Regierung, und Alderney wurde dem Lieutenant-Governor von Guernsey unterstellt.

Viktorianische Forts

Mitte des 19. Jh.s wurde im nahen französischen Cherbourg der Militärhafen ausgebaut und modernisiert. Großbritannien befürchtete daraufhin Überfälle von Frankreich und reagierte mit der **Befestigung** der Kanalinseln. Besonders stark wurde Alderney, das in Sichtweite der französischen Küste liegt, mit Verteidigungsanlagen geschützt. Entlang der Küste entstanden mehrere viktorianische Forts, mit deren Bau der Festungsarchitekt Francis William Drummond Jervois beauftragt wurde. Elf Forts entstanden Mitte des 19. Jh.s neu, das schon existierende Essex Castle wurde ausgebaut. **Jervois' Baustil** war unter ästhetischen Gesichtspunkten mitunter etwas altertümlich. In historistischer Manier versah er seine Bauten teilweise sogar mit Pechnasen.

Deutsche Besatzung

Auch Alderney wurde von den Deutschen besetzt. Etwa zehn Tage bevor die Deutschen landeten, verließen im Juni 1940 fast alle Inselbewohner ihre Heimat. Insofern konnten die Deutschen hier relativ unbeobachtet agieren. Mehrere **Arbeitslager** wurden eingerichtet, in denen Kriegsgefangene Zwangsarbeit verrichteten, das Arbeitslager »Sylt« wurde 1943 in ein Konzentrationslager, »KZ Aurigny«, umgewandelt.

Gerhard Nebel auf Alderney

Der deutsche Schriftsteller und Essayist Gerhard Nebel (1903–1974) war während der deutschen Besatzung auf Alderney. In seinem Tagebuch aus dem Jahr 1942 »Bei den nördlichen Hesperiden« beschreibt er die Insellandschaft:
»Nach Dienstschluß Streifzug durch den westlichen Teil der Insel, der mir noch unbekannt war. Ich wanderte an der Clonque-Bai entlang, doch war der Pfad durch Stacheldraht bald versperrt. Auf der Insel ist jede Bewegung sehr schnell durch solche Zurüstungen gehemmt, die teils Abwehrzwecken dienen, teils Minenfelder einzäunen. Da man nicht weiß, welchen Sinn der gerade begegnende Draht hat, tut man besser, nicht in ein derart verschlossenes Gelände einzudringen. Ich mußte mich also vom Meer entfernen und steigen, um von oben her mein Ziel, die Schlucht, die auf die Trois Vaux-Bai führt, zu erreichen. Der ganze Westen ist unberührt, wegelos und in ursprüngli-

Die Titanic der Kanalinseln

Am 30. März 1899, Gründonnerstag, verließ der Dampfer »Stella« um 11.25 Uhr mit zehn Minuten Verspätung den Hafen von Southampton. Um 17.30 Uhr wurde das Schiff auf Guernsey erwartet, zwei Stunden später auf Jersey. Viele Passagiere wollten Ostern auf den Kanalinseln verbringen. Um 16.00 Uhr ereignete sich die größte Schiffskatastrophe der zivilen Seefahrt in den Gewässern der Kanalinseln; um 16.08 Uhr war die »Stella« komplett versunken. Ein Wettrennen zwischen Schiffen konkurrierender Reedereien soll die Ursache gewesen sein.

Gegen 14.30 Uhr passiert die »Stella« zweimal Seenebelbänke, und Captain Reeks geht auf halbes Tempo; dann fährt der Dampfer bei guter Sicht mit voller Geschwindigkeit weiter. Ab 15.00 Uhr gibt es wieder Nebelfelder, Reeks aber lässt die »Stella« auf Volldampf laufen und setzt einen Posten am Bug ein, der das **Casquets-Nebelhorn** orten soll. Um 15.55 Uhr glaubt man die gefürchteten **Casquets-Felsen** noch vier Meilen von der eigenen Position. Fünf Minuten später hört Reeks plötzlich das Dröhnen eines Nebelhorns unmittelbar vor dem Schiff, der Posten brüllt »Stop!«. Ein riesiger Felsberg taucht knapp 75 m vor dem Dampfer auf. Kapitän Reeks lässt den Dampfer mit voller Kraft rückwärts laufen und wirft das Ruder herum. Aber die »Stella« schrammt an den **L'Auquière-Felsen**, dann reißt ein zweiter Felsen, der **Noir Roque**, den Rumpf auf. Acht Minuten später ist die »Stella« untergegangen.

Rette sich, wer kann

Der 49 Jahre alte Reeks versank mit der »Stella«. Seine Ruhe hat vielen seiner Passagiere das Leben gerettet. Vier Rettungsboote wurden losgemacht. Berühmt wurde die Stewardess **Mary Ann Rogers**: Ganz zum Schluss sah sie eine Frau ohne Rettungsgürtel, gab ihr den eigenen und fand zuletzt selbst keinen Platz mehr in den Rettungsbooten. Auch sie ertrank – ihr letzter Ausruf soll gewesen sein »Lord, have me!«. Sie war die Witwe eines Seemanns gewesen, der selbst 16 Jahre zuvor über Bord gespült worden war. Ihr Bildnis ist in der New Anglican Liverpool Cathedral in einem Kirchenfenster verewigt.

Opfer und Überlebende

Der 14-jährige Bening Arnold, mit seinem elfjährigen Bruder und seiner Mutter auf der »Stella«, überlebte dank seines Fußballs. Seine Mutter hatte den Ball noch am Rettungsgürtel befestigen können, dann wurde Bening vom Strudel des sinkenden Schiffs tief unter Wasser gezogen. Er kam aber wieder nach oben und konnte als guter Schwimmer – und durch den Fußball über Wasser gehalten – noch eines der Rettungsboote erreichen, als einziger seiner Familie. Die **Rettungsboote** wurden an Alderney vorbei bis zum Cap de la Hague gezogen, und als um Mitternacht die Tide wechselte, trieben sie wieder zurück. Mitten in der Nacht driftete ein Boot unmit-

Das Steuerrad der »Stella« und der Unglückskapitän im Museum

Verzweiflung

In einem der Rettungsboote saßen die 29-jährige **Sängerin Greta Williams** und ihre Schwester Theresa aus London. Theresa wurde seekrank, einige Männer an Bord trieb die Situation in einen furchtbaren Streit – und Greta Williams sang in die Nacht hinein »O Rest in the Lord« aus dem »Elias« von Mendelssohn. Die Überlebenden sprachen oft von diesen Augenblicken der Verzweiflung, die Greta Williams' Gesang offenbar mildern konnte. Die Altistin überlebte und organisierte zwei Wochen später ein Benefiz-Konzert in der Queen's Hall in London.

Ein Wettrennen?

Die Zahl der Opfer ist nicht sicher, es gab keine Passagierliste. Vermutlich wurden 112 Passagiere gerettet, knapp 100 ertranken. Noch Wochen später wurden Leichen an den Küsten angespült. Bereits einen Monat nach der Katastrophe wurde der **Kapitän zum Hauptverantwortlichen erklärt**. Wie hatte ein so erfahrener Mann den Dampfer trotz Nebels auf Hochtouren laufen lassen können? Hatte es vielleicht ein Wettrennen gegeben? **Zwei konkurrierende Schifffahrtsgesellschaften** unterhielten seit Anfang der 1860er-Jahre den Fährverkehr zwischen Südengland und den Kanalinseln: die **London South Western Railway (LSWR)** auf der Southampton-Linie, die **Great Western Railway (GWR)** ab Weymouth. Die GWR hielt sich für die schnellste und beste. Um mithalten zu können, ließ die LSWR drei neue Dampfer bauen, die »Stella«, die »Lydia« und die »Frederica«,

telbar an Alderney Breakwater vorbei, doch die Ruderer waren so entkräftet, dass sie das Ufer nicht erreichten. Vier Menschen starben an Bord dieses Bootes. Nach 23 Stunden – gegen 15.00 Uhr am Freitagnachmittag – wurden die Überlebenden von einem französischen Schlepper bei Cherbourg geborgen. Zwei Boote waren bereits am Morgen gegen 7.00 Uhr von der »Vera«, dem von Southampton kommenden Nachtdampfer, gerettet worden, ein weiteres zehn Meilen westlich der Casquets-Felsen durch die »Lynx«, das Nachtboot von Weymouth.

die zeitgleich mit der Konkurrenz ankommen sollten. So starteten die Schiffe gleich hinter den Casquets-Felsen ein Rennen, bei dem die Passagiere die Kapitäne auch noch anfeuerten. Der **Sieger hatte eindeutige Vorteile**, denn im Hafen von St. Helier konnte jeweils nur ein Schiff anlegen; die Passagiere des Schiffs, das später ankam, mussten mit einem kleinen Boot an Land gebracht werden. Nach dem »Stella«-Unglück wurde allerdings verfügt, dass die Schiffe der beiden Gesellschaften an unterschiedlichen Tagen zu fahren hatten.

Unter Wasser

Auch andere Schiffe sanken in den gefährlichen Gewässern vor den Kanalinseln. So ging im Februar des Jahres 1902 der Viermaster namens »Liverpool« unter, der mit **1000 Kisten Brandy**, 1000 t Zement, 1800 t Stahl und einer großen Weinlieferung schwer beladen war. Im Mai 1906 sank die »S.S. Leros« aus Hamburg bei Burhou. An Bord waren **240 t Singer-Nähmaschinen**. Vor der Insel Guernsey versank am 1. Oktober 1937 die »Briseis«, die algerischen Wein geladen hatte. Die Weinkisten wurden an Land gespült, und die Presse berichtete von »erstaunlichen Trunkenheitsszenen«.

Im Jahr 1973 wollten Taucher aus Guernsey und Alderney nach der 1744 gesunkenen »Victoria« suchen und stießen dabei in 50 m Tiefe auf die **»Stella«**. 1991 entschloss sich John Ovenden, das **Wrack zu filmen**. Aber selbst dafür erweisen sich die Gewässer um die Kanalinseln als gefährlich – nur für eine kurze Zeit zwischen Ebbe und Flut ist das Wasser still genug für einen Tauchgang.

Bei Sturm sind die Gewässer um die Kanalinseln unberechenbar.

chem Zustand. Auch vom Wurm der Befestigung ist er noch nicht angefressen. Die kahle Baumlosigkeit der Landschaft setzte mir zu. (...) Alderney erscheint mir als ein armes, preisgegebenes Wesen, das zwischen dem Wind, dem Meer und dem überwältigenden Licht zerrieben wird. Vor allem der Wind spielt sich als despotischer Herrscher auf und nicht einmal das Gras läßt er sich frei entwickeln.«

Nach 1945 Erst Monate nach der Befreiung der Kanalinseln kamen die ersten Insulaner wieder hierher. Ein Großteil der Bevölkerung kehrte zurück und machte quasi einen Neuanfang. Im Verlauf der Jahrzehnte wanderten dann auch auf Alderney wegen der günstigen Steuergesetze viele Europäer aus Großbritannien und vom Kontinent ein.

✴ St. Anne

Einwohnerzahl: 2000

»The Town« Alderneys Hauptort St. Anne ist das uneingeschränkte, da einzige Zentrum der Insel. »The Town«, wie die Insulaner sagen, liegt zentral zwischen dem Flughafen auf dem südlichen Hochplateau und dem Braye Harbour im Norden. Der Ort trägt seinen Namen nach einer Vorgängerkirche der heutigen St. Anne Church. Diese hieß zunächst St. Mary Church und wurde im 17. Jh. in St. Anne Church umbenannt. Auch Alderneys Hauptort trägt erst seit dieser Zeit seinen heutigen Namen.

✴Altmodisch und beschaulich Das schöne, teilweise etwas altmodische Ortsbild von St. Anne wird geprägt von beschaulichen Kopfsteinpflasterstraßen mit geschmackvollen, farbenfrohen Häuschen, vielen Gärten und alten Bäumen. An der Victoria Street, der gemütlichen Hauptstraße, findet man alle möglichen Geschäfte, doch wird es in den anliegenden Nebenstraßen bereits sehr ruhig.

SEHENSWERTES IN ST. ANNE

Victoria Street Die Victoria Street, die **»Champs-Elysées« von St. Anne** also, hat trotz ihres Zweitnamens einen angenehm dörflichen Charme. Niemand ist hier sonderlich hektisch, und wer seinen Alltagseinkauf erledigt, ist danach immer noch zu einem kurzen Kaffee aufgelegt. Cafés und Pubs gibt es genug, außerdem sind eine Post, eine Touristeninformation und viele Geschäfte vorhanden. Von einer verschlafenen Dorfstraße kann also keinesfalls die Rede sein. Man findet hier z. B. auch immer mal wieder Läden, die geradezu großstädtisch und international wirken, und es gibt auch ein Kino, in dem die neuesten Filme aus aller Welt gezeigt werden.

Das **Kino** gibt viel von der Mentalität der Bewohner preis: Um es finanzieren zu können, gründete man eine Aktiengesellschaft. Allerdings waren die Mittel nicht so üppig, dass man sich zwei Projektoren hätte leisten können. Also muss nun immer nach der Hälfte des Films die Rolle gewechselt werden.

Von der Victoria Street zweigt eine kleine Straße ab, auf der man durch einen Torbogen, den Albert von Sachsen-Coburg-Gotha gewidmeten Albert Memorial Gateway, direkt auf die St. Anne Church zukommt. Die Kirche liegt in einem kleinen Tal, an dessen Seiten sich ein hübscher Friedhof mit alten Grabsteinen hinaufzieht. In unmittelbarer Nähe zur lebendigen Hauptstraße taucht man hier sofort in eine stille, friedliche Atmosphäre ein. Die zugleich massig und elegant wirkende St. Anne Church (19. Jh.) wurde vom Sohn des letzten Gouverneurs der Insel, **John Le Mesurier**, in Erinnerung an seine Eltern in Auftrag gegeben und 1850 geweiht. Den dreischiffigen Bau errichtete der Engländer George Gilbert Scott. Im Kircheninneren sieht man Gedenktafeln der Familie Le Mesurier, die zwischen 1714 und 1825 die Gouverneure von Alderney stellte. Eine Tafel erinnert an den auf Alderney geborenen Arzt Henry John Gauvain (1878–1945), der als Vorreiter auf dem Gebiet der Tuberkuloseforschung und -operation gilt. Interessant sind die drei als **Anne French Windows** bezeichneten Fenster von 1957, die dem lebenslangen Engagement der Insulanerin Anne French für Kinder auf Alderney und in aller Welt gewidmet sind. Lohnend ist auch ein Besuch des **Museums von Alderney**, das in einem früheren

St. Anne Church und Inselfriedhof

St. Anne
Church/
Inselmuseum

BAEDEKER TIPP

Kinokult auf Alderney

Da die Filmrollen immer gewechselt werden müssen, gibt es bei fast jedem Film eine Pause, die die Kinobesucher nutzen, um Georgian House gegenüber etwas zu trinken. Bei Streifen mit Überlänge wechselt das Publikum absolut gelassen mehrmals zwischen Kino und Kneipe hin und her.

Alderney

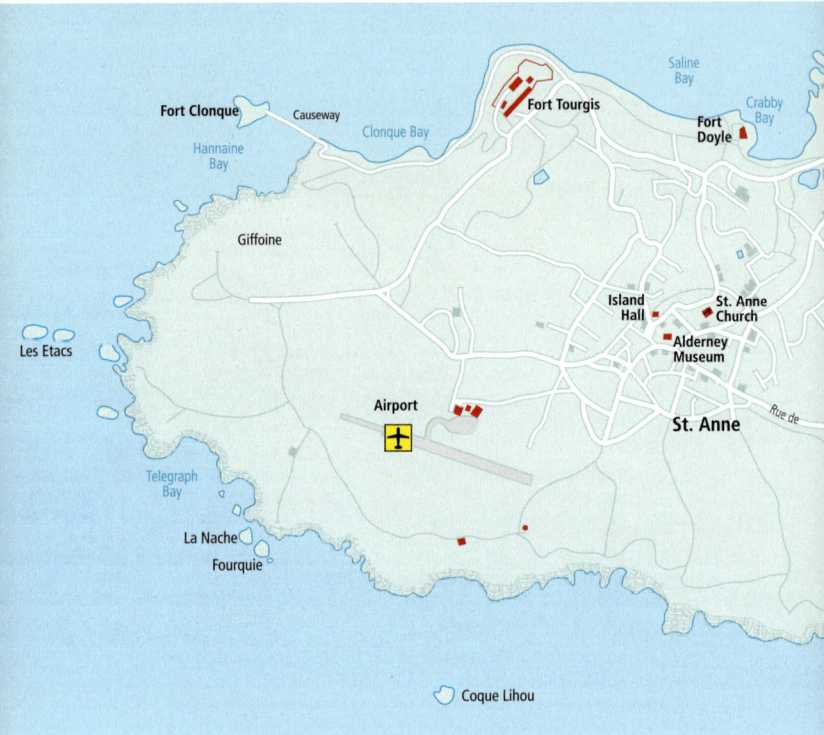

Schulgebäude in der High Street eingerichtet ist. Man erfährt vieles über Geschichte, Geologie, Pflanzen- und Tierwelt der Insel. Ein Teil der Ausstellung informiert über vor der Küste gesunkene Schiffe.
❶ April–Okt. Mo.–Fr. 10.00–12.00 u. 14.30–16.30, Sa., So. 10.00–12.00 Uhr, Eintritt Erw. 3 £, Kinder frei, www.alderneysociety.org

Friedhof Auf dem alten Friedhof mit verwitterten Grabsteinen neben dem Museum ragt ein Granitturm auf. Es handelt sich um das Überbleibsel der mittelalterlichen St. Anne Church, der Vorgängerkirche der heutigen Pfarrkirche.

Island Hall An dem kleinen lauschigen Royal Connaught Square, an dem früher unter freiem Himmel Gericht gehalten wurde, steht zurückversetzt in einer Gartenanlage die Island Hall, ein großzügiges Gebäude aus dem

18. Jh., das für ein paar Jahrzehnte **Sitz der regierenden Familie Le Mesurier** war. Der Regierungssitz, den die Familie Le Mesurier anschließend bezog, steht in unmittelbarer Nähe an der Straße Les Mouriaux. Auch dieses äußerst repräsentative Haus stammt aus dem 18. Jh. In der Nähe ragt ein Ungetüm von Betonturm auf, der von den Deutschen während der Besatzungszeit im Zweiten Weltkrieg als Wasserturm gebaut wurde.

Mit der Alderney Pottery in der Straße Les Mouriaux bietet auch die Insel Alderney eine der touristischen Attraktionen, die auf Guernsey und Jersey im Übermaß vorhanden sind. Die in der Töpferei hergestellten inseltypischen Töpferwaren aus dem kleinen Shop sind beliebte Mitbringel.
● Mo.–Fr. 10.00–17.00, Sa 10–13 Uhr

Alderney Pottery

Marais Square Am Marais Square wurden die ersten Häuschen von St. Anne gebaut. Eine Viehtränke erinnert noch an den damaligen Betrieb auf dem Platz, wenn hier der Inselviehmarkt stattfand.

Butes Am nördlichen Ende der Victoria Street kommt man über die Butes Road zum **Cricketplatz** von Alderney und zum **Festplatz** Butes, wo Open-Air-Veranstaltungen wie ein Jahrmarkt etc. stattfinden. Während der Cricketsaison wird jedes Wochenende hier gespielt. Der Platz liegt etwas erhöht, und man hat von hier aus einen schönen Blick auf den Hafen mit der langen Mole und auf das Fort Albert weiter östlich.

UMGEBUNG VON ST. ANNE

*Alderney Railway Von der Victoria Street führt etwas östlich versetzt die Route de Braye zum Hafen hinunter. Kurz bevor man zum Strand der Braye Bay kommt, überquert man die Bahnschienen der Alderney Railway. Die Eisenbahn wurde 1847 gebaut und diente damals zum **Transport von Granitsteinen**, die in dem Steinbruch im Nordosten der Insel geschlagen und zur Verschiffung in den Hafen gebracht wurden. Heute ist der »Orient-Express« eine der Touristenattraktionen von Alderney, betrieben wird die Bahn von der Alderney Railway Society. Eine alte Lok, die **Molly**, zieht zwei **ausrangierte U-Bahn-Wagen aus London** vom Bahnhof an der Braye Bay etwa 3 km bis zum Mannez Quarry, dem Steinbruch in der Nähe des Leuchtturms.

❶ ab Braye Road Station: Juli, Aug. Sa., So. 14.30, 15.30, Ostern, Mai, Juni, Sept. So. 14.30, 15.30, Fahrpreis Erw. ab 3 £, Kinder ab 1,50 £, www.alderneyrailway.com

Braye Harbour Der Hafen von Alderney ist im Wesentlichen ein **Güter- und Fischerhafen**, in dem touristischer Verkehr nur eine untergeordnete Rolle spielt. Der Wellenbrecher (»Breakwater«) schützt den Hafen vor Nordwestwinden, an stürmischen Tagen spritzt das Wasser meterhoch an der Mauer auf, und die Schutzfunktion wird nur allzu gut sichtbar. Mitte des 19. Jh.s sollte der Breakwater noch erheblich weiter ausgebaut werden, man wollte einen größeren geschützten Hafenbereich erhalten. Die Pläne wurden aber nicht verwirklicht. Von den Befestigungen der damaligen Zeit ist noch das Fort Grosnez am Westende des Breakwaters erhalten.

*Braye Bay Eine der schönsten Buchten und »stadtnah« dazu ist die Braye Bay mit ihrem **langen, fast weißen Sandstrand**. In Hafennähe wird die malerische, vielbesuchte Bucht von Lagerhäusern aus dem 18. Jh. begrenzt, die heute einen schmucken Eindruck machen und in denen einige Pubs und Cafés zu finden sind.

Alderney erleben

AUSKUNFT
Visitor Information Centre
Victoria Street 51
Tel. 82 37 37
www.visitalderney.com
www.movetoalderney.com

AUSGEHEN
Alderney ist die »Ausgeh-Insel« schlecht-
hin. Wer auf den Kanalinseln nicht nur
die Natur genießen, sondern sich auch
abends amüsieren möchte, ist auf der
Insel Alderney richtig. Immer gut besuchte Abendadressen in St. Anne sind
die Marais Hall, Bar und Restaurant am
Marais Square. Im Hotel Belle Vue ist am
Wochenende Diskothek. Außerhalb des
Städtchens zieht der Pub The Old Barn
an der Longis Bay Road viele Leute an.

ESSEN
The First and Last Restaurant €€€
Braye Harbour
Tel. 82 31 62
www.cwgsy.net/private/firstandlast
Das Restaurant liegt am Hafen. Es bietet
einen tollen Blick auf das Meer und ist
bekannt für seine guten frischen Meeresfrüchte. Auch traditionelle englische
und kontinentale Küche.

The Georgian House €€
St. Anne
Victoria Street
Tel. 82 24 71
www.georgianalderney.com
Eines der elegantesten Restaurants der
Insel in einem schönen Haus in georgia-
nischem Stil. Sehr gute Fischgerichte und
Meeresfrüchte, aber auch Kleinigkeiten.
Bei gutem Wetter sitzt man in einem

herrlichen Garten. Tipp: Vermietet über
dem Restaurant im 3. Stock auch vier
sehr hübsche Gästezimmer.

The Old Barn €€
Longis Bay Road
Tel. 82 25 37
Restaurant und Bar mit einem hübschen
Garten. Internationale Küche, nachmit-
tags gibt es hier Cream Tea.

ÜBERNACHTEN
Braye Beach Hotel €€€€
Braye Beach, Braye Street
Tel. 82 43 00
www.brayebeach.com
Das beste Hotel auf Alderney, ganz in
der Nähe der Braye Bay. Geschmackvoll
eingerichtete Zimmer und freundlicher
Service.

Farm Court Guest House €€€
Les Moriaux
Le Petit Val
Tel. 82 20 75
www.farmcourt-alderney.co.uk
Elegante Bed-and-Breakfast-Pension,
auch für Selbstversorger. Auf dem
Grundstück eines alten Farmgebäudes
gegenüber der bekannten Alderney
Pottery. Die alten Steinhäuser sind von
innen renoviert.

Victoria €
Victoria Street
St. Anne
Tel. 82 24 71
www.victoriahotelalderney.com
Kleines familiengeführtes Hotel mit
freundlicher Atmosphäre und gutem
Frühstück.

Fort Albert   Östlich der Braye Bay ragt das Fort Albert auf, die wohl bekannteste der Inselburgen aus dem 19. Jh. Fort Albert wurde im Zweiten Weltkrieg von den Deutschen besetzt und ausgebaut. Von oben hat man einen weiten Blick auf den Hafen und die umliegenden Buchten. Unterhalb von Fort Albert sieht man das »Wembley-Stadion« von Alderney, das Arsenal-Fußballstadion.

The Hammond Memorial   Mit einem Kreuz und Texten auf Polnisch, Hebräisch, Russisch, Französisch und Spanisch wird **an die Zwangsarbeiter erinnert**, die zwischen 1940 und 1945 in den Lagern auf Alderney interniert waren und ums Leben kamen. Gestiftet wurde das Denkmal von der Hammond-Familie, die einmal jährlich auch eine Gedenkfeier veranstaltet, zu der Überlebende oder deren Familien nach Alderney kommen. Von hier aus sieht man in die Longis Bay hinunter auf die kleine Île de Raz und bis zur französischen Küste hinüber.

Mannez Quarry   Östlich des Hammond Memorial liegt der Granitsteinbruch Mannez Quarry, der seit Beginn des 19. Jh.s existiert. Hier endet auch die Alderney Railway. Der etwas trübe Ort erwacht im Sommer an Wochenenden zum Leben, wenn die Bahn hier einrollt und in der Pause bis zur Rückfahrt Kaffee und Tee ausgeschenkt werden.

Saye Bay   Die halbrunde Saye Bay mit schönem Sandstrand ist durch die vorgelagerten Felsen eine hervorragend geschützte, kleine Badebucht. An der Bucht liegt der Campingplatz von Alderney, über dem das Fort Albert aufragt.

Mit dem »Orient-Express« zum Steinbruch Mannez Quarry

Östlich schließt sich die Corblets Bay an, die von der Saye Bay durch eine Felshalbinsel getrennt wird, auf der das **Château à L'Etoc** aus dem 19. Jh. steht. Die einstige Burg ist zu Wohnungen umgebaut worden. Auch in der Corblets Bucht liegt einer der Schmuckstrände der Insel mit hellem, feinem Sand, dazwischen ragen Felsen auf. Am Ostende steht das **Fort Corblets**, das von Privatleuten bewohnt wird. Landeinwärts jenseits der Straße sieht man eines der Wasserreservoirs der Insel. **Corblets Bay**

Östlich der Corblets Bay ragt direkt an der Straße der 1912 gebaute Leuchtturm von Alderney auf, der eine Höhe von 37 m und eine Reichweite von ca. 28 Seemeilen, also rund 45 km, hat. Zudem ist er mit einem Nebelhorn ausgestattet, das man etwa 7 km weit hören kann. Kinder, die kleiner als 1 m sind, dürfen leider nicht rauf. ***Leuchtturm**
❶ Führungen Ostern, Juni, Sept. Sa., So. 15.00, Juli, Aug. Sa., So. 14.30, 15.30 Uhr, Eintritt 3 £, Kinder 1,50 £

Auch **Fort Les Homeaux Florains** gehört zu den Festungen, die in viktorianischer Zeit entstanden sind. Erhalten ist nur eine derzeit verfallene Ruine. **Fort Quesnard** wurde während der Besatzungszeit mit einem Bunker versehen. Heute ist es exklusiv hergerichtet und in Privatbesitz. Auch die Gartenanlage im Fort wurde geschmackvoll angelegt. **Fort Houmed Herbé** liegt auf einer kleinen, vorgelagerten Felseninsel und ist weitgehend zerfallen. Von diesem östlichsten Teil der Insel sieht man deutlich das 15 km entfernte Cap de la Hague. **Festungen**

Die größte Bucht im Osten von Alderney ist die Longis Bay mit einem breiten Sandstrand. Der Strand wird zur Landseite hin fast durchgängig von einer **Panzerabwehrmauer** begrenzt, die während der deutschen Besatzungszeit gebaut wurde – wohl weil man von dieser Seite aus am ehesten einen Angriff der Alliierten erwartete. Bis ins 18. Jh., als man Braye Harbour mit dem langen Wellenbrecher anlegte, war hier der Hafen von Alderney, wovon noch Reste eines befestigten Wegs zeugen, der einst zur Hafenrampe führte. **Longis Bay**

Vom Ostende der Longis Bay aus kommt man bei Ebbe hinüber zu der Felseninsel Île de Raz mit dem kleinen Fort Raz, beide benannt nach der Strömung, die hier vorbeizieht. Von der Insel aus kann man eine grandiose Felsformation, die sogenannten Hanging Rocks, weiter südwestlich sehen. Diese schrägen Felsen vermitteln den Eindruck, als könnten sie jederzeit ins Meer kippen. ***Hanging Rocks auf der Île de Raz**

Das wohl interessanteste archäologische Fleckchen der Insel befindet sich bei The Nunnery in der Longis Bay. An dieser Stelle soll es nach Meinung einiger Archäologen eine **römische Befestigung, Castrum Longini,** gegeben haben. Soweit man weiß, wäre dies die einzige auf **The Nunnery** den Kanalinseln gewesen. Mittlerweile ist das Castrum Longini aber von der Fachwelt weitgehend **zur Legende erklärt** worden. Erwiesen ist die Besiedlung dieses Küstenabschnitts, der sich als Naturhafen geradezu anbot, in keltischer und normannischer Zeit. Das Gebäude The Nunnery (»Nonnenkloster«) wurde Ende des 18. Jh.s gebaut. Heute sind nur noch Reste davon erhalten. Um den Namen ranken sich verschiedene Geschichten. Einmal soll sich an dieser Stelle ein Bordell für Soldaten befunden haben, ein andermal soll dies eine ironische Bezeichnung für eine Soldatenwache weit entfernt von entsprechenden Vergnügungen gewesen sein.

Essex Castle Oberhalb der Longis Bay liegt auf den Felsen das Essex Castle, eine große Befestigungsanlage, die von den Deutschen genutzt und ausgebaut wurde. In dem Fort befinden sich Privatwohnungen, von denen aus man eine hervorragende Aussicht hat. Der Blick von hier oben reicht auf der einen Seite bis zur französischen Küste und auf der anderen Seite bis Sark, Herm und Guernsey, bei klarer Sicht sogar bis Jersey. An dieser Stelle stand bereits seit dem 16. Jh. eine Burg, von der aus die geschützte Hafenbucht überwacht wurde. Den Namen trägt das Castle nach dem Grafen von Essex, der um 1600 in Besitz der Befestigung war.

Telegraph Bay Vor einem Besuch der Telegraph Bay an der Südküste wird generell gewarnt, da sie nur äußerst schwer zugänglich ist. Bei auflaufendem Wasser ist ein Besuch der Bucht sogar **ausgesprochen gefährlich**, da einem schnell der schwierige Rückweg abgeschnitten werden kann.

Les Etacs An der Westküste blickt man auf eine kleine Gruppe von Felseninselchen mit dem Namen Les Etacs. Auf den Vogelfelsen lebt eine **Kolonie von Basstölpeln**.

Vogelfelsen Ortac und Les Casquets Weiter draußen im Meer erkennt man die Felsen Ortac und Les Casquets, die ebenfalls von Vögeln bevölkert werden, auch auf Ortac gibt es eine Tölpelkolonie. Die Felsen sind **berüchtigte Schiffsfallen**, u. a. wurden sie der »Stella« zum Verhängnis (▶Baedeker Wissen S. 263). Seit 1724 gibt es auf den Casquetsfelsen Signalfeuer. Der heutige Leuchtturm wird automatisch betrieben und per Computer gesteuert.

Über Les Casquets wird immer wieder eine Anekdote aus dem 19. Jh. erzählt. Um das Jahr 1840 wohnte hier die achtköpfige **Familie des Leuchtturmwärters**. Als ein Tischler aus Alderney zu Reparaturarbeiten herüberkam, verliebte er sich in die 20-jährige Tochter des Leuchtturmwärters. Sie ging mit ihm, um an seiner Seite in St. Anne zu leben, kehrte aber schnell wieder auf ihren Felsen zurück, da es ihr in der »großen Stadt« zu laut und zu hektisch war. In seinen Versen

»Les Casquets« hat der Dichter Algernon Charles Swinburne diese Geschichte verarbeitet.

Im Atlantik nordwestlich von Alderney liegt Burhou, eine Vogelinsel, auf der **Papageientaucher**, **Trottellummen** und **Tordalken** leben. Die relativ flache Insel kann mit Genehmigung des Harbour Masters besucht werden, nicht jedoch zur Brutzeit im Frühsommer (bis Mitte Juli). Für Besucher steht eine Hütte mit sehr einfachen Schlaf- und Kochmöglichkeiten zur Verfügung.

Burhou Island

Das Fort Clonque, das auf einem kleinen, der Küste von Alderney im Nordwesten vorgelagerten Inselchen steht, ist bei Ebbe über einen Damm zu erreichen. Fort Clonque wurde, wie die anderen Befestigungen auch, Mitte des 19. Jh.s gebaut. Heute sind hier Unterkünfte für Besuchergruppen eingerichtet.
❶ www.landmarktrust.org.uk

Fort Clonque

Eine der größten Befestigungen des 19. Jh.s ist Fort Tourgis, von dem heute nur noch die massigen Ummauerungen stehen. Südlich der Burg sind die spärlichen Überreste einer der wenigen frühgeschichtlichen Grabanlagen der Insel, des **Roc à l'Epine**, erhalten.

Fort Tourgis

Auch an der Saline Bay ist von den Deutschen eine Panzerabwehrmauer gebaut worden. In der Mitte der Saline Bay wurde im 19. Jh. das Fort Platte Saline errichtet, im Osten der Bucht steht Fort Doyle, das ausnahmsweise aus der Zeit um 1800 stammt. In Richtung Hafen folgt dann die kleine Crabby Bay.

Saline Bay

Basstölpel auf den Vogelfelsen

SARK

Fläche: 5,5 km²
Bevölkerungszahl: rund 600

Sark wird als abgeschiedenes und wildes Naturparadies gepriesen. Im lieblichen Inselinneren gibt es Wäldchen und saftige Wiesen, an der rauen Küste viele Höhlen. Interessant ist das Gesellschaftssystem: Die Insulaner lebten bis vor Kurzem in Europas letztem Feudalstaat. Auf Sark fahren keine Autos, und wenn man mit dem Schiff landet, scheint man augenblicklich in eine gänzlich andere Welt einzutauchen.

Sark (frz. Sercq) liegt etwa 10 km östlich von Guernsey und ist mit nur 5,5 km² die zweitkleinste der Kanalinseln. Ihre größte Ausdehnung in Nordsüdrichtung beträgt weniger als 5 km, in Ostwestrichtung 2,5 km, die Küstenlänge insgesamt wegen der starken Zerklüftung 65 km. Der Inselkörper setzt sich zusammen aus Great Sark und Little Sark im Südwesten, die durch einen schmalen Grat miteinander verbunden sind.
Great Sark und Little Sark

Sark ist ein landschaftlich sehr abwechslungsreiches, knapp 100 m hohes **Hochplateau**. Die Insel hat keine längeren Strände, sondern immer wieder **kleine Sand- und Kiesbuchten** zwischen rauer und zerklüfteter **Felsküste**. Die Wege hinunter in die Buchten sind steil, und ebenso steil sind die Wege wieder hinauf. Schon gleich nach der Ankunft bekommt man einen Eindruck von dieser Hochplateau-Situation, wenn man den stark ansteigenden Weg vom Hafen hinauf in das Dorf nimmt. Das Inselinnere ist reich an **Wiesen** und **kleinen Wäldern**. Im 17. Jh. war die Insel fast baumlos, da man vermutlich alles Holz als Brennmaterial verwendet hatte. Später muss es eine große Menge an Apfelbäumen gegeben haben. Heute findet man nur noch im Dixcart Valley eine größere Zahl von Obstbäumen.
*Landschaftsbild

An den Küsten von Sark gibt es einige natürliche Seewasserpools in Felsbecken und sehr viele Höhlen. In die Höhlen geht man am besten mit **ortskundiger Führung**, denn wenn man sich nicht auskennt, kann eine Höhlentour wegen der starken Gezeitenunterschiede sehr gefährlich sein. Bei Flut werden einige Höhlen komplett unter Wasser gesetzt oder das Meer hat plötzlich den Rückweg abgeschnitten. Zur Erkundung der Höhlen braucht man festes Schuhwerk, manchmal auch Gummistiefel. In die meisten Höhlen kann man nur bei
*Höhlen und Felsbecken

Die Seigneurie von Sark: Hier hat Europas letzter Feudalherr seinen Wohnsitz.

Niedrigwasser hineingehen, viele kann man auch nur vom Boot aus erkunden. Auskunft über die Höhlen und kompetente Führungen erteilt die Touristeninformation.

Die Sarkees und ihr Staat Die Insel gehört verwaltungstechnisch zum Bailiwick of Guernsey, ist aber per Verfassung ein eigener kleiner Staat, in dem bis Dezember 2008 noch **altes normannisches Feudalrecht gültig** war (▶ Baedeker Wissen S. 288, 290). Aus römischer Zeit ist der Name Sarnia für die Insel bekannt, in den »dark ages« (▶Geschichte) hieß sie Sargia, im Mittelalter kam dann die französische Bezeichnung Sercque auf. Etwa 600 Sarkees leben auf der Insel, etwa 50 % der Inselbewohner sind **Zugewanderte**, zumeist Engländer. Über die Hälfte der 40 traditionellen Anwesen befindet sich mittlerweile in Besitz von nicht-gebürtigen Insulanern, was mitunter zu Spannungen mit den Alteingesessenen führt. Jugendliche können bis zum Alter von 15 Jahren auf Sark zur **Schule** gehen. Der weitere Unterricht erfolgt auf Guernsey. Dort können Jungen ein Internat besuchen, Mädchen wohnen privat oder in Wohngemeinschaften. Auch für ihre Berufsausbildung verlassen die meisten die Insel. Die **Wasserversorgung** der Häuser läuft über eigene Brunnen oder Regenwasser, also nicht über eine zentrale Versorgung, für die ordnungsgemäße Kanalisation in Sickergruben ist jeder Haushalt selbst zuständig. Geheizt wird mit Öl oder Propangas. Es gibt ein kleines, recht gutes **medizinisches Zentrum** mit einem Arzt, der auch einfache Operationen vornimmt; alle schwierigeren Krankheiten müssen auf Guernsey behandelt werden. Dafür – und für Zahnarztbesuche – gibt es einen gesonderten Bootsverkehr.

! **BAEDEKER TIPP !**

Garden Walks

Auf Sark gibt es schöne Gärten, die man normalerweise nicht zu sehen bekommt. Aber von Mai bis September kann man sie jeden Freitag bei organisierten Spaziergängen kennenlernen. Wer mitgehen möchte, kommt einfach freitags um 14 Uhr zum Treffpunkt vor dem Visitor Centre.

Verkehr Auf Sark fahren keine Autos, man bewegt sich zu Fuß, per Fahrrad oder in einer Pferdekutsche über die Insel. Für bestimmte Zwecke wurde die Benutzung von Traktoren genehmigt, von denen denn auch etwa 60 recht lautstark über die Insel rattern, was auffällt, weil ansonsten nur Naturlaute zu hören sind. Sark hat keinen Flughafen. Im Sommer gibt es mehrmals täglich Schiffsverbindungen zwischen Guernsey und Sark, seltener zwischen Jersey und Sark.

Geschichte Megalithfunde bezeugen menschliche Anwesenheit in der Zeit um 3000 v. Chr. Bis Mitte des 19. Jh.s soll es etwa zehn Kromlechanlagen auf Sark gegeben haben, von denen jedoch heute keine Spur mehr erhalten ist. Sark soll von **St. Magloire** christianisiert worden sein, der im Jahr 565 von Dol aus der Bretagne auf die Kanalinseln gekommen sein und im Nordwesten der Insel eine Abtei gegründet haben soll. Es heißt, er habe mit 62 Mönchen das Land kultiviert. 586 wird als sein Todesjahr angegeben. Sicher ist, dass auf dem Gelände der heutigen Seigneurie bis ins 14. Jh. eine Abtei existiert hat; von den Mönchen wurden eine Wassermühle und die noch existierenden Fischteiche angelegt. **Mitte des 14. Jh.s** war Sark infolge zahlreicher Überfälle von Franzosen und vor allem durch die Pest, die zwischen 1345 und 1348 auf der Insel wütete, **quasi entvölkert** und blieb etwa 200 Jahre fast menschenleer. Angeblich wurde sie nur noch von Piraten bewohnt, die in den Gewässern der Kanalinseln ihrer Tätigkeit nachgingen. 1564 bekam Helier de Carteret aus Jersey den Auftrag zur Kolonisation der fast leeren Insel. Er verpflichtete sich, dafür zu sorgen, dass mindestens 40 Männer kontinuierlich hier lebten und die Insel bei Überfällen verteidigten. Das Land wurde in 40 »Tenements« (Pachtgrundstücke)

Autofreie Insel: Eine Alternative ist der Pferdewagen.

aufgeteilt und an die »Tenants« verpachtet, über die Helier de Carteret als erster Seigneur der Insel herrschte. 1730 erwarb **Suzanne Le Pelley**, Eigentümerin des Tenements »La Perronerie«, Sark als königliches Lehen. Die Familie Le Pelley verlor die Insel, als sie durch eine Pleite mit den auf Little Sark gefundenen Silberminen zahlungsunfähig wurde. Daraufhin kamen die Gläubiger der Le Pelleys, die Familie Collings, in den Besitz der Insel Sark. Deren prominentestes Mitglied, **Sibyl Hathaway** (▶S. 76), wusste während der **deutschen Besatzungszeit**, die am 3. Juli des Jahres 1940 begann, für die Insel Schlimmstes zu verhindern. Damals beschlossen die Insulaner – anders als die Bewohner von Alderney –, auf ihrer Insel zu bleiben. Diese Kontinuität gilt als einer der Gründe für die lange Existenz des eigentümlichen Feudalsystems (▶ Baedeker Wissen S. 288, 290).

BAEDEKERTIPP

! **Bargeld mitnehmen**

Auf Sark gibt es keine Geldautomaten. Bargeld bekommt man bei der Post. In einigen Geschäften kann man mit Euros bezahlen. Wer nicht mehr genügend Bargeld dabei hat, findet in einigen Läden und Restaurants Besitzer, die weiterhelfen, wenn man bei Kartenzahlung nach Bargeld fragt.

Wirtschaft Relativ undurchschaubar sind die Direktorengeschäfte, mit denen ein Teil der Sarkees Geld verdient (▶ Baedeker Wissen S. 154). Neben diesem unsichtbaren Gewerbe lebt Sark vor allem vom Tourismus, im Jahr kommen etwa 65 000 Gäste vor allem aus Großbritannien, Frankreich, Deutschland und Skandinavien auf die Insel. Auch Viehwirtschaft und in geringem Maß Schafzucht) spielt eine Rolle.

ANKUNFT AUF SARK

Maseline Harbour Nachdem die Schiffe an den Felsen Noir Pierre, Pavlaison, Petite Moie und Grande Moie unterhalb des Leuchtturms vorbeimanövriert wurden, legen sie an der Ostküste von Sark im Maseline Harbour an. Dieser **tideunabhängige Hafen** ersetzte weitgehend den benachbarten, älteren Creux Harbour. Durch einen kurzen Felsdurchgang kommt man vom Maseline Harbour auf einen Platz und die Straße zum Ort.

Creux Harbour/ Harbour Hill Ein längerer Tunnel führt von dem Platz aus durch einen Felsen zum Creux Harbour, der bei Ebbe trockenfällt. Der Creux Harbour (Creux = Vertiefung, Höhlung) wurde im 16. Jh. unter Helier de Carteret angelegt, der Creux Tunnel 1588 in den Felsen geschlagen. Ein von einem Traktor gezogener Wagen bringt Besucher den Harbour Hill hinauf ins Dorf. Parallel zur Straße verläuft auch ein Fußweg – er führt durch ein idyllisches Wäldchen, auf dessen Boden im

Frühjahr die Bluebells sprießen. Sark zeigt sich hier sogleich von seiner schönsten Seite. Oben im Ort kann man sich Fahrräder mieten oder Kutschfahrten unternehmen.

* Die Küsten von Sark

Alle Küstenabschnitte von Sark sind nur auf Stichwegen zu erreichen, einen längeren Klippenpfad gibt es nicht.

Viele Buchten und Höhlen sind nur an bestimmten Tagen bei absolutem Niedrigwasser begehbar. Man muss die **Tidezeiten** genau im Kopf haben und wissen, wann auflaufendes Wasser einsetzt. Generell ist die Besichtigung von Höhlen mit ortskundigen Führern sicherer.

WESTKÜSTE

In der Verlängerung der Rue de Moulin Richtung Küste führt ein Pfad hinunter zum Wasser. Dort erinnert ein Denkmal an den Londoner Geschäftsmann Jeremiah Giles Pilcher, der 1868 von einem Unwetter überrascht wurde und vor Sark ums Leben kam.
Pilcher Monument

Die Bucht des Havre Gosselin wird ab und zu noch als Hafen genutzt – insbesondere bei Windverhältnissen, die ein Landen an der Ostküste unmöglich machen. Ein Stück weiter südlich liegt **Victor Hugo's Cave**, die man nur mit einer Bootstour erreichen kann.
Havre Gosselin

Die Gouliot Passage, eine ca. 70 m breite Wasserstraße, trennt die Insel Brecqhou von Sark. Sie ist wegen ihrer erheblichen Strömungsgeschwindigkeiten berüchtigt.
Gouliot Passage

Die Insel Brecqhou befindet sich seit 1929 in Privatbesitz und kann nicht besichtigt werden. Mehrfach ist sie als Tenement ge- und verkauft worden, der Seigneur von Sark muss dem Besitzerwechsel zustimmen. Derzeit gehört die Insel dem Zwillingspaar **David und Frederick Barclay**. Die schottischen Medienunternehmer haben sich einen Palast bauen lassen, der einem neogotischen Schloss ähnelt. Dieser Bau sorgte für Aufregung, da er unter strengster Geheimhaltung hochgezogen wurde – Bauunternehmer und Handwerker waren zu absolutem Schweigen verpflichtet. Auf Brecqhou gilt wie auf der Mini-Insel Jethou bei Herm ein **eigenes Steuersystem**, die Besitzer setzen selbst die Höhe der Einkommenssteuer fest. Die Barclays streben an, sich politisch von Sark zu lösen.
Brecqhou Island

Sark

*Gouliot Caves Nördlich der Gouliot Passage liegen die Gouliot Caves, die zu Fuß nur an bestimmten Tagen im Jahr zu erreichen sind, wenn es besonders schwache Tiden mit sehr niedrigen Wasserständen gibt. Sicherheitshalber sollte man die Gouliot Caves nur mit kundigen Führern besichtigen. Eine Attraktion des Ausflugs sind die **Seeanemonen** in der Höhle. Die Höhlen und die Umgebung sind schon im Jahr 2007 als wichtiger Lebensraum für Wasservögel zum Ramsar-Gebiet erklärt worden.

Eine weitere Höhle, die nur bei niedrigsten Wasserständen besucht werden kann, ist die Höhle unter dem Landvorsprung Moie de Mouton. Sie ist dann von der Bucht Port à la Jument aus zu erreichen.

Mouton Cave

Der Weg zur Bucht Port du Moulin ist verhältnismäßig gut ausgeschildert. Man geht abwärts über einen waldigen Pfad an einem kleinen Wasserlauf entlang. Dieser Bach wurde bei der Seigneurie zu Fischteichen aufgestaut und trieb die Wassermühle L'Ecluse an; er mündet in der Bucht, die ihren Namen nach dieser Mühle trägt. Der Weg endet oberhalb der Bucht an einem freien Platz mit einer Felswand, durch die ein **unnatürlich eckiger Durchgang** geschlagen wurde. Ein Warnschild weist darauf hin, dass jenseits des »Fensters« die Küste steil abfällt – und in der Tat sollte man schwindelfrei sein, wenn man sich dem Ausgang des »Window« nähert. Senkrecht darunter liegt die Kiesbucht, die von Mönchen der Abtei als Hafen benutzt wurde. Sie zogen die angelandeten Güter von einem Felsvorsprung aus in die Höhe. Seigneur W. T. Collings ließ im 19. Jh. die fensterähnliche Öffnung anlegen, so konnten die Waren sicherer hochgezogen werden. Von dem Felsdurchbruch aus hat man einen Blick nach Herm mit dem hellen Shell Beach, nach Jethou und nach St. Peter Port auf Guernsey, sowie wenige hundert Meter entfernt auf den von Vogelkolonien bevölkerten Felsen **Les Autelets**. Der Bucht westlich vorgelagert ist der Felsen **Tintageu** mit der **Pegâne Bay** dahinter. Die **Saignée Bay** liegt auf der anderen Seite jenseits von Les Autelets. Wer in die Bucht hinuntergeht, muss die Zeiten der Tide kennen, um nicht vom auflaufenden Wasser überrascht zu werden.

*Window in the Rock/Port du Moulin

Vom Ende der Eperquerie Road, die die Hochebene des Eperquerie Common überquert, führt ein Pfad bis zur Nordspitze der Insel, der noch die Felseninsel La Grune mit dem nördlichsten Punkt Bec du Nez vorgelagert ist. Westlich unterhalb der Landspitze liegen die **Boutique Caves**, die Victor Hugo in seinem Roman »Les Travailleurs de la Mer« unter der Bezeichnung **»Der Laden«** erwähnt, da hier früher Schmuggler ihre Waren lagerten und tauschten. Die Boutique Caves sind nur bei Ebbe zu besichtigen.

Nordspitze

OSTKÜSTE

Östlich unterhalb der Landspitze liegt die Bucht Eperquerie Landing; sie ist insofern geschichtsträchtig, als Helier de Carteret im 16. Jh. mit seinen Mannen hier anlandete.

Eperquerie Landing

Südlich davon öffnet sich die Les Fontaines Bay, die mit ihren bizarren Felsdurchbrüchen und den Fern Caves im Süden landschaftlich besonders eindrucksvoll ist.

Les Fontaines Bay

Sark erleben

Banquette Landing Weiter südlich führt ein etwas schwer erkennbarer Pfad, der zum Farmgelände der Le Fort-Farm gehört, zum Banquette Landing. Die Bucht ist wegen ihres tiefen Wassers ein idealer Anlegeplatz. Sie eignet sich aber auch gut zum Schwimmen. Auch Angler haben sie längst für sich entdeckt und treffen sich gern in der Bucht.

Grève de la Ville/Gull's Chapel Eine weitere schöne Bucht ist Grève de la Ville, von der aus man Blick auf die Felsengrüppchen hat, die man schon bei der Anfahrt per Schiff passiert hat. Landschaftliche Sehenswürdigkeit in der Bucht ist Gull's Chapel, eine torähnliche Felsöffnung.

Point Robert Lighthouse Auch das Point Robert Lighthouse, den Leuchtturm von Sark, kann man schon bei der Anfahrt vom Schiff aus von Weitem sehen. Auf der Insel selbst führt ein Weg vom Dorf über die Verlängerung der Rue Hotton zum Point Robert mit dem heutzutage computergesteuerten Leuchtturm. Südlich davon liegen die Häfen Creux und Maseline.

*Derrible Bay Die Derrible Bay und die benachbarte Dixcart Bay gehören zu den schönsten Buchten der Insel. Sie werden durch den Felsrücken Hog's Back voneinander getrennt. Es gibt mehrere Wege zur Derrible Bay; der einfachste führt vom Dorf aus in der Verlängerung der Rue Lucas in Richtung Süden vorbei an den Häusern La Peigneurie und La Forge. Danach zweigt rechts ein Pfad zur Derrible Bay ab, in die man über eine Treppe im Ostteil der Bucht hinunterkommt. Die Bucht eignet sich bei Niedrigwasser zum Baden. Berühmt ist die Derrible Bay für den **Creux Derrible**, einen **Naturkamin**, den man bei Ebbe zu Fuß erreicht. Bei Niedrigwasser kann man von unten aus durch eine etwa 60 m hohe Öffnung hinauf in den Himmel gucken, bei Flut zischt und gurgelt das Wasser unten im Kamin.

Durch das waldige, von Bluebells bewachsene Dixcart Valley geht es an einem Bach entlang zur Dixcart Bay, wo der Bach als kleiner Wasserfall mündet. Durch ein **hohes Felsentor** kommt man dort von einer Seite der Bucht auf die andere.

*Dixcart Bay/ Dixcart Valley

* Little Sark

Auch wer nur einen Tagesausflug nach Sark macht, hat Zeit genug, mit dem Fahrrad oder der Pferdekutsche bis nach Little Sark zu fahren, das nur noch durch einen ganz schmalen hohen Grat mit Great Sark verbunden ist.

La Coupée, der 90 m hohe Grat, der die Inseln verbindet, gehört zu den **landschaftlichen Höhepunkten der Kanalinseln**. Der schmale Übergang ist 1945 betoniert worden; dazu wurden hauptsächlich deutsche Kriegsgefangene eingesetzt. La Coupée liegt etwas unterhalb der Straße, so dass man von einem Punkt neben der Straße einen schönen Blick von oben auf den schmalen Grat hat. Man sieht hinüber nach Little Sark und hat zugleich einen hervorragenden Blick bis nach Guernsey, wo man das helle Häusermeer von St. Peter Port ausmachen kann. Auf dem Damm müssen Fahrräder geschoben werden, und wer mit der Pferdekutsche fährt, muss an dieser Stelle aussteigen und La Coupée zu Fuß überqueren. Grund sind mögliche starke Windböen. Tief unten sieht man die wunderschöne La Grande Grève-Bucht, in der Strandbesucher, die über eine lange Treppe vom Nordende des Damms nach unten gekommen sind, fast nur noch als kleine Punkte zu erkennen sind. Unten gibt es kleine Höhlen und ein Felstor, durch das man bei Ebbe in die Vermandaye Bay kommt.

**La Coupée

Beim Hotel La Sablonnerie biegt ein Weg nach links ab, dem man ein Stück folgt; nach kurzer Zeit sieht man die Turmruinen des ehemaligen Silberbergwerks. Man kommt von dem Sträßchen aus durch ein Gatter zu den Türmen. 1833 entdeckte der Mineninspektor **John Hunt** hier Silber- und Kupferminen, ein Jahr später erhielt er vom damaligen Seigneur Le Pelley das Recht, Schächte auszuheben. 1836 wurden noch ertragreichere Minen bei Port Gorey gefunden. Fast zehn Jahre lang baute man hier Silber ab, bis 1845 die Decke eines Schachts unter dem Meeresboden einstürzte. Der **Schacht** wurde **komplett überflutet**. Das endgültige Aus für den »Silberrausch«

Silbergruben

brachte kurz darauf ein **Schiffsunglück**, bei dem eine **ganze Silber-ladung verlorenging**. 1847 wurde der Bergbau eingestellt. Das De-saster brachte dem damaligen Seigneur Le Pelley den Bankrott, und 1852 musste er die Insel an seine Gläubiger, die Familie Collings ver-kaufen, die seither die Seigneurs von Sark stellen.

Venus Pool Am Südende von Little Sark, von dem aus man Jersey und den vor-gelagerten Vogelfelsen L'Etac de Sark gut sieht, kommt man unten in der Clouet Bay zum Venus Pool und dem kleineren Jupiter Pool. Die-se beiden Pools sind **natürliche Felsbecken**, in denen das Wasser bei Ebbe stehen bleibt und immerhin über fünf Meter tief ist. Das Wasser wird in den Felsen etwas erwärmt. Badende kommen hier voll auf ihre Kosten.

Souffleur-Höhle Ein Stück weiter liegt eine der eindrucksvollsten sogenannten Souff-leur-Höhlen, in denen die einströmenden Wassermassen schnaufen-de und keuchende Geräusche erzeugen, da die Höhlendecke höher liegt als der Eingang. **Port Gorey** weiter westlich ist die Bucht, in der einst die Schiffe mit Silber beladen wurden.

Adonis Pool An der Westseite von Little Sark liegt nördlich der Rouge Câne Bay ein weiterer Pool. Der Adonis Pool ist nur unter erheblichen Schwie-rigkeiten und nur von geübten Kletterern zu erreichen.

✴ Seigneurie

Wenn der Seigneur zu Hause ist, wird auf dem Turm seines Herrensitzes die Flagge hochgezogen. Man kann das Haus lei-der nicht besichtigen, dafür sind aber die herrlichen Gärten öffentlich zugänglich.

Geschichte Folgt man im Dorf der Rue de Rade nach Norden, dann kommt man ein Stück außerhalb zur Seigneurie. Kurz zuvor führt ein Weg hinun-ter zum Hotel La Moinerie, dessen Name (»Mönchsvolk«) noch an die frühere Abtei in dieser Gegend erinnert. Die Seigneurie steht auf dem Gelände **»La Perronerie«**, dessen Besitzerin Suzanne Le Pelley 1730 Sark als Lehen erwarb. Sie wollte nicht von ihrem Anwesen wegziehen, und so befindet sich der Sitz des Seigneurs und der Dame seitdem auf dem Tenement »La Perronerie«. Zum Gelände »La Per-ronerie« gehört heute auch das Tenement »La Moinerie« und damit das Gebiet der einstigen Abtei. Reste des Priorats sind an der West-mauer in der Nähe des Herrenhauses erhalten. Das Herrenhaus selbst geht auf einen ersten Bau aus dem 17. Jh. zurück, der mehrfach verändert und erweitert wurde. 1852 zog die Familie Collings in die Seigneurie ein und nahm sogleich Umbauten vor – aus dieser Zeit stammt auch der Granitturm.

Die Gärten wurden vermutlich in der ersten Hälfte des 19. Jh.s ange- ***Gärten**
legt. Man betritt das Gelände von der Rue de Rade aus durch ein Tor, das die Insulaner Sibyl Hathaway und R. W. Hathaway zu ihrer Hochzeit im Jahr 1929 schenkten. Linker Hand kommt man zunächst in die von einer Mauer eingefassten Gärten, in denen Rosen, Blumenstauden, exotische Sträucher und Bäume wachsen, viele mit ihren botanischen Bezeichnungen versehen. Kleine Buchsbaumhecken säumen symmetrisch angelegte Beete. Der Hauptweg zieht sich weiter durch einen Steinbogen in den Gemüsegarten und zum Irrgarten.
❶ Ostern–Ende Okt. tgl. 10.00–17.00 Uhr, Eintritt Erw. 5 £, Kinder 1,50 £, Mi. 11.30 Uhr Führungen 7 £ (mit Eintritt), www.laseigneuriegardens.com

Verlässt man den Garten wieder an der Stelle, an der man hineinge- **Kapelle**
gangen ist, sieht man einen Kapellenbau, der angeblich auf ein kleines Gotteshaus zurückgeht, das zur Abtei gehörte. Die heutige Kapelle stammt aus dem 18. Jh., als die Dame von Sark, Suzanne Le Pelley, mit

Die Gärten der Seigneurie: Buchsbaumhecken und duftende Rosen

Europas letzter Feudalstaat

... besteht seit dem 16. Jh. auf der winzigen Insel Sark. Die Sarkies scheinen damit gut zurecht zu kommen: Trotz einiger weniger demokratischen Änderungen wie die erste freie Parlamentswahl 2008, rütteln sie nicht an den Grundfesten ihres Gemeinwesens. Und so kann der Seigneur of Sark weiterregieren.

▶ **Das Feudalsystem auf Sark**

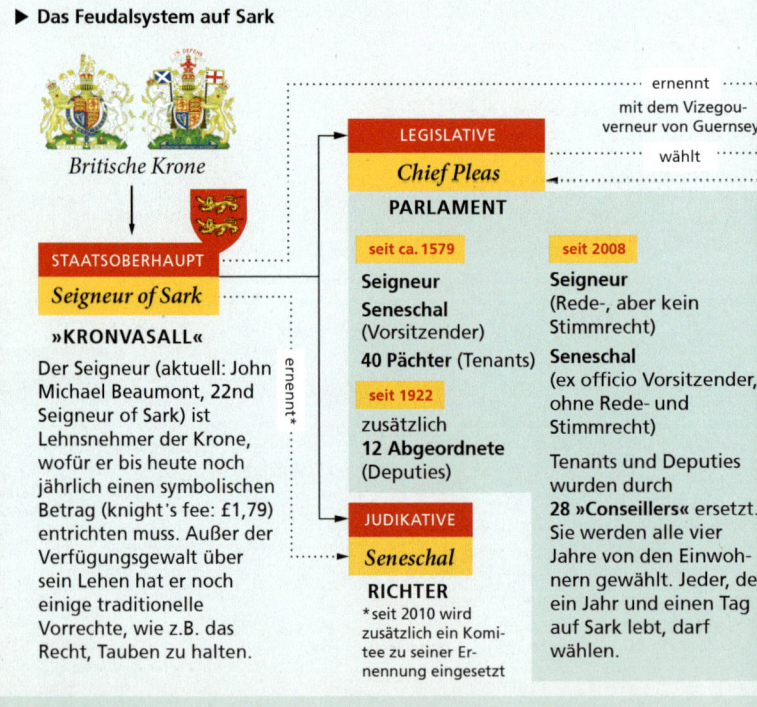

Britische Krone

ernennt
mit dem Vizegouverneur von Guernsey
wählt

LEGISLATIVE

Chief Pleas

PARLAMENT

STAATSOBERHAUPT

Seigneur of Sark

»KRONVASALL«

Der Seigneur (aktuell: John Michael Beaumont, 22nd Seigneur of Sark) ist Lehnsnehmer der Krone, wofür er bis heute noch jährlich einen symbolischen Betrag (knight's fee: £1,79) entrichten muss. Außer der Verfügungsgewalt über sein Lehen hat er noch einige traditionelle Vorrechte, wie z.B. das Recht, Tauben zu halten.

ernennt*

seit ca. 1579

Seigneur
Seneschal
(Vorsitzender)
40 Pächter (Tenants)

seit 1922

zusätzlich
12 Abgeordnete
(Deputies)

seit 2008

Seigneur
(Rede-, aber kein Stimmrecht)

Seneschal
(ex officio Vorsitzender, ohne Rede- und Stimmrecht)

Tenants und Deputies wurden durch **28 »Conseillers«** ersetzt. Sie werden alle vier Jahre von den Einwohnern gewählt. Jeder, der ein Jahr und einen Tag auf Sark lebt, darf wählen.

JUDIKATIVE

Seneschal

RICHTER
*seit 2010 wird zusätzlich ein Komitee zu seiner Ernennung eingesetzt

▶ **Zeitleiste**

Nachdem Sark bis Mitte des 16. Jh.s nur spärlich und unbeständig bewohnt war, wurde die Insel in den frühen 1560ern neu besiedelt, um die Kanalinseln zu verteidigen. Der erste Lehnsherr war Helier de Carteret, der Seigneur von St. Ouen auf der Insel Jersey.

1565

Patenturkunde
»Letters patent«
Das Lehen wurde von Königin Elisabeth I. bestätigt. Eine der Bedingungen war, Sark mit 40 bewaffneten Männern besetzt zu halten.

1611

Patenturkunde
Die 40 Liegenschaften (»tenements«) sollten im ungeteilten Besitz bleiben. Jeder Eigentümer hatte einen Sitz in der gesetzgebender Versammlung, den »Chief Pleas«.

WEITERE POLITISCHE ÄMTER

▶ **Prévôt**
ist für die Umsetzung der
Gerichtsbeschlüsse zuständig

▶ **Greffier**
eröffnet die Versammlungen und führt
Protokoll (auch bei Gerichtsverhandlungen)

▶ **Treasurer**
ist für die Finanzen zuständig

▶ **Constable**
übt die polizeiliche Gewalt aus

▶ **Vingtenier**
unterstützt den Constable

▶ **Procureur des Pauvres**
hilft den Bedürftigen

···· Vetorecht ····▶ **Guernsey Royal Court**

Der Guernsey Royal Court kann gegen
jede (als unangemessen betrachtete)
Entscheidung ein Veto einlegen.

···· wählen ····▶ **Douzaine**

Die zwölf Conseillers werden alle drei Jahre ge-
wählt. Ihre Aufgaben umfassen unter anderem:
• Führung des Kataster-Registers
• Aufsicht und Koordinierung der
»Public Works« (diese sind verantwortlich für
Umweltangelegenheiten, Sauberkeit und
Instandhaltung der Insel etc.)
• Empfehlung des Constables und des Procureurs

▶ **Kataster-
aufteilung**

©BAEDEKER

▶ **Feudalismus/Lehnswesen**
war die prägende
Gesellschaftsform
des Mittelalters.

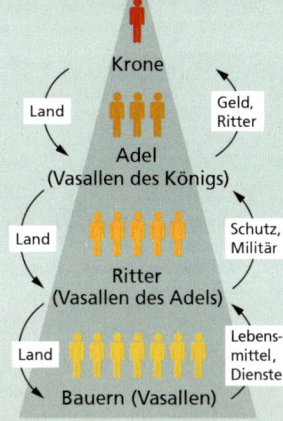

1675	1922	1951	10. Dez 2008
Einführung des Seneschal-Amts, das die 12 »Jurats« (Geschworenen) ablöste.	Verfassungsänderung: • Jedes Mitglied der Chief Pleas hat nur noch eine Stimme (unabhängig von der Anzahl der Liegenschaften) • Der Seneschal wird nur noch für drei Jahre ernannt (Wiederwahl ist möglich).	Gesetzes-Reform »Reform Law« Neben zahlreichen Änderungen hat der Seigneur nur noch ein aufschiebendes Vetorecht.	Erste freie Wahlen eines demokratischen Parlaments – der »Conseillers«

Mittelalter ade?

Am 10. Dezember 2008 trat Sark in ein neues Zeitalter ein. An diesem Tag fanden auf der Insel, auf der bis dato noch ein mittelalterliches Feudalsystem herrschte, erstmals demokratische Wahlen statt. Der Ausgang der Wahlen sorgte allerdings für Erstaunen.

Als Helier de Carteret, der Seigneur von St. Ouen auf Jersey, im Jahr 1564 in der Eperquerie Bucht landete, hatte er 40 Männer dabei und den Auftrag der Queen, sein neues Lehen, das völlig heruntergekommene Sark, zu bewirtschaften und zu verteidigen. Die Insel wurde in **40 Grundstücke** geteilt, jeder der **40 Männer** erhielt ein **Tenement**, von dem je **ein Bewaffneter** abgestellt werden musste. So war es damals, und fast genauso blieb es bis Dezember des Jahres 2008 – mit einigen wenigen neuzeitlichen Einsprengseln: Jahrhundertelang mussten die **40 Tenants** ihre **Pacht** an den Seigneur in Form von Hühnern und jedem zehnten Getreidebündel ihrer Ernte begleichen, im 20. Jh. wurde dann ganz modern mit Geld bezahlt. Die 40 Tenements wurden **noch bis 1998 an den erstgeborenen Sohn vererbt** – wogegen die EU-Menschenrechtskommission vorging. Wechseln Häuser oder Grundstücke ihren Besitzer, muss der 13. Teil des Verkaufspreises, der »Treizième«, an den Seigneur abgegeben werden. Dieser wiederum überweist einmal im Jahr einen Betrag nach London, der 1564 festgesetzt wurde und heute 1,79 £ entspricht. »Wir Insulaner haben einen ganz normalen Kontakt zum Seigneur«, sagt ein Sarkee, »er fährt mit dem Fahrrad über die Insel wie alle anderen auch, wir grüßen uns, wenn wir uns auf der Straße sehen, und halten einen Plausch. Natürlich mögen ihn nicht alle, aber das ist ja überall so und eher eine Frage der Sympathie.«

Solidargemeinschaft

Die Regelung des Zusammenlebens trägt noch weitere mittelalterliche Züge. So gibt es **keine Krankenversicherung**, bei Krankheit geht man zum Inselarzt, der direkt bezahlt wird. Er kann kleine Operationen durchführen, aber wer schwere Erkrankungen hat, muss nach Guernsey oder nach Großbritannien. In diesen Fällen zahlt eine private Krankenversicherung, die nicht besonders teuer ist und deren Mitgliedschaft jedem geraten wird. Zusätzlich gibt es einen Fonds, mit dem Medikamente und ähnliches bezahlt werden. Das Geld für den Fonds wird zum Beispiel durch Losverkauf erwirtschaftet – auch Touristen zählen zu den Käufern. Hauptgewinn: eine Reise nach Sark.

Auch eine **Arbeitslosen- und Rentenversicherung gibt es nicht**. Für alte Leute sorgt als Erstes die **Familie**. Ist dies nicht möglich, kümmert sich ein **»Procurer«** darum, dass alte Menschen ein normales Leben führen können. Bares Geld gibt es in der Regel nicht, sondern entweder rein technische und praktische Hilfe oder Naturalien – der »Procurer« vereinbart dann mit dem Lebensmittelladen eine wöchentliche Lieferung. Man will dadurch vor allem den falschen Umgang mit Geld, Alkoholkonsum und dergleichen verhindern. Nur in besonders harten Fällen wird eine Art Taschengeld vergeben. »Das System funktioniert, weil wir nur so wenige sind«, versichern die Sarkees einem jeden, der es wissen will.

Noch ein Steuerparadies

Natürlich hat Sark auch ein eigenes, **unabhängiges Steuersystem**. Es gibt keine Einkommenssteuer und keine Erbschaftssteuer. Alkohol und Tabak sind geringer besteuert als auf den anderen Kanalinseln. Gezahlt werden muss aber eine **»landing tax«** (Landegebühr), auch von jedem Besucher – man zahlt sie, ohne es zu merken, mit dem Schiffsticket. Außerdem wird eine **Kapital- und Grundbesitzsteuer** erhoben, die für jeden Inselbürger vom Inselparlament, für ein Jahr festgelegt wird. Dazu setzen sich die Mitglieder des Parlaments zusammen, schätzen, wieviel ein Sarkee etwa besitzt und legen die Abgabe fest. Dagegen kann jeder Einspruch erheben, was aber nur selten geschieht, denn das auf Transparenz beruhende Prinzip scheint in der 600 Menschen zählenden Inselgemeinschaft zu funktionieren.

Auf in die Demokratie

Kleine Schritte hin zu einem demokratischen System gab es schon des Öfteren: Im Inselparlament, den **Chief Pleas**, saßen lange Zeit neben dem Seneschal, dem Vertreter des Seigneur, die 40 Tenants. 1922 wurde es um die **Douzaine** erwei-

Michael Beaumont, Enkel von Sibyl Hathaway und Feudalherr auf Sark

tert, zwölf Abgeordnete, die alle drei Jahre gewählt werden und die Besitzlosen vertreten – man wollte verhindern, dass reiche Nichtinsulaner mit dem Erwerb von Landbesitz, also von Tenements, automatisch auch den daran gekoppelten politischen Einfluss erwarben. Einen Meilenstein auf dem Weg zur Demokratie setzten die Zwillingsbrüder **David und Frederick Barclay**, die seit 1993 Eigentümer der benachbarten, zu Sark gehörenden kleinen Insel Brecqhou sind. Sie waren es, die vor dem Europäischen Gerichtshof dagegen klagten, dass der Besitz auf Sark und somit ihres Eilandes nur an einen erstgeborenen Sohn vererbt werden konnte. Sie wollten ihr Felsinselchen unter ihren drei Söhnen und einer Tochter aufteilen – und bekamen Recht. Die schwerreichen Barclay-Brüder, u.a. Eigentümer des Londoner Ritz-Hotels und des Daily Telegraph, investierten auf Sark und verschafften sich Einfluss. Sie erwarben mehrere **Hotels** und etliche **Geschäfte**, darunter einen Fahrradladen, und gaben zudem eine **Inselzeitschrift** heraus. Pläne für einen Hubschrauberlandeplatz wurden geschmiedet. Mit den Barclays nahm der Gedanke zur Modernisierung des Insellebens und der Demokratisierung des althergebrachten Systems auf Sark Formen an. 2006 wurde eine erste **Änderung in der Zusammensetzung des Inselparlaments** beschlossen, nach der das Parlament aus 28 ehrenamtlichen Mitgliedern bestehen sollte, die alle gewählt werden mussten. Bedingung: Sie mussten mindestens 18 Jahre alt sein und mindestens seit einem Jahr und einem Tag auf Sark leben. Eine nochmalige Änderung gab es 2007, und seit Frühjahr 2008 ist das Gesetz in Kraft, nach dem sich das Inselparlament aus 28 frei gewählten **Conseillers** zusammensetzt.

Wahlergebnis mit Folgen

Für Überraschung sorgten die **ersten demokratischen Wahlen**, die am 10. Dezember 2008 auf der Grundlage dieses Gesetzes stattfanden, und für Befremdung die Reaktion auf das Wahlergebnis: In ihr 28-köpfiges Parlament wählten die Sarkees nur fünf Vertreter, die sich für ein moderneres Sark, mithin gegen den Seigneur ausgesprochen hatten, und der wichtigste Kandidat der Barclays, der zuvor im Inselparlament gesessen hatte, war abgewählt worden. Die Bar-

clays schlossen noch in der Wahlnacht ihre Hotels und Geschäfte und entließen etwa 100 Insulaner in die Arbeitslosigkeit. »Ein absoluter Herrscher geht, ein anderer kommt – das Lehnssystem tritt ab, jetzt regiert der Kapitalismus«, so und ähnlich hieß es in den internationalen Medien.

Alles beim Alten

2009 wurden die Barclays erneut aktiv: Vor dem **London Supreme Court**, dem höchsten Gericht des Vereinigten Königreichs, versuchten sie gegen die beiden nicht demokratisch gewählten Ämter vorzugehen: das des Seigneur und das des Seneschal, der Richter und Vorsitzender des Inselparlaments in einer Person ist. Das höchste Gericht entschied, auf Sark könne alles weitergehen wie bisher. So ist es bis heute: Alle zwei Jahre wird die Hälfte der Conseillers ausgetauscht und in den folgenden Wahlen wurden stets größtenteils Vertreter der »alten Ordnung« in das Inselparlament berufen.

Sibylle Hathaway

dem damaligen Inselpfarrer in Streit geriet und aus der Inselkirche ausgeschlossen wurde. Vom Inventar ist nichts mehr erhalten. Das Kirchlein kann nicht besichtigt werden.

An der Rückseite des Herrenhauses kommt man zur Battery, wo u. a. eine Kanone aufgestellt ist, die Elizabeth I. im Jahr 1572 dem ersten Seigneur von Sark, Helier de Carteret, geschenkt hat. An dem Platz steht der alte **Taubenturm** des Seigneurs. Der zweite Turm am Platz ist ein Aussichts- und Nachrichtenturm aus dem 18. Jh., von dem man einst das gesamte Anwesen überschauen konnte und außerdem Blick bis Guernsey hatte, da es zu dieser Zeit nur niedrige Bäume gab. Daher konnte man damals auch Nachrichtensignale nach Guernsey schicken. Außerdem stehen auf dem Platz u. a. eine Apfelmühle und eine **Telefonzelle**, in der das letzte mit Handkurbel betriebene Telefon der Britischen Inseln in Betrieb war.

Battery

Ein Stück den kleinen Pfad entlang kommt man zu den Teichen, die von den Mönchen der Abtei als Fischteiche angelegt wurden. Der kleine Inselbach wurde aufgestaut; das Stauwasser diente zudem als Antrieb für die Wassermühle L'Ecluse. Der Brunnen neben dem Teich wurde ebenfalls von Mönchen im 7./8. Jh. angelegt.

Fischteiche

* The Village

Das Dorf von Sark wird meistens nur als »The Village« bezeichnet. Dass hier das Leben tobt, kann man nicht gerade behaupten.

Aber immerhin kommen die meisten Insulaner einmal am Tag her, um Einkäufe oder ähnliches zu erledigen, und die Jugend macht dienstags und samstags abends die zur Inseldisko umfunktionierte Mermaid Tavern am Dorfrand unsicher. Wenn ein Schiff angekommen ist, bevölkern auch Tagestouristen das Dorf. »The Village« besteht im Wesentlichen aus vier Sandstraßen, die sich jenseits des Orts noch fortsetzen. »Hauptstraße« ist die Avenue, an der fast alle Geschäfte und die Post zu finden sind. An der Kreuzung Avenue/Rue Lucas gibt es außerdem zwei für das ausgeprägte Sarker Direktorenwesen nicht ganz unwichtige Einrichtungen, die **HSBC Bank** und die **Nat West Bank**. An dieser Ecke stehen auch Pferdekutschen.

*Das idyllische Zentrum von Sark

In dem Museum in einem kleinen Haus an der Rue Lucas werden unter anderem Exponate gezeigt, die aus der Zeit der deutschen Besatzung stammen – Uniformen, Gasmasken, optische Geräte, Lam-

Occupation and Rural Life Museum

Little Sark: beliebt bei Radfahrern und rundum Meerblick

pen, Schriftstücke und Fotos. Unter den Fotos befinden sich auch
Aufnahmen, die »La Dame de Sercq«, Sibyl Hathaway, mit deutschen
Offizieren zeigen

❶ Ostern bis Ende September Mo.–Sa. 11.00–17.00 Uhr

Gefängnis Neben dem Sark Visitor Centre am Ende der Avenue sieht man eine
der »Sehenswürdigkeiten« der Insel, das Gefängnis. Das Mini-Ge-
bäude verfügt nur über zwei Zellen, die eigentlich auch immer leer-
stehen. Einer der Gründe dafür, dass überhaupt ein Gefängnis auf der
kleinen Insel gebaut wurde, war die Tatsache, dass die Häftlinge weiter am Inselgottesdienst auf Sark teilnehmen sollten. Heute sind hier
nur **Haftstrafen bis zu 48 Stunden** abzusitzen. Längere Strafen
werden auf Guernsey verbüßt.

Le Manoir Geht man die Straße wenige Meter weiter (sie heißt nun Rue du
Moulin), dann sieht man rechter Hand Le Manoir, ein schönes Granithaus, das im 16. Jh. als Herrenhaus der Familie de Carteret gebaut
wurde und bis 1730 Sitz des Seigneurs von Sark war.

Einige hundert Meter weiter aus dem Dorf hinaus steht an der linken Seite die frühere Windmühle aus dem Jahr 1571. Die Mühle wurde an der mit 120 m höchsten Stelle der Insel gebaut. Sie war im Besitz des Seigneurs, der allein das Recht hatte, eine Mühle zu betreiben. Die Windmühle wurde damals als Ergänzung zur Wassermühle L'Écluse gebaut; gemahlen wurde das Korn der Pächter. Die Flügel sind während der deutschen Besatzungszeit entfernt worden.

Windmühle

An der Rue de Rade steht die 1820 gebaute einschiffige St. Peter's Church. Ein Besuch der kleinen Granitkirche lohnt sich allein wegen eines Einblicks in die Inselgeschichte, den man hier bekommt. Auf den vorderen Kirchenbänken sind Sitzkissen mit den **40 verschiedenen Wappen der Pachtgrundstäcke** zu sehen. Die 40 Pächter beteiligten sich an den Baukosten der Kirche, indem sie ihre eigenen Kirchenbänke kauften. Interessant ist eine Dreierbank, die für die zwei möglichen Häftlinge des kleinen Inselgefängnisses und ihren Wärter, den »Constable«, reserviert ist. Auf den Sitzkissen sind in diesem Fall zwei gekreuzte Schlüssel eingestickt. Ein Kirchenfenster rechts vorne ist St. Magloire gewidmet, der als erster Missionar bereits 565 auf Sark war und die Abtei nahe der Seigneurie gegründet haben soll. Auch einige Gedenktafeln sind von Interesse. Eine Tafel vor dem Chor erinnert an den Seigneur Pierre Le Pelley, der den Bau der Kirche initiiert hatte, und 1839 bei einem Unwetter vor Sark ums Leben kam. Ein Stein ist dem ersten Seigneur von Sark, Helier de Carteret, gewidmet. Auf einer kleinen Tafel wird der beiden Künstler Mr. und Mrs. Arthur Bassett Waller gedacht, die die Insel zwischen 1922 und 1972 in zahlreichen Gemälden und Zeichnungen verewigten. Auf dem Friedhof befindet sich das schlichte Grab der »Dame de Sercq«, Sibyl Hathaway.

St. Peter´s Church

HERM

Fläche: 2 km²
Bevölkerungszahl: rund 60

Herm ist ein kleines Naturparadies und eine Oase der Ruhe. Auf der Mini-Insel fahren keine Autos, und viele Bewohner von Guernsey kommen zum Ausspannen und auf der Suche nach Stille und Beschaulichkeit an den Wochenenden auf die Nachbarinsel herüber.

Herm liegt etwa 7 km östlich von Guernsey, hat eine Fläche von nur knapp 2 km² und ist damit die kleinste der bewohnten Kanalinseln – sieht man einmal von den noch kleineren Inseln ab, die in Privatbesitz und nicht öffentlich zugänglich sind. Die Insel erstreckt sich in Nordsüdrichtung, sie hat eine Länge von 2,6 km und eine Breite von durchschnittlich weniger als 1 km; an der breitesten Stelle sind es nur etwa 1350 m. Herm gehört als eine eigene Gemeinde verwaltungstechnisch zum Bailiwick of Guernsey, ist aber an Privatpersonen verpachtet.

Mini-Eiland

Auflage an Besucher von Herm ist ein Verhalten, das Ruhe und Schönheit der Insel nicht stört – daher auch die Anweisung, keine Radios oder CD-Player im Freien zu benutzen. Es ist verboten, Pflanzen zu pflücken oder gar auszureißen, denn man will dieses Naturparadies mit dem großen Königsfarn und den vielen wildwachsenden Blumen bewahren. Ferner muss man im Hotel oder in einem der Apartments übernachten, darf also nicht im Freien campieren. Nachdem das letzte Boot hinüber nach Guernsey gefahren ist, ist die Insel eine Oase der Ruhe.

Knigge für Herm

Die Römer nannten die Insel Barsa, der Name Herm entstand erst im Mittelalter und leitet sich vermutlich vom englischen »hermit« (Einsiedler) bzw. vom lateinischen Wort »eremus« (Einsamkeit) ab.

Inselname

Herm ist ein landschaftliches Erlebnis. Die Inselfläche fällt leicht von Süden nach Norden ab. In der Nordhälfte gibt es lange Sandstrände, die teilweise – wie der **Shell-Beach** im Nordosten – geradezu berühmt sind. Die Südküste ist dagegen eine bis auf 70 m ansteigende Steilküste, die man auf einem Klippenweg umwandern kann. Kleine, landschaftlich sehr reizvolle Strandbuchten findet man im Übergangsbereich zwischen Steilküste und flachen Sandstränden. Im In-

*Insellandschaft

Belvoir Bay, die schönste Strandbucht auf Herm. Am Horizont sieht man die Nachbarinsel Sark.

selinneren wechseln sich baumlose Ebenen mit kleinen hügeligen Wäldchen ab; alles in allem hat man es mit einer ausgesprochen schönen Landschaft zu tun.

Blick von Herm

Der Blick von Herm selbst in die umgebenden Gewässer vermittelt den Eindruck, als läge die Insel **mitten in einem Archipel**: im Westen sieht man Guernsey, direkt vorgelagert ist die Privatinsel Jethou, im Osten erkennt man Sark, und rund um Herm gibt es viele kleinere Felsinseln. An klaren Tagen ist von der Ostseite aus auch die knapp 40 km entfernte Normandieküste zu sehen.

Menschen auf Herm

Knapp 60 Insulaner leben fest auf Herm, im Sommer werden rund 100 Einwohner gezählt. Briten, die hier ihren Sommersitz haben, und Saisonarbeiter gesellen sich in den Sommermonaten zur einheimischen Inselbevölkerung. Es gibt auf Herm einen Kindergarten und eine Grundschule, danach müssen die Kinder nach Guernsey, um zur Schule gehen – für Jungen gibt es dort ein Internat, Mädchen müssen privat in Familien untergebracht werden. Die derzeitige Grundschullehrerin lebt auf Guernsey und kommt jeden Tag mit dem Schiff auf die Insel Herm herüber, sofern die Fähren nicht wegen schlechten Wetters oder zu viel Wind ausfällt.

Verkehr

Herm ist durch einen regelmäßigen und relativ häufigen **Schiffsverkehr** mit Guernsey verbunden, die Überfahrt dauert etwa 20 Minuten. An der Westküste gibt es zwei Häfen, den **Haupthafen Herm Harbour** direkt am Dorf und einen **Anleger** etwa 10 Minuten zu Fuß von dem kleinen Ort entfernt **bei den Rosaire Steps.** Dieser Anleger wird bei Ebbe angefahren. Während der Saison fahren die Boote von der Insel Herm an einigen Tagen erst um 21.00 Uhr ab. Mit speziellen »evening boats« kann man auch zum Dinner von Guernsey nach Herm und wieder zurückfahren, dazu braucht man eine Reservierung für das Restaurant und für das Boot. Auf Herm fahren **keine Autos**, für die Insulaner liegt alles in Fußgängerentfernung, und selbst Tagesgäste, die die gesamte Insel erkunden wollen, brauchen kein Gefährt. Für die wichtigsten Arbeiten stehen auf Herm einige Traktoren und ein Elektrowagen zur Verfügung. Strom wird direkt auf der Insel durch ein Dieselkraftwerk erzeugt, die Insel hat eine eigene Wasserversorgung und ein eigenes Abwassersystem.

> **!** *Wer zu spät kommt*
>
> **BAEDEKER TIPP**
>
> Vor der Rückreise nach Guernsey sollte man sich erkundigen, an welchem Hafen die Schiffe ablegen. Meistens wird auf der Hinfahrt eine Durchsage gemacht, und am Hafen im Dorf steht eine Informationstafel mit den Zeiten und dem jeweiligen Hafen. Die Schiffe legen in jedem Fall pünktlich ab.

Geschichte: Wie auch die anderen Inseln ist Herm bereits seit mindestens 4000 Jahren besiedelt, wie man durch Grabanlagen weiß, die im 19. Jh. von dem Archäologen F. C. Lukis aus Guernsey freigelegt wurden. Es heißt, dass die Insel im 6. Jh. durch St. Magloire und St. Vignalis christianisiert wurde. Zu dieser Zeit war Herm noch durch einen **flachen Landstreifen** mit der **Nachbarinsel Jethou** verbunden. Auf diesem Verbindungsstück wurde ein **Kloster** errichtet, das jedoch im 7. Jh. einer Sturmflut zum Opfer fiel. Gleichzeitig war damit auch die Verbindung zwischen Herm und Jethou unterbrochen. In normannischer Zeit baute man dann eine kleine Inselkirche auf einer geschützten Anhöhe auf Herm. Bis 1204 gehörte die Insel der **Abtei Mont St. Michel**, anschließend war sie bis 1947 in Besitz der englischen Krone und gehörte zu Guernsey. Den Gouverneuren von Guernsey diente Herm im Wesentlichen als **Jagdgrund**, vor allem im 17. und 18. Jh., als so gut wie niemand auf der Insel lebte. Anfang des 19. Jh.s gab es plötzlich eine Wende, als man im Inselnor-den **Granit** abzubauen begann, der in dieser Zeit in England für neue Straßen, Brücken und Gebäude in großen Massen gebraucht wurde. Um 1840 waren auf Herm nicht weniger als 400 Bergleute beschäftigt. Das Granitvorkommen war schnell erschöpft, und 1870 war die Bevölkerung wieder auf 31 Personen geschrumpft. Die Krone war mittlerweile dazu übergegangen, die Insel **an reiche Privatleute zu verpachten**, erster Pächter war 1867 M. J. Fielden, später folgten u. a. Prinz Blücher von Wahlstatt (▶Baedeker Wissen S. 302) und Sir Compton Mackenzie. So konnte man zumindest eine geringe Bevölkerungszahl auf Herm halten. Die Insulaner arbeiteten jeweils für die Pächter. Während des Zweiten Weltkriegs

Herm

0   1/4 Miles

500 m

© BAEDEKER

La Pointe du Gentilhomme

Monsonniere Beach

Pierre Aux Rats (Obelisk)

The Common

Le Petit Monceau

Shell Beach

Les Jacquets

The Bear's Beach

Hermetier

Frenchman's Point

Fisherman's Beach

Guernsey

Belvoir Bay

Manor

Belvoir House

Herm Harbour

St. Tugual Chapel

White House Hotel

Rosaire Steps

Puffin Bay

Putrainez

Guernsey

Selle Rocque

Pt. Sauzebourge

Meulettes

Moulinet

Etwas fürs Auge: die kleinen Inselhäuser im Dorf

war auch Herm **von Deutschen besetzt**, allerdings sah man hier von Befestigungsbauten ab, und Truppen wurden nur vorübergehend stationiert. 1947 kauften die States of Guernsey der englischen Krone die Insel für 15 000 £ ab und verpachteten sie zunächst an A. G. Jefferies und 1949 an das **Ehepaar Wood**, den gebürtigen Neuseeländer Peter Wood und seine Frau Jenny, jeweils mit der Auflage, bestimmte Verantwortungen zu übernehmen und Herm der Öffentlichkeit tagsüber zugänglich zu machen. Als die Woods die Insel übernahmen, war sie nicht zuletzt durch die Vernachlässigung während der Besatzungszeit völlig verwildert, es gab keinen Strom, kein fließendes Wasser und kein Telefon. Die Gestaltung der Insel, wie sie sich heute darstellt, ist wesentlich Handschrift des Ehepaars Wood. Jenny Wood starb 1991. Nach dem Tod von Peter Wood im Oktober 1998 wurden die Tochter Pennie und ihr Ehemann Adrian Heyworth Pächter von Herm. Seit 2008 sind John und Julia Singer, die zuvor auf Guernsey lebten, die Pächter.

Wirtschaft Alle berufstätigen Insulaner arbeiten für die jeweiligen Pächter, denen alle Betriebe auf der Insel gehören. Im Wesentlichen lebt man auf Herm vom **Tourismus** und von der Viehwirtschaft. Granitabbau, Milchwirtschaft und die Austernzucht, einstmals wichtige Wirtschaftszweige, spielen heute keine Rolle mehr.

SEHENSWERTES AUF HERM

*Herm Harbour und Inseldorf Wer bei Flut am Herm Harbour landet, kommt sogleich zu einer Informationstafel mit Inselplan, auf dem alle Wege über die Insel eingezeichnet sind. Je nach Wetter und Vorliebe kann man sich erst einmal im Dorf unten am Hafen umsehen oder direkt den Weg nach Süden zum Klippenweg oder nach Norden zu den Stränden einschlagen. Insgesamt sind die Wege kurz, in Höhe des Dorfs einmal quer hinüber zur Belvoir Bay braucht man eine gute Viertelstunde, und in knapp drei Stunden hat man die gesamte Insel einmal umrundet. Im Folgenden wird zunächst der Ort beschrieben und dann ein Rundweg um die Insel herum entgegen dem Uhrzeigersinn. Das **Dorf**, das nur eine kleine Ansammlung von Häusern darstellt, besteht aus dem Viertel am Hafen und aus der Mini-Ansiedlung weiter oben am Herrenhaus (Manor). Direkt unten am **Hafen** spielt sich das touristische

Herm erleben

AUSKUNFT
Herm Visitor Centre
am Hafen
Tel. 75 00 00
www.herm.com

TOUREN
Herm Woodland Walk: Zu bestimmten Zeiten ist dieser Weg geöffnet, der in ein idyllisches Tal mit einem kleinen See führt.
Gartentouren: Jeden Dienstag von Mitte April bis Mitte September. Start am Ship Inn um 11.00 Uhr.
Seekayaking: Vermietung von Kajaks am Shell Beach
Geführte Kayaktouren zur Beobachtung von Papageientauchern (Tel. 26 76 27, www.outdoor guernsey.co.uk)

AUSGEHEN
Die Mermaid Tavern ist der einzige Pub. Im White House Hotel gibt es eine Bar.

ESSEN
White House Hotel ❸❸❸
Mehrere, sehr gute Hotelrestaurants – u. a. Conservatory Restaurant und The Captain's Table. Gute Weinauswahl. Wer nicht im Hotel wohnt, sollte möglichst reservieren.

Black Rock Grill ❸❸❸
Leckere frische Gerichte werden auf dem heißen Stein serviert.

Mermaid Tavern ❸❸
Einfache Gerichte, Sandwiches, Grill- und Fischgerichte.

ÜBERNACHTEN
White House Hotel ❸❸❸
Herm Island
Tel. 75 00 75
www.herm.com
Das einzige Hotel auf Herm hat eine Spitzenlage mit Blick aufs Wasser. Komfortabel ausgestattete Zimmer und gediegene Hotellounges. Gepflegter Park mit exotischen Gewächsen, Pool, Tennisplatz und Croquetrasen. Gutes Preisleistungsverhältnis. Hotelbuchung nur mit Halbpension möglich.

Herm Island Self Catering ❸❸❸
Tel. 75 00 00
www.herm.com
Im oberen Teil des Inseldorfs sind 18 Ferienwohnungen in Granitsteinhäusern eingerichtet, die sich um einen hübschen Innenhof gruppieren. Die Wohnungen haben ein bis vier Schlafzimmer, eine Küche und manche einen Kamin.

Ein Eiland für einen Exzentriker aus Preußen

Prinz Gebhard Lebrecht Blücher von Wahlstatt, Urenkel des berühmten preußischen Feldmarschalls, war 54 Jahre alt, als er 1891 nach Herm kam. Er hatte gerade, nach 20 Jahren Witwerdasein, die 22 Jahre jüngere Gräfin Elisabeth von Perponder-Sedlnitzky geheiratet. Die preußische Enge war ihm schon immer zuwider gewesen, er hatte einen langwierigen Prozess gegen die Stadt Berlin verloren und bekam das Angebot der West Bank Leignitz: Eine Insel namens Herm stand zum Verkauf. Prinz Blücher – ein Fan von Inseln – ergriff die Gelegenheit, auf diesem Inselchen einen Neubeginn zu versuchen.

Nachdem bekannt geworden war, dass Blücher Herm gekauft hatte, brach **in London** und **in Paris Panik** aus. In England realisierte man, dass die Insel im Atlantik mit dem Besitzerwechsel in fatale **Nähe zur deutschen Macht gerückt** war – England stritt sich gerade wegen seiner Kolonien in Afrika mit Deutschland. In Frankreich ging sogar das Gerücht um, der **deutsche Kaiser** hätte sich auf diesem Weg **Herm als Flottenstützpunkt** für Angriffe auf die französische Nordküste **gesichert**. Die Pariser Presse schrieb, das ganze Geschäft mit der Insel rieche nach einer politischen Intrige. London schob in aller Eile noch einen Zusatzvertrag nach, in dem der Pächter verpflichtet wurde, sein Land nicht an eine fremde Regierung weiterzugeben.

Sommersitz Belvoir

Eingedenk des Blücherschen Preußenhasses wirken die Reaktionen geradezu grotesk. Blücher zog nach Herm, um mit seiner jungen Frau **Ruhe und Abgeschiedenheit** zu genießen. Er nahm große Veränderungen vor: Das alte Farmhaus ließ er zu »Herm Castle« ausbauen und die Mühle hinter dem Manor zu einem Ausguck umfunktionieren. Aus der St. Tugual's Chapel, die zu dieser Zeit als Waschhaus diente, machte er wieder eine Kapelle. **Belvoir House** nutzte er als **Sommersitz**.

30 kleine Kängurus

Er pflanzte Büsche und Bäume an und importierte 30 kleine Kängurus, die auf Herm frei herumliefen und in einem kleinen Tal bei Belvoir schliefen. Manchmal sahen die Insulaner – etwa zehn Familien lebten damals auf Herm – das eine oder andere Känguru nachts die Straße The Drive hochhüpfen. Kurz nachdem sein Sohn Lothar geboren worden war, ließ Blücher die Insel direkt an ihn überschreiben. Er beabsichtigte, für **sich und seine Familie ein sicheres Plätzchen** zu schaffen, unabhängig davon, was mit den preußischen Ländereien passieren würde.

Aber die Dinge entwickelten sich anders. 1894 starb seine Frau. Lothar, gerade vier Jahre alt, blieb mit seinem Vater auf Herm und

Herm, das man in drei Stunden umrunden kann, war 23 Jahre im Besitz von Prinz Gebhard Lebrecht Blücher von Wahlstatt.

ging später zur Ausbildung nach England. Blücher selbst unternahm, nachdem er noch einmal weitere elf Jahre Witwer gewesen war, einen ungewöhnlichen Schritt in eine **dritte Ehe**. Er pflegte eine enge Verbindung zu Prinzessin Katerina Radziwell, einer Journalistin und Schriftstellerin, die hauptsächlich mit Klatsch über den preußischen Hof bekannt geworden war.

Neues Glück

Unter ihren drei Töchtern suchte Blücher sich die jüngste namens **Wanda** als Ehefrau aus – die offenbar nicht unerfreut war über die Gelegenheit, einen älteren, aber reichen Mann zu heiraten und auf diese Weise dem erdrückenden Schatten ihrer Mutter zu entfliehen. Die Hochzeit fand 1905 in St. Petersburg statt. Wanda zog nach Herm und verliebte sich in das Inselchen. Zu ihrem Lieblingsort wurde die Belvoir Bay. Blücher öffnete

die Insel nun einmal pro Woche – montags – für **Besucher**, die auf einem **abgesteckten Weg vom Hafen zum Shell Beach** gehen durften. Die arrangierte Ehe zwischen dem 69-jährigen Blücher und der blutjungen Wanda zeitigte eine weitere Verbindung, die sogar zu einer großen Liebe wurde: Lothar lernte, als er gerade 15 Jahre alt war, auf der Hochzeit seines Vaters seine zukünftige Gattin Louise (Lulu) kennen – die ältere Schwester von Wanda.

Perfekte Idylle

Lulu kam des Öfteren nach Herm, um ihre kleine Schwester zu besuchen, und die Beziehung zu Lothar vertiefte sich. Mit 20 heiratete **Lothar** die zehn Jahre ältere **Lulu**. Das Paar zog in das **White House**, das sie für viel Geld herrichten ließen. Auf Herm muss das **perfekte Idyll** geherrscht haben – die vier beteiligten Personen verstanden sich

Der berühmte Shell Beach im Nordosten von Herm

ausgezeichnet, auch wenn die Konstellation kaum verwirrender hätte sein können. Lediglich die **Kängurus** konnten nicht mehr daran teilnehmen – 27 waren vom Koch und vom Butler **im Vollrausch erschossen** worden, trotz des Blücherschen Schießverbots für ganz Herm.

Erster Weltkrieg

Mit Ausbruch des Ersten Weltkriegs war die paradiesische Inselruhe dann plötzlich vorbei. Guernsey und die englische Krone erklärten Blücher und seine Familie zu **unerwünschten Ausländern**. Zwar hatte Blücher seine Nationalität längst aufgegeben und Lothar die britische Staatsangehörigkeit gewählt, dennoch wurden sie **als gebürtige preußische Aristokraten** von der Insel verwiesen. Blücher wurde auf Guernsey interniert, konnte sehr bald aber nach Deutschland gehen, wo er einige Zeit später starb – der Verlust seiner geliebten Wahlheimat war ihm

bis zuletzt unerträglich geblieben. Die anderen Familienmitglieder mussten Herm innerhalb weniger Tage verlassen. Wanda zog nach Preußen, die schwangere Lulu und Lothar übersiedelten nach Guernsey, wo sie zunächst auf Elmwood in der Gemeinde Castel unterkamen. Die **Bewohner von Herm** waren **entsetzt** über den Rausschmiss der Blüchers. Sie veröffentlichten eine Notiz in der Guernsey-Lokalzeitung, in der sie beklagten, dass sie nicht nur einen angenehmen Pächter, sondern vor allem Haus und Arbeit verlieren würden. Der Abschied von Herm brach nicht nur dem 80-jährigen Blücher das Herz – er war allen unglaublich schwer gefallen. Wanda legte sogar einen **Fluch auf den nächsten Pächter:** Dies wurde der schottische **Schriftsteller Sir Compton Mackenzie**, der tatsächlich anfing, an die Kraft der Verwünschung zu glauben, als sich sein Inselaufenthalt zu einer Katastrophe auszuwachsen begann. Er blieb nur von 1920–1923.

Leben ab. Hier gibt es Souvenirläden, öffentliche Toiletten und die Mermaid Tavern mit einem hübschen Innenhof. Auf der anderen Seite vom Hafen erstreckt sich das gediegene White House Hotel mit gutem Restaurant; umgeben wird es von herrlichen, gepflegten Gartenanlagen. In der Nähe des Hotels zum Wasser hin steht das Gefängnis mit einer Zelle, das sich rühmen kann, ins Guinness-Buch der Rekorde als **kleinstes Gefängnis der Welt** eingetragen zu sein. Im 19. Jh., als wesentlich mehr Menschen auf der Insel lebten, gab es wohl häufiger Kleinkriminelle, die hier wegen Bandenkriegen und Trunkenheitsdelikten einsaßen.

Die Straße The Drive führt vom Hafen bergauf durch ein kleines Wäldchen, in dem im Frühjahr die Hyazinthen blühen. Oben stehen Wohnhäuser von Insulanern, sowie einige Selfcatering Cottages mit Ferienwohnungen und etwas versteckt das Herrenhaus der Pächter. Das Granitgebäude geht in seinen ältesten Teilen auf das 15. Jh. zurück. Zu sehen ist im Wesentlichen der Turm, alles andere verbirgt sich hinter Mauern. Das Haus kann nicht besichtigt werden. | ***Manor (Le Manoir)**

Die zum Manor gehörende St. Tugual's Chapel steht dagegen offen. Der kleine Bau geht auf das 11. Jh. zurück, die Fenster sind zu Zeiten der Familie Wood eingesetzt worden. Peter Wood hat bis zu seinem Tod den halbstündigen Sonntagsgottesdienst selbst abgehalten, da es keinen Pastor auf Herm gibt. In dem kleinen Garten vor der Kirche ist das Grab des Ehepaars Wood zu sehen. Der Glockenturm steht separat. | **St. Tugual's Chapel**

Südlich vom Hafen liegt die zweite Anlegestelle, die bei Ebbe angefahren wird. Vom Anleger aus führen die sogenannten Rosaire Steps hinauf. | **Rosaire Steps**

Der südlichste Punkt der Insel ist der Point Sauzebourg. Von hier aus sieht man Jethou direkt vor sich liegen, außerdem erkennt man sehr gut die Küste von Guernsey mit dem Häusermeer von St. Peter Port, zur anderen Seite hin sieht man Sark liegen. | **Point Sauzebourg**

Jethou ist an dieser Stelle durch eine etwa 500 m breite Wasserstraße von Herm getrennt; hier stand vor dem 7. Jh. die christliche Abtei. Die **Privatinsel** ist auf Wunsch des derzeitigen Besitzers nicht für die Öffentlichkeit zugänglich. Auf Jethou gibt es, wie auch auf Brecqhou, der ebenfalls privaten Nachbarinsel von Sark, ein eigenes Steuersystem, und die Besitzer legen selbst die Höhe ihrer Einkommensteuer fest. Die Endsilbe »-hou« soll sich wie auch bei den Inselnamen Brecqhou und Lihou vom nordischen »holm« (= Inselchen) ableiten. Auf Jethou wachsen unzählige Primeln und Hyazinthen | **Jethou Island**

Auf der Ostseite von Herm liegt die Puffin Bay, die ihren Namen nach den **Papageientauchern** trägt, die auf dem der Bucht vorgelagerten Felsberg in einer Kolonie brüten. Beobachten kann man die Vögel, deren bunte Schnäbel zur Brutzeit besonders leuchten, im Mai und Juni – allerdings gibt es nur wenige Exemplare, und man muss schon einiges Glück haben, um die »puffins« zu sehen.

Puffin Bay

Die schönste Strandbucht der Insel ist die Belvoir Bay, die etwa in der Mitte der Ostküste an einer Stelle liegt, an der die Felsküste sich bereits etwas gesenkt hat. Hier lädt ein luftiges Open-Air-Café zum Verweilen ein – wenn man sich nicht direkt an dem feinen Sandstrand niederlassen möchte. Die Atmosphäre in der intimen Bucht hat fast mediterrane Züge. Von der Belvoir Bay aus führt ein hübscher Weg durch das Inselinnere hindurch zum Dorf und zum Hafen zurück. Ein kleines Stück hinter der Bucht passiert man das wohl meistfotografierte Haus der Insel, das **Belvoir House**.

***Belvoir Bay**

Herms große Berühmtheit ist der Shell Beach, der nicht nur mit einem etwa 1 km langen Sandstrand aufwarten kann, sondern auch mit erstaunlichem **Muschelreichtum**. Durch den Golfstrom und eine spezielle Strömung werden Muscheln von weither direkt am Shell Beach abgeladen. An keinem anderen Strand auf den Kanalinseln gibt es so viele Muscheln wie hier.

***Shell Beach**

An der gesamten Nordseite von Herm zieht sich der Monsonniere Beach entlang. Etwa auf halber Höhe steht ein Obelisk namens Pierre Aux Rats, der Schiffen als Markierungszeichen dient. Er wurde im 19. Jh. an Stelle des Menhirs La Longue Pierre aufgestellt, der wohl die gleiche Funktion hatte, dann aber dem Granitexport zum Opfer fiel.

Obelisk

Über einen Großteil des Inselnordens erstreckt sich die weite Ebene »The Common«, an deren Westseite sich auf der kleinen Anhöhe Le Petit Monceau die Überreste von Megalithgräbern befinden. Am Robert's Cross, einer Wegkreuzung weiter landeinwärts, sind weitere Grabreste zu sehen.

Robert's Cross/Le Petit Monceau

The Bear's Beach an der Westküste von Herm ist ebenso schön wie der Shell Beach, nur weniger berühmt. Am südlichen Ende des Bear's Beach kommt man an einem Grab vorbei, das für eine junge Frau und ihren zweijährigen Sohn angelegt wurde, die 1832 auf einem Schiff, das Herm passierte, an Cholera erkrankten und starben. Südlich der Anhöhe zieht sich der Fisherman's Beach bis zum Hafen und zum Ort. Etwas im Inselinneren steht die Fisherman's Cottage, in der sich Inselgäste einmieten können.

The Bear's Beach/ Fisherman's Beach

Urlaub pur: ankern in einer geschützten Bucht vor den Kanalinseln

PRAKTISCHE INFORMATIONEN

Hier erfahren Sie das Wichtigste für die Reisevorbereitung, z. B. zu Anreise, Linksverkehr, Bussen, den Fähren zwischen den Inseln und zur besten Reisezeit. Welche Briefmarken gelten auf den Kanalinseln, und weshalb ist gerade hier ein Tidenplan so wichtig?

Anreise · Reiseplanung

ANREISEMÖGLICHKEITEN

Nach Jersey und Guernsey

Flughäfen mit internationalem Flugverkehr gibt es auf Jersey und auf Guernsey. Von April bis September fliegen Lufthansa und Air Berlin von einigen Flughäfen direkt nach Jersey. Nach Guernsey besteht in dieser Zeit eine direkte Verbindung ab Düsseldorf. Reiseveranstalter wie Tui Wolters oder Dertour bieten in den Sommermonaten von einigen deutschen Flughäfen **Charterflüge** an, etwa ab Frankfurt oder Hannover. Die Flugzeit für einen Direktflug von Frankfurt nach Jersey beträgt ca. 1,5 Stunden. Darüber hinaus bestehen tägliche Flugverbindungen von vielen deutschen Flughäfen via Großbritannien, beispielsweise über London Gatwick, London Stansted, Bristol, East Midlands oder Manchester. Von den Flughäfen auf den Inseln Jersey und Guernsey gibt es häufige Linienbusverbindungen in die Hauptstädte und von dort weiter in alle Teile der Inseln. Eine Alternative sind Taxis. Die Kanalinseln werden von verschiedenen **Fährgesellschaften** angelaufen. Die Gesellschaften wechseln häufiger, entsprechend die Routen. Wer per Schiff zu den Kanalinseln möchte, muss sich also jeweils aktuell informieren. Wer **mit dem eigenen Auto** auf die Kanalinseln möchte, kann normalerweise ab St. Malo (Bretagne) oder ab Südengland (Poole, Portsmouth, Weymouth) mit der **Autofähre** fahren. Die Überfahrt von St. Malo nach Jersey dauert etwa 80 Minuten, nach Guernsey 2 Stunden; von Poole nach Guernsey 3, nach Jersey 4,5 Stunden; von Weymouth nach Guernsey 2,5 Stunden, nach Jersey 4 Stunden. Von Portsmouth aus

FLUGHÄFEN
Jersey
Tel. 01534 44 60 00
www.jerseyairport.com

Guernsey
Tel. 01481 23 77 66
www.guernsey-airport.gov.gg

FLUGGESELLSCHAFT
Aurigny Air Services
www.aurigny.com
Tel. 01481 82 28 86 (Info, Res.)
Jersey Tel. 01534 74 35 68

Guernsey: Tel. 01481 82 22 25
Alderney: Tel. 01481 82 28 88

AUTOFÄHREN
Condor Ferries
Autofähren fahren von St. Malo und von Südengland nach Jersey und Guernsey und auch zwischen den Inseln Guernsey und Jersey
www.condorferries.com
Reservierungen online oder
Tel. 0345 609 10 24 (allg. Res.)
Tel. 01534 60 10 00 (auf Jersey)
Tel. 01481 72 96 66 (auf Guernsey)

Lokale Legende: die kleinen gelben Flieger der Aurigny Air

dauert die Überfahrt erheblich länger, da statt Schnellfähren konventionelle Fähren eingesetzt werden. Überfahrten mit dem eigenen Auto sind ausgesprochen teuer. Meist ist es preiswerter, eine Personenfähre zu nehmen und ein Auto zu mieten. **Personenfähren** fahren in der Regel von den nordfranzösischen Häfen Carteret und Grandville und vom südenglischen Poole nach Jersey; von Carteret, Granville und Diélette und von Poole aus nach Guernsey.

Von Guernsey (Flugzeit ca. 15 Min.) und Southampton gibt es mehrmals täglich Direktflüge mit der Aurigny Air nach Alderney, von Jersey nur über Guernsey. Die von Deutschland aus angebotenen Flugverbindungen gehen zunächst über Guernsey. Vom Flughafen Alderney sind es zu Fuß ca. 10 Minuten nach St. Anne, am Flughafen stehen aber auch Taxis. Auto- und Personenfähren fahren von Guernsey oder von Diélette in Nordfrankreich.

Nach Alderney

Da es auf Sark keinen Flugplatz gibt, ist nur die Anreise mit dem Schiff möglich. Von Guernsey (St. Peter Port) fahren mehrmals täglich Boote nach Sark. Tickets gibt es bei der Isle of Sark Shipping Company (▶S. 333), Startpunkt ist der White-Rock-Pier, die Überfahrt dauert 55 Minuten. Ab Jersey (St. Helier) fahren im Sommer Boote nach Sark, Fahrzeit mit dem Schnellboot ca. 50 Minuten. Den recht steilen Weg vom Hafen zum Dorf fährt ein von einem Traktor gezogener Wagen hinauf, mit dem man mitfahren kann. Vom Hafen aus gibt es einen Gepäcktransport zum Hotel.

Nach Sark

Nach Herm   Zwischen Herm und St. Peter Port auf Guernsey verkehren mehrmals täglich kleine Schiffe. Tickets gibt es in St. Peter Port im Hafen bei Travel Trident (►S. 332). Gepäck wird mit einem Inseltraktor transportiert. Auf Herm gibt es zwei Häfen – einen für Ebbe und einen für Flut –, die etwa zehn Minuten zu Fuß voneinander entfernt liegen.

EIN- UND AUSREISEBESTIMMUNGEN

Reise-   Bürger aus Deutschland, Österreich und der Schweiz benötigen zur
dokumente   Einreise auf die Kanalinseln einen gültigen Reisepass oder Personalausweis. Dasselbe gilt für Tagesausflüge nach Frankreich. Wer mit dem eigenen Pkw kommt, muss Führerschein, Kfz-Schein und die grüne Internationale Versicherungskarte dabeihaben. Außerdem empfiehlt sich die Mitnahme eines Auslandsschutzbriefes. Am Auto muss das ovale Nationalitätskennzeichen angebracht sein.

Haustiere   Haustiere, die ohne Quarantäne aus EU-Ländern oder Ländern des Europäischen Wirtschaftsraums eingeführt werden sollen, müssen die im Pet Travel Scheme (PETS) vorgegebenen Bedingungen erfüllen. Für die Vorbereitungen (Mikrochip zur Identifikation, Impfung, Bluttest) müssen ca. sieben Monate eingeplant werden. Informationen bekommt man bei Visitbritain oder im Internet unter www.gov.uk/take-pet-abroad. Auf Jersey dürfen Hunde zwischen Mai und September von 10.30 bis 18.00 Uhr nur angeleint an Stränden geführt werden. Informationen für Guernsey erhält man bei: Commerce & Employment, Raymond Falla House, PO Box 459, Longue Rue, St. Martins, Guernsey, GY1 6AF, Tel. 23 45 67. Für Jersey werden die Auskünfte bei der Touristeninformation erteilt.

Zollbestim-   Da die Kanalinseln nicht zur EU gehören, müssen folgende Höchst-
mungen   mengen beachtet werden: Personen über 17 Jahre dürfen 200 Zigaretten oder 100 Zigarillos oder 50 Zigarren oder 250 Gramm Tabak sowie 1 Liter Spirituosen oder stark alkoholhaltige Liköre über 22 % oder 2 Liter Süßwein, Schaumweine oder andere Liköre sowie 2 Liter Tafelwein ausführen. Weiterhin darf man Waren, Souvenirs und Geschenke im Wert von 390 bzw. 430 € mitnehmen (Reisende unter 15 Jahren 175 €). Alle Überschreitungen sind mehrwertsteuerpflichtig.

Auskunft

Der Tourismus der Kanalinseln wird nach den Verwaltungsbezirken unterteilt, also in den Bailiwick Jersey und den Bailiwick Guernsey, zu dem wiederum Alderney, Sark und Herm gehören. Entsprechend

INTERNETADRESSEN
www.jersey.com
www.visitguernsey.com
www.visitalderney.com
www.sark.co.uk
www.herm-island.com

INFORMATIONEN
VOR DER REISE
Jersey
Kostenlose Broschüren
Jersey Prospektversand
Tel. 06106 7 17 18
http://jersey-tourism.com

Guernsey mit Alderney
Sark und Herm
Guernsey Information Centre
North Esplanade
St. Peter Port
Guernsey GY1 3AN
Tel. + 44 1481 72 35 52
www.visitguernsey.com

Alderney
States of Alderney
PO Box 1001
Alderney GY9 3AA
Tel. +44 1481 82 23 33
www.visitalderney.com

AUSKUNFT AUF DEN INSELN
Jersey
Tourist Information Centre
The Weighbridge (Jersey Museum)
St. Helier
Jersey JE2 3NG
Tel. 01534 85 90 00
www.jersey.com

Guernsey
Guernsey Information Centre
St Peter Port
North Esplanade GY1 3AN

Tel. 01481 72 35 52
www.visitguernsey.com

Alderney
Visitor Information Centre
Victoria Street
Alderney GY9 3AA
Tel. 01481 82 37 37

Sark
Sark Visitor Centre
The Avenue
Sark GY9 0SA
Tel. 01481 83 23 45
www.sark.co.uk

Herm
Administration Office
Herm Island GY1 3HR
Tel. 01481 75 00 00
www.herm.com

KONSULARISCHE VERTRETUNGEN
Deutschland
Honorarkonsul Jersey
Kenneth Soar
Braeside
St. Peters Valley
St. Lawrence
Jersey JE3 1EZ
Tel. 01534 28 08 58
st-helier@hk-diplo.de

Honorarkonsul Guernsey
Christopher Nicholas Betley
55 Le Bordage
St. Peter Port
Guernsey GY1 1BP
Tel. 01481 72 51 15
st-peter-port@hk-diplo.de

Österreich und Schweiz
Beide Länder haben keine konsulari-
schen Vertretungen auf den Inseln.

sind auch in den meisten Fällen die Informationsstellen einander zugeordnet. Die Fremdenverkehrsämter der Inseln verschicken Informationsmaterial über den Jersey Prospektversand, aber ein Fremdenverkehrsamt in Deutschland haben die Kanalinseln nicht.

Mit Behinderung unterwegs

Jersey und Guernsey sind sehr gut auf Reisende mit Behinderungen eingestellt, es werden zahlreiche spezielle Dienstleistungen angeboten: Beispielsweise kann man über die Touristeninformation in St. Helier auf Jersey kostenlos einen Rollstuhl für eine Stadtbesichtigung leihen oder eine 12-Meter-Jacht chartern, die rollstuhlfahrergerecht umgebaut wurde. Es gibt eine Reihe gut ausgestatteter Einrichtungen wie Parkplätze und Toiletten, in vielen Hotels, Restaurants und Pubs ist man auf behinderte Besucher eingestellt. Für Behindertenparkplätze erhält man vor Ort einen speziellen Ausweis. Im Internet und in den Touristeninformationen bekommt man detaillierte Auskünfte über behindertengerechte Hotels (www.goodaccessguide.co.uk), Sehenswürdigkeiten und Dienstleistungen. Informationen erteilen auf Jersey auch ein Taubstummen- und ein Blindenzentrum.

ALLGEMEINE INFORMATIONEN
BSK-Reisehelferbörse
Altkrautheimer Str. 20
D-74238 Krautheim
Tel. 06294 42 81-0, www.bsk-ev.org

ROLLSTUHLVERMIETUNG
Guernsey
St John's Ambulance, The Rohais
St. Peter Port, Tel. 01481 72 92 68

Jersey
Shopmobility Sand Street

Car Park, St. Helier
Tel. 73 96 72
www.shopmobility.org.je

TAXIS/BUSSE
Jersey
Luxicabs, Tel. 88 70 00
Liberty Cabs, Tel. 76 77 00
Citicabs, Tel. 49 99 99

Guernsey
Tim Morris, Tel. 07781 13 57 35
Steve Poole, Tel. 07781 12 11 80

Elektrizität

Das Stromnetz führt 240 Volt Wechselspannung. Geräte für 220 Volt können problemlos angeschlossen werden. In Hotels und Pensionen sowie auf Campingplätzen gibt es meist zweipolige Stecker, mitunter

aber auch die auf den Kanalinseln üblichen dreipoligen. Adapter er- Adapter erforderlich
hält man auf den Inseln in Elektroläden oder Kaufhäusern, aber wer
sicher gehen und nicht lange suchen möchte, bringt besser schon von
zu Hause einen Adapter mit.

Etikette

Auffällig freundlich und höflich sind die Leute auf den Kanalinseln, Höflichkeit
man kommt überall schnell ins Gespräch und bekommt immer ein
paar nette Worte mit auf den Weg. Die Insulaner ihrerseits vermissen
bei den Besuchern mitunter eine ähnliche Freundlichkeit oder Höflichkeit. Wer nach dem Weg fragt, könnte statt eines knappen »Wo ist
der Hafen« gern etwas ausführlicher fragen, ob der Gefragte vielleicht
zufällig weiß, wo der Hafen ist – und bitte ein »please« anhängen, das
schafft sofort eine bessere Atmosphäre. Wem keine Höflichkeitsflos-
kel einfällt, kann sich bei den Insulanern eine abhören, die sind darin
perfekt!

Man wird auf den schmalen Straßen kaum in Versuchung kommen, Autofahren
draufgängerisch zu fahren. Aber auch wenn man erstmal die ersten
Schwierigkeiten überwunden hat, sollte man beim Fahren höflich
bleiben – genau wie die Einheimischen auch. Nicht angesagt sind
dichtes Auffahren oder Hupen oder gar Lichthupen. Auch rücksichts-
loses Vordrängeln, beispielsweise am »Filter«, kommt nicht gut an.
Wenn man jemand die Vorfahrt lassen kann, sollte man das einfach
tun – diese Freundlichkeit gilt fast schon als normal.

Normalerweise ist auf den Kanalinseln ein Trinkgeld von ca. 10 % im Trinkgeld
Restaurant üblich, auch wenn auf die Rechnung an sich schon 10 %
aufgeschlagen werden. Bei Ausflugsfahrten bekommen Busfahrer
oder Fremdenführer mindestens 10 % Trinkgeld, dasselbe gilt auch
für Taxifahrer.

Geld

Auf allen Inseln gilt das britische Pfund, doch haben die Inseln auch Währung
eine eigene Währung, das Jersey Pound bzw. das Guernsey Pound,
das dem britischen Pfund 1:1 entspricht und auf allen Inseln gültig
ist. Das Pfund (£) hat 100 Pence (p). Es gibt Banknoten zu £ 5, 10, 20
und 50, Münzen zu 1, 2, 5, 10, 20 und 50 p sowie zu £ 1. Eine Ein-
pfund-Note gibt es ausschließlich auf den Inseln; in Großbritannien
ist sie nicht mehr im Umlauf.

Bargeld   In Großbritannien und im Ausland wird Bargeld der Kanalinseln oft nicht anerkannt. Bei kleineren Banken gibt es mitunter Probleme beim Rücktausch, bei größeren in der Regel nicht: Besser vor der Rückreise die Inselwährung in britische Währung umtauschen!

Geldwechsel   Bargeld erhält man am günstigsten per Bank- oder Kreditkarte von Geldautomaten. In den Stadtzentren von St. Helier und St. Peter Port haben alle Banken Automaten, auch in mehreren kleineren Orten gibt es Geldautomaten **(cash machine, ATM)**. Einige Geschäfte nehmen auch Euro an. Alle bekannten Zahlungs- und Kreditkarten werden akzeptiert, auch in kleinen Hotels und Geschäften.

Bei Verlust von Bank- und Kreditkarten sowie Handys sollte man die zentrale Notrufnummer nutzen und die Karten umgehend sperren lassen.

WECHSELKURSE

1 £ = 1,20 €
1 € = £ 0,84
1 £ = 1,28 sfr
1 sfr = £ 0,78

Aktuelle Wechselkurse am besten vor der Abreise unter www.reisebank.de nachschauen.

KARTE VERLOREN

Unter der allgemeinen Notrufnummer **Tel. + 49 11 61 16** kann man aus dem Ausland im Fall des Verlustes alle Bank- und Kreditkarten sperren lassen. Zum Sperren muss man am Telefon die eigene Kontonummer und auch die Bankleitzahl mitteilen.

Gesundheit

Wenn man nicht ohnehin eine private Auslandskrankenversicherung hat, wird dringend dazu geraten, vor Reiseantritt noch eine abzuschließen, da die Kanalinseln nur mit Österreich, nicht aber mit Deutschland und der Schweiz ein Gesundheitsabkommen abgeschlossen haben. Behandlungskosten müssen vor Ort bezahlt werden. Man sollte sich eine Quittung ausstellen lassen, um sich die Kosten anschließend von der Krankenkasse zu Hause zurückerstatten lassen zu können.

Medizinische Versorgung   Auf den großen Inseln ist die medizinische Versorgung gut. Auf Jersey sind ein paar Praxen speziell auf Urlauber eingestellt (»visitor scheme«). Arztpraxen sind in der Regel von 8.30–17.30 Uhr geöffnet. Notfälle werden im Jersey General Hospital in der Gloucester Street in St. Helier (Tel. +44 (0) 1534 44 20 00, im Notfall 999) behandelt. Auf Herm und Sark können leichte Erkrankungen kuriert werden, schwerere werden auf Guernsey behandelt. Für Notfälle auf den kleineren Inseln gibt es Rettungswagen und -schiffe.

Apotheken (»pharmacy«, »chemist«) haben nur zu den normalen Geschäftszeiten, also bis 17.00 oder 17.30 Uhr geöffnet. Nachts und an Wochenenden bekommt man wichtige Medikamente nur über die Krankenhäuser oder medizinischen Dienste.

Apotheken

Literaturempfehlungen

Victor Hugo: Die Arbeiter des Meeres. Achilla Presse, Hamburg 2003. »Les Travailleurs de la Mer«, der einzige Roman von Victor Hugo, der auf den Kanalinseln spielt, schildert den Kampf des Fischers Gilliatt, der den Motor eines in den Klippen vor den Kanalinseln zerschellten Dampfschiffs retten will, um die Tochter des Schiffseigners für sich zu gewinnen. Ein geradezu archaisches Unterfangen! Im Anhang eine sehr lesenswerte Beschreibung der Kanalinseln zu Victor Hugos Zeit.

Charlotte Link: Die Rosenzüchterin. Goldmann-Verlag, München 2002. Eine deutsche Lehrerin mietet sich auf Guernsey in einem alten Rosenzüchterhaus ein und wird mit einer geheimnisvollen Geschichte konfrontiert, die ihren Ursprung in der Besatzungszeit hat.

Mary Ann Shafer: Deine Juliet. Rowohlt 2009. Sehr empfehlenswerter Briefroman, der in London und auf Guernsey spielt.

Magaret Leroy: »Für immer, Vivienne«, List Taschenbuch, Berlin 2011. Eine Bewohnerin von Guernsey verliebt sich in der Besatzungszeit in einen deutschen Offizier. Eine Geschichte voller Konflikte in schicksalsschweren Zeiten.

Martin Wilhelmi: Fernsehfieber – Tödliche Gefahr, Ellert & Richter Verlag 2009. Kriminalroman, der in London, Hamburg und auf der Insel Jersey spielt.

BAEDEKER TIPP !

Die Kanalinseln im Film

Die Rosenzüchterin: Romanverfilmung mit Hannelore Elsner, Ruth Maria Kubitschek und Frank Giering.

Im Schatten des Korsen: Ein Fischer von den Kanalinseln versucht, eine antinapoleonische Spionin zu retten: Abenteuerfilm von 1953 mit Rock Hudson.

Tiefe Wasser: Verfilmung (1981) des Romans »Deep Water« von Patricia Highsmith über den Ehekrieg eines ungleichen Paars. Die Handlung wurde bei der Verfilmung auf die Insel Jersey verlegt. In den Hauptrollen Isabelle Huppert und Jean-Louis Trintignant. Psychokrimi mit idyllischen Landschaftsaufnahmen.

Jim Bergerac ermittelt: Die von der BBC produzierte Krimiserie Bergerac spielt auf Jersey. Sieben von neun Staffeln gibt es auch auf Deutsch.

Arche Noah im Kanal: Fingertiere, Boas und Krallenaffen auf Jersey. Der Film über den Inselzoo ist mit Glück im TV zu sehen.

Claus Beling: »Was du nicht weißt.« Bastei Lübbe, Köln, 2012. Ein Krimi mit viel Lokalkolorit. Auf Jersey werden zwei Frauenleichen gefunden und eine Teehändlerin beginnt mit eigenen Ermittlungen. Im April 2014 erschien die Fortsetzung »Drum stirb auch du«.

Gerald Durrell: »Ein Koffer voller Tiere« und »Die Tiere in meiner Arche«, Ullstein Verlag. Die Bücher des Begründers des Durrell Wildlife Conversation Trust auf Jersey sind leider nur noch antiquarisch zu finden, ebenso sein Roman »Meine Familie und anderes Getier«.

Roy McLoughlin: Britische Inseln unterm Hakenkreuz. Ch. Links Verlag, Berlin 2003. Über die deutsche Besatzungszeit auf den Kanalinseln zwischen 1940 und 1945.

Jenny Wood: »Herm – our Island home«, Channel Islands 1994. Geschrieben von der 1991 verstorbenen Jenny Wood, die die Insel Herm 1949 mit ihrem Mann Peter gepachtet hatte.

Barbara Stoney: »Sibyl, Dame of Sark«, Burbridge Ltd. 1978. Eine Biografie der Sibyl Hathaway.

Molly Bihet: »Reflections of Guernsey«, Channel Islands 1993. Die Zeit von 1940 bis 1993, erzählt von einer Insulanerin.

Maße und Gewichte

Metrisches System mit Ausnahmen

Schon im Jahr 1995 wurde wie in ganz Großbritannien auch auf den Kanalinseln das metrische System eingeführt. Zwei Ausnahmen werden aus Tradition noch immer beibehalten: das Pint für Bier und Milch (1 pint = 568 ml) und die Meilenangaben auf Verkehrszeichen (1 mile = 1609,34 m). Die alten Maßeinheiten sind jedoch auch noch gängig:

ENGLISCHE MASSEINHEITEN

1 inch = 2,54 cm
1 foot = 30,48 cm
1 yard = 91,44 cm
1 mile (mi; Meile) = 1,61 km
1 pint (pt) = 0,568 l
1 pound = 453,59 g

KONFEKTIONSGRÖSSEN

D:	36	38	40	42	44
GB:	8	10	12	14	16

SCHUHGRÖSSEN

D:	38	39	40	42	43	44
GB:	5	6	7	8	9	10

Medien

Auf Jersey erscheint die regionale »Jersey Evening Post«, auf Guernsey die »The Guernsey Press«. In den Zeitungen findet man jeweils aktuelle Informationen über Veranstaltungen und den Tidenplan. Deutsche Zeitungen erhält man in den Hauptgeschäftsstraßen auf Jersey und Guernsey und in einigen touristischen Orten. **Zeitungen**

In den Hotelzimmern gibt es meistens Satelliten-TV. Regionale Sendungen bringt Channel TV und Channel 4. Neben den zahlreichen britischen und französischen Rundfunksendern, die man auf den Kanalinseln gut empfängt, gibt es auf den Inseln regionale Privatsender und ein eigenes Programm der BBC: Radio Jersey (88.8 FM und 1026 MW) und Radio Guernsey (93.2 FM und 1116 MW), auf Jersey sendet der Privatsender Channel 103, auf Guernsey Island FM. **TV und Rundfunk**

Notrufe · Notdienste

ZENTRALER NOTRUF
Feuerwehr, Polizei, Arzt
Tel. 112 oder 999

POLIZEI
Jersey
Rouge Bouillon

St. Helier,
Tel. 61 26 12

Guernsey
Hospital Lane
St. Peter Port
Tel. 72 51 11

Öffnungszeiten

Öffnungszeiten werden auf den Kanalinseln immer wie in Großbritannien mit »a.m.« und »p.m.« (Zeit) angegeben. Die Angabe einer Öffnungszeit von 10 a.m. bis 5.30 p.m. bedeutet also 10.00 Uhr morgens bis 17.30 Uhr nachmittags. Normalerweise haben Geschäfte, Postämter, Apotheken montags bis samstags zwischen 9.00 und 17.30 Uhr geöffnet, viele Geschäfte und Einrichtungen machen in der Mittagspause ein bis zwei Stunden zu. Sonntags haben nur einige kleine Lebensmittelläden auf. Einige kleine Läden, aber auch Supermärkte haben abends bis 21.00 oder 22.00 und auch sonntags geöffnet, u. a. die Läden der Kette Checkers XPress, auf Guernsey in St. Peter Port, North Esplanade, beim Weighbridge Uhrenturm; auf Jersey mehrere Filialen auf der Insel. **Geschäfte**

Restaurants Einige Restaurants haben nur zwei Stunden in der Mittagszeit und abends noch einmal für zwei Stunden geöffnet, z. B. 12.00–14.00 und 19.00–21.00 Uhr. Die Restaurants, die den sogenannten Attraktionen angegliedert und oft gut sind, haben nur während der Öffnungszeiten der Attraktionen auf, schließen also meistens um 16.30 oder 17.00 Uhr. Viele Restaurants haben Sonntag abend geschlossen, einige zusätzlich auch noch Montags.

Post · Telekommunikation

Post Die beiden Bailiwicks Jersey und Guernsey haben jeweils eine eigene Post. Die **Hauptpost** von Jersey befindet sich in der Broad Street in St. Helier, auch in den meisten kleineren Orten gibt es ein Postamt. Die Hauptpost von Guernsey ist in der Smith Street in St. Peter Port, weitere Postämter gibt es in mehreren kleinen Orten auf der Insel. Für Karten und Briefe, die von den Kanalinseln aus verschickt werden, müssen die **inseleigenen Briefmarken**, die 1969 erstmals gedruckt wurden, verwendet werden. Die Jersey-Briefmarken gelten nur auf Jersey. Auf Alderney, Sark und Herm gelten der Briefmarken von Guernsey. Die Briefmarken von Großbritannien haben auf den Kanalinseln keine Gültigkeit. **Briefkästen** sind im Bailiwick Guernsey, anders als in England, blau, auf Jersey rot, und die alten Telefonhäuschen auf Guernsey sind gelb und nicht wie in England rot.

Briefkästen sind auf Guernsey blau.

Auf allen Inseln gibt es **Telefonzellen** mit Kartentelefonen. Telefonkarten erhält man in den Postämtern, teilweise auch an Kiosken oder in Schreibwarenläden. Wer auf verschiedenen Inseln Station macht, muss beachten, dass auf Jersey andere Karten gültig sind als auf den anderen Inseln. Generell ist das Telefonieren zwischen 20.00 und 8.00 Uhr sowie an Wochenenden günstiger. **Mobiltelefone** (»mobile phone«, »cell phone«) wählen sich

LÄNDERVORWAHLEN
Aus Deutschland, Österreich und der Schweiz:
nach Jersey: + 44 15 34
nach Guernsey, Alderney, Sark und Herm: + 44 14 81

Vorwahl von allen Kanalinseln:
nach Deutschland: Tel. + 49
nach Österreich: Tel. + 43
in die Schweiz: Tel. + 41
Bei internationalen Anrufen entfällt die 0 der jeweiligen Ortsvorwahl.

automatisch über Roaming in das entsprechende britische Partnernetz ein. Eine vor Ort erworbene Prepaid-Karte kann allerdings deutlich günstiger sein.

Preise · Vergünstigungen

Die Kanalinseln sind schön, aber teuer. Dennoch kann man den Urlaub einigermaßen günstig gestalten, wenn man auf **Pauschalangebote** (S. 120) achtet – so fallen Flug und Unterkunft schon mal nicht übermäßig ins Gewicht. Günstige Gerichte kann man in bistroähnlichen Lokalen bekommen. Oft gibt es auch Touristenmenüs, die gut und bezahlbar sind.

Teures Pflaster

Wenn man **Eintrittskarten** kauft, sollte man sich nach Discount- oder Kombitickets erkundigen, lohnend ist das für alle, die sich mehrere Sehenswürdigkeiten ansehen wollen und mit der ganzen Familie unterwegs sind. Auf Guernsey wird z. B. ein Discount-Ticket für den Besuch von Castle Cornet, des Guernsey-Museum in Candie Gardens und des Fort Grey Shipwreck Museum angeboten. Auf Jersey zahlt man mit dem **Jersey Pass** (www.jersey pass.com) reduzierte Preise für Besuche u. a. in Museen, im Elizabeth Castle, Mont Orgueil Castle und La Hougue Bie.

BAEDEKER WISSEN

? *Was kostet wie viel?*

eine Tasse Kaffee ca. 1,80 €
Pint Bitter ca. 3,80 €
einfache Mahlzeit ab 10 €
Busticket ab 1,50 €
1 l Benzin ca. 1,40 €

Preise für Restaurants ▶ S. 8
Preise für Hotels ▶ S. 8

Reisezeit

Je nachdem, ob man Strandurlaub oder eher Wander- und Besichtigungsurlaub machen möchte, muss man in der Hauptsaison oder in der Nebensaison auf die Kanalinseln fahren. Hauptsaison ist von Juli

Haupt- und Nebensaison

bis Anfang/Mitte September, Nebensaison ist von Mitte April bis Juni, dann wieder im September und Oktober. In der Hauptsaison sind die Preise natürlich am höchsten, hoffnungslos überfüllte Strände gibt es aber auch dann nicht. Erst im Juli steigen die Wassertemperaturen des Atlantik auf etwa 20 °C an, am wärmsten sind sie im August und September. Zwischen Oktober und April sind viele Pensionen und Restaurants und viele der Sehenswürdigkeiten geschlossen. Man ist dann mit den Insulanern fast allein. Im Winterhalbjahr kann man auch schon mal eine Sturmflut erleben.

Frühjahr Besonders lohnend ist ein Urlaub auf den Kanalinseln im Frühjahr, weil dann alles grünt und blüht und die Klippen von Blumenteppichen überzogen sind. Wer also auf einen Strandurlaub nicht übermäßig viel Wert legt, sollte in dieser Jahreszeit auf die Inseln fahren. Im April und im Oktober kann man die Inseln mit mehr Ruhe genießen, in beliebten Hotels und Pensionen muss man aber auch in dieser Zeit reservieren.

Kleidung Insgesamt ist auf den Kanalinseln lockere Urlaubskleidung angesagt – nur wer plant, in teurere Restaurants zu gehen, muss sich mit der Kleidung entsprechend darauf einstellen. Was Wind und Wetter betrifft, muss man bei einer Reise auf die Kanalinseln selbst im Sommer an fast jede Witterung denken. Neben luftiger Kleidung für warme Tage sollte man immer auch einen dicken Pullover oder eine Jacke dabei haben – es kann kühlere Tage geben, und abends ist es oft merklich kühler als tagsüber. Eine leichte Windjacke ist für Wanderungen günstig, Regenjacken sind ebenfalls vonnöten. Wer wandern möchte, braucht auf jeden Fall bequemes Schuhwerk, in dem sicheres Wandern gewährleistet ist. Für Höhlenbesuche sind u. U. Gummistiefel erforderlich; sie sind auch für Wege geeignet, die bei Flut unter Wasser liegen und bei Ebbe begehbar sind – mitunter bleiben hier noch Wasserreste zurück.

Sprache

Englisch-französischer Mix Die Kanalinseln waren über mehrere Jahrhunderte dem Bischof von Coutances, also der französischen Kirche angegliedert. Dadurch war Französisch immer dominierende Sprache in Kirche und Verwaltung, noch im 19. Jh. war Französisch auf den Inseln Amts- und Unterrichtssprache. So ist es zu erklären, dass es nach wie vor viele französische Bezeichnungen gibt, die heute allerdings kurioserweise oft englisch ausgesprochen werden wie die Ortsnamen St. Helier, St. Aubin, St. Brelade, St. Ouen, Ouaisne Bay. Es gibt auch einige Orte, die **unter englischer und französischer Bezeichnung** bekannt sind wie auf Guernsey St. Peter in the Wood, das gleichzeitig noch unter St. Pierre du Bois läuft, oder Castel, das oft auch Câtel heißt. Der westnormannische Dialekt, der früher auf den Inseln gesprochen wurde, ist heute nur noch selten zu hören.

Viele Einwohner sprechen heute Englisch und Französisch und auch Straßenschilder sind oft in beiden Sprachen beschriftet. Im Parlament wird auf Englisch debattiert, aber die **Abstimmung** und alles, was zeremoniellen Charakter hat, erfolgt **auf Französisch**, ein Kuriosum, das besonders gut widerspiegelt, wie hin- und hergerissen die Kanalinseln im Verlauf ihrer Geschichte zwischen England und Frankreich waren. Heutige Besucher können bei Interesse übrigens wie in London bei Parlamentssitzungen zuhören. Pflichtfach in der Schule ist das **Jèrriais** (S. 185) heute nicht mehr und daher gibt es immer weniger Insulaner, die den bedrohten Dialekt noch wirklich beherrschen. Touristen treffen eher im Museum auf Hörbeispiele (S. 189). Im Inselfranzösischen wird das »Jèrriais« auch als »Jersey French« bezeichnet. Es gehört zu der normannischen Dialektgruppe der »Langue d´oïl«.

Sprachführer Englisch

Kennenlernen

Guten Morgen!	Good morning!
Guten Tag!	Good afternoon!
Guten Abend!	Good evening!
Mein Name ist ...	My name's ...
Wie ist Ihr/Dein Name?	What's your name?
Wie geht es Ihnen/dir?	How are you?
Danke. Und Ihnen/dir?	Fine, thanks. And you?
Auf Wiedersehen! Tschüs!	Goodbye!/See you!/Bye!

Auskunft unterwegs

links/rechts	left/right
geradeaus	straight on
nah/weit	near/far
Bitte, wo ist ...?	Excuse me, where's ..., please?
... die Bushaltestelle	... the bus stop
... der Hafen	... the harbour
... der Flughafen	... the airport
Wie weit ist das?	How far is it?
Ich möchte ... mieten.	I'd like to hire ...
... ein Auto	... a car

... ein Fahrrad	... a bike/bicycle

Panne

Ich habe eine Panne.	My car's broken down.
Würden Sie mir bitte einen Abschlepp-wagen schicken?	Would you send a breakdown truck, please?
Gibt es hier in der Nähe eine Werkstatt?	Is there a service garage nearby?

Tankstelle

Wo ist die nächste Tankstelle?	Where's the nearest petrol station?
Ich brauche ...	I need...
... Liter ...	... litres of ...
... Super.	... four-star
... Diesel.	... diesel
Volltanken, bitte.	Full, please.

Unfall

Hilfe!	Help!
Achtung!	Attention!
Rufen Sie bitte ...	Please call ...
... einen Krankenwagen.	... an ambulance.
... die Polizei.	... the police.
Es war meine/Ihre Schuld.	It was my/your fault.
Geben Sie mir bitte Ihren Namen und Ihre Anschrift.	Please give me your name and address.

Essen

Auf Ihr Wohl!	Cheers!
Bezahlen, bitte.	May I have the bill, please?
Wo gibt es hier ...	Is there ... here?
... ein gutes Restaurant?	... a good restaurant?
... ein typisches Restaurant?	... a restaurant with local specialities?
Gibt es hier eine gemütliche Kneipe?	Is there a nice pub here?
Reservieren Sie uns bitte für heute Abend einen Tisch.	Would you reserve us a tablefor this evening, please?

Einkaufen

Wo finde ich ... eine/ein ..?	Where can I find a ...?

Apotheke	chemist/pharmacy
Bäckerei	bakery
Kaufhaus	department store
Lebensmittelgeschäft	grocery store
Markt	market

Übernachtung

Können Sie mir ... empfehlen?	Could you recommend ... ?
... ein Hotel/Motel	... a hotel/motel
... eine Pension.	... a guest-house
Ich habe ein Zimmer reserviert.	I've reserved a room.
Haben Sie noch ...?	Do you have ...?
... ein Einzelzimmer	... a single room
... ein Doppelzimmer	... a double room
... mit Dusche/Bad	... with a shower/bath
... für eine Nacht	... for one night
... für eine Woche	... for a week
Was kostet das Zimmer	How much is the room
... mit Frühstück?	... with breakfast?
... mit Halbpension?	... with half board?

Arzt

Können Sie mir einen guten Arzt empfehlen?	Can you recommend a good doctor?
Ich brauche einen Arzt/Zahnarzt.	I need a doctor/dentist.

Bank/Post/Kommunikation

Wo ist hier bitte eine Bank/ein Geldautomat?	Where's the nearest bank, please? Cash machine, ATM (automatic teller machine)
Ich möchte ... Euro (Franken) wechseln.	I'd like to change ...Euro (Swiss Francs).
Was kostet ...	How much is ...
... ein Brief ...	... a letter ...
... eine Postkarte ...	... a postcard ...
nach Deutschland?	to Germany?
nach Österreich?	to Austria?
in die Schweiz?	to Switzerland?
Mobiltelefon/Handy	mobile phone, cell phone
Ladegerät	recharger
Wo ist das nächste Internetcafé?	Where is the nearest internet café?

| Ich brauche eine Prepaid-Karte. | I need a prepaid card. |

Speisekarte

Breakfast	**Frühstück**
coffee (with cream/milk)	Kaffee (mit Sahne/Milch)
hot chocolate	heiße Schokolade
tea (with milk/lemon)	Tee (mit Milch/Zitrone)
scrambled eggs	Rühreier
poached eggs	pochierte Eier
bacon and eggs	Eier mit Speck
fried eggs	Spiegeleier
hard-boiled/soft-boiled eggs	harte/weiche Eier
(cheese/mushroom) omelette	(Käse-/Champignon-) Omelett
bread/rolls/toast	Brot/Brötchen/Toast
butter	Butter
honey	Honig
jam/marmalade	Marmelade/Orangenmarmelade
fruit	Obst

Starters and Soups	**Vorspeisen und Suppen**
clear soup/consommé	(Fleisch-) Brühe
cream of chicken soup	Hühnercremesuppe
cream of tomato soup	Tomatensuppe
mixed/green salad	gemischter/grüner Salat
onion rings	frittierte Zwiebelringe
seafood salad	Meeresfrüchtesalat
shrimp/prawn cocktail	Garnelen-/Krabbencocktail
smoked salmon	Räucherlachs
vegetable soup	Gemüsesuppe

Fish and Seafood	**Fisch und Meeresfrüchte**
cod	Kabeljau
crab	Krebs
eel	Aal
haddock	Schellfisch
herring	Hering
lobster	Hummer
mussels	Muscheln
oysters	Austern
plaice	Scholle
salmon	Lachs

scallops	Jakobsmuscheln
sole	Seezunge
squid	Tintenfisch
trout	Forelle
tuna	Tunfisch

Meat and Poultry	**Fleisch und Geflügel**
beef	Rindfleisch
chicken	Hähnchen
chop/cutlet	Kotelett
fillet	Filetsteak
duck(ling)	(junge) Ente
gammon	Schinkensteak
gravy	Bratensoße
ham	gekochter Schinken
kidneys	Nieren
lamb (with mint sauce)	Lamm (mit einersauren Minzsoße)
liver (and onions)	Leber (mit Zwiebeln)
minced meat	Hackfleisch
mutton	Hammelfleisch
pork	Schweinefleisch
rabbit	Kaninchen
sausages	Würstchen
sirloin steak	Lendenstück vom Rind, Steak
turkey	Truthahn
veal	Kalbfleisch
venison	Reh oder Hirsch

Dessert and Cheese	**Nachspeisen und Käse**
apple pie	gedeckter Apfelkuchen
chocolate biscuit	Schokoladenplätzchen
cottage cheese	Hüttenkäse
cream	Sahne
custard	Vanillesoße
fruit salad	Obstsalat
goat's cheese	Ziegenkäse
ice-cream	Eis
pastries	Gebäck

Vegetables and Salad	**Gemüse und Salat**
baked beans	gebackene Bohnen in Tomatensoße

baked potatoes	gebackene Kartoffeln mit Schale
cabbage	Kohl
carrots	Karotten
cauliflower	Blumenkohl
chips	Pommes frites
cucumber	Gurke
fritters/hash browns	Reibekuchen/Rösti
garlic	Knoblauch
leek	Lauch
lettuce	Kopfsalat
mashed potatoes	Kartoffelpüree
mushrooms	Pilze
onions	Zwiebeln
peas	Erbsen
peppers	Paprika
spinach	Spinat
sweetcorn	Mais
tomatoes	Tomaten

Fruit	**Obst**
apples	Äpfel
apricots	Aprikosen
blackberries	Brombeeren
cherries	Kirschen
grapes	Weintrauben
lemon	Zitrone
oranges	Orangen
peaches	Pfirsiche
pears	Birnen
pineapple	Ananas
plums	Pflaumen
raspberries	Himbeeren
strawberries	Erdbeeren

Beverages	**Getränke**
beer on tap	Bier vom Fass
shandy	Bier mit Zitronenlimonade
cider	Apfelwein
red/white wine	Rot-/Weißwein
dry/sweet	trocken/lieblich
sparkling wine	Sekt
soft drinks	alkoholfreie Getränke

fruit juice		Fruchtsaft	
lemonade		gesüßter Zitronensaft	
milk		Milch	
mineral water		Mineralwasser	

Zahlen

1	one	18	eighteen
2	two	19	nineteen
3	three	20	twenty
4	four	21	twenty-one
5	five	30	thirty
6	six	40	forty
7	seven	50	fifty
8	eight	60	sixty
9	nine	70	seventy
10	ten	80	eighty
11	eleven	90	ninety
12	twelve	100	hundred
13	thirteen	1000	(a) one thousand
14	fourteen	1/2	a half
15	fifteen	1/3	a third
16	sixteen	1/4	a quarter
17	seventeen		

Tidenplan

Auf den Kanalinseln ist es sehr wichtig, die Zeiten von Ebbe und Flut zu wissen. Viele Buchten und Strände sind nur bei Ebbe richtig schön, bei Flut dagegen sehr schmal oder ganz überflutet. Viele Höhlen sind nur bei Ebbe zu besichtigen, was bei auflaufendem Wasser gefährlich ist. Auch einige vorgelagerte Felsinseln wie Lihou (Guernsey) und die Inseln mit Elizabeth Castle oder dem Corbière Lighthouse (Jersey) sind bei Ebbe zu Fuß zu erreichen, bei Flut stehen die Übergänge unter Wasser.

Um sich nicht den Gefahren der ansteigenden Flut auszusetzen, sollte man immer einen Tidenplan bei sich haben bzw. die Zeiten von Ebbe und Flut kennen. Er ist in der »The Guernsey Press« und der »Jersey Evening Post« abgedruckt. Auch die Tourismusinformation oder die Hotels können weiterhelfen.

Verkehr

STRASSENVERKEHR

Urlauber, die auf den Kanalinseln mit dem Auto unterwegs sind, haben es mit schmalen Straßen und viel Verkehr zu tun. Vor allem im Bereich der beiden großen Städte auf Jersey und Guernsey muss man vorsichtig fahren. Nebenstraßen sind z. T. extrem eng und ohne Ausweichmöglichkeiten, so dass einander entgegenkommende Autos mitunter mehrere hundert Meter bis zu einer breiteren Stelle zurücksetzen bzw. in die nächste Grundstückseinfahrt ausweichen müssen.

Verkehrsvorschriften Auf den Kanalinseln besteht wie in Großbritannien **Linksverkehr**. Überholt wird rechts. Straßen ohne Vorfahrtsberechtigung sind oft durch »Stop«- oder »Give Way«-Schilder gekennzeichnet. Im Kreisverkehr (»roundabout«) haben die Fahrzeuge innerhalb des Kreises Vorfahrt. An Straßeneinmündungen mit doppelter Linie muss angehalten, bei doppelter, unterbrochener Linie muss langsam herangefahren werden. An Kreuzungen mit einem gelben Raster auf der Fahrbahn oder der Bezeichnung **»Filter«** hat derjenige Vorfahrt, der zuerst an die Kreuzung kommt, alle weiteren müssen sich im Reißverschlusssystem einfädeln.

Promille Die Höchstgrenze für den Blutalkoholgehalt liegt bei 0,8 Promille.

Höchstgeschwindigkeit Auf **Jersey** gilt für Pkw auf Landstraßen eine Höchstgeschwindigkeit von 40 mph (64 km/h), innerhalb geschlossener Ortschaften 20 bzw. 30 mph (32 bzw. 48 km/h), auf den Green Lanes nicht schneller als 15 mph (24 km/h). Auf **Guernsey** beträgt die Höchstgeschwindigkeit 35 mph (56 km/h) außerhalb geschlossener Ortschaften 25 mph (40 km/h) innerhalb von Ortschaften und 15 mph (24 km/h) auf Ruettes Tranquilles.

Parken Absolutes Parkverbot ist durch gelbe Linien gekennzeichnet, wer an solchen Stellen parkt, muss mit Bußgeld rechnen. Auf **Jersey** braucht man auf öffentlichen Parkplätzen und in Parkhäusern »paycards«, die man in den Touristeninformationen, in Parkhäusern, einigen Geschäften und in Postämtern bekommt. An einigen Stellen ist Parken kostenlos, man muss aber eine Parkscheibe auslegen. Zwischen 17.00 und 8.00 Uhr und sonntags ist Parken generell kostenlos. Auf Guernsey ist Parken überall umsonst, man muss aber oft eine Parkscheibe auslegen. In St. Peter Port darf man auf den meisten Parkplätzen nur für eine bestimmte Dauer parken, die dann angegeben ist. Zwischen

18.00 und 8.00 Uhr kann man in der Regel ohne zeitliche Begrenzung parken.

MIETWAGEN

Mietwagen sind auf den Kanalinseln ausgesprochen günstig, so dass es in der Regel nicht lohnt, mit dem eigenen Wagen hierher zu kommen. Voraussetzung zum Mieten eines Fahrzeugs sind ein gültiger Führerschein und ein Mindestalter von 21 Jahren. Auf Jersey geben einige Vermieter eine Altershöchstgrenze an. Alle Mietwagen haben das Steuer rechts und sind mit einem »H« für »hired« gekennzeichnet, was bei den Insulanern mit »horror«, bei den Deutschen wohl eher mit »Hilfe!« gleichgesetzt wird. Tatsächlich sind die vielen Mietwagen für die Einheimischen ein Störfaktor, da sich viele Gäste erst an den Linksverkehr gewöhnen müssen.

Horror oder Hilfe?

TAXI

Taxistände gibt es auf den Kanalinseln beispielsweise an den Flughäfen und in den Hauptorten St. Helier (am Busbahnhof), St. Peter Port (am Weighbridge Uhrenturm) und St. Anne (Alderney). Herumfahrende Taxis kann man per Handzeichen anhalten. Nachts und an Feiertagen gelten besondere Tarife, Gepäck und Wartezeiten werden extra berechnet. 10 % Trinkgeld sind üblich. Auf Sark übernehmen die Pferdekutschen Taxidienste, sie haben ihren Standort an der Avenue, für den Gepäcktransport auf der Insel werden Traktoren eingesetzt (▶Anreise).

BUSVERKEHR

Die Bushaltestellen auf den Kanalinseln sind durch ein Schild gekennzeichnet. Manchmal steht auch nur das Wort »Bus« auf der Fahrbahn geschrieben. An allen Bushaltestellen muss man dem Busfahrer ein deutliches Handzeichen geben, wenn man mitfahren möchte, denn nur dann hält er an. Fahrpläne gibt es im Internet, in Busbahnhöfen, in Hotels und auf Guernsey auch im Bus.

Alle Buslinien starten an der Liberation Station in der Esplanade in St. Helier. Dort und in der Touristeninformation kann man auch Fahrpläne kaufen; Tickets für 2 £ gibt es an der Busstation oder im Bus. Günstiger sind Hop-on-Hop-off-Tickets (für 1, 2, 3, 7 Tage). Zwischen St. Helier und dem Flughafen verkehren mehrere Buslinien. Mit einigen der angebotenen Busrouten kann man auch Rund-

Jersey

MIETWAGEN
Hertz
Tel. 01806 33 35 35 (Reservierung aus Deutschland)
www.hertz.com

Zebra Hire
9 The Esplanade, St.Helier
Tel. 73 65 56, www.zebrahire.com

TAXI
Jersey
Yellow Cabs Tel. 88 88 88
Citicabs Tel. 49 99 99

Guernsey
A & S Taxis Tel. 07781 12 55 44
Island Taxis Tel. 01481 70 05 00
Vectra Taxis Tel. 07781 14 79 97

BUSVERKEHR
Jersey
Busbahnhof St. Helier Weighbridge
Tel. 82 85 55
www.libertybus.je

Guernsey
Busbahnhof St. Peter Port
South Esplanade
Tel. 70 04 56
www.buses.gg

SCHIFFSVERKEHR
Condor Ferries
Jersey, Elizabeth Terminal,
St. Helier Guernsey, White Rock Pier
St. Peter Port
www.condorferries.co.uk

Isle of Sark Shipping Company
Guernsey, St. Peter Port
White Rock Pier
Tel. 72 40 59
www.sarkshippingcompany.com

Travel Trident
Guernsey, St. Peter Port
Kiosk Weighbridge, Uhrenturm
Tel. 72 13 79
www.traveltrident.com

fahrten durch verschiedene Inselregionen unternehmen, auf denen alle wichtigen Sehenswürdigkeiten angesteuert werden. Es gelten die normalen Tickets.

Guernsey Sämtliche Buslinien auf Guernsey starten und enden am zentralen Busbahnhof in St. Peter Port an der South Esplanade (Haltestelle »Town«). Eine einzelne Fahrt kostet 1 £. Günstiger sind möglicherweise Tages- und Familientickets (für 1, 2, 7 Tage) oder der »puffinpass«, die man im Kiosk am Busbahnhof kaufen kann. Die Linien 71, 91, 92, 93, 94 fahren von St. Peter Port aus über den Flughafen (unterschiedliche Strecken).

Alderney Auf Alderney fährt in der Hauptsaison eine Buslinie auf der Strecke von St. Anne über Campingplatz und Leuchtturm zur Longis Bay.

Sark, Herm Auf Sark und Herm gibt es keine öffentlichen Verkehrsmittel, auf Sark aber einen Transport vom Hafen hinauf zum Dorf.

SCHIFFSVERKEHR

Der Haupthafen auf Jersey ist der von St. Helier, kleinere Häfen gibt es in St. Aubin und Gorey. Pro Jahr reisen knapp 750 000 Passagiere per Schiff von und nach Jersey. Im Haupthafen von Guernsey, St. Peter Port, werden etwa 380 000 Passagiere abgefertigt; einen kleineren Frachthafen gibt es in St. Sampson. Zwischen **Jersey und Guernsey** verkehren im Sommer regelmäßig ein- bis zweimal täglich Schiffe der Condor Ferries. Die Fahrzeit nach Guernsey beträgt etwa eine Stunde. Die Verbindung zwischen **Guernsey und Sark** wird unterhalten von der Isle of Sark Shipping Company, die Fahrzeit beträgt ca. 45 Minuten. Zwischen **Guernsey und Herm** verkehren die Schiffe der Trident, Fahrzeit ca. 25 Minuten. **Nach Alderney** bestehen im Sommer unregelmäßige Schiffsverbindungen im Rahmen von Ausflugfahrten von Jersey oder Guernsey.

Zeit

Auf den Kanalinseln gilt – anders als in mitteleuropäischen Ländern mit mitteleuropäischer Zeit (MEZ) – die Coordinated Universal Time (UTC). Die Koordinierte Weltzeit löste 1928 die Greenwich Mean Time (GMT) ab. Auf den Kanalinseln ist es eine Stunde früher als in Deutschland, Österreich und der Schweiz. Alle Uhrzeiten (Öffnungszeiten etc.) werden wie in Großbritannien mit a. m. (»ante meridiem« = vor 12.00 Uhr mittags) und p. m. (»post meridiem« = nach 12.00 Uhr mittags) angegeben (5.30 p.m. ist also 17.30 Uhr).

Coordinated Universal Time

Register

BAEDEKER WISSEN ?

atmosfair

nachdenken • klimabewusst reisen

atmosfair

Reisen verbindet Menschen und Kulturen. Doch wer reist, erzeugt auch CO_2. Der Flugverkehr trägt mit bis zu 10% zur globalen Erwärmung bei. Wer das Klima schützen will, sollte sich nach Möglichkeit für die schonendere Reiseform entscheiden (wie z.B. die Bahn). Gibt es keine Alternative zum Fliegen, kann man mit atmosfair klimafördernde Projekte unterstützen.

atmosfair ist eine gemeinnützige Klimaschutzorganisation unter der Schirmherrschaft von Klaus Töpfer. Flugpassagiere spenden einen kilometerabhängigen Betrag und finanzieren damit Projekte in Entwicklungsländern, die den Ausstoß von Klimagasen verringern helfen. Dazu berechnet man mit dem Emissionsrechner auf **www.atmosfair.de** wieviel CO_2 der Flug produziert und was es kostet, eine vergleichbare Menge Klimagase einzusparen (z.B. Berlin – London – Berlin 13 €).

atmosfair garantiert die sorgfältige Verwendung Ihres Beitrags. Alle Informationen dazu auf www.atmosfair.de. Auch der Karl Baedeker Verlag fliegt mit atmosfair.

Verzeichnis der Karten und Grafiken

Bildnachweis

AKG S. 56, 60, 79, 80, 197, U4 oben
Avenue Images/Age Fotostock U2
Avenue Images/Age Fotostock/Goupi U 8
Avenue Images/FLPA/Coster S. 125
Avenue Images/Tack S. 34 oben
Bevis (Jersey Images) S. 93
Dumont Bildarchiv/Kiedrowski S. 2,
3 links oben, 5 unten, 24, 27, 28, 46, 49,
68, 97, 100, 116, 119, 155, 164, 168, 176,
188, 214, 217, 223, 257, 267, 272, 275,
276, 287, 300, 303, 306, U2, U3 oben
Eichler S. 5 oben, 21, 124, 191
Feltes-Peter S. 228, 264, 296, 311
gettyimages/Bridgeman Art Library S. 66
gettyimages/Fox Photos S. 44
gettyimages/Hulton Archive S. U 2 oben,
43, 64
getty images/Lagadu S. 265
getty images/Look/Greune 131
getty images/visit Britain S. 35 oben
Glow Images/Deposit Photos S. 159
Glow Images/Imagebroker S. 113, 126
Glow Images/Premium/Menke S. 179
Glow Images/Stockbroker S. 91 unten
Guernsey Images/States of Guernsey S.
9, 110
Guernsey Images/States of Guernsey/
Denton S. 92, 93
Guernsey Images/States of Guernsey/
Field S. 104
Guernsey Images/States of Guernsey/
George U 2 unten, 23, 90 unten, 91
oben links, 94, 98, 106, 114, U3 unten
Guernsey Images/States of Guernsey/
O´Neil S. 90 oben
Guernsey Images/Visit Britain on View/
Edwards 102, 320

Janicke S. 260
Haafke S. 26
Huber S. 206
Huber/Schapowalow S. 147
Huber/Schmid S. 3 links unten, rechts
unten, 72, 89, 170, 181, 199, 235, 279,
294
Jersey Images/Simon Revis S. 91 oben
laif/Amme S. 12, 133, 258
laif/Hemispheres S. 10, 34 unten, 41, 77,
193, 237, 247, 254
Laif/Hemisspheres/Barbier S. 34 Mitte
laif/Heuer S. 20
laif/Jaenicke S. 86
laif/Jones S. 51
laif/Kirchner S. 3 rechts Mitte, 4 unten,
17, 35 unten, 41, 144, 232
look/Greune S. 6, 14, 120, 249, 291, 304
look/The Travel Library S. 7, U7
Mauritius/Alamy S. 4 oben, 52, 162
Mauritius/ib/Renckhoff S. 109
Mauritius/World Pictures S. 84, U4
Missler U 3, 70, 83, 163 (6x), 174, 200,
201 (5x), 202, 205, 210, 212, U4
picture-alliance S. 78, 292,
picture-alliance/dpa/Photoshot S. 76
picture-alliance/KPA/HIP/MuseumofLon-
don S. 81
Sperber S. 31, 154, 244
ZEFA S. 142

Titelbild: Huber/R. Schmid

Impressum

Ausstattung:
98 Abbildungen, 16 Karten und grafische Darstellungen, eine große Reisekarte
Text:
Dr. Eva Missler
Überarbeitung:
Thomas Rudolf
Bearbeitung:
Baedeker-Redaktion
Kartografie:
Klaus Peter Lawall, Unterensingen; MAIRDUMONT Ostfildern (Reisekarte)
3D-Illustrationen:
jangled nerves, Stuttgart
Infografiken:
Golden Section Graphics GmbH, Berlin
Gestalterisches Konzept:
independent Medien-Design, München
Chefredaktion:
Rainer Eisenschmid, Baedeker Ostfildern

8. Auflage 2017

Anzeigenvermarktung:
MAIRDUMONT MEDIA
Tel. 0049 711 4502-0
Fax 0049 711 4502 1012
media@mairdumont.com
http://media.mairdumont.com

Printed in China

Trotz aller Sorgfalt von Redaktion und Autoren zeigt die Erfahrung, dass Fehler und Änderungen nach Drucklegung nicht ausgeschlossen werden können. Dafür kann der Verlag leider keine Haftung übernehmen.
Kritik, Berichtigungen und Verbesserungsvorschläge sind jederzeit willkommen. Schreiben Sie uns, mailen Sie oder rufen Sie an:

Verlag Karl Baedeker / Redaktion
Postfach 3162
D-73751 Ostfildern
Tel. 0711 4502-262
info@baedeker.com
www.baedeker.com

FSC
www.fsc.org
MIX
Paper from responsible sources
FSC® C011918

Die Erfindung des Reiseführers

Als **Karl Baedeker** (1801 – 1859) am 1. Juli 1827 in Koblenz seine Verlagsbuchhandlung gründete, hatte er sich kaum träumen lassen, dass sein Name und seine roten Bücher einmal weltweit zum Synonym für Reiseführer werden sollten.

Das erste von ihm verlegte Reisebuch, die 1832 erschienene **Rheinreise,** hatte er noch nicht einmal selbst geschrieben. Aber er entwickelte es von Auflage zu Auflage weiter. Mit der Einteilung in die Kapitel »Allgemein Wissenswertes«, »Praktisches« und »Beschreibung der Merk-(Sehens-)würdigkeiten« fand er die klassische Gliederung des modernen Reiseführers, die bis heute ihre Gültigkeit hat. Der Erfolg war überwältigend: Bis zu seinem Tod erreichten die zwölf von ihm verfassten Titel 74 Auflagen! Seine Söhne und Enkel setzten bis zum Zweiten Weltkrieg sein Werk mit insgesamt 70 Titeln in 500 Auflagen fort.

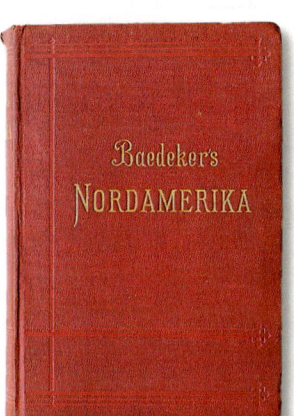

Bis heute versteht der Karl Baedeker Verlag seine große Tradition vor allem als eine Kette von Innovationen: Waren es in der frühen Zeit u. a. die Einführung von Stadtplänen in Lexikonqualität und die Verpflichtung namhafter Wissenschaftler als Autoren, folgte in den 1970ern der erste vierfarbige Reiseführer mit professioneller Extrakarte. Seit 2005 stattet Baedeker seine Bücher mit ausklappbaren 3D-Darstellungen aus. Die neue Generation enthält als erster Reiseführer Infografiken, die (Reise-) Wissen intelligent aufbereiten und Lust auf Entdeckungen machen.

In seiner Zeit, in der es an verlässlichem Wissen für unterwegs fehlte, war Karl Baedeker der Erste, der solche Informationen überhaupt lieferte. In der heutigen Zeit filtern unsere Reiseführer aus dem Überfluss an Informationen heraus, was man für eine Reise wissen muss, auf der man etwas erleben und an die man gerne zurückdenken will. Und damals wie heute gilt für Baedeker: Wissen öffnet Welten.

Baedeker Verlagsprogramm

- Algarve
- Allgäu
- Amsterdam
- Andalusien
- Argentinien
- Australien
- Australien • Osten
- Bali
- Barcelona
- Bayerischer Wald
- Belgien
- Berlin • Potsdam
- Bodensee
- Brasilien
- Bretagne

- Brüssel
- Budapest
- Burgund
- China
- Dänemark
- Deutsche Nordseeküste
- Deutschland
- Deutschland • Osten
- Dresden
- Dubai • VAE
- Elba
- Elsass • Vogesen
- Finnland

- Florenz
- Florida
- Franken
- Frankfurt am Main
- Frankreich
- Frankreich • Norden
- Fuerteventura
- Gardasee
- Golf von Neapel
- Gran Canaria
- Griechenland
- Großbritannien
- Hamburg
- Harz
- Hongkong • Macao
- Indien
- Irland
- Island
- Israel
- Istanbul
- Istrien • Kvarner Bucht
- Italien
- Italien • Norden
- Italienische Adria
- Italienische Riviera
- Japan
- Jordanien
- Kalifornien
- Kanada • Osten
- Kanada • Westen
- Kanalinseln
- Kapstadt • Garden Route
- Kenia
- Köln
- Kopenhagen
- Korfu • Ionische Inseln
- Korsika
- Kos
- Kreta

- Kroatische Adriaküste • Dalmatien
- Kuba
- La Gomera
- La Palma
- Lanzarote
- Leipzig • Halle
- Lissabon
- London
- Madeira
- Madrid
- Malediven
- Mallorca
- Malta • Gozo • Comino

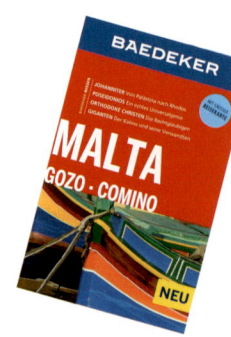

- Marokko
- Mecklenburg-Vorpommern
- Menorca
- Mexiko
- Moskau
- München
- Namibia
- Neuseeland
- New York
- Niederlande
- Norwegen
- Oberbayern

- Oberital. Seen •
  Lombardei •
  Mailand
- Österreich
- Paris
- Peking
- Polen
- Polnische
  Ostseeküste •
  Danzig • Masuren
- Portugal
- Prag
- Provence •
  Côte d'Azur
- Rhodos
- Rom

- Sri Lanka
- Stuttgart
- Südafrika
- Südengland
- Südschweden •
  Stockholm
- Südtirol

- USA • Südwesten
- Usedom
- Venedig
- Vietnam
- Weimar
- Wien
- Zürich
- Zypern

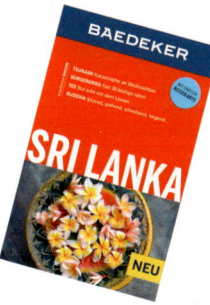

**Viele Baedeker-Titel
sind als E-Book
erhältlich:
shop.baedeker.com**

- Sylt
- Teneriffa
- Tessin
- Thailand
- Thüringen
- Toskana
- Tschechien
- Türkische
  Mittelmeerküste
- USA
- USA • Nordosten
- USA • Nordwesten

- Rügen • Hiddensee
- Rumänien
- Sachsen
- Salzburger Land
- St. Petersburg
- Sardinien
- Schottland
- Schwarzwald
- Schweden
- Schweiz
- Sizilien
- Skandinavien
- Slowenien
- Spanien
- Spanien • Norden •
  Jakobsweg

Kuriose Kanalinseln

Blonde Nagetiere, namhafte Tomaten und Milch der Superlative: Die Kanalinseln haben die eine oder andere Merkwürdigkeit zu bieten.

▶Aber bitte mit Sahne

Das Jersey-Rind ist zwar die kleinste und leichteste europäische Hausrindrasse, ihre Milch hat aber den höchsten Fettanteil. Ein Stück Kuchen mit Schlagsahne vom Jersey-Rind kann daher leicht zur vollständigen Mahlzeit geraten.

▶Promi oder Gemüse?

»Guernsey-Tom« ist nicht der Name eines bekannten Sängers oder Schauspielers von der gleichnamigen Insel, sondern der einer Tomatensorte. Ihr Anbau und Export war bis in die erste Hälfte des 20. Jh.s eine der wichtigsten Einnahmequellen Guernseys.

▶Seltener Besuch

Es dauerte bis zum Jahr 1846, bis zum ersten Mal ein regierender britischer Monarch einen Fuß auf die Kanalinseln setzte. Es war Königin Victoria, die zusammen mit Prinz Albert kam. Auf Guernsey erinnert der Victoria Tower daran.

▶Mehrsprachige Pfunde

Seit 2010 sind die Geldscheine des Jersey-Pfunds dreisprachig. Die Vorderseite ist englisch, die Rückseite französisch und Jèrriais, ein normannischer Dialekt, der noch von einigen Inselbewohnern gesprochen wird.

▶Der große Bruder

Der amerikanische Bundesstaat New Jersey ist tatsächlich nach der Kanalinsel benannt. Er ist allerdings knapp 200 mal so groß und hat 90 mal so viele Einwohner wie die kleine namensgebende Insel im Ärmelkanal.

▶Dabei sein ist alles

Die Fußballmannschaft von Sark hat bisher nur vier Spiele bestritten, alle während der Island Games 2003 auf Guernsey. In jedem dieser Spiele kassierte sie mindestens 15 Gegentore, schoss hingegen kein einziges. Das Gesamtergebnis lautete 0:70 Tore.

▶Klein aber fein

Die Insel Herm verfügt über eine Grundschule, die von durchschnittlich acht Schülern besucht wird. Die Lehrkraft muss täglich von Guernsey übersetzen. Mit neun Jahren wechseln die Schüler nach Guernsey, wo sie in einem Internat unterrichtet werden.